LA NOUVELLE PUISSANCE AMÉRICAINE

DU MÊME AUTEUR

A World Restored : Castelreagh, Metternich and the Restoration of Peace 1812-1822, Houghton Mifflin, 1957.
Paru en français sous le titre *Le Chemin de la paix*, Denoël, 1972.

Nuclear Weapons and Foreign Policy, Harper and Row, 1957.

The Necessity for Choice : Prospects of American Foreign Policy, Harper and Row, 1961.

The Troubled Partnership : A Re-apparaisal of the Atlantic Alliance, McGraw-Hill, 1965.
Paru en français sous le titre *Les Malentendus transatlantiques*, Denoël, 1965.

Problems of National Strategy : A Book of Reading, Henry A. Kissinger ed., Praeger, 1965.

American Foreign Policy, Norton, 1969.
Paru en français sous le titre *Pour une nouvelle politique étrangère américaine*, Fayard, 1970.

White House Years, Little, Brown and Company, 1979.
Paru en français sous le titre *À la Maison-Blanche* (2 vol.), Fayard, 1979.

For the Record : Selected Statements 1977-1980, Little, Brown and Company, 1981.

Years of Upheaval, Little, Brown and Company, 1982.
Paru en français sous le titre *Les Années orageuses* (2 vol.), Fayard, 1982.

Diplomacy, Simon & Schuster, 1994.
Paru en français sous le titre *Diplomatie*, Fayard, 1996.

Years of Renewal, Simon & Schuster, 1999.
Paru en français sous le titre *Les Années de renouveau*, Fayard, 2000.

Henry Kissinger

LA NOUVELLE PUISSANCE AMÉRICAINE

Traduit de l'anglais (États-Unis)
par Odile Demange

Fayard

Titre original : *Does America Need a Foreign Policy ? : Toward a Diplomacy for the 21st century.*
Éditeur original : Simon & Schuster, New York.

REMERCIEMENTS

Plus qu'à quiconque, c'est à Nancy, mon épouse, que ce livre doit d'avoir vu le jour. Voilà plusieurs dizaines d'années qu'elle m'apporte un soutien affectif et intellectuel sans faille, et ses commentaires perspicaces sur la rédaction de cet ouvrage ne représentent qu'une infime partie de son aide.

J'ai eu l'immense chance d'avoir à mes côtés des amis et des collaborateurs, dont certains me sont restés fidèles depuis les années que nous avons passées ensemble au gouvernement. Ils m'ont fait profiter de leurs compétences en matière de rédaction et de recherche, et m'ont prodigué conseils et observations en tout genre. Je ne saurai jamais les remercier assez de tout ce qu'ils ont fait pour moi au fil des ans, ainsi qu'à l'occasion de la préparation du présent ouvrage.

Peter Rodman, mon élève à Harvard, mon ami et mon conseiller de toujours, a lu, revu et contribué à mettre au point l'intégralité du manuscrit. Je le remercie de ses analyses et de ses critiques.

Merci à Jerry Bremer, autre collaborateur de longue date, dont les suggestions et les commentaires énergiques m'ont aidé à préciser ma pensée.

William Rodgers a poursuivi mon éducation touchant l'Amérique latine et le concept de juridiction universelle.

Steve Graubard, professeur à la Brown University et ancien rédacteur en chef de *Daedalus*, a préparé son doctorat en même temps que moi, et notre amitié remonte à cette époque. Il a lu et commenté mon manuscrit. Cet ouvrage doit beaucoup aux nouvelles pistes qu'il m'a proposées.

Plusieurs personnes se sont chargées de travaux de recherche aussi précieux qu'indispensables : Alan Stoga, sur l'Amérique latine et la mondialisation ; Jon Vanden Heuvel, sur l'Europe et le débat philosophique américain en matière de politique étrangère ; John Bolton, sur la Cour pénale internationale ; Chris Lennon, pour tout ce qui touche aux droits de l'homme. Peter Mandaville a accepté de vérifier l'exactitude de certaines parties de plusieurs chapitres et d'effectuer quelques recherches, sans ménager ses conseils en matière de rédaction ; quant à Rosemary Niehuss, elle a accompli une tâche inestimable en rassemblant et en annotant des documents de référence.

John Lipsky et Felix Rohatyn m'ont livré des commentaires d'une remarquable perspicacité sur le chapitre qui traite de la mondialisation.

Gina Goldhammer a parcouru plusieurs fois l'intégralité du manuscrit d'un œil attentif et avec une bonne humeur sans faille.

Nul n'a jamais été entouré d'une équipe aussi dévouée que celle que j'ai eu la chance de réunir autour de moi. Des délais draconiens, encore raccourcis par mes problèmes de santé qui ont interrompu la rédaction, les ont obligés à travailler d'arrache-pied, souvent jusqu'à une heure avancée de la nuit.

Jody Iobst Williams a déchiffré mon écriture avec une grande habileté, dactylographiant plusieurs versions du texte, ce qui l'a conduite à me faire de nombreuses et précieuses suggestions.

Theresa Cimino Amantea a supervisé l'ensemble du projet. C'est elle qui a rassemblé les contributions partielles et les différents commentaires, sans ménager sa peine pour respecter les délais fixés par l'éditeur. Elle a également assuré une préparation irréprochable du manuscrit. Et tout cela avec une efficacité qui n'a d'égale qu'une inépuisable gaieté.

Jessica Incao et ses collaborateurs, qui se sont chargés de faire fonctionner mon bureau pendant que leurs collègues se consacraient à mon ouvrage, s'en sont fort bien sortis, et leur dévouement a été sans bornes.

Il s'agit du troisième livre que je publie chez Simon & Schuster ; la reconnaissance que m'inspire le soutien de cette maison d'édition et l'affection que j'éprouve pour ceux qui y travaillent ne cessent de grandir. Non content d'être un éditeur dont la subtilité n'a d'égale que la finesse psychologique, Michael Korda m'a prouvé qu'il était un véritable ami ; comme toujours, il a été pour moi un précieux conseiller. Rebecca Head et Carol Bowy, ses collaboratrices, se sont toujours montrées obligeantes et souriantes. John Cox s'est chargé de la mise au point de la publication avec finesse et compétence. Fred Chase a accompli, comme d'habitude, un travail de correction soigneux et consciencieux tandis que Sydney Wolfe Cohen établissait l'index avec patience et perspicacité.

L'irrésistible Gypsy da Silva, assistée d'Isolde Sauer, a coordonné tous les aspects de la préparation chez Simon & Schuster avec un enthousiasme indéfectible et une patience infinie, assortis d'une remarquable efficacité.

J'exprime toute ma gratitude à Karolina Harris, responsable de la maquette, et à George Turianski, directeur de fabrication.

Je suis seul responsable des défauts de ce volume.

J'ai dédié cet ouvrage à mes enfants, Elizabeth et David, et à ma bru, Alexandra Rockwell, qui font ma fierté. Je me réjouis de l'étroite amitié qui nous lie.

À mes enfants, Elizabeth et David,
et à ma bru, Alexandra Rockwell

CHAPITRE PREMIER

L'Amérique au zénith : empire ou leader ?

À l'aube du nouveau millénaire, les États-Unis jouissent d'une prééminence avec laquelle les plus grands empires du passé eux-mêmes ne sauraient rivaliser. Qu'il s'agisse d'armement ou de dynamisme économique, de science ou de technologie, d'enseignement supérieur ou de culture populaire, l'Amérique exerce un ascendant sans précédent sur l'ensemble de la planète. Au cours de la dernière décennie du XXe siècle, la prépondérance des États-Unis a assuré un rôle irremplaçable dans la stabilité du monde. Ils ont arbitré des conflits en plusieurs endroits chauds du globe, au point qu'au Proche-Orient ils font partie intégrante du processus de paix. Les États-Unis ont assumé cette responsabilité avec une telle conviction qu'ils se posent presque rituellement en médiateurs, sans toujours attendre d'y être invités par l'ensemble des parties en présence – comme ce fut le cas en juillet 1999 lors du conflit entre l'Inde et le Pakistan à propos du Cachemire. Les États-Unis se considèrent tout à la fois comme la source et le garant des institutions démocratiques à travers le monde, s'érigeant de plus en plus fréquemment en juge de l'impartialité des scrutins étrangers et imposant des sanctions économiques ou d'autres formes de pression à ceux qui ne respectent pas leurs règles.

Aussi trouve-t-on des troupes américaines dispersées aux quatre coins de la planète, des plaines d'Europe du Nord aux lignes de conflit d'Asie orientale. Ces stationnements successifs tendent à se transformer, au nom du maintien de la paix, en présence militaire permanente. Dans les Balkans, les États-Unis remplissent à peu de choses près les mêmes fonctions que les empires autrichien et ottoman à la charnière des XIXe et XXe siècles : ils cherchent à préserver la paix en établissant des protectorats qui s'interposent entre des groupes ethniques en conflit. Constituant le plus grand réservoir de capitaux, le refuge le plus attrayant pour les investisseurs et le plus vaste débouché pour les exportations étrangères, ils dominent le système financier international. La culture populaire américaine impose des normes en matière de goût au monde entier, servant occasionnellement de cible aux ressentiments nationaux.

L'héritage des années 1990 a engendré un paradoxe. La puissance des États-Unis permet en effet à ce pays d'affirmer énergiquement son point de vue et de l'imposer assez fréquemment pour se voir accuser d'hégémonisme. Par ailleurs, il n'est pas rare que les injonctions américaines à l'adresse du reste du monde soient le reflet de pressions intérieures ou l'écho de maximes nées de l'expérience de la guerre froide. Il en résulte que la prééminence américaine se conjugue à un risque majeur d'inadaptation à de nombreux courants qui affectent et transforment, en définitive, l'ordre mondial. On observe ainsi sur la scène internationale un curieux mélange de respect – et de soumission – devant la puissance de l'Amérique, et d'exaspération sporadique à l'égard de ses prescriptions, associée à une certaine incompréhension de ses objectifs à long terme.

Chose curieuse, la prééminence de leur pays ne suscite bien souvent qu'indifférence de la part des Américains. À en juger par la couverture médiatique et par les sentiments du Congrès – deux baromètres essentiels –, jamais l'intérêt des Américains pour la politique étrangère n'a été aussi faible[1]. Aussi la prudence incite-t-elle la classe politique en herbe à éviter les débats de politique étrangère et à se faire l'écho de l'opinion publique du jour plutôt qu'à ouvrir des perspectives plus élevées à leur pays. La dernière élection présidentielle a été la troisième d'affilée où les candidats ont évité tout véritable débat de politique étrangère. Dans les années 1990 tout particulièrement, la supériorité américaine a moins procédé d'un dessein stratégique que d'une série de décisions ponctuelles, destinées à satisfaire les électeurs, tandis que, dans le domaine économique, elle résultait de la technologie et des gains de productivité sans précédent que celle-ci a permis. Tout cela a conduit à une situation où les États-Unis semblent n'avoir pas besoin de politique étrangère à long terme et paraissent se satisfaire d'une réaction au coup par coup face aux problèmes qui se posent.

À l'apogée de leur pouvoir, les États-Unis se trouvent dans une position qui n'est pas dépourvue d'ironie. Face aux bouleversements les plus profonds et les plus vastes peut-être que la planète ait jamais connus, ils n'ont pas su élaborer de concepts applicables aux réalités nouvelles. Ayant gagné la guerre froide, ils se conduisent avec une suffisance certaine ; la satisfaction que leur inspire le statu quo les incite à considérer la politique comme une simple projection dans l'avenir de ce dont ils ont l'expérience ; les progrès économiques prodigieux qui ont caractérisé cette période encouragent les décideurs à confondre stratégie et économie, et les rendent moins sensibles aux effets politiques, culturels et spirituels des transformations considérables qu'induit la technologie américaine.

Coïncidant avec la fin de la guerre froide, cette conjonction d'autosatisfaction et de prospérité a donné naissance à un double mythe. À gauche, beaucoup voient dans les États-Unis l'arbitre suprême des évolutions intérieures du monde entier. On semble croire, de ce côté de l'échiquier, que l'Amérique détient une solution valable pour toutes les autres sociétés, par-delà les différences culturelles et historiques. Cette école de pensée assimile politique étrangère et politique sociale. Elle minimise la portée de l'issue de la guerre froide car, selon elle, l'histoire et le courant qui porte irrésistiblement vers la démocratie auraient suffi à provoquer la désintégration du régime communiste. À droite, certains sont d'avis que l'effondrement de l'Union soviétique a été la conséquence presque mécanique de l'assurance nouvelle des États-Unis qui s'est exprimée par un changement de rhétorique (« l'Empire du mal »), bien plus que des efforts constants de neuf administrations, au fil de plus d'un demi-siècle. En se fondant sur cette interprétation de l'histoire, ils se figurent que l'hégémonie américaine est la solution à tous les maux de la planète – ce qui revient à imposer des solutions américaines aux différents foyers de crise par l'affirmation têtue de la prééminence des États-Unis.

Aucune de ces deux interprétations prise isolément ne

permet de définir une politique à long terme dans le monde en transition que nous avons sous les yeux. Les deux figures de la controverse actuelle en matière de politique étrangère sont, si l'on veut, d'une part, la rectitude missionnaire, et, de l'autre, la conviction que l'accumulation de pouvoir est, en soi, un gage d'efficacité accrue. Le débat se concentre ainsi sur une question abstraite : la politique étrangère américaine doit-elle se laisser guider par des valeurs ou par l'intérêt, par l'idéalisme ou par le réalisme ? La vraie gageure consiste à conjuguer l'un et l'autre : aucun responsable de la politique étrangère américaine digne de ce nom ne saurait ignorer les traditions de singularité qui ont permis à la démocratie américaine de s'affirmer ; mais nul ne saurait non plus fermer les yeux sur les circonstances dans lesquelles il convient de les appliquer.

LA NATURE MOUVANTE DE L'ENVIRONNEMENT INTERNATIONAL

Pour comprendre la situation actuelle, les Américains doivent commencer par admettre que les troubles que nous observons ne peuvent pas être regardés comme autant de suspensions momentanées d'un statu quo salutaire. Ils révèlent au contraire une transformation inéluctable de l'ordre international, résultant des modifications structurelles internes qui touchent un certain nombre de ses participants majeurs, en même temps que de la démocratisation de la politique, de la globalisation* de l'économie et de l'instantanéité des communications. Un État est, par définition, l'expression d'une conception de la justice qui rend son organisation intérieure légitime, et d'une projection de pouvoir qui lui permet de s'acquitter d'un certain nombre de fonctions minimales – c'est-à-dire de mettre sa population à l'abri des dangers extérieurs et des désordres intérieurs. Quand

* Contrairement à l'usage le plus courant qui consiste à traduire par « mondialisation » l'anglais *globalization*, nous avons choisi de garder « globalisation » afin d'éviter la connotation « antimondialiste » qu'a acquise le terme et que ne lui donne par Henry Kissinger. *(N.d.E.)*

tous ces éléments – y compris la définition de ce qui est étranger – changent simultanément, une période de troubles est inévitable.

L'expression même de « relations internationales » est en fait une création relativement récente, puisqu'elle sous-entend que l'État-nation est nécessairement le fondement de leur organisation. Or, il s'agit d'une idée qui n'a vu le jour en Europe qu'à la fin du XVIIIe siècle et qui s'est essentiellement répandue à travers le monde par l'intermédiaire du colonialisme européen. Dans l'Europe médiévale, les obligations étaient personnelles et traditionnelles, et ne reposaient ni sur une langue commune ni sur une culture unique ; elles n'interposaient pas entre le sujet et son souverain toute cette machinerie administrative d'État que nous connaissons aujourd'hui. Les limitations auxquelles était soumis le gouvernement étaient le fruit de la coutume, et non de Constitutions, ainsi que de l'Église catholique universelle qui sut préserver son indépendance, jetant ainsi – sans le vouloir – les fondements du pluralisme et des contrepoids démocratiques à la puissance de l'État qui se mettraient en place quelques siècles plus tard.

Aux XVIe et XVIIe siècles, cette structure s'effondra sous le double choc de la Réforme, qui détruisit l'unité religieuse, et de l'imprimerie, qui élargit l'accès à la diversité confessionnelle croissante. Les perturbations qui en résultèrent culminèrent dans la guerre de Trente Ans, qui, au nom de l'orthodoxie idéologique – c'est-à-dire, à l'époque, religieuse –, aboutit au massacre de 30 % de la population d'Europe centrale.

De ce carnage naquit le système de l'État moderne, défini par le traité de Westphalie de 1648, dont les principes de base ont façonné les relations internationales jusqu'à ce jour. Ce texte reposait sur la doctrine de la souveraineté, laquelle déclarait qu'aucun État ne pouvait intervenir dans la conduite des affaires intérieures d'un autre État ni chercher à en influencer les institutions.

Ces principes étaient inspirés par la conviction que les dirigeants de tel ou tel pays étaient moins susceptibles de céder à l'arbitraire que des armées étrangères, toujours imprégnées d'esprit de croisade et de prosélytisme. En même temps, l'idée d'équilibre des forces visait à mettre en place des moyens de contrôle destinés à empêcher une nation, quelle qu'elle fût, d'occuper une position dominante ; il s'agissait également de circonscrire étroitement les conflits armés. Pendant plus de deux siècles – jusqu'au déclenchement de la Première Guerre mondiale –, ce système issu de la guerre de Trente Ans a parfaitement rempli sa tâche (à l'exception de la période napoléonienne, au cours de laquelle le principe de non-intervention fut mis entre parenthèses pour une vingtaine d'années). Tous ces principes sont actuellement soumis à des attaques si violentes qu'on en oublie qu'ils avaient pour objectif de limiter, et non d'accroître, l'usage arbitraire du pouvoir.

C'est l'ordre westphalien tout entier qui est en crise aujourd'hui. Ses fondements sont remis en cause, alors que l'on n'a pas encore trouvé de solution de rechange qui fasse l'unanimité. Les États-Unis d'abord, et plusieurs pays d'Europe de l'Ouest avec eux, ont abandonné l'idée de non-ingérence dans les affaires intérieures des autres États au profit d'une notion de droit d'intervention humanitaire et de juridiction universelle. Au sommet du Millénaire des Nations unies qui s'est tenu à New York en septembre 2000, de nombreux autres États se sont ralliés à ce principe. Dans les années 1990, les États-Unis se sont ainsi lancés dans quatre opérations militaires à but humanitaire – en Somalie, à Haïti, en Bosnie et au Kosovo. D'autres pays ont pris l'initiative de deux autres missions, au Timor-Oriental (sous la conduite de l'Australie) et au Sierra Leone (sous l'égide du Royaume-Uni). À l'exception de celle du Kosovo, toutes ces interventions ont obtenu l'approbation des Nations Unies.

En même temps, le concept d'État-nation, dominant jusque-là, a subi une métamorphose. Conformément à la philosophie dominante, tous les États prennent le nom de nation, sans pour autant répondre à la définition qui en avait été donnée au XIXe siècle, celle d'une entité linguistique et culturelle. Au tournant du nouveau millénaire, de toutes les « grandes puissances », les démocraties européennes et le Japon sont les seules à remplir les conditions requises. La Chine et la Russie associent un noyau national et culturel à certaines caractéristiques multiethniques. Quant aux États-Unis, ils n'ont cessé de mettre davantage en équation leur identité nationale et leur diversité ethnique. Dans le reste du monde, les États de composition ethnique mixte sont la règle, et la cohésion d'un certain nombre d'entre eux est menacée par les communautés ethniques assujetties qui réclament l'autonomie ou l'indépendance en se fondant sur le nationalisme et le principe d'autodétermination, tels qu'ils se sont affirmés au XIXe et au début du XXe siècle. En Europe même, la baisse de la natalité et le développement de l'immigration font surgir les problèmes propres aux sociétés multi-ethniques.

Conscients que leurs dimensions géographiques sont insuffisantes pour leur permettre de jouer un rôle majeur à l'échelle mondiale, les États-nations historiques cherchent à se regrouper en unités plus vastes. L'Union européenne représente à l'heure actuelle l'expression la plus radicale de cette politique. Mais on observe des regroupements transnationaux comparables dans l'hémisphère Ouest, comme en témoignent l'Accord de libre-échange nord-américain (ALENA) et le Mercosur en Amérique du Sud, ou, en Asie, l'Association des nations du Sud-Est asiatique (ASEAN). Un projet de création d'une zone de libre-échange embryonnaire a par ailleurs été présenté en Asie, sous l'égide conjointe de la Chine et du Japon.

En définissant son identité, chacune de ces nouvelles unités a tendance – inconsciemment parfois, délibérément souvent – à affirmer sa différence par rapport aux puissances dominantes dans sa région. Les repoussoirs de l'ASEAN sont la Chine et le Japon (auxquels il faudra sans doute un jour ajouter l'Inde) ; pour l'Union européenne et le Mercosur, ce sont les États-Unis. C'est ainsi que de nouvelles rivalités surgissent au moment même où l'on cherche à surmonter les antagonismes traditionnels.

Par le passé, des transformations de moindre ampleur ont engendré de graves conflits armés ; il est vrai que les guerres ont été également très fréquentes dans le système international actuel. Mais ces affrontements militaires récents ont épargné les grandes puissances. En effet, l'avènement du nucléaire a modifié à la fois la définition et le rôle de la puissance, en ce qui concerne du moins les relations entre les grands pays. Jusqu'au début de l'ère nucléaire, les guerres étaient généralement la conséquence de querelles territoriales ou de problèmes d'accès aux ressources ; les conquêtes étaient destinées à accroître le pouvoir et l'influence d'un État. À l'époque moderne, la notion de territoire a perdu beaucoup de son importance comme élément d'ascendant national ; les progrès technologiques peuvent en effet jouer un rôle beaucoup plus efficace, dans ce domaine, que n'importe quelle expansion territoriale. Singapour, dont les seules ressources sont, littéralement, l'intelligence de son peuple et de ses dirigeants, affiche un revenu par tête bien supérieur à celui de pays nettement plus vastes et plus favorisés par la nature. Et Singapour affecte une partie de cette richesse à l'accumulation – locale du moins – de forces militaires impressionnantes, destinées à décourager la convoitise éventuelle de ses voisins. Israël se trouve dans une situation comparable.

Les armes nucléaires ont réduit les risques de guerre entre les pays qui en possèdent – bien que cette allégation risque fort de perdre de sa validité si les armes en question continuent à proliférer dans des pays qui ne perçoivent pas clairement leurs effets catastrophiques, ou ne font pas grand cas de la vie humaine. Jusqu'à l'avènement de l'ère nucléaire, les pays se faisaient la guerre parce que les conséquences de la défaite, voire du compromis, leur paraissaient plus redoutables que celles de la guerre ; c'est à la suite de ce type de raisonnement que l'Europe est sortie exsangue de la Première Guerre mondiale. Entre puissances nucléaires, cette équation ne reste valable que dans les circonstances les plus désespérées. La plupart des dirigeants des grandes puissances nucléaires s'accordent en effet à penser que les ravages d'une guerre atomique seraient certainement plus effroyables que les conséquences d'un compromis, voire d'une défaite. Le paradoxe de l'ère nucléaire est que le développement du potentiel atomique – c'est-à-dire l'acquisition d'un vaste pouvoir total – s'accompagne inévitablement du déclin de l'envie de s'en servir.

Cette révolution a touché toutes les autres formes de puissance. Jusqu'à la fin de la Deuxième Guerre mondiale, la puissance présentait un visage relativement homogène ; ses différents éléments – économiques, militaires ou politiques – se renforçaient réciproquement. Une société ne pouvait être puissante militairement sans occuper une position de force analogue dans d'autres domaines. Or, dans la seconde moitié du

XXe siècle, ces différents éléments ont, semble-t-il, commencé à se dissocier. Un pays a pu devenir une puissance économique sans posséder de potentiel militaire digne de ce nom (c'est le cas de l'Arabie Saoudite) ou se doter de capacités militaires considérables malgré une économie manifestement stagnante (comme en témoigne l'ancienne Union soviétique).

On peut penser que les différents facteurs de pouvoir convergeront à nouveau au XXIe siècle. L'histoire de l'Union soviétique a prouvé qu'il est impossible de miser durablement et exclusivement sur la puissance militaire – surtout à une époque de révolution économique et technologique étroitement liée à la rapidité vertigineuse des communications, qui mettent sous les yeux de la population du monde entier des écarts considérables de niveau de vie. En outre, en l'espace d'une génération, la science a accompli des progrès plus considérables qu'au cours de toute l'histoire prédédente de l'humanité. L'informatique, Internet et le vaste domaine de la biotechnologie ont donné à la technologie une envergure qu'aucune génération précédente n'aurait pu imaginer. La puissance à long terme d'un pays dépend désormais de la mise en place d'un système d'enseignement technologique performant. C'est le nerf de la force et de la vitalité d'une société ; sans lui, tous les autres types de puissance sont condamnés à s'étioler.

La globalisation a diffusé la puissance économique et technologique à la planète tout entière. L'instantanéité des communications fait des décisions d'une région l'otage de celles d'autres parties du monde. La globalisation a engendré une prospérité sans précédent, mais inégale. Reste à savoir si elle est susceptible d'accélérer les tendances à la baisse aussi efficacement qu'elle a stimulé la prospérité mondiale, créant ainsi un risque de catastrophe mondiale. En outre, la mondialisation – par son caractère inéluctable – peut donner naissance à un douloureux sentiment d'impuissance : en effet, les décisions affectant la vie de millions d'individus échappent désormais à tout contrôle politique local. De ce point de vue, la complexité de l'économie et de la technologie risque d'excéder les capacités de la politique contemporaine.

UN DÉFI POUR L'AMÉRIQUE

Les États-Unis vivent dans un monde auquel leur expérience historique ne les a guère préparés. Bien en sécurité entre deux vastes océans, ils ont rejeté le concept d'équilibre des forces, convaincus de parvenir à se tenir à l'écart des querelles des autres nations ou d'être en mesure d'instaurer la paix universelle par l'application de leurs propres principes de démocratie et d'autodétermination.

Je reviendrai plus en détail sur ces points dans un chapitre ultérieur, et je me contenterai de faire remarquer ici qu'il est impossible de recourir à une formule unique pour caractériser et interpréter l'ordre international contemporain. En effet, quatre systèmes internationaux au moins coexistent dans le monde actuel :

• Les idéaux historiques de l'Amérique peuvent fort bien régenter les relations entre les États-Unis et l'Europe occidentale ; ils peuvent même s'appliquer à tout le continent américain. Ici, la version idéaliste de la paix fondée sur la démocratie et le progrès économique fait la preuve de sa pertinence. Les États sont démocratiques, les économies sont libérales, les guerres, inconcevables sinon à la périphérie, où elles peuvent être déclenchées par des conflits ethniques. Les différends éventuels ne sont pas réglés par la guerre ni par la menace de guerre. Les préparatifs militaires sont une réaction aux menaces extérieures à cette sphère ; ils ne visent pas d'autres pays de la région atlantique ou du continent américain.

• Les grandes puissances d'Asie – plus vastes géographiquement et beaucoup plus peuplées que les pays de l'Europe du XIXe siècle – se considèrent comme des rivales stratégiques. L'Inde, la Chine, le Japon, la Russie – avec, légèrement à la traîne, la Corée et les États d'Asie du Sud-Est –, estiment que certains pays de la région peuvent effectivement menacer leur sécurité nationale. Le danger serait encore plus grand si plusieurs de ces pays s'associaient. Le risque de guerre entre ces puissances n'est pas imminent, mais ils n'est pas nul pour autant. L'accroissement des budgets militaires est censé mettre les pays concernés à l'abri de l'agressivité éventuelle des autres nations d'Asie (bien qu'une partie de l'effort militaire chinois soit justifié par la possibilité d'un conflit armé avec les États-Unis à propos de Taïwan). Comme dans l'Europe du XIXe siècle, une longue période de paix est parfaitement envisageable en Asie – et même probable –, mais, en l'occurrence, l'équilibre des forces jouera un rôle décisif.

• Les conflits du Proche-Orient ressemblent beaucoup à ceux qui ont déchiré l'Europe au XVIIe siècle. Leurs racines ne sont pas économiques, comme dans la région atlantique et sur le continent américain, ni stratégiques, comme en Asie, mais idéologiques et religieuses. Ici, les principes de la diplomatie issus du traité de Westphalie ne s'appliquent pas. Il est difficile d'accepter un compromis quand le conflit ne porte pas sur un grief précis, mais sur la légitimité – voire sur l'existence même – de l'autre camp. Aussi, paradoxalement, les efforts pour régler définitivement de tels conflits ont-ils de bonnes chances de se retourner contre leurs auteurs, comme l'ont appris à leur dépens le président Clinton et le Premier ministre Ehoud Barak à la suite du sommet de Camp David durant l'été 2000. En effet, toute tentative de « compromis » sur la question de ce que chaque partie considère comme son lieu saint ne pouvait que mettre en relief le caractère inconciliable de leurs positions.

• Quant à l'Afrique, c'est en vain que l'on chercherait, pour éclairer sa situation, un précédent dans l'histoire européenne. Bien que les quarante-six États qui la composent se qualifient de démocraties, leur action politique ne repose pas sur un principe idéologique unificateur. Et la politique africaine n'est pas dominée non plus par le concept d'équilibre des forces. Le continent est trop grand et l'influence de la plupart de ces pays trop faible pour cela. Par ailleurs, la fin de la guerre froide a entraîné, dans une large mesure, celle de la rivalité des grandes puissances à propos de l'Afrique. Ajoutons que l'héritage colonial y a laissé une situation explosive – des conflits ethniques, un grave sous-développement et des problèmes sanitaires considérables. Les frontières tracées pour faciliter l'administration coloniale ont scindé des tribus et des groupes ethniques, tout en réunissant des adeptes de religions et des membres de communautés différentes au sein de subdivisions administratives qui ont donné naissance par la suite à des États indépendants. C'est ce qui explique les guerres civiles féroces qui ont ravagé l'Afrique et se sont élargies en conflits internationaux, ainsi que les épidémies aussi effroyables que bouleversantes pour la conscience humaine. Sur ce continent, les démocraties doivent racheter les erreurs qu'elles ont commises au long de l'histoire en aidant l'Afrique à participer à la croissance mondiale. Et la communauté internationale a le devoir de mettre fin, ou du moins d'atténuer, les conflits politiques et ethniques.

La multiplicité et la diversité des systèmes internationaux retirent un peu de sa pertinence au débat américain traditionnel sur la nature de la politique internationale. Celle-ci est-elle dominée principalement par les valeurs ou par la puissance, par l'idéologie ou par la raison d'État ? Tout dépend, en réalité, de l'étape historique qu'un système international a atteinte. Aussi faut-il faire preuve de subtilité si l'on veut parvenir à définir une stratégie à long terme, ce qui n'est pas chose aisé pour la politique étrangère américaine, toujours en quête de formules magiques et universelles.

De fait, les impératifs de politique intérieure poussent la politique extérieure américaine dans le sens contraire. C'est ainsi que le Congrès ne se contente pas de légiférer sur la tactique à suivre en matière de relations internationales, il cherche à imposer un code de bonne conduite à d'autres États en appliquant une pléthore de sanctions. Celles-ci frappent actuellement plusieurs dizaines de pays. Les administrations successives ont donné leur aval à ces mesures, espérant notamment que ces compromis leur assureraient l'approbation du Congrès dans d'autres domaines. Par ailleurs, en l'absence de danger extérieur, chacun sait que la politique intérieure prend le pas sur la politique étrangère lorsqu'il s'agit de se maintenir au pouvoir. Ce que les détracteurs étrangers de la politique des États-Unis présentent comme l'expression de l'arrogance américaine n'est ainsi bien souvent que le fruit de l'action de groupes de pression intérieurs, toujours susceptibles de placer sous le feu des projecteurs telle ou telle question en promettant leur appui ou en menaçant de représailles en période électorale. De surcroît, ces groupes se soutiennent mutuellement afin de mieux imposer leurs propres exigences plus tard.

Quel que soit le mérite des décisions prises par le pouvoir législatif quand on les considère séparément, leur effet cumulé confère à la politique étrangère américaine un caractère d'unilatéralité et, à l'occasion, de tyrannie. En effet, à la différence des contacts diplomatiques, qui sont généralement inspirés par le souci du dialogue, l'action législative tend à se résumer à une formule du genre « c'est à prendre ou à laisser », équivalent opérationnel de l'ultimatum.

En même temps, l'omniprésence et les vociférations des médias transforment la politique étrangère en sujet de divertissement public. La concurrence acharnée pour obtenir les meilleurs taux d'audience conduit à se focaliser outrageusement sur telle crise ponctuelle, que l'on présente généralement sous la forme édifiante d'une pièce de théâtre, opposant le bien et le mal, et destinée à connaître un dénouement clair et net. Quant aux enjeux historiques à long terme, on s'en préoccupe fort peu. Aussitôt l'émotion retombée, les médias passent à autre chose. À leur point culminant, les crises du Golfe et du Kosovo, ou le sommet de Camp David, ont ainsi fait l'objet d'une couverture ininterrompue de la presse écrite et de la télévision. Depuis, exception faite de quelques sursauts sporadiques, ces sujets n'ont guère retenu l'attention, malgré la persistance des tendances sous-jacentes à l'œuvre dans ces crises.

Mais si l'Amérique des années 1990 a eu tant de mal à élaborer une stratégie cohérente au niveau mondial, cela tient avant tout au conflit qui opposait alors trois générations en matière de politique étrangère et d'appréciation du rôle que les États-Unis doivent tenir sur la scène mondiale. Les forces en présence étaient les suivantes : les anciens représentants de la stratégie de guerre froide des années 1950 et 1960, qui cherchaient à adapter leur expérience à la situation du nouveau millénaire ; les piliers du mouvement contestataire contre la guerre du Vietnam, qui s'efforçaient d'en appliquer les enseignements à l'ordre mondial naissant ; la nouvelle génération, que ses expériences ont mal préparée à comprendre les idées des deux précédentes.

Les stratèges de la guerre froide ont cherché à faire face au conflit entre superpuissances nucléaires par une politique d'endiguement de l'Union soviétique. Sans être insensible aux questions non militaires (après tout, le plan Marshall occupait une place aussi importante que l'OTAN dans le projet d'ensemble), cette génération a insisté sur la présence d'un élément de puissance irréductible dans la politique internationale. Cet élément, disaient-ils, se mesurait à l'aptitude à endiguer l'expansion militaire et politique soviétique.

Cette génération de stratèges a réduit et, pendant un temps, presque oblitéré la tension entre idéalisme et puissance, traditionnellement inhérente à la pensée américaine. Dans un monde dominé par deux superpuissances, les exigences de l'idéologie et celles de l'équilibre avaient en effet tendance à se confondre. La politique étrangère s'est transformée en jeu à somme nulle, les gains d'un camp se traduisant par des pertes pour l'autre.

Au-delà de l'endiguement, la principale initiative de la diplomatie américaine pendant la guerre froide a consisté à ramener les ennemis vaincus, l'Allemagne et le Japon, dans le giron du système international émergent, dont ils deviendraient des acteurs à part entière. Cette tâche sans précédent, s'agissant de pays dont on avait exigé la capitulation sans conditions moins de cinq ans auparavant, se justifiait pour une génération de responsables américains qui s'étaient formés en s'efforçant de surmonter la Grande Crise des années 1930. La génération qui a organisé la résistance à l'Union soviétique avait connu le New Deal de Franklin D. Roosevelt, cette « Nouvelle Donne » qui avait rétabli la stabilité politique en comblant le fossé entre les espérances américaines et la réalité économique. La même génération l'avait emporté au cours de la Deuxième Guerre mondiale, menée au nom de la démocratie.

La guerre du Vietnam a mis fin à la conjonction entre idéologie et stratégie caractéristique de ce qu'on appelle aujourd'hui « la plus grande génération[2] ». Bien que tous les participants aux débats intérieurs de politique étrangère continuent d'insister sur les principes de la singularité américaine, leur application à des cas concrets fait désormais l'objet de litiges profonds et persistants.

Ébranlés par la désillusion de l'expérience vietnamienne, de nombreux intellectuels anciennement favorables à la politique de guerre froide se sont retirés des débats stratégiques ou ont, dans les faits, rejeté l'essence de la politique étrangère américaine. L'administration Clinton – la première à rassembler de nombreux opposants à la guerre du Vietnam – a traité la guerre froide comme un malentendu rendu insoluble par l'intransigeance américaine. Le concept même d'intérêt national répugnait à ces responsables politiques, et ils se méfiaient de tout emploi de la force qui ne pût prétendre être au service d'une cause « altruiste » – c'est-à-dire d'une cause qui ne refléterait aucun intérêt national américain précis. En maintes occasions et sur plusieurs continents, le président Clinton a jugé bon de s'excuser de certaines des initiatives prises par ses prédécesseurs qui, à l'en croire, résultaient de ce qu'il appelait péjorativement un comportement de guerre froide. Mais la guerre froide n'a pas été une erreur politique – même si sa conduite a évidemment donné lieu à certains dérapages ; des questions majeures de survie et de dessein national étaient en jeu. Non sans quelque ironie, cette prétention à l'altruisme a été interprétée comme un facteur d'imprévisibilité, suscitant même la méfiance de la part de pays qui ont toujours considéré la diplomatie comme l'art de concilier des intérêts divergents.

Il va de soi que les États-Unis ne peuvent pas – et ne doivent pas – en revenir à la politique de la guerre froide ni à la diplomatie du XVIIIe siècle. Le monde contemporain est beaucoup plus complexe qu'alors et exige une approche plus subtile. Mais ils ne doivent pas non plus céder à l'autosatisfaction ni au pharisaïsme de la période contestataire.

Les deux écoles de pensée dont il vient d'être question ont marqué, en tout état de cause, une ère désormais révolue, dont les querelles paraissent abstruses et purement théoriques à la génération née après 1960. Celle-ci n'a pas encore produit de dirigeants capables de susciter un engagement en faveur d'une politique étrangère cohérente et à long terme. De fait, certains vont jusqu'à remettre en cause la nécessité même d'une politique étrangère. Dans un univers économique mondialisé, la génération post-guerre froide n'a d'yeux que pour Wall Street ou pour la Silicon Valley, alors que ses parents se ruaient vers le service public à Washington. Elle attache en effet une plus grande importance à l'économie qu'à la politique. Cela s'explique en partie par la réticence croissante qu'éprouvent les plus jeunes à s'engager dans un métier entouré d'une publicité implacable, qui finit trop souvent par détruire les carrières et les réputations.

La génération post-guerre froide s'intéresse fort peu aux débats sur la guerre d'Indochine, dont elle ignore les détails et dont elle juge les rituels presque incompréhensibles. Et elle n'éprouve aucune culpabilité particulière à l'idée de professer une doctrine d'intérêt personnel, qu'elle applique avec acharnement dans la conduite des activités économiques (en l'émaillant parfois d'appels à l'altruisme national pour se donner bonne conscience). Produit d'un système éducatif qui ne fait pas grand cas de l'histoire, elle manque souvent de perspectives en matière d'affaires étrangères. Cette génération tend ainsi à se laisser séduire par l'idée de relations globales sans risque, afin de compenser la concurrence acharnée qui préside à sa vie privée. Dans ce contexte, la conviction que la recherche de l'intérêt économique personnel conduira pour finir presque automatiquement à la réconciliation et à la démocratie politiques à l'échelle mondiale s'impose tout naturellement.

De telles attitudes ne sont possibles que dans un contexte libéré du risque de guerre généralisée. Dans un tel univers, la génération de responsables américains arrivée aux affaires après la guerre froide (et issue des mouvements de contestation ou des écoles de commerce) n'exclut pas que la politique étrangère se réduise à la politique économique ou consiste à inculquer les vertus américaines au reste du monde. Ce qui explique que, depuis la fin de la guerre froide, la diplomatie des États-Unis ressemble de plus en plus à une sorte de catalogue de propositions d'adhésion à un programme purement américain.

Mais quand bien même elle peut jouer un rôle majeur, la globalisation économique ne saurait tenir lieu d'ordre international. Le succès même de l'économie mondialisée engendrera bien des bouleversements et des tensions, aussi bien à l'intérieur des sociétés qu'entre elles, ce qui ne manquera pas de multiplier les pressions sur les dirigeants politiques du monde. Pendant ce temps, l'État-nation, qui demeure l'entité de responsabilité politique par excellence, se reconstitue dans bien des régions sur la base de deux tendances apparemment contradictoires : en se fracturant en composantes ethniques, ou en se dissolvant au sein de regroupements régionaux plus vastes.

Tant que la génération de responsables politiques issue de l'après-guerre froide échouera à définir une conception de l'intérêt national éclairée et dénuée de culpabilité, elle contribuera à la paralysie collective et non à l'élévation morale. Il va de soi que, pour être véritablement américaine, toute idée de l'intérêt national doit être imprégnée de la tradition démocratique du pays et se préoccuper de la vitalité de la démocratie à travers le monde. Mais les États-Unis doivent également traduire leurs valeurs en réponses à un certain nombre de questions délicates. Que nous faut-il chercher à éviter, pour notre survie même, et aussi douloureux que soient les moyens à employer ? Que nous faut-il tenter d'accomplir si nous voulons rester fidèles à nous-mêmes, y compris si le consensus international est faible, et, au pis, s'il nous faut agir seuls ? Quels torts nous faut-il absolument redresser ? Quels objectifs sont tout bonnement hors de notre portée* ?

* L'auteur a achevé la rédaction de ce livre au premier trimestre 2001. Il l'a enrichi d'un chapitre de conclusion en forme de postface au cours de l'année 2002, afin de prendre la mesure des conséquences des attentats du 11 septembre 2001. *(N.d.E.)*

CHAPITRE II

L'Amérique et l'Europe : le monde des démocraties (I)

L'idéal wilsonien d'un ordre international reposant sur un attachement commun aux institutions démocratiques et sur la volonté de régler les différends par la négociation et non par la guerre s'est imposé dans les pays de l'Atlantique Nord. Leurs gouvernements sont démocratiques, l'étiquette de « démocratie » désignant en l'occurrence des États authentiquement pluralistes, marqués par une alternance régulière et pacifique des partis au pouvoir. Cette situation contraste avec celle que l'on observe dans une grande partie du reste du monde, où ce mot est bien souvent invoqué pour légitimer l'homme au pouvoir, quel qu'il soit, et où les éventuels changements de gouvernement s'opèrent par le biais de coups d'État ou de méthodes analogues. Dans l'espace atlantique, la guerre n'est plus reconnue comme un instrument politique ; au cours du demi-siècle passé, l'usage de la force s'est limité aux marges de l'Europe et à des conflits entre groupes ethniques, épargnant les États-nations traditionnels.

Voilà pourquoi, depuis un demi-siècle, l'association des États de l'Atlantique Nord constitue la clé de voûte de la politique étrangère américaine. Même après la disparition de la menace soviétique, l'Alliance atlantique est restée pour les États-Unis le principal rempart de l'ordre international. Au-delà des objectifs de défense mutuelle d'une alliance traditionnelle, les États de l'Atlantique Nord ont mis en place un réseau de consultations et de relations qui doit leur permettre d'affirmer et d'accomplir leur destinée politique commune. Au lendemain de la Deuxième Guerre mondiale, l'aide apportée par les États-Unis a évité l'effondrement économique de l'Europe. Et lorsque l'Union soviétique s'est faite menaçante, la décision a été prise de créer l'Organisation du traité de l'Atlantique Nord (OTAN). Celle-ci s'est dotée d'un commandement militaire intégré, tandis que son Conseil permanent des ambassadeurs coordonnait la diplomatie alliée. Plus récemment, la globalisation a si bien contribué à intensifier les échanges économiques que les investissements de l'Amérique du Nord en Europe et inversement ont tissé des liens désormais inextricables et indispensables à leur prospérité respective.

Pourtant – et paradoxalement –, les relations entre l'Amérique du Nord et l'Europe sont hérissées de controverses. Non que les relations entre alliés aient traditionnellement été idylliques, voire faciles. La croissance de l'Alliance s'est accompagnée de nombreux conflits – ce qui n'est que trop naturel si l'on songe que des États qui avaient dirigé les affaires du monde trois siècles durant ont dû soudain se plier, dans bien des cas, à des décisions prises à quelque cinq mille kilomètres de là, à Washington. Pendant la crise de Suez, en 1956, l'administration Eisenhower s'est ainsi dissociée de ses alliés britanniques et français et a tout fait pour mettre leurs plans en échec. L'attitude de l'administration Kennedy face à la crise de Berlin, dans les années 1960, a suscité bien des réserves en Allemagne comme en France. La tentative de l'administration Nixon pour redéfinir les relations transatlantiques dans les années 1970 s'est accompagnée de vives résistances, surtout de la part de la France ; et le déploiement de missiles nucléaires américains en Europe dans les années 1980 a provoqué des manifestations hostiles à travers tout le continent.

Mais on note aujourd'hui une différence majeure, de ce point de vue. Les crises qu'a traversées l'Alliance par le passé tenaient généralement de la querelle de famille et reflétaient des différences dans l'appréciation des impératifs d'une sécurité commune que personne ne remettait en cause. Aujourd'hui, c'est la définition même de la sécurité collective et, de fait, de l'objectif commun que l'on conteste. Bien de l'eau a coulé sous les ponts depuis le temps où les Américains se désolidarisaient des intérêts coloniaux européens. À l'heure où j'écris, ce sont nos alliés européens qui désavouent – souvent très énergiquement – la politique que mènent les États-Unis à l'extérieur de la zone de l'OTAN – qu'il s'agisse des sanctions contre Cuba, l'Irak ou l'Iran, de la politique américaine dans le détroit de Taïwan ou du projet de création d'un système national de défense antimissile. Autrefois, c'étaient généralement les partis d'opposition européens qui dénonçaient les décisions américaines en matière de déploiement, mais jamais encore les chefs de gouvernement de pays membres de l'OTAN n'avaient attaqué publiquement, et encore moins de concert avec un dirigeant russe, les choix stratégiques d'un allié dont leur sécurité dépend si étroitement. C'est pourtant ce qui s'est passé à l'occasion de la visite à Paris de Vladimir Poutine, président de la Russie, en octobre 2000. Lors d'un « point de presse conjoint » avec son invité, Jacques Chirac, s'exprimant au nom de son pays – qui assurait alors, rappelons-le, la présidence de l'Union européenne pour six mois –, a critiqué l'intention de l'administration Clinton d'envisager une révision du traité ABM* :

> Nous avons, entre la Russie et la France, des points de convergence importants. [...] S'agissant des affaires stratégiques, nous avons la même position en ce qui concerne le respect du traité ABM, qui, à nos yeux, ne doit pas être remis en cause, ce serait dangereux[1]...

On a assisté à une démarche plus provocatrice encore avec la désignation d'une équipe de conciliation de l'Union européenne, chargée d'étudier les moyens d'apaiser les tensions sur la péninsule coréenne, et dont la mission s'opposait diamétralement à la politique américaine proclamée par le président Bush à peine quinze jours auparavant. Il ne s'agit pas de porter un jugement sur les mérites respectifs des deux approches. Mais on est en droit de penser qu'un minimum de patience et de réserve, dans une région explosive où les États-Unis assument l'intégralité des risques militaires, n'aurait pas été déplacé.

Pendant la guerre froide, on présentait l'intégration européenne comme un moyen de renforcer l'Alliance atlantique ;

---

* Anti-Ballistic Missile Treaty : il s'agit du traité sur les missiles antibalistiques (1972). *(N.d.T.)*

aujourd'hui, un certain nombre de ses défenseurs veulent en faire un contrepoids aux États-Unis. Le trait distinctif de la force militaire de l'Union européenne, qui verra le jour d'ici à 2003, est qu'elle doit pouvoir agir en dehors du cadre de l'OTAN. Dans le même esprit, Joschka Fischer, ministre allemand des Affaires étrangères, a affirmé que désormais les Nations unies joueraient un rôle accru dans la politique extérieure de l'Allemagne, un rôle supérieur même, dans certains cas, à celui de l'OTAN[2].

Lors de la fondation de l'Alliance, ce qui fédérait ses États membres était la politique à l'égard de l'Union soviétique. Aujourd'hui, les principaux alliés de part et d'autre de l'Atlantique s'attachent à définir des « relations particulières » avec Moscou. Sans que leurs efforts soient nécessairement conflictuels, ils ne font pas grand cas non plus du point de vue de leurs partenaires. Leur objectif est de se ménager le plus de possibilités – pour se prémunir, dans une certaine mesure, contre les agissements de tiers – en s'assurant de la bonne volonté de Moscou.

Ce que l'on présente comme une politique commune de l'Alliance à l'égard de la Russie relève bien souvent d'une appréciation sentimentale de la personnalité du dirigeant russe en exercice – autrefois Boris Eltsine, aujourd'hui Vladimir Poutine. Chaque allié peut ainsi adapter sa politique nationale aux critères psychologiques de son choix.

Les désaccords surgis dans le domaine économique auraient tendance à être plus aigus encore. De graves frictions commerciales ont ainsi donné lieu à une profusion de menaces de représailles américaines contre l'Europe, à propos des bananes et du bœuf, et à des protestations de l'Union européenne contre la taxation des exportations décidée par les États-Unis. À l'heure actuelle, on s'interroge, sur les deux rives de l'Atlantique, sur la manière – et même sur l'opportunité – d'engager une nouvelle négociation multilatérale au sein de l'Organisation mondiale du commerce. On n'observe en effet de consensus ni sur le fond ni sur la procédure. Et l'on voit se profiler la menace d'un nouvel affrontement sur la politique énergétique, surtout si les cours du pétrole restent élevés.

Le manque de contacts humains de part et d'autre de l'Atlantique, et ce malgré un accroissement des déplacements sans précédent, est plus inquiétant encore. Les Américains qui se rendent en Europe et les Européens qui visitent les États-Unis ont beau être plus nombreux que jamais, ils sont à ce point drapés dans leurs préjugés ou obnubilés par leurs contacts professionnels qu'ils en négligent complètement l'histoire et les valeurs propres aux pays dans lesquels ils se rendent. L'essentiel de ce que les jeunes Américains savent sur l'Europe ressortit à l'univers des affaires, et non pas à la sphère politique ou à la culture. Quant aux Européens, ce qu'ils savent des États-Unis, c'est-à-dire ce que leur en disent leurs médias, se résume bien souvent à l'existence de la peine de mort, aux lacunes du système d'assurance-maladie, à l'importance de la population carcérale et à d'autres stéréotypes de même nature.

Certes, les principaux dirigeants européens ont saisi l'occasion de l'accession de George W. Bush à la présidence pour réaffirmer leur attachement aux liens atlantiques. On peut néanmoins se demander s'ils considèrent toujours l'Alliance comme l'expression d'une destinée commune, ou si elle ne représente plus qu'un filet de sécurité pour des politiques fondamentalement nationales ou régionales. Répondre à cette question est sans doute le défi majeur que devront relever les dirigeants des deux côtés de l'Atlantique.

LA TRANSFORMATION DES RELATIONS ATLANTIQUES

La dérive des relations atlantiques n'est pas le fruit de telle ou telle politique menée par tel ou tel dirigeant ; bien plutôt, ces politiques sont elles-mêmes des réactions à quatre transformations fondamentales des relations traditionnelles : la désintégration de l'Union soviétique ; la réunification de l'Allemagne ; la tendance croissante à considérer la politique étrangère comme un instrument de la politique intérieure ; le développement d'une identité européenne.

Depuis que l'Amérique s'est engagée dans la Première

Guerre mondiale, en 1917, sa politique repose sur l'idée qu'il est de son intérêt géopolitique d'empêcher toute puissance potentiellement hostile de dominer l'Europe. Pour défendre leurs intérêts, les États-Unis ont rompu avec leur tradition d'isolationnisme au lendemain de la Deuxième Guerre mondiale, et se sont vigoureusement engagés dans une lutte contre l'Union soviétique. Dans les deux cas, l'Europe a applaudi, quand bien même le zèle missionnaire de l'Amérique et sa tendance à assimiler politique étrangère et progrès moral agaçaient des responsables qui avaient appris, à travers leur histoire nationale, à pratiquer des vertus d'ambitions plus modestes. La conscience que seuls l'effort commun des pays qui bordent l'Atlantique et la subordination des intérêts nationaux au bien général permettraient de contrer la menace soviétique a donné naissance à l'Alliance dans sa structure actuelle – peut-être la plus efficace de l'histoire.

Au fil du temps, on a vu s'affirmer sur les deux rives de l'Atlantique une attitude nouvelle : les membres de l'Alliance se sont considérés comme les représentants d'une communauté de valeurs unique et singulière, et non comme un simple agrégat d'intérêts nationaux soucieux d'assurer leur défense. Mais la disparition de la menace soviétique a remis au goût du jour certains schémas plus traditionnels, tant dans le domaine de la diplomatie nationale que dans celui de la politique intérieure, comme nous le verrons un peu plus loin dans ce chapitre.

La réunification allemande n'a fait qu'accélérer ces tendances. L'une des ironies de l'histoire a voulu que l'Allemagne sorte de chacune des guerres mondiales qu'elle a perdues plus forte par rapport à ses voisines qu'elle ne l'était auparavant. Rien n'illustre mieux les limites de la prévoyance humaine que le dénouement de ces conflits. L'Allemagne a joué un rôle clé dans le déclenchement de la guerre de 1914-1918 – bien que les autres États européens n'aient demandé qu'à lui emboîter le pas – et elle a, de son propre chef, provoqué la seconde dans l'intention de dominer l'Europe et, peut-être, le monde. Sans ces deux guerres, l'Allemagne aurait atteint presque inévitablement la position prééminente, en Europe tout au moins, que tendent à lui conférer aujourd'hui la puissance de son économie et la vitalité de sa population – et ce, malgré deux défaites, l'occupation de son territoire par des armées étrangères et sa partition en deux États rivaux durant plus de quarante ans. La débâcle de la période nazie, la division du pays et le tracé de la ligne de démarcation de la guerre froide qui passait au cœur même du pays ont convaincu les fondateurs de la nouvelle démocratie allemande de tout faire pour éviter de s'engager une nouvelle fois sur une voie nationale solitaire.

De tous les grands pays européens, l'Allemagne est celui dont l'unification a été la plus tardive. En outre, elle n'a pas accédé au rang de nation à la suite d'un mouvement populaire. Ce sont les princes des différents petits États allemands qui ont proclamé en 1871 l'existence d'un État unifié, à l'initiative de la Prusse, qui les avait vaincus militairement cinq ans auparavant. Contrairement à ce que l'on a pu observer dans la plupart des grands États d'Europe, en Allemagne, nationalisme et démocratie ont progressé sur des voies distinctes – et souvent conflictuelles – pendant près d'un siècle. Ce qui a prêté au nationalisme allemand un visage souvent abstrait, affectif et romantique.

Mais, surtout, ce nationalisme a manqué de mesure. Aussi les problèmes stratégiques nés de la situation géographique centrale de l'Allemagne sont-ils devenus une source permanente d'instabilité pour toute l'Europe. Avant l'unification de 1871, la division de l'Allemagne en plusieurs dizaines de petits États avait, pendant deux siècles, permis à ses voisins de porter sur le sol allemand les conflits touchant l'équilibre européen des forces. Après son unification, l'Allemagne est passée d'un extrême à l'autre, cherchant cette fois à assurer sa sécurité contre tous ses voisins en même temps. Mais si l'Allemagne était assez puissante pour vaincre l'alliance de l'ensemble de ses voisins, elle l'était évidemment aussi pour les écraser individuellement. C'est ainsi que la volonté de l'Allemagne de se prémunir contre les risques inhérents à sa situation stratégique s'est transformée en une véritable hantise : celle d'une coalition de l'ensemble de ses voisins contre elle. Pendant des siècles, l'Allemagne a donc été trop faible ou trop forte pour que l'Europe vive en paix.

En fait, ce problème n'a été réglé qu'à deux reprises au cours de l'histoire allemande : par Otto von Bismarck dans les premières décennies de l'Allemagne unifiée du XIXe siècle, et au lendemain de la Deuxième Guerre mondiale par Konrad Adenauer et les chanceliers qui lui ont succédé à la tête de la

République fédérale. Bismarck avait choisi d'assurer la sécurité de son pays en usant de toute sa finesse diplomatique. Il chercha à organiser les relations réciproques des États européens de manière à ménager constamment à l'Allemagne plus de possibilités qu'à n'importe quel rival potentiel, empêchant ainsi la formation de coalitions hostiles. Ce tour de force allait se révéler trop subtil et trop complexe pour ses successeurs, qui substituèrent au talent diplomatique la course aux armements, et qui, à force de rodomontades, entraînèrent leur pays dans la Première Guerre mondiale.

Adenauer et ses successeurs héritèrent d'une Allemagne vaincue, divisée et ravagée, dont deux guerres avaient fini par épuiser le goût pour les aventures en solitaire. Ils savaient que l'attitude passée de leur pays avait éveillé trop de méfiance pour autoriser des combinaisons subtiles à la Bismarck, et que sa propension au romantisme anéantirait le sens de la mesure sur lequel reposait la diplomatie bismarckienne. En tout état de cause, les réalités de l'occupation alliée excluaient toute diplomatie nationale.

Alors que la division de l'Allemagne issue de la guerre froide se prolongeait, la République fédérale mit l'accent sur sa vocation à la fois atlantique et européenne. Elle chercha à se mettre à l'abri des pressions militaires soviétiques en encourageant les États-Unis à prendre la tête de l'Alliance atlantique et s'efforça de se donner une légitimité face au satellite soviétique est-allemand en acceptant que la France prenne l'initiative en matière d'intégration européenne. En jouant les seconds violons aux côtés des États-Unis au sein de l'OTAN et aux côtés de la France au sein de l'Europe, la République fédérale s'est ainsi imposée, quelques décennies après sa capitulation sans conditions, comme la plus grande puissance militaire et économique d'Europe, et comme un élément majeur de la solidarité atlantique.

Au cours des premières étapes de la guerre froide, la voie sur laquelle Adenauer s'était engagé a fait l'objet de vives critiques. Cette opposition a été particulièrement virulente au sein du Parti social-démocrate (SPD), qui avait héroïquement résisté aux nazis et qui comptait dans ses rangs certaines des figures les plus marquantes de la politique allemande. Aux premiers jours de la République fédérale, ses dirigeants prônaient en effet ce que l'on pourrait appeler une politique nationale aux couleurs neutralistes – en d'autres termes, leur projet consistait à renoncer aux liens militaires occidentaux en échange de l'unité nationale.

Dans les années 1970, le SPD a fini par admettre l'ancrage occidental de l'Allemagne. Deux éminents chanceliers sociaux-démocrates, Willy Brandt et Helmut Schmidt, se sont alors attachés à renforcer les liens atlantiques et européens de l'Allemagne, tout en se montrant plus disposés à examiner certaines options diplomatiques avec l'Est communiste, moyennant le soutien, d'abord hésitant, puis convaincu, des États-Unis. L'« ouverture vers l'Est » prônée par Brandt, qui s'est ensuite concrétisée par des négociations avec Moscou, a conduit à l'acceptation officielle de la partition de l'Allemagne et a jeté les bases d'un accord quadripartite sur Berlin qui a mis fin, en 1971, aux menaces qui pesaient sur la ville. Mais le déclin d'intérêt pour une ouverture vers l'Est, voie possible d'une réunification future, et l'approche différente de la stratégie militaire adoptée par la base du SPD ont contraint le chancelier Schmidt à quitter le pouvoir en 1982, alors même qu'il s'apprêtait à déployer des missiles à moyenne portée sur le territoire allemand, conformément à une décision de l'OTAN.

En 1998 – au terme de seize ans d'opposition –, le SPD est revenu aux affaires et a formé une coalition avec le parti des Verts (écologiste), dont le programme a toujours été hostile à l'Alliance atlantique. Parvenues au pouvoir, aucune de ces formations politiques n'a pourtant mis l'accent sur les questions qui les avaient mobilisées quand elles étaient dans l'opposition – ne fût-ce que parce que le monde de l'après-guerre froide avait retiré beaucoup de leur pertinence aux débats des années 1980.

Quel que fût le parti au gouvernement, le nouvel alignement international ne pouvait qu'inviter à remettre l'accent sur l'intérêt national allemand. L'équilibre politique au sein de l'Europe et de l'OTAN avait été complètement remanié par l'effondrement de l'Union soviétique, lequel avait réduit (et même supprimé provisoirement) la crainte d'une attaque militaire venue de l'Est, et par la réunification de 1990, qui avait détruit le satellite soviétique est-allemand. L'Allemagne était moins disposée désormais à se contenter d'un rang subalterne au sein de l'OTAN comme de l'Europe. Face aux progrès du redressement de la Russie, on vit ainsi resurgir la tentation traditionnelle de l'Allemagne de nouer des relations privilégiées avec la Russie.

L'Allemagne s'affranchissant de sa dépendance à l'égard des États-Unis en matière de sécurité et de la France en matière de légitimité, on pourrait assister à l'affirmation de trois tendances fondamentales :

- Une plus grande assurance, tant au sein de l'Alliance atlantique que dans les institutions européennes. Progressivement, l'Allemagne pourrait chercher à jouer elle-même au sein de l'Europe le rôle que la France voudrait voir jouer à l'Europe au sein de l'Alliance atlantique.

- Une réticence à compromettre ses liens avec les États-Unis plus grande que ne le prévoient les dispositions françaises touchant les relations atlantiques. En ce sens, l'Allemagne impose des limites à la mise en pratique de la rhétorique française.

- Le développement du rôle du pouvoir relatif de l'Allemagne, le redressement de la Russie, réveilleront la tentation d'un rapprochement germano-russe privilégié, fondé sur la tradition bismarckienne selon laquelle ces deux pays ont toujours prospéré quand ils étaient proches et souffert quand ils étaient opposés.

Ces tendances n'affecteront pas seulement les partis au pouvoir. Il faut se rappeler qu'en Allemagne la nouvelle génération n'a pas subi les traumatismes de l'après-guerre – sans parler du traumatisme nazi –, et, surtout, que le tiers de son territoire, anciennement communiste, a dû attendre la dernière décennie du XXe siècle pour accéder à la démocratie. Aussi risque-t-on de voir surgir un nouveau type de nationalisme qui, sans être militairement agressif, récusera toute discrimination fondée sur un passé que la grande majorité des Allemands n'a pas connu, et qui exigera que l'Allemagne exerce une influence politique à la mesure de son potentiel économique et militaire.

Ces dispositions inciteront d'autres pays d'Europe à courtiser la Russie, afin de réagir à la domination américaine et pour faire contrepoids à l'Allemagne – bien que, dans cette course, cette dernière soit, semble-t-il, en bien meilleure position que les autres pour négocier avec la Russie. Si les États-Unis décidaient de jouer le même jeu, le caractère même des relations atlantiques s'en trouverait transformé et se rapprocherait davantage de la diplomatie européenne traditionnelle fondée sur le jeu des récompenses et des sanctions.

L'ÉVOLUTION DU LEADERSHIP ATLANTIQUE ET EUROPÉEN

Les responsables politiques qui ont forgé les relations atlantiques avaient appris de l'épreuve de la Deuxième Guerre mondiale que les divisions ayant opposé les démocraties au cours de la période d'apaisement des années 1930 et pendant la longue route vers la victoire avaient bien failli conduire le monde à sa perte. Ce sont eux qui ont lancé le plan Marshall et l'OTAN, relevé victorieusement toute une série de défis soviétiques directs et indirects, et jeté les bases de la défaite ultime du communisme.

La génération qui parvint au pouvoir dans les années 1990, dans les pays situés de part et d'autre de l'Atlantique, avait vécu des expériences très différentes de celles de ses pères. Ces derniers avaient appris à faire confiance au pouvoir américain et à croire en l'importance de l'unité alliée. Leurs enfants avaient, au contraire, connu les mouvements de contestation des années 1960 et 1970, marqués par une profonde méfiance à l'égard de la puissance américaine et même, en général, du rôle de la puissance dans les affaires internationales. Pour eux, la politique étrangère ne devrait pas défendre des causes stratégiques, et la notion même d'intérêt national leur inspirait un certain malaise. Il ne s'agit pas, en l'occurrence, de juger de l'importance de ces points de vue, mais d'examiner s'ils sont aujourd'hui de quelque pertinence alors que le cadre de sécurité traditionnel se trouve fortement négligé.

La génération au pouvoir à l'aube du nouveau millénaire dans presque tous les pays d'Europe occidentale est issue des partis de centre gauche et a fait son apprentissage à travers la contestation antiaméricaine. Aux États-Unis mêmes, un certain nombre de responsables de la politique étrangère de l'administration Clinton avaient, eux aussi, grandi dans l'idée que l'Amérique n'avait pas le droit d'exercer son ascendant sur l'étranger tant qu'elle n'aurait pas reconnu ses propres défauts et n'y aurait pas remédié, ou, le cas échéant, qu'elle ne devait le faire que pour défendre des causes qui n'avaient rien à voir avec ses intérêts personnels. Certains soutenaient que les États-Unis portaient une lourde responsabilité dans les origines de la guerre froide ; le pays aurait en effet éveillé les craintes soviétiques en faisant trop grand cas de la puissance militaire[3].

Alors que la première génération considérait l'Alliance atlantique comme le point de départ d'une union de démocraties, la génération de la contestation y voit un vestige de la guerre froide, sinon un obstacle à la disparition de celle-ci. C'est ainsi qu'en mars 1997, au cours d'une conférence de presse conjointe avec le président russe Boris Eltsine, le président Clinton a affirmé que la « vieille OTAN » était « fondamentalement l'image inversée du pacte de Varsovie », établissant ainsi un parallèle entre une association volontaire d'États démocratiques et une organisation imposée par l'Union soviétique aux pays d'Europe de l'Est qu'elle avait asservis[4].

L'objectif de la génération contestataire est moins de renforcer la communauté atlantique que d'« effacer les lignes de démarcation ». On en trouvera un bon exemple dans un discours prononcé par le même Clinton à West Point, en mai 1997, à l'occasion duquel il mentionna quatre bonnes raisons d'élargir l'OTAN : renforcer l'Alliance afin de « faire face à des conflits qui menaceraient la paix commune de tous » au cours du nouveau siècle (sans doute des conflits ethniques et hors zone) ; « aider à préserver les acquis historiques de la démocratie en Europe » ; « encourager de futurs membres à résoudre pacifiquement leurs différends », et à travers le Partenariat pour la paix et la mise en œuvre des dispositions spéciales concernant la Russie et l'Ukraine, « effacer la ligne artificielle que Staline [avait] tracée en Europe et réunir l'Europe dans la sécurité, au lieu de la maintenir divisée dans l'instabilité[5] ».

Si chacun de ces arguments n'était pas dénué de fondement, Clinton passait sous silence le motif majeur d'une participation de la Pologne, de la Hongrie et de la République tchèque à l'OTAN : combler définitivement le vide stratégique de l'Europe centrale qui avait nourri au XXe siècle les visées expansionnistes de l'Allemagne comme de la Russie. Un an plus tard, le Sénat américain affirmerait clairement cette vérité géopolitique, à l'occasion du vote de l'élargissement de l'OTAN. Les sénateurs ont ainsi déclaré fermement que l'OTAN était « avant tout et surtout une alliance militaire » dont l'existence devait empêcher « la réapparition d'une puissance hégémonique susceptible de menacer l'Europe[6] ».

Sous Clinton, les déclarations de l'Alliance ont pris un tour assez rituel, qui a eu tendance à confondre progressivement le concept original ayant présidé à la naissance de l'Alliance et le principe de sécurité collective.

La distinction entre ces deux concepts n'a pourtant rien d'une argutie juridique : elle exprime une différence philosophique majeure. Une alliance voit le jour quand un groupe de nations décide de défendre un territoire précis ou une cause particulière ; elle trace en quelque sorte une ligne dont la violation constitue un *casus belli*. En revanche, un système de sécurité collective, lui, ne définit ni le territoire à défendre ni les moyens ou les mécanismes indispensables à cette fin ; il s'agit, par essence, d'un concept juridique. L'OTAN est une alliance ; les Nations unies sont un système de sécurité collective. Une alliance se forme contre une menace précise et définie, et désigne dans bien des cas les forces susceptibles d'y faire face. Un système de sécurité collective est juridiquement neutre : loin de définir la menace, il postule au contraire qu'il faut attendre qu'elle se manifeste pour envisager une action.

Dans un système comme celui des Nations unies, l'agresseur ne peut être désigné à l'avance, et il a le droit de participer aux délibérations relatives à ses agissements ; toute autre méthode reviendrait à renoncer au caractère impartial et quasi judiciaire de l'organisation. Quand une menace surgit, les membres du système de sécurité collective sont censés en définir la nature d'un commun accord, et ce n'est qu'à ce moment-là qu'ils sont libres de réunir des forces collectives pour y faire face. Dans le cadre des Nations unies, si l'agresseur est un membre permanent du Conseil de sécurité, il est en situation d'opposer son veto à la désignation de la partie coupable ou aux actions collectives à mener contre lui.

C'est ce qui explique l'échec de la Société des Nations et du pacte de Locarno dans les années 1930, et celui de l'actuelle ONU face aux principales menaces. Les Nations unies ont pu, dans certains cas, jouer un rôle dans le maintien de la paix, notamment lorsque toutes les parties étaient disposées à s'entendre et qu'il ne s'agissait plus que d'exécuter techniquement un accord. Mais elles ne sont jamais parvenues à imposer la paix à des parties réticentes, ni à un camp disposant du soutien d'un membre permanent du Conseil de sécurité. Quand tous les participants sont d'accord, le besoin de sécurité collective est minime ; quand ils se divisent, son application est impossible. Lorsque tous les membres d'un système international sont soumis aux mêmes obligations, aucun pays ou groupe de pays n'est lié par l'obligation particulière qui constitue l'essence même d'une alliance. Bien qu'on utilise souvent les termes d'« alliance » et de « sécurité collective » comme s'ils étaient interchangeables, il s'agit bien en réalité de deux concepts inconciliables.

Du fait de cette confusion, le concept aussi bien que les capacités d'action de l'OTAN se sont considérablement dilués dans les années 1990. On a en effet créé une foule d'organisations qui tendent à transformer l'OTAN en Nations unies miniatures. Citons ainsi le Conseil de l'Atlantique Nord, qui rassemble les ambassadeurs des dix-neuf pays membres de l'OTAN ; le Conseil conjoint permanent, formé de la réunion du Conseil de l'Atlantique Nord et de la Russie ; le Conseil de partenariat euro-atlantique, qui comprend l'OTAN et vingt-huit pays de l'ancien bloc de l'Est ; le Partenariat pour la paix, au sein duquel les pays d'Europe de l'Est – dont la Russie – sont invités à se préparer à des missions multilatérales non précisées. Tous ces pays, qui s'étendent à l'est jusqu'au Kazakhstan, à l'Azerbaïdjan et à l'Ouzbékistan, sont représentés aux sommets de l'OTAN ; et tous ces nouveaux organismes sont rattachés au siège de l'OTAN, détournant celle-ci de ses missions historiques pour l'engager dans une pléthore d'entreprises multilatérales de sécurité collective aux objectifs mal définis.

Quelles sont les limites de l'OTAN ? Et comment ces nouvelles structures se distinguent-elles conceptuellement d'organisations telles que l'ONU ? Il peut, certes, être souhaitable d'élargir la portée de l'influence américaine ou atlantique à d'autres régions du monde. Mais l'OTAN est-elle le bon moyen d'atteindre cette fin ? Chercher à diriger cette multitude d'institutions depuis le siège de ce qui est fondamentalement une alliance militaire jette l'équivoque sur l'objectif de l'organisation et sème la confusion sur ses priorités. Les sommets annuels des chefs d'État de l'OTAN réunissent désormais près de cinquante dirigeants relevant des différents groupements, dont les dix-neuf alliés officiels. Tout cela risque fort de noyer l'OTAN dans un méli-mélo multilatéral.

L'officialisation des relations de l'OTAN avec la Russie en offre une bonne illustration. L'Acte fondateur sur les relations mutuelles, la coopération et la sécurité signé le 27 mai 1997, dans l'intention, notamment, d'apaiser les inquiétudes russes suscitées par l'élargissement de l'OTAN, a institué un Conseil conjoint permanent, composé du Conseil de l'Atlantique Nord d'origine auquel s'ajoute un ambassadeur russe. Les compétences de ce conseil, qui doit se réunir au moins une fois par mois, ont été exposées en long et en large, et sa structure assure à la Russie, si elle le souhaite, une voix prépondérante dans la définition de son programme de travail. En effet, le Conseil-conjoint permanent est présidé par le représentant russe, le secrétaire général de l'OTAN et, à tour de rôle, un ambassadeur du Conseil de l'Atlantique Nord. (La Russie présidera donc en permanence, alors que les États-Unis ne le feront qu'une fois sur dix-neuf). Si la Russie exploitait pleinement les possibilités qui lui sont ainsi offertes (ce qu'elle n'a pas fait à l'heure où j'écris), les sessions du Conseil de l'Atlantique Nord et celles du Conseil conjoint permanent pourraient finir par fusionner.

L'ambiguïté des priorités de l'OTAN reflète la disparition de toute menace immédiate. Celle-ci a permis à tous les membres de l'Alliance atlantique de donner la priorité, sans prendre de grands risques, à la politique intérieure sur la politique extérieure et de sécurité. Ayant déçu le noyau dur de leurs sympathisants par leurs réformes économiques libérales, la quasi-totalité des gouvernements européens de centre gauche hésitent à exaspérer davantage leurs ailes radicales en mettant en œuvre une politique de sécurité nationale apparemment calquée sur celle des États-Unis. Une large part de la résistance européenne au programme de défense nationale antimissile reprend les arguments qui avaient été avancés en 1980 contre le déploiement des missiles offensifs – des critiques que l'on retrouve, dans certains cas, dans la bouche des mêmes responsables politiques.

L'administration Clinton a entrepris de définir ses priorités en les distinguant de celles de ses prédécesseurs d'une manière très comparable à ce qu'a fait la gauche européenne. Tout en affirmant l'importance de l'OTAN, elle a mis l'accent sur des valeurs qui n'ont pas grand-chose à voir avec les objectifs stratégiques traditionnels de cette organisation. Néanmoins, eu égard à l'affaiblissement patent des liens historiques, les relations personnelles entre les chefs d'État de la zone atlantique sont restées remarquablement étroites sous l'administration Clinton. Grâce à la proximité de leurs politiques intérieures, les dirigeants européens n'ont pas vu de contradiction entre le fait d'exprimer leur admiration personnelle pour Clinton et leur opposition à un certain nombre de ses décisions politiques qui lui étaient, pensaient-ils, imposées en partie par une droite hargneuse.

C'est ainsi que les rencontres les plus libres et les plus fructueuses entre les dirigeants atlantiques n'ont pas eu pour cadre les réunions au sommet officielles, mais les rassemblements de la « troisième voie » entre chefs de gouvernement sociaux-démocrates du monde (essentiellement européens). Ces entrevues devaient permettre de définir une voie médiane entre capitalisme et socialisme traditionnels. Ce qui explique que le Premier ministre socialiste du Portugal y ait été invité, à la différence du Premier ministre conservateur d'Espagne ; et que le Premier ministre socialiste français y ait assisté, contrairement au président (conservateur) de la République française. En participant régulièrement à ces rencontres, Clinton a mis en jeu le prestige attaché à sa fonction – au profit des tenants de la social-démocratie des pays représentés.

Avant l'effondrement de l'Union soviétique, tous les alliés pouvaient se référer à un certain nombre de critères parfaitement définis en matière de politique étrangère. De façon générale, l'approche américaine était toujours un peu plus idéologique et plus missionnaire que l'approche européenne, traditionnellement plus réaliste. L'Amérique pensait apporter à l'Europe des vues plus élevées, alors que les dirigeants européens se flattaient d'aider les États-Unis à admettre les limites du possible. À cette époque, les relations ne dépendaient pas de l'identité du parti au pouvoir de part et d'autre de l'Atlantique. Il est indispensable de renouer avec cette approche si l'on veut donner à la politique atlantique une orientation cohérente.

L'arrivée au pouvoir d'une administration républicaine ne pouvait que changer la donne. De toute évidence George W. Bush ne sera pas admis aux réunions de la « troisième voie ». S'il l'était, celles-ci devraient également accueillir les dirigeants européens exclus jusqu'alors, ce qui transformerait ces conférences en réunions de chefs de gouvernement. Et, lorsque les dirigeants européens se seront habitués à des relations fondées sur des intérêts nationaux convergents, les relations atlantiques (re)prendront un caractère plus permanent.

La nostalgie que peuvent inspirer les certitudes de la guerre froide ne saurait en aucun cas dicter une politique raisonnable ; mais la répétition mécanique des slogans de solidarité atlantique ne le peut pas davantage. Il faut définir une nouvelle approche qui nous permette de répondre à une série de questions que nous ont léguées les années 1990. L'Alliance atlantique est-elle encore au cœur des relations transatlantiques ? Si oui, comment définit-elle ses objectifs dans le monde de l'après-guerre froide ? Quels seront les effets de la formation d'une Europe unie sur l'idée de partenariat atlantique ? L'Alliance doit-elle incarner un ensemble d'objectifs communs ou se contenter de servir de filet de sécurité ?

L'AVENIR DE L'INTÉGRATION EUROPÉENNE

L'émergence d'une Europe unie est l'un des événements les plus révolutionnaires de notre temps. L'élan qui a présidé à cette création se nourrit de motifs divers, qui ne sont pas tous compatibles. Initialement, l'Europe a considéré l'intégration comme un moyen de venir à bout de la rivalité suicidaire qui l'avait conduite à traverser deux guerres mondiales tragiques, et de remédier, par la coopération, aux ravages économiques provoqués par ces conflits. La France a soutenu l'intégration européenne pour tenir définitivement en échec la menace allemande. La République fédérale a embrassé l'idéal d'une Europe intégrée pour se différencier du satellite soviétique qu'était devenue l'Allemagne de l'Est, et pour se doter d'un substitut affectif à l'unité nationale perdue. La Grande-Bretagne, héritière d'une tradition qui a toujours vu dans une Europe unie un risque pour l'indépendance britannique, leur a emboîté le pas à contrecœur ; elle a donné son aval à certains accords techniques et économiques, mais ne s'est jamais départie de sa méfiance à l'égard de tout ce qui pouvait faire du Royaume-Uni une province de l'Europe et compromettre ses relations privilégiées avec les États-Unis.

La réunification allemande en 1990 a relancé le processus d'intégration européenne. Pour apaiser ceux qui redoutaient de voir une Allemagne unifiée dominer le continent européen, le chancelier Helmut Kohl s'est fait l'un des avocats les plus éloquents du traité de Maastricht de 1992, qui prévoyait la création d'une monnaie européenne – l'euro – et accomplissait un grand pas en avant sur la voie d'une politique étrangère et de sécurité commune à toute l'Europe. La France a soutenu ce processus, en partie pour contenir la puissance de l'Allemagne, en partie pour s'assurer de son concours dans l'exercice d'une politique plus indépendante à l'égard des États-Unis[7].

Ces derniers ont largement soutenu le processus d'unification européenne – en jouant d'abord le rôle de défenseur passionné et, plus récemment, celui de repoussoir. Dès les premiers frémissements de l'intégration européenne, au lendemain de la

Deuxième Guerre mondiale, les États-Unis avaient pris fait et cause pour ce projet et n'avaient pas hésité, dans certains cas, à pousser des alliés d'abord réticents à y adhérer. En 1963 déjà, le président Kennedy prônait l'unification européenne dans l'espoir d'instaurer des relations plus équilibrées avec l'Europe :

> Seule une Europe parfaitement soudée peut nous préserver tous d'une fragmentation de l'Alliance. Seule une telle Europe permettra une parfaite réciprocité de traitement de part et d'autre de l'océan, dans l'exécution du programme atlantique. Et ce n'est qu'avec une telle Europe que nous pourrons définir de vraies concessions mutuelles entre égaux, un partage équitable des responsabilités et un même niveau de sacrifice[8].

Dans cette optique, généralement partagée par les successeurs de Kennedy, les relations atlantiques tenaient de la société multinationale, structure dans laquelle l'influence est fonction de l'importance des responsabilités assumées. Le problème de cette idée de partage du fardeau comme moteur de l'Alliance atlantique est qu'elle tend à confondre le fonctionnement d'un partenariat avec son objectif. L'Europe, qu'elle opère comme un ensemble d'États-nations ou sous les traits de l'Union européenne, n'acceptera de partager le fardeau de l'Amérique que si ses objectifs recouvrent ceux de cette dernière et si elle croit que, sans sa contribution, il sera impossible d'atteindre ces objectifs communs. Or cela n'a pas été le cas. Pendant la guerre froide, l'objectif commun existait effectivement, mais les alliés des États-Unis ont toujours été convaincus que ceux-ci assumeraient leurs responsabilités mondiales même si eux-mêmes leur faisaient défaut. Aujourd'hui, la nature des objectifs communs est tellement contestée qu'il est bien rare que l'on aborde la question du partage des responsabilités.

En dernière analyse, la question n'est pas d'ordre technique mais philosophique : l'identité naissante de l'Europe ménagera-t-elle une place à l'idée de partenariat atlantique ? Le triomphalisme qu'inspire à l'Amérique sa victoire à l'issue de la guerre froide se transformera-t-il en hégémonie ? Hubert Védrine, ministre français des Affaires étrangères en 1999, n'a pas caché qu'à ses yeux la réalisation de l'identité européenne devait bien avoir pour effet de réduire la domination des États-Unis :

> La suprématie américaine d'aujourd'hui s'exerce aussi bien sur l'économie, la monnaie, la technologie, les domaines militaires, que sur les modes de vie, la langue et les produits culturels de masse qui submergent le monde, modelant les pensées et fascinant jusqu'aux adversaires des États-Unis. [...]
> Fidèle à ce que pense l'Amérique d'elle-même et du reste du monde depuis deux siècles, la plupart des grands responsables ou des grands analystes américains ne doutent pas un instant que les États-Unis sont la « nation indispensable » et que celle-ci doit, dans l'intérêt de l'humanité, rester prépondérante. [...]
> Mais il n'y a pas de doute chez les Américains, et les plus francs d'entre eux n'hésitent pas à [le] rappeler, que le monde contemporain est directement issu de la faillite totale de l'Europe dans la conduite de ses propres affaires et de celles du monde dans la première moitié du XXe siècle[9].

L'analyse de Védrine n'est pas dénuée de mérites. Pendant une grande partie des années 1990, la politique atlantique de l'Amérique a oscillé entre autorité impérieuse et indifférence, entre la tendance à traiter l'Europe en auxiliaire et la propension à ne voir en elle qu'un sujet de reportages photos. Aucun dialogue stratégique sérieux n'a pu s'instaurer, ne fût-ce que parce que les États-Unis n'ont jamais pris le temps de mener un tel dialogue avec eux-mêmes. On a assisté à un certain nombre d'initiatives unilatérales qui n'ont, au mieux, fait l'objet de consultations qu'une fois les décisions prises.

Alors que l'unilatéralisme des États-Unis a résulté de résolutions politiques qui n'ont rien d'immuable, le défi que l'intégration européenne lance à l'Amérique est structurel et met en jeu trois grandes questions : l'image que l'Union européenne se fait d'elle-même, les conséquences de l'intégration européenne sur les relations atlantiques, et l'attitude américaine face aux différentes hypothèses d'intégration européenne.

En définissant leur identité, les États européens sont avant tout les produits – sinon les prisonniers – d'une expérience historique. Le système de souverainetés nationales rivales en vigueur pendant de longs siècles leur a appris que, dans la négociation, le pouvoir de persuasion dépend largement des options dont dispose ou croit disposer le négociateur. Traditionnellement, les Européens ont défini la diplomatie comme l'art d'équilibrer les gains et les coûts ; ils n'ont que faire d'un concept abstrait de bonne volonté universelle censé faciliter les relations diplomatiques. Néanmoins, les sociétés européennes ne sont pas le fruit d'une expérience historique uniforme. C'est ce que reflète la diversité des attitudes de la Grande-Bretagne, de la France et de l'Allemagne face à l'idée de partenariat atlantique et d'intégration européenne.

Pendant la guerre froide, la prédominance américaine au sein de l'OTAN n'indisposa pas le moins du monde la Grande-Bretagne, dont l'expérience historique se distinguait fondamentalement de celle de ses voisins continentaux. Pour les nations continentales, l'hégémonie d'un puissant voisin a toujours été une véritable hantise. L'Angleterre, quant à elle, a associé la menace pesant contre son indépendance à la présence d'une puissance hégémonique sur le continent européen ; au cours des deux guerres mondiales, le salut est venu de l'autre côté de l'océan. Aux yeux des Britanniques, le rôle des États-Unis dans le monde d'après guerre est perçu comme fondamentalement bienfaisant. L'amitié avec les États-Unis représente du reste le fil conducteur de la politique étrangère britannique depuis la fin de la Deuxième Guerre mondiale, et peut-être même depuis la fin de la Première. Cette « relation privilégiée » ne repose pas sur des motifs essentiellement sentimentaux : l'Angleterre a traversé les siècles comme un avant-poste insulaire au large de l'Europe sans jamais perdre de vue son intérêt national. Pour défendre celui-ci, elle s'est dotée d'une force nucléaire indépendante dix ans avant la France, ce qui révèle clairement les limites de la confiance britannique dans ces « relations privilégiées ».

La France mène une politique étrangère moins pragmatique. Ses dirigeants cherchent à donner l'impression que la politique française (ou européenne) a arraché aux États-Unis ce que ces derniers auraient, en réalité, été tout disposés à accorder sans pressions. La Grande-Bretagne défend ses intérêts en participant de si près au processus de décision qu'il serait presque gênant de mépriser son point de vue. La France défend les siens en faisant en sorte qu'il soit trop pénible d'ignorer son avis. La Grande-Bretagne a considéré les relations atlantiques comme une entreprise commune, alors que les responsables français, affichant leur indépendance, les abordent comme un jeu à somme nulle dans lequel une rive ou l'autre de l'Atlantique doit l'emporter.

Non que la France ignore que les États-Unis représentent le filet de sécurité ultime de toute politique autonome française (et européenne). Les responsables français ne se font du reste aucune illusion sur le rapport des forces entre les deux pays. Lors des plus graves crises de la guerre froide – à Berlin entre 1957 et 1962, pendant l'affaire des missiles de Cuba en 1962 ou au cours de la guerre du Golfe en 1990-1991 –, la France a prouvé qu'on pouvait compter sur elle ; en 1983, le déploiement en Allemagne de missiles à moyenne portée aurait été impossible sans le soutien éloquent de François Mitterrand, alors président de la République.

Mais la formation cartésienne et ultrarationaliste des décideurs français les incite à croire que les États-Unis comprendront leurs applications un peu cyniques de la *raison d'État** et ne manqueront pas de respecter les motivations qui conduisent leur pays à définir l'identité européenne par opposition aux États-Unis, tout en s'appuyant sur ces derniers pour assurer sa sécurité. Ce numéro d'équilibrisme, tolérable quand un danger pressant fixe des limites au jeu, risque d'ébranler la coopération de dernier recours sur laquelle comptent toujours les dirigeants français, quand bien même ils ont fait de l'opposition aux États-Unis une constante dans le traitement de nombre de dossiers actuels. La politique qui consiste à affirmer son identité en défiant l'autre n'est vraiment efficace que si l'autre, précisément, s'abstient d'adopter la même attitude. Si les États-Unis répliquaient systématiquement, comme ils le feront tôt ou tard, les tensions avec l'Union européenne et, plus encore, en son sein même, pourraient bien s'aggraver.

L'Allemagne louvoie tant bien que mal entre ces deux pôles. Elle soutient l'Union européenne mais, contrairement à l'Angleterre et à la France, elle ne peut invoquer une tradition diplomatique fructueuse, fondée sur l'intérêt national. Même si elle devait sympathiser en théorie avec les objectifs de la politique française, elle n'a pas l'assurance nécessaire pour mener la politique impudente consistant à s'opposer aux États-Unis tout en

---

* En français dans le texte. *(N.d.T.)*

s'appuyant sur eux – ou peut-être est-elle trop réaliste pour s'y essayer.

Les États-Unis ont observé les différentes possibilités d'intégration européenne avec une grande bienveillance à l'égard de l'objectif lui-même, et en manifestant une prudente neutralité touchant le type d'Europe en construction. Ils n'ont pas renoncé au dogme de la guerre froide, en vertu duquel l'intégration européenne engendre automatiquement une Europe forte et apporte une vitalité nouvelle au partenariat atlantique.

Mais l'heure est venue de reconsidérer cette hypothèse centrale de la politique américaine. On peut, en effet, envisager deux autres issues : une Europe qui se déroberait à ses responsabilités mondiales, se poserait en Nations unies miniatures et délivrerait au monde des sermons moralisateurs tout en se focalisant sur sa compétition économique avec les États-Unis, ou, au contraire, une Europe qui défierait les États-Unis et élaborerait une politique étrangère de médiation entre l'Amérique et le reste du monde, un peu sur le modèle de l'Inde pendant la guerre froide. Devant la prédominance des impératifs de politique intérieure, et en l'absence de toute menace contre sa sécurité, l'Europe peut estimer que le choix entre ces deux options n'a rien d'urgent. Il n'est pas exclu que, pour finir, elle opère une fusion entre ces deux démarches, étant entendu que l'une comme l'autre ne peut qu'éroder, peu à peu, le partenariat atlantique.

Il convient avant tout de définir les raisons qui plaident pour une relance du partenariat atlantique. Quel serait l'objectif d'un tel exercice ?

En dépit de l'absence de menace susceptible d'unir l'ensemble du camp atlantique, la géopolitique reste un élément déterminant de la politique internationale. C'est ainsi que l'OTAN conserve son rôle de police d'assurance contre un nouvel impérialisme russe. Sans les États-Unis, l'Europe ne serait qu'un appendice péninsulaire de l'Eurasie, voire son otage, et risquerait d'être entraînée dans le tourbillon de ses conflits. Elle pourrait devenir la cible privilégiée des courants extrémistes et révolutionnaires qui balayent tant de ses régions limitrophes. Sans les États-Unis, l'Allemagne manquerait de point d'ancrage pour réprimer (malgré son appartenance à l'Union européenne) ses penchants nationalistes ; et l'Allemagne comme la Russie seraient tentées de se considérer réciproquement comme leur meilleur rempart en matière de politique étrangère.

En même temps, coupés de l'Europe, les États-Unis deviendraient, sur le plan géopolitique, une île au large de l'Eurasie, se rapprochant ainsi de la position de la Grande-Bretagne du XIXe siècle vis-à-vis de l'Europe. Ils seraient contraints d'adopter à l'égard de cette dernière la stratégie d'équilibre des forces qu'ils ont traditionnellement rejetée. L'Amérique a évidemment les moyens et la possibilité de mener une telle politique, mais y recourir entraînerait un déchirement psychologique et lui imposerait un redoutable réajustement de son mode de fonctionnement national, lequel ne devrait être entrepris qu'en tout dernier recours.

En l'occurrence, l'aptitude des nations atlantiques à collaborer sur des questions plus immédiates que la théorie géopolitique servira de test. L'Europe, surtout, doit faire face à trois problèmes au moins, dont l'issue déterminera l'avenir de tous les pays qui bordent l'Atlantique. Les États atlantiques, qui sont tous des démocraties adeptes de l'économie de marché, ont d'abord intérêt à éviter la récession économique, tant il est vrai que la stabilité de leurs institutions en dépend. C'est pourquoi ils n'ont pas d'autre solution que de coordonner leurs politiques afin de réduire les risques de crise économique mondiale, la principale menace qui pèse sur la démocratie elle-même.

L'enjeu économique se double d'un problème démographique. Dans presque tous les pays d'Europe, le taux de natalité n'assure plus le renouvellement des générations, alors que la population est déjà insuffisante pour répondre aux besoins en main-d'œuvre d'une économie globalisée. Avec les progrès de la médecine, le pourcentage de personnes dépendant du soutien d'une population active en déclin connaîtra une augmentation spectaculaire ; dans le même temps, la population totale de la plupart des pays européens subira une chute vertigineuse, alors même que les pays pauvres situés sur les marges est et sud de l'Europe exerceront une pression démographique croissante.

S'y ajoute le problème du devenir de la vaste région située à l'est des frontières de l'OTAN et de l'Union européenne. Les dispositions prises immédiatement après l'effondrement de l'Union soviétique étaient, de par leur nature même, provisoires, tant sur le plan intérieur qu'en matière de relations extérieures. Dans un grand nombre de ces pays – à l'exception des États baltes –, la génération qui a hérité du pouvoir était issue du cercle précédent de responsables soviétiques, moyennant, il est vrai, quelques références nationalistes. Or cette génération est en train de quitter la scène.

Faisant l'objet de pressions habiles, persistantes et même insistantes de la part d'une Russie qui cherche à rétablir une relation organique avec eux, sous une forme ou sous une autre, et face, d'autre part, aux perspectives que leur offrent l'Europe et même l'OTAN, les États successeurs de l'Union soviétique devront procéder à certains choix fondamentaux. Et le chaos menacera cette vaste région si l'Europe et les États-Unis ne parviennent pas à définir une tâche à mener en commun et se présentent sur la scène internationale comme des rivaux en puissance. Bien des choses, de ce point de vue, dépendent de l'avenir de la Russie, de son évolution interne et de sa place dans l'ordre international – autant de questions que nous examinerons un peu plus loin dans ce chapitre.

L'avenir du bassin méditerranéen pose des problèmes tout aussi importants. Les pressions exercées par la globalisation économique et la croissance démographique sur l'ensemble des pays non européens de cette région inaugurent une période de réajustements et d'agitation potentielle qui n'a rien à envier à celle que connaît l'Europe de l'Est postcommuniste. Malgré tous leurs grands discours, la plupart des pays atlantiques évitent d'aborder ce sujet de manière systématique ou ne le traitent que pays par pays, le plus souvent lorsqu'une crise est déjà imminente.

Enfin, dans ce monde globalisé, la question de la qualité de la vie s'impose avec une urgence croissante aux populations comme à leurs dirigeants. Les défenseurs de cette cause se sont souvent condamnés à l'isolement en la présentant comme une solution de rechange à la politique étrangère traditionnelle et en usant de méthodes agressives. Leurs arguments sont à prendre en considération, au-delà d'une rhétorique souvent outrancière et pharisaïque. Les pays de l'Atlantique Nord, qui ne représentent que 15 % de la population mondiale mais plus de 50 % de son PIB, ont effectivement le devoir de remédier aux difficultés que connaît une grande partie du monde, incapable de les résoudre faute de ressources matérielles et technologiques. Il va de soi que cette aide doit être le fruit de la collaboration des États atlantiques ; il convient donc de mettre en place les institutions et les procédures indispensables pour atteindre des objectifs non militaires, lesquels n'ont d'ailleurs pas constitué, jusqu'ici, une priorité du programme atlantique.

Mais que faire s'il faut renoncer à la voie de la coopération parce que les Européens craignent que leur identité ne pâtisse d'une trop forte insistance sur le partenariat atlantique ? Ceux qui cherchent à définir leur identité en s'opposant à l'Amérique ne doivent pas s'imaginer que celle-ci acceptera longtemps sans réagir que l'on conteste systématiquement sa politique. Les États-Unis seront conduits, tôt ou tard, à défendre leurs intérêts. Les pays occidentaux se retrouveront alors sur la voie qui a bien failli les conduire à leur perte à deux reprises en l'espace d'une seule génération – non pas en raison de la guerre, cette fois, mais d'une rivalité nationale épuisante. Non sans ironie, le résultat d'une telle évolution pourrait bien être l'affaiblissement de l'intégration européenne : en effet, certains membres clés de l'Union européenne refuseront certainement, pour finir, de prendre le risque de se couper des États-Unis.

On ne saurait justifier éternellement l'opposition méthodique à l'égard des États-Unis en la présentant comme une manifestation de l'inévitable crise de croissance de l'Union européenne, pas plus qu'on ne saurait la dissimuler derrière les déclarations rituelles d'unité alliée prononcées au cours de réunions largement formelles – et néanmoins très médiatisées. S'ils veulent défendre leurs valeurs et leurs intérêts, les États-Unis ne doivent pas ménager leurs efforts pour relancer les relations atlantiques et leur permettre d'atteindre une nouvelle série d'objectifs communs, pour traiter l'Europe comme un partenaire privilégié et discuter longuement avec elle avant de prendre toute décision majeure. Mais, en dernière analyse, il faut juger l'Europe – et adapter la politique américaine à son égard – selon les mêmes critères que ceux qui s'appliquent aux autres grandes puissances, c'est-à-dire en fonction des possibilités de consolidation réciproque de la politique européenne et des intérêts nationaux américains. Il ne faut pas prendre le risque que les générations futures puissent se demander pourquoi les États atlantiques ont gaspillé leur énergie dans des débats d'identité abscons *contre* la coopération alors que tout autour d'eux des problèmes fondamentaux menaçaient la structure même de leurs sociétés, et que l'option de la coopération restait ouverte.

INTÉGRATION EUROPÉENNE ET COOPÉRATION ATLANTIQUE

Un des obstacles qui empêchent d'aborder le problème central des relations atlantiques est d'ordre bureaucratique : on n'imagine pas le temps que les dirigeants européens sont contraints de consacrer à l'élaboration du processus même d'intégration. Les discussions complexes sur l'élargissement de l'Union européenne, sur l'adaptation de ses institutions et sur la définition d'une législation commune dictent les priorités et déterminent le calendrier. Dans ces conditions, les projets de coopération atlantique – ou d'autres questions à long terme – semblent moins urgents et, en l'absence de crise immédiate, moins importants. La routine quotidienne ébranle ainsi les habitudes de coopération atlantique, ne serait-ce que parce que les États-Unis sont exclus – par définition, en quelque sorte – des entreprises qui réclament l'attention extrême des dirigeants européens.

Mais, en tout état de cause, les nouvelles structures européennes et les procédures qui en découlent font obstacle à une coopération plus étroite. Quelle qu'elle soit, la définition qui sera donnée de l'identité de l'Union européenne imposera donc une révision du modèle de consultations atlantiques en vigueur. C'est une réalité, et les États-Unis doivent l'admettre.

Bien entendu, le type d'intégration européenne qui se mettra en place affectera profondément le processus de consultation atlantique. Trois attitudes, de ce point de vue, sont envisageables.

Première hypothèse : la mise en œuvre du principe de supranationalité, tel qu'il a été publiquement défini par Joschka Fischer, ministre allemand des Affaires étrangères, bref, l'instauration d'institutions fédérales européennes dotées de pouvoirs législatifs. En proposant d'organiser à l'échelle européenne des élections conduisant à la création d'un exécutif et d'un organe législatif européens, Fischer s'est fait l'avocat du projet le plus ambitieux jamais présenté jusqu'alors[10].

Une telle proposition se heurte à la contradiction – pour reprendre les termes du ministre français des Affaires étrangères Hubert Védrine – que l'on relève entre « élargissement » et « renforcement » de l'Europe[11]. La théorie de l'élargissement veut étendre l'Union européenne jusqu'à la frontière russe (en incluant même la Russie, selon certains scénarios). Une intégration plus poussée – son « intensification », pour employer le jargon technique – est, à maints égards, incompatible avec l'expansion. En effet, tous les membres de l'Union européenne en projet ne sont pas prêts à abdiquer leur souveraineté autant que l'exige une intégration politique complète.

La deuxième hypothèse est celle d'une « Europe à plusieurs vitesses ». Il s'agit d'encourager l'intégration politique et économique de l'Union européenne autour de son noyau actuel de quinze États, tout en permettant à d'autres États européens de s'y associer à travers une série de procédures moins rigides. Une Europe à plusieurs vitesses autoriserait diverses formes d'association – économique ou militaire, par exemple – avec le noyau intégré, et tous ses membres pourraient prendre part, de concert avec ce noyau, à certaines décisions qui feraient l'objet d'accords bien définis[12].

Enfin, le Premier ministre britannique Tony Blair a proposé une variation sur le thème d'une Europe à plusieurs vitesses[13]. Sachant que l'opinion publique anglaise n'accepterait jamais de solution supranationale, et se refusant personnellement à voir l'Angleterre rester en marge de l'Europe ou renoncer à ses relations étroites avec les États-Unis, Blair a proposé une Europe confédérale sans noyau. Ses membres seraient libres de former des regroupements divers, plus intégrés, en se fixant un certain nombre d'objectifs précis.

Les États-Unis ne devraient pas intervenir directement dans

les débats sur la constitution de l'Europe. Il s'agit en effet des affaires intérieures de cette dernière. Mais dans la mesure où chacun de ces débats implique une forme d'intégration européenne, ils posent ce qui est en train de devenir le problème majeur de la coopération atlantique. En effet, les procédures de négociation de l'Europe, même sous sa forme actuelle, avec les États-Unis ne laissent guère place à une contribution américaine constructive. Quand les États-Unis traitent individuellement avec les États européens, ils ont la possibilité d'engager des consultations à différents niveaux et de donner leur avis bien avant qu'une décision ne soit prise. Au contraire, quand ils négocient avec l'Union européenne, les États-Unis sont tenus à l'écart du processus de prise de décision, et le dialogue ne s'engage qu'a posteriori, avec des porte-parole qui viennent présenter les décisions prises par des ministres au cours de réunions dont les États-Unis ont été exclus d'un bout à l'autre. Quand les responsables américains rencontrent des porte-parole de l'Europe unifiée, ils découvrent en fait que leurs interlocuteurs n'ont qu'une très faible marge de manœuvre. C'est ainsi que pour modifier une décision prise par le Conseil des ministres, il faut en repasser par toute la procédure européenne.

Les voies traditionnelles de coopération entre les États-Unis et l'Europe ont donc tendance à s'étioler dans le domaine économique. Et l'on se dirige vers des méthodes analogues en matière de politique étrangère et de politique de sécurité. C'est ainsi que les institutions européennes favorisent l'éloignement croissant entre l'Amérique et l'Europe. À maints égards, les possibilités de consultation des États-Unis avec l'Union européenne sont plus médiocres qu'avec d'autres pays amis, mais non alliés. Il importe que les États-Unis définissent un moyen terme entre ces deux positions : chercher à imposer ses idées comme si l'Amérique était membre des institutions européennes, ou se trouver à ce point marginalisés qu'ils ne pourraient intervenir dans les délibérations européennes qu'après que les décisions auraient, en fait, été prises.

Bien des tenants de l'Europe supranationale affirment que la division de l'Europe en États nationaux sert les intérêts de l'Amérique, qui peut asseoir sa domination en exploitant les rivalités européennes. Ils font erreur. L'Amérique n'a rien à gagner d'une position hégémonique, comme je l'exposerai dans le dernier chapitre de cet ouvrage. Pas plus que d'un repli isolationniste. Une politique américaine raisonnable doit chercher à louvoyer entre une Europe qui se dérobe à ses responsabilités internationales et une Europe qui aspire à jouer un rôle mondial en concurrence avec les États-Unis.

Quelle que soit la direction que prendra l'unification européenne, il faudra définir une nouvelle approche de la coopération atlantique. L'OTAN ne peut plus être le seul organe de coopération atlantique : ses fonctions sont trop limitées, son noyau, trop restreint, et ses membres associés, trop nombreux pour qu'elle puisse s'atteler efficacement aux tâches qui l'attendent, même dans le domaine de la sécurité.

DOCTRINE STRATÉGIQUE :
LA GESTION DE LA CRISE MILITAIRE EUROPÉENNE

La politique européenne de sécurité et de défense est sans doute le sujet qui illustre le mieux le lien entre coopération atlantique et intégration européenne. Elle a conduit à la création d'une force européenne dotée d'une structure de commandement et d'une direction politique officiellement indépendantes de l'OTAN. Présenté pour la première fois en décembre 1998 au sommet de Saint-Malo, qui réunissait les dirigeants français et britannique, le projet de force européenne a pris un nouvel élan au lendemain de la guerre du Kosovo, lors d'un sommet européen qui s'est tenu à Cologne en juin 1999. Un plan a été officiellement présenté le 21 novembre 2000, lors d'une réunion des ministres européens de la Défense à Bruxelles. En vertu de la déclaration de la Conférence sur l'amélioration des capacités militaires de l'Union européenne, cette dernière devrait pouvoir déployer d'ici à 2003 une force de cent mille hommes, quatre cents avions de combat et cent navires, capables de maintenir sur une durée d'un an une mission de soixante mille hommes. L'accent est mis sur « l'autonomie de l'Union européenne en matière de prise de décision », malgré l'existence d'une clause, encore à négocier, permettant des échanges d'informations avec l'OTAN.

Si l'on considère la situation à long terme, la création d'une force militaire européenne va de pair, selon toute logique, avec l'émergence d'une identité politique européenne. Et cette force doit évidemment disposer d'une certaine faculté d'action autonome, comparable à celle dont disposent les différentes armées nationales, qu'elles soient ou non théoriquement rattachées à l'OTAN. L'aspect préoccupant de la force européenne est que son autonomie apparaît comme son trait distinctif, et que la coopération avec l'OTAN a tout l'air d'être considérée comme un cas particulier.

Le Kosovo, affirment les tenants d'une force européenne, a démontré la grande disparité des potentiels militaires de part et d'autre de l'Atlantique. La maladresse de l'Amérique, dont l'attitude a bien souvent frôlé l'autoritarisme, n'a pas été étrangère à la décision d'accélérer la création d'une force indépendante, qui donnerait à l'Europe les moyens de défendre ses intérêts propres.

Mais il faut bien avouer que jusqu'à présent la force européenne a davantage insisté sur son autonomie que sur l'accroissement de son potentiel militaire. Si l'un des motifs de sa création est de réduire le sentiment d'impuissance relative inspiré par la supériorité de la technologie militaire américaine, comment cette volonté peut-elle se concilier avec la réduction des budgets de la défense que l'on observe dans presque tous les pays européens ? Si les budgets militaires existants sont réduits, voire simplement maintenus à leur niveau actuel, les fonds nécessaires à la force européenne seront inévitablement prélevés sur le financement prévu pour l'OTAN. Aussi la force européenne n'apportera-t-elle de vraie contribution à la défense alliée que si elle s'accompagne d'un accroissement général des budgets de défense européens ou si elle est rattachée, d'une manière ou d'une autre, à l'OTAN.

Il faut également se demander, et cette question est encore plus importante, quels sont exactement les intérêts autonomes à défendre. Sur quel terrain exact opérerait la force européenne ? Les porte-parole européens ayant toujours rejeté toute mission de défense du territoire européen, cette force ne pourrait guère entreprendre que des actions mineures à la périphérie de l'Europe, dans des régions où aucune grande puissance n'est impliquée, ou à l'extérieur de la zone de responsabilité de l'OTAN. Même dans ce cadre, il faudrait qu'un groupe de dirigeants européens fasse preuve d'une grande imprudence pour avoir l'audace de mobiliser la force européenne sans la logistique et le soutien des services de renseignements américain ou sans assurances de bonne volonté de la part des États-Unis. Dans la pratique, l'autonomie affirmée de la force européenne s'efface devant le caractère symbolique de son rayon d'action, qui se limite au maintien de la paix ou à l'accomplissement de missions bien particulières, impliquant peu de risques.

Selon toute probabilité, la force européenne indépendante devra, dans la plupart des cas, accepter une coordination avec l'OTAN. Son plan prévoit, au demeurant, une disposition lui permettant d'utiliser le système logistique de l'OTAN. Pourtant, Javier Solana, haut-représentant de l'Union européenne pour la politique étrangère et de sécurité commune, s'est exprimé comme si la force européenne devait constituer un groupe distinct sur le plan de l'organisation, appelé à négocier avec l'OTAN à peu près de la même manière qu'avec les pays qui ne sont pas membres de l'Alliance atlantique : « Il reste à déterminer [...] comment institutionnaliser les relations de l'UE avec l'OTAN d'une part, et comment institutionnaliser les relations entre l'UE et les autres pays non membres de l'OTAN[14]. »

En recourant au jargon communautaire, on a affirmé à maintes reprises que « l'UE ne lancera[it] et ne mènera[it] d'opérations militaires que là où l'OTAN dans son ensemble n'est pas engagée[15] ». Dans les faits, cela ne peut advenir que dans l'une des deux situations suivantes. Les États-Unis seraient favorables à l'opération en projet mais, pour des raisons propres, ne souhaiteraient pas y prendre part – on aurait alors affaire, pour faire court, à une sorte de division du travail acceptée par tous. Cette hypothèse est possible, à condition toutefois que le désengagement de l'Amérique ne soit pas poussé au point d'inciter certaines puissances comme la Russie à faire pression sur l'Europe. Mais que se passerait-il, et c'est la deuxième éventualité, si l'Union européenne se lançait dans une opération militaire que les États-Unis désapprouvent ? Comment interpréter la situation extraordinaire qui verrait tous les membres de l'Alliance, à l'exception des États-Unis et du Canada, partir en guerre alors que son membre le plus puissant, garant ultime de la sécurité de tous, se tient sur la réserve ? La force européenne pourrait-elle alors s'appuyer sur les atouts logistiques de l'OTAN, lesquels sont, pour l'essentiel, américains ? Et les États-Unis viendraient-ils à la rescousse si les choses tournaient mal ?

Un problème politique se dessine derrière ces questions militaires. Toute crise qui conduirait à envisager une intervention de la force européenne suppose la réunion d'une conférence du Conseil des ministres européens avant la réunion de l'OTAN. L'ambassadeur américain à l'OTAN (ou le secrétaire d'État) se trouverait alors en présence de collègues qui auraient déjà pris une décision collective et ne pourraient participer à la discussion à titre individuel ; une telle situation aboutirait à la création d'un comité européen au sein de l'OTAN et imposerait à cette dernière les procédures qui entravent déjà les relations de l'Amérique avec l'Union européenne. Les États-Unis courent néanmoins déjà ce danger en raison des garanties de sécurité qu'ils ont données et parce qu'on ne peut se passer de leur soutien logistique. C'est pourquoi les responsables qui contestent les besoins de défense nationale antimissile des États-Unis en raison du risque de découplage entre l'Amérique et l'Europe seraient bien inspirés de prendre la mesure et de tenir compte des inquiétudes qu'inspirent aux Américains les nouvelles structures institutionnelles qui reposent précisément sur un tel découplage.

Le différend que suscite la force européenne présente une certaine analogie avec la controverse survenue à la suite de la décision du général de Gaulle de doter la France d'une *force de frappe** nucléaire. Comme la force européenne, celle-ci devait être autonome et indépendante de l'OTAN ; comme aujourd'hui, on la justifiait en la présentant comme une solution de rechange – en fait, comme un dernier recours –, dans l'éventualité où l'Amérique serait impuissante à remplir ses obligations au sein de l'Alliance, ou bien où la France souhaiterait défendre des

* En français dans le texte. *(N.d.T.)*

intérêts nationaux que les États-Unis n'épouseraient pas. Il y a pourtant deux différences majeures entre les deux situations. La force de frappe ne s'appliquait qu'au cas exceptionnel et presque inconcevable où un pays membre de l'OTAN courrait un risque d'anéantissement nucléaire sans jouir du soutien américain. La force européenne, au contraire, devra faire face à des événements plus facilement envisageables : des conflits conventionnels secondaires à la périphérie de l'Europe ou des missions de maintien de la paix controversées sur des continents lointains. La force de frappe était destinée à permettre l'action solitaire d'un allié unique. La force européenne, à autoriser des opérations appuyées par *tous* les alliés, sans les États-Unis – une démarche symboliquement bien plus décisive.

À l'époque, j'ai soutenu la création de forces nucléaires européennes indépendantes car j'étais convaincu qu'en définitive elles serviraient de fondement à un partenariat plus équilibré. Avec le temps, la force européenne pourrait jouer un rôle analogue à condition d'être rattachée à un cadre politique convenu. La nécessité d'une coordination politique entre les États-Unis et l'Union européenne, ainsi qu'entre l'OTAN et la force européenne, tel est, au-delà de la question de son financement, le problème majeur que pose la force européenne. Et il ne saurait être réglé par des assurances données à l'occasion des réunions de chefs de gouvernement et qui ne peuvent être mises à l'épreuve que lorsqu'il est trop tard. Le bon fonctionnement d'une force militaire européenne distincte passe par le renforcement de la coordination politique entre les deux côtés de l'Atlantique. Or c'est précisément un sujet que les partisans de cette force évitent soigneusement d'aborder. Mais, en l'absence d'un tel accord, on risque de voir se réaliser le pire scénario imaginable : la perturbation des procédures de l'OTAN et l'affaiblissement de la coopération alliée, sans pour autant que soit généré un potentiel militaire supplémentaire et sans que l'autonomie européenne s'en trouve mieux assurée[16]. En revanche, si l'on parvenait à instaurer une relation organique, la force européenne pourrait apporter une nouvelle souplesse politique à l'Alliance atlantique et, notamment, assurer un lien entre les pays de l'Union européenne qui ont adhéré à l'OTAN et ceux qui n'y appartiennent pas.

En effet, l'Union européenne englobe certains États qui ne sont pas membres de l'OTAN – aujourd'hui l'Irlande, la Suède et la Finlande, demain plusieurs pays d'Europe centrale et orientale. Cette réalité confère une nouvelle dimension au débat sur la poursuite de l'élargissement de l'OTAN. Une coopération bien conçue entre l'Union européenne et l'OTAN pourrait apporter des garanties de sécurité à des pays dont l'indépendance et l'intégrité territoriale présentent un intérêt considérable pour l'ensemble des démocraties occidentales, mais dont l'adhésion officielle au commandement militaire intégré de l'OTAN pourrait susciter des controverses explosives. Sans doute serait-il possible d'imaginer une garantie d'intégrité territoriale sans participation au commandement militaire intégré. Cette mesure s'appliquerait plus particulièrement aux États baltes. Si la Russie devait rétablir son autorité, voire sa domination, sur ces pays, cela marquerait un retour à l'impérialisme qui a fait peser une lourde menace sur l'Europe pendant des siècles. Force serait d'y voir une rupture inacceptable de l'équilibre européen et mondial. Par ailleurs, la frontière de l'Estonie ne se trouve qu'à une cinquantaine de kilomètres de Saint-Pétersbourg. Il va de soi qu'en avançant le commandement intégré de l'OTAN aussi près de centres vitaux de la Russie, on risquerait d'hypothéquer toute possibilité de rattacher ce pays à l'ordre mondial émergent et d'en faire un membre actif.

Si l'Union européenne aspire à être traitée comme une entité, il faut absolument établir un lien entre la sécurité de ceux de ses membres qui ne sont pas membres de l'OTAN et la structure militaire de l'Union européenne. S'il est une région que devrait défendre la force européenne envisagée par l'Initiative de défense européenne, c'est donc bien celle-ci. De même, il n'est pas possible, dans un système de partenariat atlantique bien conçu, que l'OTAN ignore les menaces qui pourraient peser sur la sécurité d'États membres de l'Union européenne, qu'ils appartiennent officiellement ou non à l'Alliance atlantique. De ce point de vue, face aux affirmations réitérées de l'identité européenne, on ne peut que s'étonner que l'Union européenne déclare avec tant d'insistance que l'adhésion n'implique aucune garantie de sécurité. L'Europe peut-elle véritablement prétendre associer deux catégories de membres, et être disposée à en exposer une à la menace militaire ? Que resterait-il alors de l'identité européenne si souvent invoquée ? Et d'une politique de sécurité et de défense qui ne prétend pas protéger son propre territoire ?

Pour être digne de ce nom, l'Union européenne doit, s'il le faut, être prête à résister par la force à toute menace contre la sécurité de n'importe lequel de ses membres, à l'image de ce que font aujourd'hui ses États nationaux. Et si l'Union européenne est conduite à défendre l'un de ses membres, qu'il soit ou non membre de l'OTAN, les États-Unis ne pourront pas demeurer impassibles.

L'idée selon laquelle l'Union européenne se dissocierait de l'OTAN si elle devait se charger de la défense de son propre territoire est, qu'on me passe l'expression, complètement ridicule. Si tel était le cas, l'existence de forces nationales dans les différents pays de l'Alliance devrait également conduire ces pays à se couper de l'OTAN. Si la défense européenne devient une réalité, l'expansion de l'Union européenne et celle de l'OTAN sont au contraire appelées à se confondre dans une certaine mesure. Il convient, à cet égard, d'entreprendre les démarches suivantes : l'Union européenne doit affirmer sa détermination à préserver son intégrité territoriale, l'OTAN doit affirmer que l'intégrité territoriale de l'Union européenne présente un intérêt vital pour elle (ce qui permettra de définir des garanties de sécurité sans déploiements avancés). L'adhésion rapide des États baltes à l'Union européenne est indispensable à une telle politique, même s'ils ne répondent pas à tous les critères techniques : une entité de trois cents millions d'habitants devrait pouvoir accorder une dérogation aux huit millions d'habitants de cette région dans la mesure où l'intérêt européen et atlantique l'exige.

DOCTRINE STRATÉGIQUE : DÉFENSE ANTIMISSILE ET ALLIANCE ATLANTIQUE

Comme une fatalité, il semblerait qu'un débat sur la stratégie nucléaire doive, tous les vingt ans, diviser l'Alliance. Le sujet varie : dans les années 1960, les Américains s'opposèrent à l'existence de forces nucléaires nationales en Europe ; dans les années 1980, les Européens mirent en cause le déploiement de missiles nucléaires américains en Europe ; à l'heure où j'écris, la discussion porte sur la proposition américaine de système de défense antimissile.

Le débat actuel fait, en quelque sorte, figure de test. Il devrait démontrer s'il est encore possible de mener un vrai dialogue stratégique au sein de l'Alliance ou s'il ne peut qu'être englouti par les impératifs de politique intérieure.

La première obligation du président des États-Unis est de pourvoir à la sécurité de la population de son pays en évitant les attaques contre le territoire américain et contre les forces américaines stationnées à l'étranger. Si la dissuasion échoue, il doit chercher à limiter les effets de telles attaques. Une commission bipartite dirigée par Donald Rumsfeld – aujourd'hui secrétaire à la Défense du président George W. Bush – a été créée en 1998 pour étudier les risques d'une attaque de missiles. Cette commission a conclu à l'unanimité que la menace que font peser un certain nombre d'États hostiles émergents « est plus importante et plus proche, et évolue plus rapidement que ne l'ont établi les estimations et les rapports des services de renseignements[17] ». En outre, un « déploiement opérationnel » de missiles susceptibles de toucher le territoire américain avec des ogives biologiques, chimiques ou nucléaires risque fort, selon cette commission, d'avoir lieu sans avertissement préalable[18].

Malgré ces mises en garde, la défense nationale antimissile fait désormais partie des sujets tabous qui ont le don de mobiliser contre eux, depuis plusieurs dizaines d'années, une bonne partie des élites de ce pays sans qu'il soit tenu compte des modifications politiques et technologiques intervenues entre-temps.

Les adversaires d'une défense nationale antimissile se retranchent d'ordinaire derrière cinq arguments :

1. Il est impossible d'élaborer un système efficace.
2. Si l'on y parvenait, il ébranlerait la doctrine stratégique de destruction mutuelle assurée.
3. Un tel système serait en infraction avec le traité ABM de 1972 et compromettrait l'ensemble des relations américano-russes.
4. Un programme antimissile entraînerait un découplage entre la défense de l'Europe et celle de l'Amérique ; les États-Unis pourraient en effet donner l'impression de se retrancher dans une « forteresse » américaine (on relèvera avec intérêt que cet argument n'est jamais avancé par les alliés asiatiques de l'Amérique).
5. Une défense américaine antimissile encouragerait la prolifération nucléaire – un argument avancé conjointement par le président Chirac et par le président Poutine.

Sans prétendre me poser en expert technique, j'ai assisté à suffisamment de *briefings* pour me convaincre des avantages de la défense antimissile. De toute évidence, la Russie et la Chine en sont, elles aussi, persuadées, comme en témoigne leur opposition opiniâtre à tout système de défense antimissile américain. La plupart des critiques techniques qui se sont élevées dans les pays occidentaux se sont concentrées sur le système élaboré par l'administration Clinton en vue d'assurer sa compatibilité avec le traité ABM. Ce système vise à abattre une ogive nucléaire dans la phase finale de sa trajectoire, c'est-à-dire à un moment où elle est de petite taille, où elle se déplace extrêmement vite, où elle peut être manœuvrée et est très difficile à détecter. Voilà pourquoi on s'intéresse davantage aujourd'hui aux moyens permettant d'abattre un missile au cours de la phase de propulsion, quand il se déplace lentement, qu'il est impossible à manœuvrer et qu'en raison de sa charge de carburant, il est plus gros et plus facile à repérer.

Quant à l'argument selon lequel une défense nationale antimissile s'opposerait à la conception stratégique traditionnelle de destruction mutuelle assurée, tout ce que je puis dire, c'est qu'on aurait dû réviser cette doctrine depuis bien longtemps, quoi que l'on pense de la défense antimissile. Pour les tenants de cette doctrine, le meilleur moyen d'éviter la guerre nucléaire est de garantir que l'échec de la dissuasion entraînera un cataclysme inimaginable. Ils s'opposent donc à toute stratégie reposant sur un choix discriminant de cibles, et à toute tentative pour élaborer des systèmes défensifs. Dans cette optique fondamentalement nihiliste, la sécurité passe par la vulnérabilité maximale de la population civile – la sienne aussi bien que celle d'adversaires potentiels – aux effets d'une agression nucléaire. Dans ces conditions, la politique de défense se mord la queue : en cherchant à garantir la vulnérabilité absolue de la population, elle se transforme explicitement en doctrine antidéfense.

Cette théorie est le fruit de séminaires universitaires et de réflexions de théoriciens qui n'ont jamais eu à prendre les décisions fatales qu'ils préconisent. Or c'est une chose de disserter sur la dissuasion mutuelle fondée sur la menace de suicide réciproque, c'en est une autre de se reposer sur un tel concept dans une crise réelle. Qui serait prêt à assumer la responsabilité morale de l'application d'une stratégie garantissant la mort de dizaines, voire de centaines de millions d'êtres humains, dans les deux camps, en l'espace de quelques jours ? Comment une telle stratégie pourrait-elle avoir la moindre crédibilité ? Comment des gouvernements démocratiques pourraient-ils s'engager sur une telle voie ? Il est impensable que les gouvernements démocratiques d'Europe, qui se gargarisent de préoccupations humanitaires, puissent réellement mettre leurs menaces de représailles à exécution.

La diplomatie adaptée à une telle stratégie devrait s'attacher à démontrer qu'en matière de sécurité les calculs ordinaires n'ont pas lieu d'être. Il faudrait que les dirigeants manifestent une tendance évidente à l'imprudence pour prêter quelque crédit à une telle stratégie. Pourtant, tant en Europe qu'aux États-Unis, ce sont ceux qui se sont engagés dans la vie publique en manifestant leur défiance totale à l'égard des armes nucléaires qui prônent avec le plus de conviction la théorie de la destruction mutuelle assurée.

Le peu de crédit dont cette théorie jouissait lorsque deux puissances dominaient la planète disparaît entièrement aujourd'hui, dans un monde où huit États se sont déjà livrés à des essais nucléaires et où plusieurs États « voyous » travaillent d'arrache-pied à l'élaboration d'armes nucléaires, chimiques et biologiques de destruction massive tout en cherchant à fabriquer les missiles balistiques susceptibles de les transporter. Si l'une de ces armes détruisait, par accident ou à dessein, une ville américaine ou européenne, comment les dirigeants démocratiques justifieraient-ils devant leurs opinions publiques leur refus – je ne parle pas d'incapacité, mais de refus – de les protéger contre des attaques de missiles, fussent-elles limitées ?

Personne ne peut ignorer la différence qui existe entre la situation d'aujourd'hui et celle de 1972, date de la signature du traité ABM. Un des signataires de cet accord, l'Union soviétique, n'existe plus en tant qu'entité juridique. La technologie des missiles a considérablement gagné en complexité et a proliféré dans des États (Corée du Nord, Iran, Irak, Inde, Pakistan) dont on était loin d'imaginer, en 1972, qu'ils pourraient un jour se doter d'une technologie militaire avancée.

Cela fait aujourd'hui quarante ans que j'affirme ce point de vue, oralement et par écrit. Aussi est-on en droit de me demander pourquoi le président Nixon a signé le traité ABM en 1972, à l'époque où j'étais conseiller à la Sécurité nationale. La réponse est fort simple : à son arrivée au pouvoir, l'administration Nixon était bien décidée à rompre avec la théorie de destruction mutuelle assurée, mais les pressions du Congrès et de la bureaucratie l'ont obligée à se resituer plus ou moins dans ce cadre. Au début de son premier mandat, Nixon avait demandé au Pentagone de définir une stratégie qui se concentrerait sur des cibles militaires plutôt que civiles. En 1969, il a également soumis au Congrès un programme de défense antimissile prévoyant douze sites destinés à protéger des silos de missiles, ainsi que la population, contre des attaques limitées de l'Union soviétique, contre des agressions de puissances nucléaires émergentes et contre des tirs accidentels ou non autorisés, quelle qu'en fût la source.

Les critiques contre le programme ABM de Nixon recouraient aux mêmes arguments exactement que ceux que l'on avance aujourd'hui pour protester contre les programmes actuels de défense antimissile : ça ne pouvait pas marcher ; ça marcherait si bien que cela aurait des effets déstabilisateurs ; un tel système affaiblirait l'Alliance atlantique en dissociant la défense des États-Unis de celle de l'Europe ; il pousserait l'Union soviétique à l'intransigeance et à la course aux armements.

Dans le climat passionné des manifestations contre la guerre du Vietnam, et en présence d'un Congrès dominé par le parti d'opposition, ces critiques sont venues s'ajouter aux attaques habituelles contre l'ensemble du budget de la défense. L'autorisation initiale de lancement du programme ABM a été finalement accordée par le Sénat à une voix près, celle du vice-président. Mais, au cours des années suivantes, le Congrès a mis à profit la procédure des crédits budgétaires pour détruire progressivement ce qu'il avait cherché à empêcher au départ. Chaque année, il a réduit le nombre de sites ABM. À la fin de 1971, il n'en restait que deux... Quant aux Soviétiques, qui n'ignoraient rien de ces pressions intérieures, ils se montraient on ne peut plus évasifs lors des débats sur la limitation de leur propre arsenal offensif, qui s'accroissait alors au rythme de deux cents lance-missiles à longue portée par an. C'est dans cette atmosphère que le département de la Défense, par l'intermédiaire du secrétaire adjoint David Packard, a écrit au président Nixon à la fin du printemps 1970 qu'il convenait de négocier un accord sur le contrôle des armements dans les plus brefs délais. Faute de quoi, les forces stratégiques soviétiques avaient de bonnes chances d'éclipser rapidement celles des États-Unis.

Nixon était loin de s'être converti à la doctrine de destruction mutuelle assurée, mais, face à un Congrès bien décidé à vider de toute substance la défense antimissile, il décida de geler – et donc de préserver – un déploiement ABM de base, en échange de limitations équivalentes des défenses antimissiles soviétiques, et de fixer ainsi un plafond à l'accumulation offensive de l'URSS. Au sommet de Moscou de 1972, les Soviétiques acceptèrent une limitation simultanée des armes offensives et défensives. Il importe de rappeler ces faits parce ce que beaucoup de ceux qui considèrent le traité ABM comme la pierre angulaire du contrôle des armements ignorent quel en fut le moteur.

En analysant les réactions européennes à la défense antimissile actuelle, il faut bien voir que les arguments se font largement l'écho de ce que les adversaires européens de la politique de défense américaine ressassent depuis trente ans à propos de tous les nouveaux grands programmes d'armement américains ou de toute nouvelle doctrine stratégique – depuis la « riposte flexible » de Kennedy dans les années 1960 jusqu'à l'Initiative de défense stratégique (IDS) et à l'installation de missiles à moyenne portée dans les années 1980. Hostiles aux nouvelles armes offensives installées en Europe dans les années 1980 aussi bien qu'aux nouvelles armes défensives basées aux États-Unis depuis le début de ce siècle, ces critiques – qui sont souvent les mêmes – ont prétendu à chaque fois que ces nouveaux programmes allaient dissocier l'Amérique de l'Europe et torpiller d'importantes négociations avec Moscou.

La réalité leur a régulièrement donné tort. Sous Nixon, le programme ABM américain a permis de sortir de l'impasse des négociations au sommet sur le contrôle des armements. Sous Reagan, l'Initiative de défense stratégique et l'installation de missiles de moyenne portée en Europe ont ramené les Soviétiques à la table de négociation. Tout donne à penser que l'on obtiendra le même résultat aujourd'hui – en fait, à l'heure où j'écris, il semblerait que la Russie soit disposée à étudier une forme quelconque de défense antimissile. Mais il faut bien voir que son arsenal contient des milliers d'armes nucléaires. Il faudra donc attendre plusieurs dizaines d'années, au bas mot, pour qu'un programme américain de défense antimissile réduise à néant un ultime filet de sécurité nucléaire russe, quand bien même il fera d'emblée échec à d'autres dispositifs, plus modestes. Rien ne s'oppose donc à ce que soit poursuivie la diplomatie visant à priver progressivement de vraisemblance tout conflit atomique entre les deux plus grandes puissances nucléaires.

Enfin, dès que les critiques européens échapperont à l'emprise de slogans dépassés, ils reconnaîtront l'absurdité de l'idée selon laquelle une Amérique vulnérable à une attaque nucléaire, d'où qu'elle vienne, serait la meilleure garante de la sécurité européenne. Le bon sens suggère le contraire. Une telle vulnérabilité ne pourrait qu'inciter les États-Unis à se dérober à leurs obligations au sein de l'Alliance. Ces arguments s'appliquent également à la défense du territoire européen en cas d'attaques de missiles.

Il n'est pas plus raisonnable de penser qu'un système

américain de défense antimissile encouragera la prolifération nucléaire. On comprend mal pourquoi, s'il est devenu plus difficile de pénétrer sur le territoire américain, des pays qui ne possèdent pas aujourd'hui de missiles nucléaires seraient plus susceptibles d'en acquérir. Les grands pays qui souhaitent posséder ou possèdent des missiles et des armes nucléaires risquent effectivement de développer leur arsenal pour déjouer les défenses américaines. Mais, à supposer qu'ils soient capables de s'engager dans cette course – ce qui est hautement improbable s'agissant des États dits « voyous » –, la population américaine ne se trouverait pas plus mal lotie qu'aujourd'hui en cas d'attaque totale, et un adversaire éventuel se verrait obligé de sacrifier ses autres options militaires. En l'absence de défense américaine antimissile, le chantage éventuel d'un pays hostile aux États-Unis n'est limité que par la fiabilité de ses armes. En présence d'une défense antimissile, les calculs deviennent plus compliqués. L'adversaire ne peut pas savoir quelles ogives parviendront à franchir les barrages d'interception, même s'il pense que certaines y parviendront. À moins d'envisager une attaque d'une envergure frisant la guerre totale.

Bien des pays, dont la Chine, qui n'a pas signé le traité ABM, se sont joints au chœur des détracteurs de la défense antimissile. Et ce chœur ne peut que se faire plus bruyant tant que l'Amérique n'aura pas pris de décision. Il importe donc qu'elle adopte rapidement un programme. Il conviendrait, dans ce contexte, de consulter les alliés, et d'établir notamment s'ils souhaitent participer à ce système de défense, dont la couverture serait alors élargie à l'Europe.

Mais, malgré tout le respect dû aux opinions de leurs alliés et d'autres grands pays, les États-Unis ne peuvent pas condamner leur population à une vulnérabilité permanente. Aussi est-il indispensable de définir clairement et de toute urgence les objectifs de la défense antimissile, la technologie à privilégier et la diplomatie qui doit l'accompagner. Pour des raisons qui relèvent en partie de la politique intérieure, on a affirmé que la défense antimissile serait exclusivement dirigée contre les États « voyous », déclenchant du même coup un débat sur la définition même d'État « voyou » et sur la réalité de cette menace. Il faut pourtant admettre que la défense antimissile est tout aussi indispensable face à des puissances nucléaires solidement établies. Si l'on songe aux conséquences catastrophiques d'une explosion isolée, les États-Unis doivent absolument se protéger du mieux qu'ils le peuvent contre des lancements accidentels, des attaques non autorisées ou des agressions limitées, quel que soit leur objectif. Ou, pour dire les choses autrement, les États-Unis doivent fixer le tarif dont devra s'acquitter celui qui prendra l'initiative de l'agression nucléaire, et ce prix doit être aussi élevé que possible. Le système de défense antimissile pourra ainsi être efficace contre les petites puissances nucléaires, tout en réduisant les risques de voir de grands pays déployer des moyens de grande ampleur, dans la mesure où ils ne pourront prévoir les conséquences de leurs efforts.

Une fois que la décision de mettre sur pied une défense antimissile aura été prise, il conviendra de définir, par une étude objective, la technologie la mieux adaptée*. Cette démarche, on le sait, a été entravée par les efforts de l'administration Clinton visant à élaborer une technologie compatible avec le traité ABM. Mais si cela était possible, à quoi servirait le traité ? En tout état de cause, on ne peut plus se cacher que la technologie la plus étudiée est sans doute celle qui convient le moins à une défense efficace. Il est urgent de prendre une décision sur ce point, sans se laisser arrêter par ceux qui s'opposent si radicalement à toute idée de défense qu'ils en viennent à exiger le respect de critères auxquels les armements nouveaux répondent bien rarement. Quand les États-Unis auront défini leurs besoins, et alors seulement, ils pourront engager un dialogue sérieux pour déterminer s'il est préférable d'amender le traité ou de s'en retirer. Cela permettra également de négocier sur une base cohérente un accord de limitation de la défense antimissile, traitant notamment des dispositions à prendre en matière d'arsenaux nucléaires, compte tenu du niveau technologique atteint et du contexte politique.

* Le 17 décembre 2002, George W. Bush a ordonné aux armées des États-Unis de commencer à déployer sur terre et sur mer, les premiers éléments d'un bouclier antimissile. Il s'agit de la première phase d'un projet plus ambitieux visant, dans un premier temps, à permettre aux États-Unis de répondre à des agressions limitées. Cette première phase devrait aboutir en 2004-2005. *(N.d.E.)*

LES RELATIONS AVEC LA RUSSIE

Les relations entre l'Occident et la Russie ont toujours été ambivalentes. L'entrée de la Russie sur la scène européenne s'est faite assez tardivement. Retardée, mystérieuse, primitive et immense, elle n'a fait irruption dans la conscience européenne qu'au XVIIIe siècle. Dans le premier quart de ce siècle, la Russie combattait encore les envahisseurs suédois au cœur de ce qui est aujourd'hui l'Ukraine. Moins de cinquante ans plus tard, au cours de la guerre de Sept Ans, les armées russes entraient dans les faubourgs de Berlin. Encore une génération plus tard, après la défaite de Napoléon, les troupes russes occupaient Paris.

Plus autocrate que tout autre État européen, la Russie pratiquait, avec l'orthodoxie russe, une forme mystique et nationaliste de religion chrétienne. L'existence d'une Église nationale prêtait une légitimité hors du commun à la quête de prestige et à l'expansionnisme russe. Malgré son rôle dans la diplomatie de l'équilibre des forces en Europe, elle n'en appliquait pas les principes aux pays voisins. Elle revendiquait une zone d'influence particulière dans les Balkans, où elle prônait le panslavisme et le droit de protéger le christianisme orthodoxe contre l'Empire ottoman musulman, ainsi qu'en Asie centrale, où elle menait une mission à la fois coloniale et religieuse.

La Russie a toujours été un pays à part – surtout si on la compare à ses voisins européens. S'étendant sur onze fuseaux horaires, la Russie (même sous sa forme actuelle, postsoviétique) est l'État contemporain qui forme le plus grand bloc continental. Saint-Pétersbourg est plus proche de New York que de Vladivostok, qui est, à son tour, plus proche de Seattle que de Moscou. Un pays aussi vaste ne devrait pas souffrir de claustrophobie. Ce qui n'a pas empêché un expansionnisme larvé de caractériser l'histoire russe. Pendant quatre siècles, la Russie a fait passer le bien-être de sa population après cet impérialisme acharné, qui menaçait ses voisins. Dans l'esprit russe, ces longs siècles de sacrifice se sont mués en mission, une mission menée en partie au nom de la sécurité, en partie au service d'une moralité russe prétendument supérieure.

Tout au long de l'histoire, les réalisations et les ambitions de la Russie ont été à la mesure de ses dimensions géographiques. À deux reprises, la vastitude du pays et l'endurance de son peuple ont empêché un conquérant de dominer l'Europe : Napoléon au XIXe siècle, Hitler au XXe. Mais, au lendemain de chacune de ces prouesses nationales, la Russie a prétendu imposer ses principes intérieurs autocratiques à toutes les régions qui se trouvaient à portée de ses armées : au nom du conservatisme au moment de la Sainte-Alliance au XIXe siècle, et au nom du communisme au XXe.

Et les deux fois, la Russie a présumé de ses forces et a échoué : lors de la guerre de Crimée au XIXe siècle, et avec l'effondrement de l'Union soviétique au XXe. Tout au long de son histoire, à travers toutes ses vicissitudes, la Russie a mené une diplomatie obstinée, patiente et habile : avec la Prusse et l'Autriche contre le spectre de la domination française ; avec la France contre l'Allemagne impériale ; avec l'Angleterre, la France et l'Allemagne hitlérienne pour éviter l'isolement ; avec les États-Unis et la Grande-Bretagne pour échapper au désastre pendant la Deuxième Guerre mondiale ; et, pendant la guerre froide, en essayant de couper l'Europe des États-Unis par un subtil cocktail de chantage nucléaire et de soutien à des mouvements qui considéraient les États-Unis comme la plus grande menace contre la paix nucléaire.

L'histoire de la Russie a inspiré à l'Europe une certaine nostalgie romantique pour les périodes de coopération, mais également une vague crainte due aux dimensions de ce pays et à sa nature impénétrable. En Allemagne, nombreux sont ceux qui attribuent les catastrophes nationales à l'abandon du principe bismarckien consistant à se ménager constamment une ouverture diplomatique vers la Russie. La France n'a pas oublié que l'alliance avec la Russie l'a sauvée lors de deux guerres mondiales. Les souvenirs de l'Angleterre sont plus pondérés et moins sentimentaux : elle a en effet consacré une trop grande partie de son histoire à résister aux menaces russes contre le Bosphore et à ses manœuvres en direction de l'Inde.

Les réminiscences historiques de tous ces pays sont encore renforcées par la pression d'opinions publiques qui exhortent leurs gouvernements à jouer le rôle de pivot entre la Russie et les États-Unis. Voilà pourquoi certains dirigeants européens envisagent d'inviter la Russie, un jour ou l'autre, à rejoindre l'Union européenne. Tel est également l'élan qui préside aux efforts de tous les grands États européens pour établir des relations privilégiées avec la Russie, afin d'éviter la résurgence des pressions d'autrefois, tout en empêchant leurs voisins d'en faire autant.

Les expériences de l'Amérique ont évidemment été moins directes. Au XIXe siècle, la Russie passait pour la quintessence de l'autocratie européenne ; après la révolution bolchevique de 1917, beaucoup ont vu en elle l'incarnation de l'extrémisme. Les États-Unis ont attendu le début de 1934 pour établir des relations diplomatiques avec l'Union soviétique. Dans les années 1930, certains groupuscules ont été incités par la montée du nazisme à voir dans le communisme le meilleur rempart contre le fascisme et la promesse d'un ordre mondial nouveau et plus juste. L'invasion de l'Union soviétique par l'Allemagne a fait naître un sentiment de bienveillance à l'égard de la victime, tout en favorisant une vision sentimentale de la réalité soviétique. Apparemment convaincu que ni des siècles d'autocratie impériale ni une génération de stalinisme ne représentaient un obstacle insurmontable à la collaboration américano-soviétique après la guerre, le président Franklin Roosevelt lui-même voyait dans l'Union soviétique un des piliers d'un ordre mondial naissant.

La lune de miel fut éphémère. L'intransigeance de Staline, l'idéologie communiste, l'occupation soviétique de l'Europe jusqu'à l'Elbe et la partition de l'Allemagne provoquèrent une réaction d'hostilité et de méfiance. Les relations internationales cédèrent à la bipolarisation, les deux superpuissances s'affrontant et développant leurs armements nucléaires de part et d'autre d'une ligne de démarcation qui traversait le cœur de l'Europe.

Au cours de ces quarante années d'affrontement, une minorité d'Américains – et des groupes un peu plus importants en Europe – ont contesté les prémisses qui sous-tendaient la politique atlantique de guerre froide. Manipulés à l'occasion par les offensives de paix soviétiques, même lorsqu'ils n'y étaient pas liés, les défenseurs d'un retour à la camaraderie de guerre américano-soviétique reprochaient aux États-Unis de se préoccuper à l'excès de la stratégie nucléaire et de faire la part belle à la politique de force. Au cours des vingt dernières années de guerre froide, un certain nombre de négociations furent engagées avec l'Union soviétique, traitant pour l'essentiel du contrôle des armements. Ces efforts de rapprochement étaient dictés, pour une large part, par la conscience que, quels que fussent les différends idéologiques et géopolitiques entre les deux parties, les armes nucléaires faisaient peser le risque d'un cataclysme qui risquait d'emporter la civilisation elle-même ; dans ces conditions, les deux superpuissances nucléaires avaient le devoir de limiter, voire, si possible, de conjurer ce risque.

Ces pourparlers divisèrent l'opinion publique américaine en trois groupes : le premier était d'avis que le processus même de négociation transformerait le système soviétique (ou qu'il s'était déjà transformé tout seul), un autre voyait dans le communisme la principale, voire l'unique, menace contre la paix dans le monde et estimait qu'une paix durable passait par une croisade destinée à provoquer la chute du communisme. Le dernier, enfin, envisageait de mener une politique d'endiguement de l'Union soviétique en associant diplomatie et stratégie jusqu'à ce que l'épuisement ait érodé la ferveur idéologique communiste et privé l'Union soviétique de sa dimension de cause idéologique pour faire d'elle un État comme les autres, soucieux de ses intérêts nationaux.

Le débat entre ces trois groupes a pris fin avec la disparition de la guerre froide elle-même. Mais le point de vue des deux premiers groupes s'étant nourri de la même prémisse, à savoir que le « problème russe » était avant tout la conséquence de l'idéologie et de la structure de l'État communiste, l'intérêt des Américains pour la Russie au lendemain de la guerre froide s'est de plus en plus porté sur les changements intérieurs qui survenaient à Moscou. Devant la faillite du communisme, les relations des pays atlantiques avec la Russie reposèrent moins sur des considérations géopolitiques que sur des hypothèses concernant sa situation intérieure. Et l'on a eu tendance à assimiler celle-ci à la personnalité du chef d'État de l'époque.

Les démocraties occidentales ont commencé à se conduire

comme si les réformes intérieures en Russie étaient la clé essentielle, sinon unique, de la stabilité de leurs relations avec ce pays. Au lieu de traiter la Russie comme une puissance digne de ce nom, on en a fait le sujet de communications parfois condescendantes sur l'état de ses réformes intérieures.

Agissant comme s'ils étaient directement concernés par la politique russe, les dirigeants occidentaux, pendant le mandat d'Eltsine, l'ont submergé d'approbations et d'attestations de sa volonté réformiste. À l'occasion de la démission d'Eltsine, le président Clinton a ainsi déclaré que la Russie était désormais « un régime politique pluraliste et une société civile jouant son rôle sur les marchés mondiaux et connectée à Internet ». Pour lui, le retrait d'Eltsine illustrait « sa foi fondamentale dans le droit et la capacité du peuple russe de choisir son propre dirigeant[19] ». Presque tous les autres observateurs considéraient pourtant la démission d'Eltsine comme une habile manipulation constitutionnelle destinée à imposer pour successeur un de ses protégés, formé par le KGB et encore presque inconnu six mois plus tôt, et à assurer son existence et celle de sa famille après sa sortie de charge.

En mettant sur le même plan la politique étrangère et la politique intérieure russes, on a favorisé dans l'esprit de nombreux Russes l'idée que les États-Unis avaient une certaine responsabilité dans la mise en place de l'étrange hybride caractéristique de l'ère Eltsine, qui conjuguait marché noir, spéculation effrénée, activités criminelles avérées et capitalisme d'État plaçant d'immenses cartels industriels sous la direction de leurs anciens patrons communistes, sous le couvert de la privatisation. Cette situation a permis aux nationalistes et aux communistes russes de prétendre que tout le système n'était qu'une supercherie organisée par l'Occident pour maintenir la Russie dans un état de faiblesse.

D'un point de vue général, confondre politique étrangère et définition de la politique intérieure russe revenait à affaiblir l'influence que l'on pouvait espérer exercer sur la conduite extérieure de l'État russe. Or c'étaient précisément les agissements extérieurs de la Russie qui, par le passé, avaient menacé le plus gravement la stabilité internationale. En fait, en intervenant aussi directement dans le drame intérieur de la Russie, les démocraties occidentales ont encouragé ses dirigeants à se dérober devant les déceptions du jour pour mieux se livrer à l'évocation incantatoire d'un glorieux passé.

Quoi qu'il en soit, le monde est confronté aujourd'hui à un nouveau type de dirigeant russe. Contrairement à son prédécesseur, qui s'était fait politiquement les dents dans les luttes de pouvoir au sein du Parti communiste, Vladimir Poutine est issu de l'univers de la police secrète. Et, pour s'imposer dans ce milieu ténébreux, il faut un solide engagement nationaliste doublé d'un caractère froid et analytique. Il en résulte une politique étrangère comparable à celle qui a marqué les siècles tsaristes : il s'agit d'enraciner le soutien du peuple dans le sentiment ancestral de la mission russe et de chercher à dominer ses voisins, lorsqu'il est impossible de les asservir. Face aux autres puissances, cette attitude implique un savant dosage de pressions et d'incitations, dont la proportion est déterminée par une manipulation soigneuse, patiente et précautionneuse de l'équilibre des forces.

Le 31 décembre 1999, à la veille de son accession à la présidence, Poutine, qui était encore Premier ministre, a écrit : « Nous n'accepterons pas, si tant est que pareille chose puisse advenir, que la Russie devienne une réplique des États-Unis ou de la Grande-Bretagne, par exemple. [...] Pour les Russes, un État puissant n'est pas une anomalie dont il faudrait se débarrasser. Ils y voient bien au contraire un garant de l'ordre, en même temps que l'initiateur et le moteur de tout changement[20]. » Poutine a ensuite clairement réaffirmé la tradition impériale de la Russie dans son discours inaugural de mai 2000 : « Nous devons connaître notre histoire, la connaître dans sa réalité, en tirer des leçons et ne jamais oublier ceux qui ont créé l'État russe, qui ont défendu sa dignité et en ont fait un grand État, fort et puissant[21]. »

La Russie et les États-Unis ont toujours affirmé la vocation mondialiste de leur société. Mais si l'idéalisme américain est le fruit de l'idée de liberté, celui de la Russie est né d'un sentiment de souffrance partagée et de soumission commune à l'autorité. Les valeurs de l'Amérique s'adressent à tous ; celles de la Russie ont été réservées à la nation russe, à l'exclusion même des nationalités sujettes de l'empire. L'idéalisme américain incite à l'isolationnisme ; l'idéalisme russe a encouragé l'expansionnisme et le nationalisme.

Cette réalité se reflète dans un document de politique nationale de sécurité adopté par la Russie le 3 octobre 1999, alors que Poutine était Premier ministre, et auquel il a donné force de loi par l'un de ses premiers actes officiels, lorsqu'il est devenu président par intérim en janvier 2000. Son objectif était de « créer un domaine économique unique avec les membres de la Communauté des États indépendants » – c'est-à-dire toutes les anciennes républiques de l'Union soviétique (à l'exception des États baltes, qui ne sont pas membres de la Communauté mais n'en sont pas moins soumis à des pressions constantes de la Russie)[22].

Ce document ne définit pas ce qu'il entend par « un domaine unique », ni comment une telle ambition pourrait se limiter à la sphère économique. Devant la résistance presque unanime qu'ont suscitée pareils desseins, la politique russe sous Eltsine, et plus encore sous Poutine, a cherché à rendre l'indépendance si pénible pour les anciennes républiques membres de l'Union soviétique – en maintenant une présence militaire russe, en encourageant les guerres civiles ou en exerçant des pressions économiques – qu'un retour dans le giron russe apparaîtrait comme un moindre mal.

Cette politique fait des progrès significatifs. En Moldavie, le Parti communiste a remporté les dernières élections en date. La Géorgie est soumise à des pressions russes opiniâtres : économiques – par des manœuvres touchant les exportations énergétiques russes –, militaires et politiques – par le soutien que la Russie accorde à des groupes d'opposition. On observe la même situation en Azerbaïdjan et en Ouzbékistan. La Biélorussie est déjà, *de facto*, un satellite de la Russie. Quant à l'Ukraine, elle est déchirée par des divisions intérieures auxquelles la Russie n'est pas étrangère ; ce qui n'empêche pas certains de voir en cette dernière l'unique recours contre un gouvernement aux abois (qui est effectivement responsable de certaines de ses propres difficultés). Et dans l'intégralité de son ancien empire, la Russie élargit son influence économique en exploitant habilement le processus de privatisation pour racheter le maximum d'industries des anciennes républiques de l'Union soviétique.

Les nations atlantiques doivent absolument résoudre ce problème majeur : parviendront-elles à persuader la Russie de modifier son approche traditionnelle de la sécurité ? L'histoire a appris à la Russie à se montrer particulièrement vigilante sur les questions de sécurité à ses frontières, et, comme nous l'avons dit plus haut, l'Occident doit veiller à ne pas développer son système militaire intégré trop près du territoire russe. Mais il a également le devoir d'encourager la Russie à renoncer à prétendre dominer ses voisins. Si la Russie se sent bien dans ses frontières actuelles, ses relations avec l'extérieur devraient s'améliorer rapidement. Mais si la réforme donne naissance à une Russie plus forte, qui renoue avec une politique d'hégémonie – comme le redoutent effectivement la plupart de ses voisins –, on verra inéluctablement resurgir des tensions comparables à celles de la guerre froide.

La politique russe des États-Unis et de leurs alliés doit se fixer deux priorités. La première est de veiller à ce que la Russie puisse faire entendre et respecter sa voix dans le système international naissant – il faut lui donner le sentiment qu'elle participe aux décisions internationales, surtout lorsqu'elles touchent à sa sécurité. En même temps, les États-Unis et leurs alliés doivent faire clairement comprendre – même s'il leur en coûte – que la fin de la guerre froide n'a pas apaisé toutes leurs inquiétudes à propos de l'équilibre des forces. Les États-Unis ne peuvent se contenter de protester contre le soutien que la Russie accorde au programme nucléaire iranien, contre ses attaques systématiques de la politique américaine dans le Golfe, notamment en Irak, et contre son empressement à encourager des organisations dont l'objectif proclamé est de démanteler ce que les dirigeants russes s'obstinent à appeler l'hégémonie américaine. Les États-Unis doivent évidemment respecter les préoccupations légitimes de la Russie en matière de sécurité. Mais cela présuppose que la définition russe de ce qui est « légitime » soit compatible avec l'indépendance de ses voisins, et qu'elle prenne au sérieux la détermination américaine, par exemple celle de limiter la prolifération de la technologie militaire et des missiles.

L'évolution intérieure de la Russie ne peut être regardée

comme la principale clé du problème, et notamment de la stabilisation de ses relations avec ses voisins. Le rapport entre économie de marché et démocratie – et entre démocratie et politique étrangère pacifique – est loin d'être aussi mécanique qu'on le croit communément. En Europe de l'Ouest, le processus de démocratisation a mis plusieurs siècles à se concrétiser, sans parvenir à éviter plusieurs guerres catastrophiques. En Russie, un pays qui ne possède pas de tradition fondamentale en matière de capitalisme ou de démocratie et qui n'a pris part ni à la Réforme, ni au mouvement des Lumières, ni aux Grandes Découvertes, cette évolution risque d'être particulièrement difficile. Chose plus grave : au cours de ses premières étapes, ce processus pourrait inciter les dirigeants russes à rallier leur opinion publique autour de mots d'ordre nationalistes.

Malgré toutes ces réserves, une Russie attachée au développement économique et à la démocratisation, une Russie qui, pour la première fois de son histoire, accorde la priorité à sa croissance intérieure au lieu de chercher à assurer sa sécurité par l'aventure extérieure, une telle Russie est évidemment un enjeu de taille pour les États-Unis et les pays atlantiques. Ils doivent se montrer patients, sans pour autant hypothéquer leur sécurité ou celle des voisins de la Russie. Quant à cette dernière, elle devrait avoir toutes les raisons du monde d'inverser ses priorités historiques. Même si sa technologie se prête moins à des opérations offensives – et peut-être précisément pour cette raison –, son important arsenal nucléaire lui assure une protection efficace face à d'éventuels desseins napoléoniens ou hitlériens contre son territoire. Quant aux armes non nucléaires, leur puissance et leur précision est aujourd'hui telle que les guerres conventionnelles entre grandes puissances sont de moins en moins envisageables.

Pour les pays étrangers bien disposés à son égard, le problème le plus épineux que pose la Russie en matière de politique étrangère consiste à instaurer une relation stable entre un pays potentiellement puissant, qui a connu une histoire mouvementée, et le reste du monde. Réduite aujourd'hui au territoire qui était celui de Pierre le Grand en Europe, la Russie doit s'adapter à la perte de son empire, tout en se dotant d'institutions intérieures qui n'ont aucun ancrage dans ses traditions.

Les alliés atlantiques doivent comprendre que la Russie

s'engage dans une transition historique et l'aider de leur mieux. Malgré la compréhension que cet effort peut légitimement inspirer aux nations atlantiques, elles ne se facilitent pas les choses en feignant de croire que la Russie a déjà accompli un processus de réforme qui n'est qu'à peine amorcé, ou en faisant l'éloge des dirigeants russes, parés de qualités dont ils ont encore à faire la preuve. La réussite de l'entrée de la Russie sur le marché mondial en tant que partenaire digne de confiance dépendra, dans une large mesure, de son aptitude à mettre en place un système juridique transparent, une structure gouvernementale stable et une économie libérale authentique, qui se déprendrait de ses structures oligarchiques. Si la Russie tend vers ces objectifs, ses ressources naturelles et son immense réservoir de main-d'œuvre qualifiée attireront certainement un flot substantiel d'investissements étrangers.

Certains pensent que l'Europe peut aider la Russie à s'intégrer dans la communauté internationale en servant d'intermédiaire entre elle et les États-Unis. Le Premier ministre Tony Blair a ainsi revendiqué pour son pays le rôle de « pivot », en l'appliquant à la question litigieuse de la défense antimissiles. D'autres laissent entendre que l'objectif ultime serait l'adhésion de la Russie à l'OTAN. D'autres enfin s'interrogent sur l'entrée possible de la Russie dans l'Union européenne, afin de faire contrepoids aux États-Unis ou à l'Allemagne.

Or aucune de ces options ne paraît raisonnable à l'horizon des vingt années à venir. L'adhésion de la Russie à l'OTAN ferait de l'Alliance atlantique un organe de sécurité proche de Nations unies miniatures ou, c'est une autre possibilité, une alliance des démocraties industrielles occidentales hostile à l'Asie – et surtout à la Chine. Quant à l'entrée de la Russie dans l'Union européenne, elle créerait une fracture entre les deux rives de l'Atlantique. Une telle mesure pousserait inévitablement l'Europe à chercher, plus qu'elle ne le fait déjà, à se définir en se différenciant des États-Unis, et obligerait Washington à mener une politique de même nature dans le reste du monde. Une relation institutionnelle plus étroite entre la Russie et l'Europe qu'entre cette dernière et les États-Unis, voire simplement comparable à celle-ci, provoquerait une véritable révolution dans les relations atlantiques – et c'est bien la raison pour laquelle Poutine fait une cour aussi assidue à certains alliés de l'Amérique.

Tous ceux qui savent tirer les leçons du passé admettent qu'il faut accorder à la Russie un rôle important dans la construction d'un nouvel ordre international, sans l'encourager à renouer avec ses modèles traditionnels. À la fin des guerres napoléoniennes, l'Europe avait dû faire face à un dilemme du même genre. Et malgré la crainte d'une résurgence du militarisme français, elle a réussi à intégrer la France dans le système international. La Quadruple-Alliance – Russie, Angleterre, Autriche et Prusse – protégeait l'Europe contre la remilitarisation de la France. Ce qui n'empêcha pas d'admettre celle-ci comme membre à part entière, aux côtés des signataires de la Quadruple-Alliance, dans le « concert de l'Europe », qui traitait des questions touchant à la stabilité politique du continent.

L'ordre international contemporain exige une solution analogue. L'OTAN doit rester un rempart contre une Russie toujours tentée par les démons de l'impérialisme. Il faut en même temps que les démocraties industrielles cherchent à mettre sur pied un système de coopération raisonnable avec elle. Il convient de renforcer les mécanismes de consultation politique au sein de l'Organisation pour la sécurité et la coopération en Europe (OSCE). Il faut que les réunions se déroulent au niveau des chefs d'État, qui se retrouveront périodiquement pour examiner la situation internationale. La Russie participe déjà aux sommets du G8. On pourrait ainsi édifier un nouvel ordre européen d'ouest en est, et non, comme certains le souhaitent, d'est en ouest.

VERS UNE NOUVELLE STRUCTURE DES RELATIONS ATLANTIQUES

L'OTAN, unique cadre institutionnel de la coopération atlantique, révélera bientôt ses limites. Il convient donc d'élaborer sans tarder un système de coopération atlantique qui ne s'en tienne pas aux questions de sécurité et englobe tous les pays de l'Union européenne, dont ceux qui ne sont pas membres de l'OTAN, les différentes institutions de l'Union européenne ainsi que les membres nord-américains de l'Alliance atlantique – États-Unis, Canada et, plus tard, Mexique.

Une convention transatlantique de libre-échange (la TAFTA, Trans-Atlantic Free Trade Area) pourrait servir un tel objectif. En élargissant son objet (les produits manufacturés et les services) à l'agriculture, cette convention encouragerait encore la tendance au libre-échange, mouvement dans lequel se sont engagés tous les États de la région de l'Atlantique Nord. Elle contrarierait en même temps les forces centrifuges qui affaiblissent la coopération nord-atlantique et donnerait un nouvel élan à un sentiment de destinée commune entre les pays qui bordent l'Atlantique Nord.

Les conditions sont propices. Les critères de main-d'œuvre, l'échelle des salaires et les préoccupations écologiques sont comparables de part et d'autre de l'Atlantique. Avec le temps, il devrait être possible de procéder à la fusion entre l'ALENA (l'Accord de libre-échange nord-américain, qui regroupe les États-Unis, le Mexique et le Canada) et la TAFTA. Il faudra alors imaginer de nouveaux mécanismes de consultation dans les domaines politiques et sociaux, afin de resserrer les liens entre le continent américain et l'Union européenne. Lorsque le développement de l'économie russe et une politique intérieure plus conforme aux principes constitutionnels le permettront, on pourra parfaitement envisager l'entrée de la Russie dans cette zone de libre-échange, en tant que membre associé.

Il faut faire preuve d'une créativité toute particulière en matière de consultation politique. Il s'agit avant tout de déterminer le type d'unité dont les démocraties atlantiques ont besoin pour faire face à l'avenir et fixer les limites de la diversité qu'elles peuvent tolérer. L'Amérique a tout intérêt à ce que l'Europe participe plus activement aux affaires mondiales. Mais il ne faut pas que celle-ci définisse son identité par opposition aux États-Unis. Pourquoi ne pas constituer un groupe de pilotage atlantique où seraient représentées les différentes composantes de la zone atlantique, rassemblant les États-Unis, l'Union européenne intégrée, les pays européens extérieurs à l'Union européenne, le secrétaire général de l'OTAN et le haut-représentant de l'Union européenne chargé de la politique étrangère et de sécurité commune ? Ce groupe devrait se réunir à intervalles réguliers, avec le soutien d'un secrétariat, pour définir une approche commune des affaires mondiales, tout en réglant les différends à mesure qu'ils surgissent. Les membres de ce groupe pourraient également prendre part au mécanisme de consultation avec la Russie sous les auspices de l'OSCE.

La zone atlantique pourrait ainsi être balisée par une série de cercles qui se recouvrent partiellement. Du côté militaire, nous aurions l'OTAN ainsi que la force militaire, quelle qu'elle soit, que mettra sur pied l'Union européenne et qui, dans les faits, devra être intégrée à l'OTAN sous une forme ou une autre. Insistons à nouveau sur ce point : en ce qui concerne la sécurité, l'OTAN devra offrir une garantie à tous les membres de l'Union européenne, quand bien même ils ne feraient pas partie du commandement intégré. Moyennant quelques adaptations indispensables, l'OTAN resterait ainsi la clé de la sécurité mondiale. Sur le plan économique, nous aurions la convention transatlantique de libre-échange. Quant aux questions politiques, elles seraient réglées par le groupe de pilotage atlantique.

Il n'est pas exagéré de dire que l'avenir du gouvernement démocratique tel que nous l'entendons dépend de l'aptitude des démocraties de l'Atlantique Nord à donner un nouvel élan à leurs relations dans un monde dont la guerre froide a disparu et à relever le défi d'un ordre mondial global. Si les relations atlantiques se relâchent, si les rivalités reprennent le dessus, la crise qui en résultera ne manquera pas d'ébranler les valeurs mêmes qui cimentent les sociétés occidentales.

Si un certain nombre de responsables reconnaissent, du bout des lèvres, l'importance de cet objectif, personne ne s'est hâté de traiter le problème. Les querelles au sein de la zone atlantique sont bien réelles, et certaines – notamment dans le domaine économique – voient s'opposer des groupes électoralement puissants de part et d'autre de l'Atlantique. La quête identitaire de l'Europe est légitime, et, à long terme, les États-Unis ont tout à y gagner. Mais il faut que cette identité se définisse autrement que par un antiaméricanisme quasi congénital. Pour que s'instaure une vraie coopération, il faut que de chaque côté on soit prêt à sacrifier ses intérêts immédiats au profit d'une vision plus large, dont on ne pourra se passer à plus long terme. Malheureusement, les considérations intérieures à brève échéance dictent de plus en plus la conduite politique des démocraties occidentales, ce qui les empêche de développer des projets de plus grande envergure : les mesures qui rapportent des bénéfices immédiats ou récompensent les passions à court terme sont les plus gratifiantes politiquement. Tout se résume donc à une question de leadership de part et d'autre de l'Atlantique.

Si j'ai consacré un si grand nombre de pages à regretter certaines tendances propres à l'Europe, tous ceux qui se préoccupent de l'avenir des relations atlantiques doivent admettre que le triomphalisme américain a également sa part de responsabilité dans la situation actuelle. Nous avons eu trop tendance, de ce côté-ci de l'Atlantique, à assimiler coopération et adoption d'un ordre du jour américain. L'Amérique cherche trop systématiquement à faire adopter sa législation intérieure par ses proches alliés ; elle n'est pas suffisamment à l'écoute des besoins des pays contraints à se résigner à la perte de leur prééminence passée. La politique américaine doit absolument faire preuve de plus de sensibilité. De même que la politique européenne doit devenir moins doctrinaire. Après tout, la tâche des responsables politiques n'est-elle pas de conduire leurs sociétés de l'endroit où elles se trouvent vers un lieu où elles ne sont jamais allées ?

CHAPITRE III

Le continent américain : le monde des démocraties (II)

La révolution au niveau de la région

Dans la mesure où les institutions politiques et économiques déterminent le rôle international auquel peut prétendre une région, l'avenir de l'Amérique latine peut être comparé à celui des pays de l'Atlantique Nord. Elle est dominée par des régimes démocratiques ; son économie obéit de plus en plus aux lois du marché ; les différends qui opposent les États qui la composent se règlent par la négociation et l'arbitrage. On peut, dans les faits, exclure tout risque de guerre entre les pays d'Amérique latine. Les affrontements frontaliers occasionnels, comme ceux qu'ont connus le Pérou et l'Équateur dans les années 1980, font figure de vestiges du passé, et ne risquent guère de se reproduire de manière significative dans les années à venir. Les dépenses d'armement, en pourcentage du produit intérieur brut, y sont inférieures à celles de toute autre région du monde. De ce point de vue, l'Amérique latine – et plus particulièrement l'Argentine, le Brésil et le Mexique – fait son entrée dans l'univers de la globalisation et marque la victoire des principes de la démocratie et de l'économie de marché. Lorsque, au sommet qui s'est tenu à Miami en décembre 1994, le président Clinton a proposé la création d'une zone de libre-échange des Amériques (ZLEA), il s'adressait bien au monde latino-américain.

Il n'en existe pas moins une autre Amérique latine, sous-développée celle-ci, et qui ne vit pas encore à l'heure des technologies de pointe et d'Internet. Dans cette Amérique-là, le fossé entre monde politique et monde économique est patent. L'écart entre riches et pauvres ne cesse de se creuser. Dans certains pays, comme le Venezuela, des mouvements populistes, autoritaires par essence, défient les institutions démocratiques. Dans d'autres – dont la Colombie représente le cas le plus flagrant –, des guérilleros de gauche, soutenus par l'argent des narcotrafiquants, ébranlent la cohésion nationale. Peut-être verra-t-on surgir une nouvelle forme de nationalisme, qui cherchera à affirmer son identité nationale ou régionale à travers l'affrontement avec les États-Unis. La politique de ces derniers dans le continent est confrontée à une alternative majeure : parviendront-ils à faire advenir le monde entrevu à Miami, ou bien le continent américain se divisera-t-il en blocs rivaux pour la première fois de son histoire ? La démocratie et l'économie de marché continueront-elles de dominer, ou verra-t-on certains pays renouer progressivement avec le populisme et l'autoritarisme ?

Le problème est d'autant plus sérieux que, au plus tard depuis la doctrine Monroe, les États-Unis se sont toujours attribué un rôle particulier dans le continent américain. Or, si l'Amérique latine reconnaît l'existence d'une communauté panaméricaine, n'en adhère pas pour autant, et il s'en faut, à la définition des responsabilités et des interdits qu'un tel concept induit aux yeux des États-Unis. En tout état de cause, le rôle particulier des États-Unis connaît une profonde mutation. En effet, depuis les années 1980, l'Amérique latine s'est engagée dans une transformation politique et économique d'une portée aussi grande que celle que l'on a pu observer au même moment en Europe de l'Est et en Union soviétique.

Au lendemain de la Deuxième Guerre mondiale, et pendant les trente années qui ont suivi, l'Amérique latine a été dominée par des régimes autoritaires – militaires pour beaucoup d'entre eux, et, pour certains, usant de méthodes répressives afin de conserver le pouvoir. Seuls le Costa Rica et la Colombie ont été dirigés sans interruption ou presque, par un gouvernement civil.

Depuis les années 1980, des civils élus ont remplacé les juntes militaires ; les dirigeants ont commencé à respecter les droits de l'homme ; les organes législatifs ont retrouvé l'initiative. Quelques phénomènes de récidive – auxquels il faut ajouter l'exception aussi durable que célèbre de Cuba – n'autorisent pas à réfuter l'idée que le choix de la démocratie s'est imposé à travers toute l'Amérique latine.

Le triomphe des urnes s'est accompagné de progrès tout aussi impressionnants sur le front économique. Jusqu'aux événements décisifs des années 1980, presque tous les États d'Amérique latine connaissaient de terribles déficits dans le secteur public, des taux de chômage élevés (masqués dans certains cas par un gonflement des effectifs de la fonction publique), une inefficacité notoire des entreprises nationales, des tarifs douaniers protectionnistes et une économie qui n'avait rien de compétitif. À partir des années 1980, sous la houlette de l'Argentine, du Brésil, du Mexique et du Chili, les gouvernements centraux et les provinces de tout le continent ont entrepris de se défaire d'un certain nombre d'entreprises privatisables et de s'adapter aux règles du marché. L'inflation a ainsi considérablement diminué. La compétitivité globale s'améliore. Le libre-échange à l'échelle du continent est devenu, officiellement du moins, l'objectif de l'ensemble des pays de la région.

Les relations mutuelles des États d'Amérique latine ont connu des transformations tout aussi profondes. L'Argentine et le Brésil ont décidé de renoncer à ce qui ressemblait à s'y méprendre, pendant un moment, à l'amorce d'une course aux armements nucléaires. Les deux pays se sont officiellement engagés à s'abstenir de tout projet de construction d'engins nucléaires ou de systèmes de lancement. Ils ont ainsi rejoint le Mexique, qui avait abandonné depuis dix ans l'idée de se doter d'un potentiel nucléaire. Le reste de l'Amérique latine leur a emboîté le pas. Cette région ne connaît aucune concurrence militaire, et l'on imagine mal que la tendance puisse s'inverser. En un mot, les principaux États d'Amérique latine présentent un certain nombre de traits qui pourraient en faire d'excellents candidats à une adhésion à part entière au club des pays développés : une tradition croissante de gouvernement représentatif et de sociétés ouvertes, un engagement en faveur d'une éducation universelle et une administration de la justice efficace et égale pour tous.

Nouveaux défis

À l'heure où j'écris, ces perspectives prometteuses ne sont pas encore devenues réalité : celle-ci ne s'imposera qu'à l'issue d'une deuxième série de transformations et de réformes intérieures. Partout, je l'ai rappelé, à l'exception, là encore, de Cuba, la démocratie s'est imposée. Mais il n'est pas de pays où elle soit à l'abri de toute menace – comme le montrent les événements qui se sont récemment déroulés au Pérou et au Venezuela, sans parler d'Haïti, où les dernières apparences de démocratie sont en train de s'évanouir. La première étape de privatisations, de réformes fiscales et d'abaissement des tarifs douaniers a été franchie. Mais on commence tout juste à s'atteler à d'autres tâches, non moins considérables : mettre fin à la corruption, imposer la sécurité judiciaire et assurer des services publics efficaces et équitables. Dans plusieurs pays, en Colombie surtout mais aussi au Mexique et dans plusieurs petits États des Antilles, le trafic de stupéfiants a porté la corruption officielle à de nouveaux sommets. En Colombie, le gouvernement central est allé jusqu'à céder officiellement le contrôle d'une partie du territoire national aux guérilleros extrémistes. De même, le Pérou et l'Équateur ne peuvent ou ne veulent pas exercer leur souveraineté sur de vastes parties de leur territoire. On assiste ainsi à une recrudescence de la violence un peu partout en Amérique latine, et la sécurité publique pose un problème croissant.

La qualité des services publics, et surtout de l'enseignement et de la santé publique, est très inférieure à celle d'autres pays occidentaux – et l'insuffisance du financement n'en est pas la cause première. Dans plusieurs pays, les dépenses par élève de l'enseignement public sont en effet équivalentes à celles de l'Europe. Si l'Amérique latine veut maintenir et améliorer sa compétitivité à l'échelle internationale, elle doit impérativement s'engager dans des réformes et dans la modernisation de sa politique et de ses pratiques en matière d'éducation.

La réforme du système judiciaire et du code pénal est tout aussi vitale. Dans certains pays la justice est à vendre, et sous la coupe des dirigeants politiques. Les titres de propriété y sont précaires. Les jugements des tribunaux sont subjectifs et imprévisibles, donnant ainsi l'impression que la loi est impuissante à protéger les personnes et les biens.

La globalisation du monde rend ces lacunes encore plus criantes. L'industrialisation incitant les gens à quitter la campagne pour les villes, les réseaux traditionnels de solidarité s'affaiblissent et disparaissent progressivement. Certains écarts de revenus, tolérables dans des sociétés rurales, incitent désormais la population à contester le système politique. Quels que soient l'importance des gains de productivité et le niveau atteint par les exportations, si la majorité de la population n'en retire aucun bénéfice économique et si elle a l'impression que la prudence budgétaire exigée par les marchés financiers internationaux pénalise avant tout les défavorisés, le système politique sera menacé.

L'écart entre le monde économique et le monde politique constitue le talon d'Achille de la globalisation. Comme je l'exposerai au chapitre VI, celle-ci risque, dans les pays en voie de développement, d'engendrer une économie à deux vitesses. Environ 20 % de l'économie de ces pays sont en mesure d'intégrer le système international, par le biais, le plus souvent, de grandes multinationales. Le reste – et cela concernera, le cas échéant, la majorité des populations – pourrait rester à la traîne et n'avoir pas accès aux revenus, aux emplois et aux possibilités offerts par la globalisation. Cette dichotomie risque alors de nourrir bien des ressentiments, des réactions violentes contre les États-Unis, et, pour finir, des troubles sociaux, surtout si la récession exigeait de l'économie américaine des révisions plus brutales que prévu.

Par ailleurs, il ne faut pas attendre de l'épargne intérieure les investissements qui permettront à cette région d'aborder l'étape de croissance suivante. Une grande partie des avoirs les plus productifs de l'Amérique latine a donc de bonnes chances de se retrouver, tôt ou tard, entre les mains d'étrangers. Si les économistes peuvent applaudir cette démonstration de l'efficacité du marché, certains responsables politiques d'Amérique latine seront peut-être tentés d'exploiter l'image que se fait leur opinion publique de cette érosion de fait de la souveraineté nationale pour s'en prendre au système politique lié à l'économie de marché.

C'est ce qui s'est produit dans les pays andins, où l'armée a finalement repris le dessus. Des présidents successifs ont concentré le pouvoir entre leurs mains, aux dépens des organes législatifs élus. Les libertés individuelles et la liberté de la presse ont été restreintes, et l'on assiste à une grave crise institutionnelle. La situation est particulièrement menaçante au Venezuela. Un ancien officier populiste, Hugo Chávez, a excité les rancœurs de la population suscitées par la corruption et les inégalités, et a tenté de les diriger contre la politique et les directives des États-Unis, ce dont il a tiré un bénéfice démagogique non négligeable. Il a ensuite aboli un certain nombre d'institutions de contrôle démocratique du système politique vénézuélien. Sous couvert d'éliminer la corruption et le népotisme, un objectif éminemment louable, il a prôné la mise en place d'une autocratie populiste et militaire. Pour l'heure, la hausse du prix du pétrole, principal produit d'exportation du Venezuela, a permis à Chávez d'échapper aux conséquences de son flirt avec Fidel Castro et de ses slogans antiaméricains et, dans une certaine mesure, anticapitalistes – des slogans d'une veine que l'on croyait disparue depuis les années 1980.

En vertu du même processus, le Pérou émerge à peine du régime d'Alberto Fujimori, mélange d'autocratie, de népotisme et d'économie de marché, pour s'engager dans une direction encore un peu floue. Alan García, dont l'approche étatiste avait ruiné l'économie péruvienne et préparé le terrain à Fujimori, est rentré d'exil ; d'autres concurrents observeront de près l'évolution des pays voisins avant de définir leur propre voie.

De même, l'Équateur a vu défiler tant de chefs d'État au cours des dernières années que ses citoyens, déconcertés, ont perdu le fil. En pleine crise, ce pays a renoncé à sa monnaie et a décidé de s'aligner sur le dollar. Ni la mondialisation ni la démocratie n'ont apporté la stabilité dans les Andes.

Chávez est-il le vestige d'une époque révolue ou le précurseur d'un nouveau style de politique latino-américaine ?

Est-il l'héritier de Castro, ou l'incarnation d'un phénomène éphémère ? La globalisation de l'économie s'accompagne-t-elle d'un épanouissement psychologique et politique suffisant pour soutenir les institutions démocratiques, ou crée-t-elle un vide dans lequel pourrait s'engouffrer un nouveau populisme semi-autoritaire ? La prochaine génération de dirigeants politiques adoptera-t-elle le style de Chávez, ou regardera-t-elle du côté de Fernando Henrique Cardoso*, défenseur résolu de la démocratie et de l'économie de marché ? Les réponses à ces questions, et le rôle que joueront, en l'occurrence, les États-Unis seront déterminants pour l'avenir de l'Amérique latine.

Les États-Unis ne peuvent pas peser directement sur l'évolution intérieure du Pérou, du Venezuela et de l'Équateur. Les tentatives de l'administration Clinton en ce sens ont généralement coïncidé avec une crise gouvernementale déjà bien engagée, que les déclarations maladroites des États-Unis n'ont probablement fait qu'aggraver. À court terme, la meilleure solution pour les États-Unis serait d'accélérer la création de la zone de libre-échange des Amériques afin de soutenir l'option démocratique et l'économie de marché.

PEUT-ON SORTIR DU CHAOS ? LE PLAN COLOMBIE

La Colombie est un pays riche en ambiguïtés. Elle peut se targuer d'une longue tradition de démocratie ininterrompue ; les dirigeants qui se sont succédé pendant l'essentiel des cinquante dernières années ont été des civils, portés au pouvoir par des élections régulières. Il est vrai que, pendant une grande partie de cette période, les partis politiques se sont entendus pour gouverner en alternance. La Colombie a largement échappé au cycle de croissance et de récession qui a affecté ses voisins.

* Fernando Henrique Cardoso a été président de la République du Brésil de 1995 à 2002. Le 27 octobre 2002, Luis Inacio da Silva, dit Lula, lui a succédé. *(N.d.E.)*

Grâce à une gestion budgétaire prudente, elle a su, pour l'essentiel, éviter le terrible endettement qu'a subi l'Amérique latine dans les années 1980, et elle n'a pas eu à restructurer sa dette extérieure.

Mais la Colombie possède également une tradition de violence extrême. Une guerre civile d'une grande brutalité l'a déchirée au cours du dernier demi-siècle. Cette violence endémique tient pour une part à l'hétérogénéité de la Colombie. Les différentes régions du pays ont donné naissance à des cultures distinctes et, en fait, à des sociétés différentes : on peut ainsi distinguer les montagnes, où vit la majorité de la population d'origine européenne, les plaines littorales, habitées par un grand nombre de descendants des esclaves que l'on a fait venir au XIXe siècle, et les régions forestières, où survivent quelques vestiges de la civilisation indienne d'origine.

La guerre civile, déclenchée par des groupes marxistes extrémistes, a été financée par l'industrie des narcotrafiquants, qui fournit une grande part des substances illicites consommées aux États-Unis. Les narcotrafiquants équipent les guérilleros, lesquels, en échange des armes qu'ils se sont procurées, assurent la sécurité de certaines zones réservées à la culture du pavot et d'autres plantes servant à la fabrication de stupéfiants. Les guérilleros sont ainsi, à maints égards, mieux financés que le gouvernement. Jusqu'à présent, celui-ci s'est montré impuissant à sortir de l'impasse militaire qui en résulte, et a même fini par accorder des sanctuaires aux guérilleros. C'est ainsi que certaines régions du pays sont, de fait, gouvernées par des groupes extrémistes décidés à renverser le gouvernement central et par des producteurs de drogue qui se moquent ouvertement de la législation nationale.

La Colombie est enfermée dans le dilemme classique de la guérilla. Les guérilleros n'ont aucune raison de se battre lorsqu'ils ne sont pas plus ou moins assurés de l'emporter, et ils peuvent choisir de ne pas le faire s'ils opèrent à partir de sanctuaires inviolables. Ils n'ont d'ailleurs pas besoin de remporter de batailles : leur objectif est d'infliger au gouvernement des pertes dont l'accumulation finira par ébranler sa résistance et ses appuis politiques. Dans l'ensemble, les guérilleros l'emportent tant qu'ils ne perdent pas, et, à l'inverse, le gouvernement perd s'il ne l'emporte pas – c'est-à-dire s'il ne parvient pas à détruire les guérilleros.

À l'instar des guerres civiles, les guérillas s'achèvent généralement par la victoire totale d'un camp ou par l'épuisement complet des deux adversaires. Les négociations n'aboutissent presque jamais à des compromis – ces fameux « compromis » introuvables qui ont la faveur des conseillers nord-américains toujours en quête de résultats « politiques ». Elles n'ont pas eu davantage de succès en Colombie, malgré les efforts acharnés du gouvernement et la cession d'une vaste portion de territoire aux deux principaux groupes de guérilleros.

Pour toutes ces raisons, la Colombie pose aujourd'hui un sérieux problème de politique extérieure aux États-Unis. Car le gouvernement risque bel et bien de s'effondrer. Des groupes paramilitaires qui ne reçoivent d'ordres que d'eux-mêmes mènent une guerre ouverte contre les guérilleros ; la loi et l'ordre sont menacés de désagrégation. Les conséquences d'une telle issue seraient gravissimes pour les États-Unis. La désintégration nationale de la Colombie porterait un coup fatal au progrès économique de toute la région. On assisterait à un afflux de réfugiés qui atteindrait inévitablement les rives des voisins de la Colombie et des États-Unis, et à l'abrogation des mesures, fussent-elles limitées, de contrôle du trafic de stupéfiants actuellement en vigueur. Le pays le plus vaste des Andes serait dirigé par un gouvernement marxiste extrémiste soutenu, dans un premier temps au moins, par l'argent de la drogue. Cette crise est infiniment plus alarmante que l'instabilité d'Haïti, qui a suscité l'intervention maladroite de l'administration Clinton, ou du Panama, qui a provoqué la réaction militaire que l'on sait de l'administration de George H. W. Bush.

Il va de soi, dans ces conditions, que les États-Unis ont tout intérêt à ce que la stabilité soit rétablie en Colombie. Et ils ne doivent pas ménager leur peine pour favoriser la mise en place d'un gouvernement capable de faire appliquer ses propres lois contre la culture de pavot et de coca, contre les usines de transformation de la drogue et contre les systèmes de transport fort élaborés destinés à faire sortir les produits illicites de Colombie en direction des États-Unis, où ils seront distribués et consommés. Voilà pourquoi, au cours de ses derniers mois au pouvoir, l'administration Clinton a lancé, sous le nom de plan Colombie, un vaste programme d'assistance. Un budget de 1,2 milliard de dollars a été dégagé pour mettre à la disposition de la Colombie des hélicoptères et d'autres équipements de pointe, et pour envoyer des conseillers américains chargés de former des officiers colombiens à la lutte antiguérilla. L'objectif est de détruire tout le secteur drogue du mouvement de guérilla : les guérilleros n'auraient alors d'autre solution que de disparaître, faute de moyens, ou de négocier.

Mais, en prônant une solution presque exclusivement militaire, le plan Colombie se condamne à l'échec. Pour aider le gouvernement colombien à reprendre le contrôle des régions où l'on produit de la drogue, à détruire les usines de transformation et les systèmes de transport, et à remporter la guerre triangulaire contre les guérilleros et contre les forces paramilitaires, il faut bien davantage que quelques hélicoptères d'attaque et une poignée de bataillons ayant suivi un bref stage auprès d'instructeurs américains. Il faut donner aux cultivateurs de pavot et de coca, de petits fermiers pour l'essentiel, la possibilité d'entreprendre d'autres cultures. Or, malheureusement, l'assistance que les États-Unis ont accordée à la Colombie dans le domaine des cultures de substitution a été pitoyable comparée à l'aide militaire. Pourtant, nous savons bien que c'est la misère qui fait des fermiers colombiens des proies rêvées pour les narcotrafiquants.

Il faut également faire rentrer dans le rang les organisations paramilitaires de droite. Les habitants des régions où sévit la violence doivent être protégés des exactions des guérilleros, mais aussi de celles des milices privées, qui justifient leur existence par l'inefficacité des forces de police et de sécurité du gouvernement. Une réforme globale des institutions de la justice criminelle est indispensable.

Face à une telle situation, on retrouve dans le plan Colombie la même dynamique funeste que celle qui a conduit l'engagement américain au Vietnam d'abord à l'impasse, puis à l'échec : les États-Unis commencent par limiter leur intervention à la formation de troupes et à la livraison de matériel militaire vital – en l'occurrence, de gros hélicoptères d'attaque. Mais dès que cet effort excède une certaine limite, les États-Unis sont obligés de s'impliquer directement pour éviter la défaite des forces locales dans lesquelles ils ont investi tant de prestige et d'argent.

Devant des enjeux aussi élevés, on ne devrait pas se lancer dans pareille entreprise sans avoir obtenu le soutien d'au moins quelques grands pays d'Amérique latine. Or la coopération continentale a été douloureusement négligée dans le plan Colombie. Le Venezuela d'Hugo Chávez, qui possède une longue frontière commune avec la Colombie, sympathise avec les guérilleros extrémistes et s'oppose à toute présence américaine, fût-elle indirecte, à proximité de ses frontières. Le Brésil, pays limitrophe de la Colombie lui aussi, s'est montré jusqu'à présent plutôt évasif s'agissant du rôle des États-Unis. Le Pérou et l'Équateur sont trop préoccupés par leurs problèmes intérieurs pour pouvoir prêter une assistance efficace. Dans l'ensemble, les voisins de la Colombie redoutent le succès de ce plan presque autant que son échec. Ils craignent en effet de voir les narcotrafiquants, expulsés de Colombie, venir s'installer en Équateur, au Pérou et au Brésil, et protéger les cultures de coca avec leurs propres milices, qui pourraient donner naissance à d'autres mouvements de guérilla... Et ils sont nombreux à préférer la présence à Bogotá d'un gouvernement plus tolérant à l'égard du cartel de la drogue plutôt que l'installation sur leur propre territoire de centres de production de stupéfiants.

Pour justifier leurs réticences, les gouvernements latino-américains se retranchent bien souvent derrière ce qu'ils appellent l'hypocrisie américaine, en constatant que les États-Unis préfèrent mener la guerre de la drogue à l'étranger plutôt que de lutter contre leur consommation intérieure. Or l'Amérique latine n'a pas tort de reprocher aux États-Unis de mettre exagérément l'accent sur le volet production, et de souligner la faiblesse avec laquelle ils mènent la lutte intérieure contre la drogue. Pour autant, cela ne change rien à cette réalité : les effets de la production de drogue sont encore plus destructeurs en Amérique latine qu'aux États-Unis. Dans des systèmes fortement centralisés comme ceux de l'Amérique latine, la corruption associée au trafic de stupéfiants touche inévitablement de hauts fonctionnaires du gouvernement ainsi que le système judiciaire. Dans un système décentralisé comme celui des États-Unis, la corruption se concentre au niveau local. En

Amérique latine, le trafic de substances illicites a des effets politiques déstabilisateurs ; aux États-Unis, c'est une source d'embarras politique et un problème social. Quoi qu'il en soit, si ce problème n'est pas réglé de concert, les deux régions le paieront fort cher – ne fût-ce que parce que leurs relations bilatérales en pâtiront.

La nouvelle administration doit avoir pour priorité absolue de s'assurer de la coopération de l'Amérique latine en faveur d'un programme associant les aspects militaires du plan Colombie à un plan social de réforme agricole et judiciaire. Le développement de la coopération entre le Mexique et les États-Unis pour endiguer le flot de drogue qui passe de Colombie aux États-Unis via le Mexique représente une première avancée significative en ce sens. Comme l'a affirmé le président mexicain Vicente Fox, ce programme commun de contrôle devrait maintenant s'étendre à l'Amérique centrale et à la Colombie. Les autres pays, et notamment les voisins de cette dernière, doivent prendre la mesure du risque de désintégration du gouvernement colombien ou de sa perte de contrôle de nouvelles régions du pays. La situation est telle que les autorités colombiennes pourraient n'avoir d'autre solution que de négocier avec les guérilleros un accord qui les conduirait à perdre le contrôle de la situation. Et un effondrement suivi de la mise en place d'un gouvernement extrémiste financé par l'argent de la drogue aurait un effet dévastateur sur les autres pays de la région.

On peut comprendre que l'administration Clinton ait décidé de tout faire pour éviter une telle issue, quitte à agir unilatéralement. Mais on peut également comprendre ceux qui redoutent que des mesures inefficaces et prolongées de lutte contre la guérilla et contre le cartel de la drogue n'aboutissent à un résultat tout aussi funeste. Ayant travaillé dans un gouvernement qui s'est évertué à sortir de l'impasse de la guerre du Vietnam – laquelle avait commencé par une tentative d'écrasement d'une guérilla locale à l'aide de la technologie américaine –, j'ai sans doute tendance à être excessivement sensible aux risques inhérents à une opération lancée pour des motifs parfaitement nobles, mais qui pourrait aboutir à l'impasse et à la désillusion, et faire ainsi peser une menace accrue sur la stabilité et la sécurité.

Le plan Colombie, sous sa forme actuelle (militaire et appliqué unilatéralement par les États-Unis), permettra, au mieux, de gagner du temps afin de mettre au point un programme social et politique multilatéral touchant tout l'hémisphère. Et si les pays d'Amérique latine refusent de suivre ? Vu l'importance de la Colombie et des risques liés à son effondrement, il convient de lancer un vaste programme d'assistance. Mais les États-Unis ne doivent pas franchir la limite entre conseil et participation directe au conflit. La formation du personnel militaire colombien devrait se faire aux États-Unis ou dans des bases voisines, au Panama par exemple. Il convient de définir clairement les objectifs, ainsi que les limites, d'un tel programme. Et d'ouvrir un débat national, inévitable, en toute connaissance de cause, d'autant que les mouvements de guérilla ont appris à exploiter les préoccupations humanitaires de l'Occident pour déclencher une intervention (comme au Kosovo) ou provoquer un retrait (au Vietnam par exemple).

La nouvelle administration devrait définir ses objectifs avant que les États-Unis ne soient trop engagés unilatéralement : s'agit-il de stabiliser la situation militaire ou de remporter la victoire ? Et quelle est la différence entre ces deux objectifs ? Que risque-t-on si la stabilisation militaire est le prélude à une défaite prolongée ? Si l'on veut remporter la victoire, quelle définition exacte en donne-t-on, combien de temps cela prendra-t-il, et quels efforts exigera-t-elle ? Jusqu'où pouvons-nous aller seuls ? Mais, avant tout, l'administration doit expliquer la situation à l'opinion publique si nous ne voulons pas nous laisser entraîner à prendre des décisions sur une base essentiellement tactique, qui ne nous permettrait ni de l'emporter ni de nous désengager.

La promesse du continent

Paradoxalement, le président Clinton, dont la volonté acharnée de laisser un héritage en matière de politique étrangère a marqué ses derniers mois aux affaires, a sans doute enregistré ses réalisations les plus durables dans ce domaine au cours des premiers mois de sa présidence, en accordant son soutien au projet de libre-échange panaméricain. En 1993, Clinton a obtenu que le Congrès ratifie l'ALENA – l'Accord de libre-échange nord-américain, regroupant le Canada, le Mexique et les États-Unis –, négocié sous ses prédécesseurs.

L'ALENA a apporté des bénéfices durables à tous ses partenaires. Le commerce des États-Unis avec le Mexique dépasse désormais le niveau de ses échanges avec le Japon et avec l'ensemble de l'Europe, et plus de 70 % des exportations mexicaines se dirigent vers les États-Unis. L'accès au marché nord-américain assuré par l'ALENA a encouragé un afflux de capitaux nouveaux vers le Mexique. On observerait certainement la même tendance ailleurs si l'on instaurait une politique de libre-échange entre les pays liés par l'ALENA et l'Amérique latine. L'ALENA est une remarquable réalisation de politique extérieure, et l'on aurait tout à gagner à l'élargir aujourd'hui au reste du continent.

Dans l'excellent discours, auquel j'ai déjà fait allusion, prononcé en décembre 1994 au sommet de Miami, le président Clinton s'est engagé sur cette voie en transformant un projet fondé sur des propositions unilatérales, analogues à celles qu'avaient déjà faites les présidents Ronald Reagan et George H. W. Bush en faveur d'un libre-échange américain, en une entreprise commune à tous les chefs d'État du continent. Clinton a ainsi défini l'ALENA comme une étape majeure en direction d'un nouveau type de communauté de nations, reposant sur des valeurs démocratiques communes, unies par la libre circulation des marchandises, des services et des capitaux, respectant les droits de l'homme et décidées à préserver leur environnement commun.

L'existence d'une zone de libre-échange sur le continent présente également une grande importance du point de vue économique. La ZLEA devrait en effet inciter d'autres pays à s'engager dans cet effort en ce qui concerne l'agriculture, les communications et les services, tout en renforçant la position du continent américain dans les négociations avec les autres entités régionales. Cette question n'a rien de théorique, puisque ces négociations doivent aboutir d'ici à 2005. Le Mercosur – cette organisation commerciale latino-américaine qui regroupe le Brésil, l'Argentine, le Paraguay et l'Uruguay dans une zone de libre-échange, sous la tutelle du Brésil – a repris ses négociations de libre-échange avec l'Union européenne en se fixant pour échéance 2004-2005. Si les États-Unis ne développent pas une politique claire et délibérément tournée vers l'avenir, les États du continent négocieront avec d'autres groupements régionaux ou s'organiseront en blocs plus restreints, excluant ainsi les États-Unis. Ces deux éventualités sont contraires aux intérêts nationaux de ces derniers.

Or c'est exactement ce qui s'est passé depuis que l'administration Clinton a renoncé à ses propres ambitions. Elle n'a pas tenu la promesse d'admission rapide à l'ALENA faite au Chili, et elle a ignoré les avances de l'Argentine sous la présidence de Carlos Menem. L'illustration concrète de ce recul a été le refus de l'administration Clinton de demander au Congrès le renouvellement du mandat de négociation accélérée arrivé à expiration en 1994. Ce mandat, qui avait présidé aux négociations commerciales américaines depuis 1974, permettait au président de négocier un accord et de le soumettre au Congrès pour approbation ou refus, sans possibilité d'amendement.

Si l'administration Clinton a renoncé à agir selon ses convictions, c'est en raison du clivage intervenu au sein même des deux grands partis politiques américains. Certains rejettent tout lien institutionnel avec le reste du monde tandis que d'autres cherchent à imposer unilatéralement les critères américains (notamment en matière de main-d'œuvre et d'environnement). C'est ainsi que, pour la première fois depuis plus de vingt ans, un président américain n'a pas disposé de l'autorité nécessaire pour poursuivre le développement de l'ALENA au-delà du Canada et du Mexique, ou pour engager des pourparlers avec les autres entités régionales. Or, en l'absence de mandat de négociation accélérée, les interlocuteurs des États-Unis savent que les tractations seront interminables et que l'on risque toujours de voir le Congrès amender en bout de course l'accord auquel on serait enfin parvenu, obligeant ainsi à reprendre la négociation de zéro.

Cette paralysie est d'autant plus déplorable qu'elle a coïncidé avec la création du Mercosur. Du coup, las d'attendre son adhésion promise de longue date à l'ALENA, le Chili est devenu membre associé du Mercosur, à l'instar de la Bolivie ; le Venezuela et le Pérou ont manifesté un vif intérêt pour cette organisation. Comme toute nouvelle association commerciale, le Mercosur affirme haut et fort qu'il refusera toute discrimination ; mais la réalité est bien différente. La caractéristique majeure d'un marché commun est d'abaisser les barrières commerciales à l'intérieur de sa zone ; ses possibilités de négociation dépendent de son aptitude à accorder ou refuser à autrui des avantages dont ses propres membres jouissent de droit.

Or c'est précisément ce chant de sirène que l'Europe entonne sur l'autre rive de l'Atlantique. En visite en Amérique latine en mars 1997, le président Chirac a affirmé avec insistance à ses hôtes que l'avenir de l'Amérique latine ne se situait pas au « nord », c'est-à-dire dans le cadre de l'ALENA et avec les États-Unis, mais aux côtés de l'Europe. D'autres Européens, qui se proclament « adversaires de l'hégémonie » (un mot de code pour désigner ceux qui prônent une réduction de la puissance et de l'influence américaines), ont brodé sur le même thème. On en trouvera un bon exemple dans une interview de l'ancien président du Conseil des ministres des Affaires étrangères de l'Union européenne – le Portugais António Guterres –, qui a défendu un accord agricole européen en alléguant qu'il aurait pour effet de réduire l'influence des États-Unis :

> Le renforcement des liens avec le Mercosur a un caractère stratégique qui, pour un pays ayant une vision globale, comme la France, doit l'emporter sur d'autres considérations [par exemple les divergences en matière de politique agricole]. Car s'il s'agit de bâtir un nouvel ordre multipolaire qui puisse limiter l'hégémonie naturelle des États-Unis, l'Europe devra faire des concessions[1].

Certains partisans latino-américains du Mercosur n'ont pas hésité à renchérir.

Depuis que les perspectives de la ZLEA sont au point mort, les négociations commerciales sur le continent piétinent dans des querelles administratives dont l'ALENA et le Mercosur se servent parfois pour vider leurs différends naissants. Si cette dérive se prolonge, on risque de voir l'intégration de l'Amérique du Sud suivre son propre cours sans se référer à quelque structure continentale que ce soit, et peut-être même en opposition à celle-ci. Il ne s'agirait pas pour les États-Unis d'un simple revers économique sur un marché de quatre cents millions d'individus qui représente 20 % de ses ventes à l'étranger : ce serait, bien davantage, un coup porté à ses espoirs de parvenir à instaurer un ordre mondial reposant sur une communauté de démocraties en expansion, tant dans les Amériques qu'en Europe.

ALENA ET MERCOSUR

En l'absence de politique américaine dynamique et tournée vers l'avenir, le Mercosur pourrait s'engager sur la même voie que l'Union européenne, qui définit son identité politique par sa différence avec les États-Unis, voire par son opposition à ceux-ci. Au Brésil notamment, certains dirigeants sont attirés par l'idée d'une Amérique latine politiquement unifiée, qui ferait face aux États-Unis et à l'ALENA. « Pour nous, le Mercosur est un destin, a affirmé le président brésilien Cardoso, alors que la ZLEA n'est qu'une option[2]. »

Mais si les responsables politiques du continent tout entier ne parviennent pas à réconcilier « destin » et « option » – et, plus encore, si ces deux termes apparaissent comme incompatibles –, des sociétés ayant connu un passé comparable et dotées d'institutions libres s'engageraient une nouvelle fois, au XXIe siècle, sur la voie suicidaire qui les a laissées exsangues au XXe. À l'heure où j'écris, le Brésil et les États-Unis se livrent à une concurrence tacite, masquée par leur réticence à la rendre explicite et par la conscience qu'un conflit ouvert irait à l'encontre de leurs nécessités économiques. Or les États-Unis, pour leur part, n'ont aucune raison d'être les premiers à abandonner la voie du partenariat. Ils ont tout intérêt, au contraire, à renforcer leurs relations bilatérales avec leurs voisins du sud, et plus particulièrement avec les États les plus importants – Mexique, Brésil et Argentine –, tout en menant une diplomatie dynamique visant à fondre l'ALENA et le Mercosur dans une zone de libre-échange du continent tout entier.

Le Mexique jouit déjà de relations privilégiées avec les États-Unis, dont il est le deuxième partenaire commercial. Critiqué sur les deux rives du Rio Grande lors de sa création comme un projet d'union impossible entre riche et pauvre, l'ALENA a connu un étonnant succès, permettant au Mexique de rebondir de manière spectaculaire. Dans l'ancien Mexique, les affaires – dont celles du gouvernement – étaient dominées par une élite politique qui se perpétuait à la tête du pays ; les nouveaux venus étaient fort mal accueillis. L'ancien Mexique, plus concerné par les griefs du passé que par les possibilités d'avenir, était égocentrique, prisonnier des cycles d'expansion et de récession, de progrès et de corruption. Il tournait les yeux vers le nord avec un mélange d'envie et de crainte, s'opposant systématiquement à toutes les initiatives internationales des États-Unis tout en trouvant un certain réconfort dans la certitude que le « colosse du Nord » ne manquerait pas de relever tout défi éventuel lancé à la sécurité du continent américain.

Aujourd'hui, la concurrence et la transparence se sont substituées au monopole et aux tractations secrètes dans presque toutes les sphères de la vie sociale et économique, et la plupart des Mexicains semblent prêts à s'engager sur la voie de la réforme. Cette évolution est le fruit, pour une part, des forces historiques, économiques, technologiques et culturelles considérables qui remodèlent les sociétés un peu partout dans le monde. Mais, dans une large mesure, cette transformation traduit également des expériences propres au Mexique. Le président Carlos Salinas de Gortari, arrivé au pouvoir en 1988 à la suite d'élections contestées, a encouragé une libéralisation économique qui a accordé une plus grande marge de manœuvre à la concurrence et a limité le contrôle de l'État sur l'économie. Cette tendance a permis, à son tour, la négociation de l'ALENA.

Salinas et ses technocrates ont fini par échouer parce qu'ils n'ont pas su adapter le système politique mexicain aux transformations économiques qu'ils avaient mises en place. Le président Ernesto Zedillo – le candidat qui, en 1994, a remplacé in extremis Luis Donaldo Colosio, assassiné – a accompli un geste historique en imposant un système électoral qui assure un scrutin libre et équitable. Au moment où il a pris le pouvoir, en décembre 2000, Vicente Fox était le premier président mexicain des temps modernes à être parvenu au pouvoir par le biais d'élections libres, dans un régime authentiquement multipartite.

Fox a également hérité de graves problèmes : il faut que le mode de gouvernement en vigueur avant les élections du 2 juillet 2000, monarchique si l'on veut, fasse place à la séparation des pouvoirs et à un Parlement libre. De ce point de vue, il convient de noter que Fox est, depuis soixante-dix ans, le premier président mexicain à n'avoir pas sous ses ordres l'appareil d'un parti majoritaire au Parlement, et dont les hommes dominent l'appareil judiciaire.

Une des réalisations les plus notables du précédent parti au pouvoir, le Parti révolutionnaire institutionnel (PRI), avait été d'absorber les mouvances politiques les plus extrêmes, de droite comme de gauche, et à les rendre aussi moins virulentes. N'étant plus au pouvoir, le PRI risque évidemment de perdre cette capacité.

Par ailleurs, si de nombreux Mexicains ont soutenu Fox, ce n'est pas toujours parce qu'ils étaient d'accord avec ses positions modérées de centre droit, mais parce qu'ils souhaitaient rompre avec le monopole gouvernemental du PRI. Le nouveau régime mexicain une fois stabilisé, il est fort possible qu'ils renouent avec leurs choix traditionnels, et il n'est pas exclu de voir le Mexique évoluer vers un équilibre droite-gauche proche d'un grand nombre de régimes parlementaires européens. Mais cela supposera la formation de coalitions gouvernementales, une expérience nouvelle pour le système politique mexicain.

Fox a du pain sur la planche. Les richesses du pays restent très inégalement réparties, au bénéfice d'un nombre relativement limité d'habitants. Les salaires réels sont trop faibles pour assurer un revenu décent à une large partie de la population. L'argent de la drogue corrompt la police et le système judiciaire. L'infrastructure matérielle du pays ne s'est pas développée au même rythme que l'économie. Et le système éducatif mexicain est insuffisant pour relever les défis du XXIe siècle.

En même temps, le Mexique est particulièrement bien placé pour tirer profit de ses liens avec les États-Unis. Aucun pays aussi peuplé ne partage une frontière aussi longue avec un voisin aussi riche. Mais si les données géographiques étaient déterminantes, cela ferait bien longtemps que le Mexique connaîtrait la réussite économique. Deux réalités lui ont ouvert de nouvelles possibilités : l'ALENA et la globalisation.

L'ALENA a provoqué un essor du commerce et des investissements qui a dépassé les prévisions les plus optimistes. Ce développement est dû, en partie, à la croissance record qu'ont connue les États-Unis. Mais il faut ajouter que le Mexique est en bonne position pour profiter de la mondialisation. En effet, les outils de la nouvelle économie globalisée arrivent au Mexique quasiment en même temps et au même prix que dans les pays industrialisés. La technologie étant la clé de la croissance, un pays qui se montre disposé à s'y initier a de bonnes chances de réussir, surtout si, comme le Mexique, il abrite une majorité de jeunes qui ont grandi avec les ordinateurs et Internet. Avec une population âgée à 65 % de moins de 30 ans, le Mexique pourrait ainsi s'affirmer comme un acteur majeur de l'économie mondiale, à condition de transformer radicalement son système éducatif, de réformer ses finances publiques et de parvenir à contrôler le trafic de drogue – autant d'objectifs auxquels Fox a accordé une priorité absolue.

Les réalités mexicaines cadrent ainsi parfaitement avec les priorités de l'administration de George W. Bush, telles qu'elles s'affirment aujourd'hui. L'expérience a appris au nouveau président, ancien gouverneur du Texas, l'importance qu'un Mexique sain, créatif et productif peut avoir pour les États-Unis. Et il a d'emblée accordé au Mexique une place privilégiée dans son programme de politique étrangère.

Celui-ci fait par ailleurs la part belle aux efforts entrepris avec le Canada pour intégrer l'ALENA dans une zone de libre-échange qui toucherait tout l'hémisphère d'ici à 2005. La réalisation de cet objectif dépendra dans une large mesure d'autres relations privilégiées, d'une nature toute différente – celles que les États-Unis entretiennent avec le Brésil. L'évolution de la politique étrangère du Brésil a été, à maints égards, l'inverse de celle du Mexique. La majeure partie de l'histoire du Mexique a été marquée par un mélange de soupçon et de ressentiment à l'égard des États-Unis, alors même que la proximité géographique et les réalités économiques imposaient une étroite coopération. Il a fallu attendre une date très récente pour voir s'instaurer une véritable amitié. Au contraire, le Brésil a été traditionnellement, et jusqu'à récemment, le plus proche allié américain des États-Unis. Jusqu'à ces cinquante dernières années, l'éloignement géographique a évité aux deux pays toute ingérence dans leurs affaires respectives, et les intrusions qui ont pu avoir lieu depuis n'ont jamais porté atteinte à l'idée que le Brésil se fait de sa souveraineté.

En outre, à la différence des autres États d'Amérique latine, le Brésil est doté d'une dimension continentale. Certes, jusqu'à la seconde moitié du XXe siècle, sa population n'a pas su mettre en valeur l'intérieur du pays comme l'avaient fait les colons américains. Elle s'est accrochée à une bande littorale comme pour maintenir ses liens avec l'Ancien Monde.

Néanmoins, la vastitude du Brésil a conféré à ses institutions et à sa politique une puissance naturelle qui lui a évité d'avoir à s'affirmer brutalement pour satisfaire une conscience nationale agitée. Avant d'accéder à l'indépendance, le Brésil était moins une colonie du royaume portugais que sa plus vaste province. Rio de Janeiro avait même été la capitale de l'Empire portugais pendant près d'une génération, à l'époque où Napoléon occupait le Portugal et pendant quelques années encore par la suite. Le Brésil doit à son histoire de posséder les services diplomatiques les plus efficaces d'Amérique latine – bien formés, polyglottes, défendant les intérêts nationaux brésiliens avec un mélange de charme et de persévérance et en portant un jugement sain sur les réalités internationales. Un jour que j'exposais à un ministre brésilien des Affaires étrangères que certains pays ne respectaient que la force, je me suis entendu répondre : « C'est surtout vrai de ceux qui sont forts. »

Ainsi, pendant la majeure partie de son histoire d'État souverain, le Brésil a réclamé, et obtenu, des relations privilégiées avec les États-Unis. Il a été pour ces derniers un allié comparable à la Grande-Bretagne en Europe, après la Deuxième Guerre mondiale. Une division brésilienne s'est même battue en Italie aux côtés des Alliés pendant la Deuxième Guerre mondiale. Des troupes brésiliennes ont également prêté mainforte aux soldats américains au moment de l'occupation de la

République dominicaine, en 1965. Cette armée était en apparence dirigée par un général brésilien.

Le Brésil a toujours considéré ses relations avec les États-Unis sur le mode des deux piliers, le fameux concept forgé par le président Kennedy pour définir l'Alliance atlantique. Le Brésil se chargerait d'organiser l'Amérique latine, tandis que les États-Unis en feraient autant en Amérique du Nord. Dans cette perspective, il s'agissait, pour les Brésiliens, d'œuvrer en harmonie grâce à des échanges fréquents qui permettraient de définir une série d'objectifs communs. Et pendant longtemps, l'égalité théorique de tous les États d'Amérique latine présupposée par le système interaméricain n'a pas fait partie du vocabulaire diplomatique brésilien.

En 1976 encore, sous la présidence de Gerald Ford, les États-Unis ont accordé au Brésil un statut consultatif particulier. Lorsque le président de la commission des Affaires étrangères à la Chambre, Thomas « Doc » Morgan, m'a demandé si les États-Unis visaient ainsi à ériger le Brésil au rang de super-puissance, j'ai répondu :

> Monsieur le Président, cet accord ne fait pas du Brésil une puissance mondiale. Le Brésil compte 100 millions d'habitants, il possède d'importantes ressources économiques, et son taux de développement économique est très rapide. Le Brésil est en train de devenir une puissance mondiale, et il n'a pas besoin de notre approbation pour cela ; nous avons le devoir, dans notre conduite de la politique étrangère, de faire face aux réalités existantes.

Mais les relations privilégiées qui se sont établies à ce moment-là n'ont pas duré. L'instauration d'un régime militaire au Brésil après 1964, l'inquiétude grandissante suscitée par ses tendances autoritaires, auxquelles s'ajoutait la législation commerciale américaine, constituaient autant de sujets d'irritation qui se sont aggravés sous l'administration Carter. D'où une parenthèse de près d'un demi-siècle dans l'intimité des relations entre les États-Unis et le Brésil. Ce dernier a alors entrepris de se trouver d'autres alliés. Au début des années 1980, les caprices de la politique intérieure américaine se sont conjugués à la force et à l'assurance nouvelles du Brésil pour inciter celui-ci à refuser de s'appuyer sur un statut honorifique particulier, accordé, par définition, par les États-Unis eux-mêmes. Le Brésil a ainsi renoncé à compter exclusivement sur ces derniers et s'est s'efforcé de multiplier les ouvertures diplomatiques et économiques et de peser sur les États-Unis par la diversité même de ses options. Le Brésil voulait se doter, de sa propre initiative, d'une position dominante en Amérique latine, en s'appuyant sur son dynamisme économique, sur son poids démographique (sa population comptait 150 millions d'habitants à la fin du siècle) et sur les partenaires qu'il pourrait recruter pour le Mercosur.

Le développement de cette politique a rendu le Brésil de plus en plus sensible aux affronts réels ou imaginaires de la part des États-Unis. D'éminentes personnalités soupçonnent ainsi la ZLEA d'être conçue au bénéfice unilatéral des États-Unis ; les préoccupations écologiques ne seraient qu'un subterfuge pour limiter la souveraineté du Brésil sur l'Amazonie ; et les États-Unis se retrancheraient derrière des mesures antidumping et des critères de main-d'œuvre pour mener une politique protectionniste. Bref, si l'on veut que la ZLEA progresse, il faut donner de nouvelles bases à nos relations avec le Brésil[3].

Cet effort est d'autant plus indispensable que le Brésil a rejoint dans les années 1990 le mouvement de restructuration politique et économique qui s'était engagé au Mexique et au Chili. Sous l'égide d'un remarquable président, le pays a réduit son hyperinflation, qui atteignait 40 % par mois, à un niveau inférieur à 10 % par an. Ce qui a permis aux catégories sociales disposant de revenus fixes, jusque-là victimes de l'inflation, d'accéder au niveau de vie des classes moyennes et de jouer un rôle essentiel, non seulement dans la croissance économique mais aussi dans la stabilisation politique. Les entreprises nationalisées ont été systématiquement privatisées ; les barrières douanières ont été abaissées, un peu trop lentement, il est vrai, au goût des négociateurs américains ; on a encouragé les investissements étrangers ; le gouvernement a limité ses interventions à des secteurs que seule la puissance publique peut gérer efficacement, en s'en remettant de plus en plus aux forces du marché pour assurer la croissance.

L'industrie brésilienne, jusqu'alors très protégée, s'est internationalisée. Grâce à un taux de croissance de 4 % par an, à la stabilité financière, à un important marché intérieur et à un gouvernement solide, le Brésil est devenu l'une des plus grandes puissances économiques et politiques du XXe siècle. Ce pays – dont la grande habileté diplomatique a toujours su accompagner la détermination politique – a profité de cette position de force pour tenter d'arracher aux États-Unis une position prééminente dans la conduite des affaires du continent, comme elle avait tenté d'y parvenir par le biais de l'accord consultatif privilégié qui avait avorté vingt ans auparavant.

Concevant les institutions interaméricaines existantes comme un rempart contre la domination des États-Unis, le Brésil a également fait son possible pour entraver le projet de libre-échange à l'échelle continentale et pour renforcer le Mercosur, affirmer ses liens avec l'Argentine, le Paraguay et l'Uruguay, et contraindre les États-Unis à négocier avec un bloc régional plutôt qu'avec des pays isolés.

D'un point de vue strictement géographique, le Mercosur est une entreprise tout à fait raisonnable. Mais tant que ses deux membres majeurs, le Brésil et l'Argentine, n'auront pas harmonisé leurs systèmes monétaires, l'intégration institutionnelle ne pourra s'opérer que lentement et les tensions seront inévitables. En tout état de cause, il ne faut guère attendre que les voisins du Brésil fassent passer leur désir de rapprochement avec les États-Unis après les théories sur la solidarité latino-américaine.

Les États-Unis n'ont aucune raison de s'opposer au Mercosur tant qu'il agit comme un partenaire de l'ALENA au sein du projet de création d'une zone de libre-échange américaine. La situation ne sera évidemment pas la même si, avant d'être parfaitement constitué, le Mercosur cherche à faire obstacle aux négociations bilatérales que les États-Unis développent avec leurs amis traditionnels, ou prétend imposer des accords internationaux comparables à certains de ceux qu'élabore l'Union européenne et qui, dans le domaine économique et politique, tendent à placer les États-Unis devant le fait accompli. Une telle attitude introduirait rigidité et conflit dans les relations sur le continent, et ferait obstacle à la réalisation de belles promesses.

Si on laisse les choses aller à vau-l'eau, on peut s'attendre à un conflit entre le Brésil et les États-Unis sur l'avenir de la partie sud du continent. Une telle issue bouleverserait la diplomatie des deux parties. Si les deux pays comprenaient qu'un tel conflit ne saurait avoir de vainqueur, peut-être pourraient-ils renouer avec leur intimité d'autrefois. En négociant avec le Brésil, les États-Unis doivent se montrer plus réceptifs à la sensibilité d'une société en passe de devenir une grande puissance. Ce qui signifie qu'ils doivent mettre un bémol à leurs exhortations diplomatiques et faire preuve d'une certaine réserve dans cette façon qu'ils ont de prétendre imposer les choix américains par le biais de sanctions. Cela implique également qu'ils aient la volonté de résoudre les graves différends commerciaux actuels sur les exportations brésiliennes de sucre, d'agrumes et d'acier. Quant au Brésil, il serait bien avisé de se rappeler que la diplomatie traditionnelle réussit mieux auprès des Américains que la méthode française du fait accompli. Quand on sait les divergences qui opposent l'Europe et l'Amérique latine en matière de politique agricole, adopter la position européenne revient pour le Brésil à donner la préférence à la tactique de négociation sur la politique à long terme.

Les États-Unis ne doivent pas écouter ceux qui préconisent d'attendre, pour constituer la ZLEA, que le Mercosur soit complètement sur les rails. Car il vaudrait beaucoup mieux que les deux entreprises progressent de conserve. Le commerce à l'échelle continentale ne doit pas dépendre du rythme d'intégration d'un groupement régional, quel qu'il soit. En attendant la réalisation de la ZLEA, les États-Unis devraient se montrer favorables à la signature d'accords commerciaux bilatéraux entre certains pays d'Amérique latine et l'ALENA. C'est le meilleur moyen, ils devraient en convenir, de donner un élan nouveau à un système touchant l'ensemble du continent américain et de franchir un pas important en direction d'un nouvel ordre international. Le compromis ultime serait la signature d'un accord en vertu duquel le Brésil accepterait la ZLEA, tandis que les États-Unis renonceraient à faire obstacle au Mercosur.

La forme que prendra cette évolution dépendra à maints égards de l'Argentine. Il y a quelques décennies encore, personne n'aurait imaginé que ce pays puisse jouer un rôle majeur dans les relations interaméricaines. Pendant la plus grande partie de son histoire, l'Argentine ne s'est pas tournée vers le nord, mais vers l'est, vers l'Europe. Dotée de vastes ressources et d'une population pleine de talents, elle disposait, avant l'avènement de la dictature péroniste, d'un revenu par habitant qui la situait au sixième rang mondial. Au sein du continent américain, elle se distinguait volontiers, méprisant ses voisins du nord et acceptant mal le rôle dominant des États-Unis sans jamais, pourtant, renoncer à sa traditionnelle réserve teintée de condescendance.

L'avènement de la dictature de Juan Perón a mis fin aux prétentions de l'Argentine à la singularité. Au cours des cinquante dernières années, ce pays a été une terre de paradoxes. Ayant longtemps été le pays le plus riche d'Amérique latine, pouvant se targuer du taux d'alphabétisation le plus élevé et de la classe moyenne la plus nombreuse, elle a également engendré les formes de gouvernement les plus extravagantes sous l'influence de la première Mme Perón et sous le gouvernement de la seconde. Comme si elle redoutait la stabilité, elle s'est jetée à plusieurs reprises dans une agitation effrénée, à l'instant même où le succès était en vue. Une classe dirigeante raffinée s'est montrée incapable d'empêcher les gouvernements successifs de contrarier les perspectives de développement promises par ses vastes richesses.

Perón a établi un contrôle gouvernemental sur les principaux secteurs économiques. Afin d'asseoir sa popularité, il a imposé à la nation un programme d'assurance sociale déraisonnable au profit de la classe ouvrière et a proclamé une politique étrangère caractérisée par un antiaméricanisme outrancier. Renversé par l'armée et exilé en Espagne en 1955, Perón a été ramené au pouvoir en 1973 par un mouvement de masse, en raison de l'incapacité de ses successeurs à gérer le pays. À sa mort, en 1974, il a laissé des ruines à sa seconde épouse, laquelle n'était absolument pas préparée à faire face à la situation. Même après la mort de Perón, le péronisme a continué à jouir du soutien d'au moins 40 % de la population, empêchant toute réforme. Les gouvernements péronistes se refusaient à opter pour la démocratie et la réforme, quand les gouvernements non péronistes ne le pouvaient pas. C'est ainsi qu'au milieu des années 1970 il n'y avait pour ainsi dire plus de gouvernement en Argentine.

Finalement, l'armée a invité la señora Perón à quitter le pouvoir en 1976 et à laisser la place à un directoire de généraux et d'amiraux qui ne se sont pas non plus montrés à la hauteur de la situation. Ils ont accentué l'emprise de l'État sur l'économie, ont accumulé des déficits budgétaires considérables puis, dans un geste de désespoir, ont décidé d'envahir les Malouines.

La défaite humiliante des troupes argentines a provoqué, enfin, un sursaut national. L'armée s'est retirée dans les casernes, et un gouvernement civil a été élu. Mais le président Raúl Alfonsín a été incapable de remettre l'économie sur les rails ; l'inflation et le chômage ont atteint de nouveaux sommets. Quand Carlos Menem est arrivé au pouvoir à la tête du parti péroniste, le pays était prêt à avaler les pilules les plus amères. Il est vrai qu'en raison du passé péroniste de Menem peu de gens s'attendaient à ce qu'il les prescrive. Or le courage et l'instinct remarquable de Menem ont étonné ses compatriotes : au début de son mandat, suivant les avis et les conseils de Domingo Cavallo, l'une des figures emblématiques de la révolution économique latino-américaine, Menem a pris le contre-pied des traditions argentines. Il a indexé le peso sur le dollar, démantelé les entreprises nationalisées, repris en main le budget du secteur public et jugulé l'inflation. Il a créé une Argentine nouvelle, fort différente de toutes celles qui avaient existé dans le passé. Et c'est ainsi qu'au milieu des années 1990 son pays s'est retrouvé à la tête du mouvement régional vers plus de démocratie. Menem était parvenu à débarrasser son pays de toute trace de péronisme et à contribuer, auprès des États-Unis, au maintien de la paix.

Si, à cet instant, le président des États-Unis avait disposé d'un mandat de négociation accélérée et invité l'Argentine à adhérer à l'ALENA ou à signer un accord commercial bilatéral, il est probable que Menem aurait accepté la proposition avec empressement et que l'économie argentine, en même temps que la ZLEA, aurait pris un nouvel élan. Mais devant la dérobade de l'administration Clinton, incapable d'appliquer ses propres propositions, l'Argentine s'est concentrée sur son adhésion au Mercosur sans lui conférer pour autant le caractère politique tant souhaité par le Brésil.

Les événements n'ont pas épargné l'Argentine. La candidature de Menem à un troisième mandat présidentiel a été fort mal accueillie et, en 2000, les électeurs ont porté au pouvoir Fernando de la Rua, un dirigeant démocratique d'une honnêteté, d'une compétence et d'une correction irréprochables, mais dénué de l'audace de Menem. Et à l'instant précis où de la Rua est arrivé au pouvoir, l'horizon international s'est assombri. Le cours du dollar, sur lequel le peso était indexé, est monté, portant un préjudice sérieux aux exportations argentines. Le Brésil, l'un de leurs débouchés majeurs, a alors connu des difficultés économiques et a dévalué sa monnaie, réduisant du même coup les revenus que l'Argentine tirait de ses exportations. À la suite du sommet de Miami, le mouvement en faveur de l'accroissement du libre-échange dans le continent a sombré dans des discussions techniques interminables et d'une complexité telle que seuls les bureaucrates chevronnés pouvaient y comprendre quelque chose. Les progrès économiques et politiques de l'Argentine ne pouvaient qu'en pâtir.

À l'heure où j'écris, l'Argentine cherche à mettre un terme à cette chute libre. Le potentiel du pays devrait lui permettre de le remettre en selle, et les États-Unis doivent tout faire pour l'aider à surmonter rapidement cette crise.

À longue échéance, la question la plus importante pour l'Argentine, comme pour tous les États de la région, est la perspective de création d'une zone de libre-échange couvrant tout le continent. Le cas argentin est exemplaire. À travers lui, on peut saisir ce qu'apporterait à la région tout entière l'intégration commerciale de l'Amérique latine et de l'Amérique du Nord. Les possibilités d'exportations de l'Argentine en direction des États-Unis et du Canada s'amélioreraient. Le pays deviendrait, comme le Mexique quand il a rejoint l'ALENA, beaucoup plus attractif pour les investissements étrangers directs, ce qui soulagerait sa dette extérieure, tout à fait excessive à l'heure actuelle. Enfin, la mise en place d'un accord de libre-échange entre les deux Amériques pourrait être la clé de l'ouverture du marché européen aux produits agricoles argentins, notamment au bœuf et aux céréales, marché actuellement fermé par la politique agricole commune de l'Union européenne.

Mais la possibilité qui s'offre à l'Argentine s'accompagne

d'un dilemme politique. Se prononcer sans réserve pour l'ALENA risquerait de compromettre l'avenir du Mercosur et, partant, les bénéfices non négligeables que l'Argentine tire de son accès au marché brésilien. Cela pourrait, de manière plus générale, porter un rude coup à ses liens politiques avec le Brésil, alors qu'aujourd'hui une cordialité sans précédent lie les deux superpuissances d'Amérique du Sud.

Tel est donc le défi lancé aux hommes d'État du continent tout entier : mettre en place un système de libre-échange qui bénéficie à tous les pays, sans provoquer de conflit entre l'ALENA et le Mercosur. Une lutte pour la prééminence entre le Brésil et les États-Unis n'a aucun sens. Les États-Unis n'ont aucune raison de s'opposer à une entité commerciale régionale. Et le Brésil n'a nul besoin d'un affrontement avec les États-Unis pour affirmer sa force ; il ne doit pas non plus chercher à assumer le rôle auquel ses qualités le prédisposent en divisant le continent en blocs rivaux. Il faut que l'Argentine et tous les autres États de la région soient en mesure de participer à l'accord général engageant le continent entier tout en maintenant des accords commerciaux particuliers avec leurs voisins, au sein du Mercosur. Les États du continent doivent se garder d'inverser la réflexion de George Canning, ministre britannique des Affaires étrangères, qui avait affirmé, à l'annonce de la doctrine Monroe, que le Nouveau Monde avait été créé pour rétablir l'équilibre de l'Ancien. L'Union européenne qui se met en place doit-elle vraiment encourager puis exploiter les rivalités entre les différents blocs de l'hémisphère Ouest ? Au lieu de chercher à faire de l'Europe un contrepoids à l'ALENA, il serait plus judicieux de réunir l'ALENA, le Mercosur et l'Union européenne au sein d'une vaste zone de libre-échange atlantique, comme je l'ai suggéré au chapitre précédent.

Le continent américain représente en quelque sorte un concentré des difficultés internationales qui attendent les États-Unis. Il illustre les potentialités d'une économie mondiale reposant sur les forces du marché, tout en montrant qu'il est indispensable de combler la brèche entre les structures de mondialisation économiques et politiques. Il faut admettre, car c'est une réalité, que la croissance économique exige la réforme et que celle-ci présuppose une structure politique stable, légitime et démocratique, dotée d'institutions transparentes et d'un système judiciaire indépendant. Le narcotrafic, le terrorisme et les mouvements de guérilla font peser de nouvelles menaces sur la sécurité et la stabilité de nos sociétés. Mais nous pouvons espérer voir se constituer une structure régionale embrassant tout le continent, qui inaugurerait une nouvelle période de croissance et de démocratie. Avec, au-delà, la perspective d'une zone de libre-échange atlantique. Reste aux États-Unis à faire preuve de l'habileté politique que cette possibilité requiert.

CHAPITRE IV

Asie : le monde de l'équilibre

La complexité géopolitique de l'Asie

Au cours de la première moitié du XXe siècle, les États-Unis ont livré deux guerres pour éviter que l'Europe ne tombe sous le joug de leurs adversaires potentiels. Au lendemain de la Deuxième Guerre mondiale, aucun pays d'Europe occidentale n'était assez puissant pour dominer l'Europe, aucun n'était prêt à faire de la guerre, une fois de plus, l'instrument d'une politique hostile à ses voisins. Les menaces contre la sécurité venaient désormais de l'extérieur.

Dans la deuxième moitié du XXe siècle (à partir de 1941, en fait), les États-Unis ont affronté trois autres conflits pour faire valoir le même principe en Asie – contre le Japon, en Corée et au Vietnam. Mais, en Asie, les conséquences ont été bien différentes de ce que l'on a pu observer en Europe. Les pays de cette région du monde se considèrent réciproquement comme des rivaux stratégiques, même s'ils coopèrent dans bien des domaines économiques. Les guerres y sont peu probables, sans être entièrement exclues. L'ordre international asiatique est donc plus proche de celui que connaissait l'Europe du XIXe siècle que de celui de l'Atlantique Nord au XXIe.

Il suffit d'étudier la carte politique et économique de l'Asie pour saisir l'importance et la complexité de cette région. Elle comprend en effet un pays industriel avancé, le Japon, dont l'économie est plus puissante que celle de n'importe quel État historique d'Europe ; trois pays d'envergure continentale, l'Inde, la Chine et la Russie ; deux pays – la Corée du Sud et Singapour – dont le niveau économique et technologique avoisine celui des États industriels avancés ; deux grands archipels – les Philippines et l'Indonésie – composés de milliers d'îles et contrôlant certaines des grandes voies maritimes ; la Thaïlande et la Birmanie, deux pays dotés d'une longue histoire et dont les chiffres de population sont proches de ceux de la France et de l'Italie ; et la Corée du Nord, un État « voyou » qui s'est engagé dans un programme de production d'armes nucléaires et de missiles à longue portée. Une population largement musulmane est dispersée à travers le territoire péninsulaire et insulaire de la Malaisie et de l'Indonésie (cette dernière accueille la plus importante population musulmane du monde). Enfin, il y a le Vietnam, qui a prouvé sa bravoure militaire et son nationalisme farouche au cours des guerres qui l'ont opposé à la France, aux États-Unis et à la Chine, et ses deux voisins, le Laos et le Cambodge, sur lesquels il exerce une forme de domination.

L'économie asiatique est de plus en plus importante pour celle des États-Unis et du monde en général. En 1996, l'Asie représentait 68 % des échanges commerciaux des États-Unis ; les exportations américaines en direction de la Chine ont augmenté au rythme annuel de 13 % dans les années 1990 ; et les investissements américains dans ce pays ont triplé au cours de la même période. Cependant, si l'Asie fait partie intégrante de l'économie mondiale, elle ne dispose pas des structures (macro)régionales susceptibles d'atténuer les effets des turbulences de cette économie, et son seul pare-feu financier est la solidité de ses différentes économies nationales. Or la crise financière de 1997 a prouvé la vulnérabilité de ses systèmes économiques nationaux – notamment de ceux de taille modeste ou moyenne – aux fluctuations des taux d'intérêt, du cours des devises et des mouvements de capitaux spéculatifs, sur lesquels ces pays n'exerçaient pour ainsi dire aucun contrôle. Il n'existe pas encore de bloc économique asiatique, malgré des propositions japonaises en ce sens et certains mouvements en faveur de la création d'une zone de libre-échange asiatique, un projet soutenu par la Chine et le Japon. Les suspicions nationales restent trop grandes et les niveaux de développement trop inégaux pour permettre, à moyen terme, la création d'un équivalent asiatique de l'Union européenne. Ce qui ne veut pas dire que les pays d'Asie, grands ou petits, se résignent à la vulnérabilité. Si l'Asie ou les démocraties industrielles devaient essuyer une nouvelle grave crise financière, les pays asiatiques redoubleraient certainement d'efforts pour exercer un plus grand contrôle sur leurs destinées économiques et politiques en créant le pendant asiatique des systèmes régionaux existants.

L'existence d'un bloc asiatique hostile, qui associerait les États les plus peuplés du monde, d'importantes ressources et des populations qui sont parmi les plus travailleuses, irait à l'encontre de l'intérêt national américain. Il faut donc que l'Amérique maintienne une présence en Asie : elle doit avoir pour objectif géopolitique d'empêcher l'Asie de constituer une entité inamicale (ce qui risque fort de se produire sous la tutelle de l'une de ses puissances majeures). Cette tâche renvoie à la façon dont la Grande-Bretagne s'est comportée vis-à-vis du continent européen quatre siècles durant, une politique que Winston Churchill a fort bien décrite :

> Pendant quatre cents ans, la politique étrangère de l'Angleterre a consisté à s'opposer à la puissance continentale la plus forte, la plus agressive, la plus dominatrice. [...] Il faut voir dans ces quatre siècles de résolution immuable au milieu de tant de changements de noms et de faits, de circonstances et de conditions, l'un des épisodes les plus remarquables du passé de toutes les races, de toutes les nations, de tous les États et de tous les peuples. Ajoutons qu'en toute occasion l'Angleterre s'est engagée sur la voie la plus difficile. Face à Philippe II d'Espagne, contre Louis XIV sous Guillaume III et Marlborough, contre Napoléon, contre Guillaume II d'Allemagne, il eût été facile, et il fut certainement très tentant, de s'allier au plus fort et de partager les fruits de sa conquête. Pourtant, nous avons toujours choisi la voie la plus pénible, nous avons fait cause commune avec les puissances les moins fortes, nous les avons rassemblées et, ainsi, nous avons battu et contrecarré le tyran militaire continental, quel qu'il fût, et quelle qu'ait été la nation qu'il dirigeait. Nous avons ainsi préservé les libertés de l'Europe, protégé la croissance de sa société pleine de vitalité et de diversité. [...] C'est une loi de politique publique que nous suivons, et non un simple expédient dicté par des circonstances accidentelles, par des sympathies ou des aversions, ou par tout autre sentiment[1].

Au XXIe siècle, en poursuivant un objectif analogue en Asie, les États-Unis doivent faire face à un problème plus complexe. En Europe, l'équilibre des forces s'appuyait sur des États-nations dont la composition ethnique était relativement homogène (à l'exception de la Russie) ; or, parmi les grands États asiatiques (Chine, Russie, Inde, Indonésie), plusieurs possèdent des dimensions continentales et un caractère multi-ethnique. L'équilibre européen était d'un seul tenant, dans la mesure où tous les grands États y participaient – c'était en effet l'interaction de leurs alliances qui constituait cet équilibre ; c'est ainsi qu'une crise à propos de la Serbie dans les Balkans a été à l'origine de la Première Guerre mondiale. L'équilibre asiatique est beaucoup plus différencié et, partant, plus complexe.

En Europe, deux guerres mondiales et l'insuffisance de l'État-nation européen face aux défis mondiaux ont eu raison de l'équilibre des forces du XIXe siècle. Les pays d'Europe ne se considèrent plus mutuellement comme des menaces stratégiques ; et l'alliance avec les États-Unis a permis de répondre aux dangers venus de l'extérieur.

À la différence de l'Europe, les pays d'Asie n'ont jamais reconnu de péril commun, car ils se font des idées fort différentes de ce qui menace leur sécurité. Certains redoutent traditionnellement la Russie ; d'autres appréhendent avant tout la Chine ; d'autres encore s'inquiètent à l'idée d'une renaissance japonaise ; en Asie du Sud-Est, certains voient dans le Vietnam le danger majeur. L'Inde et le Pakistan se craignent réciproquement jusqu'à l'obsession.

Dans leurs querelles régionales, les pays d'Asie ont moins hésité à recourir à la force que les pays européens, assagis par l'hécatombe de deux guerres. Dès qu'un pays gagne en puissance, tous ceux qui sont en mesure de veiller sur leur propre sécurité se livrent à des ajustements compensatoires. D'où l'augmentation régulière des budgets de défense à travers toute l'Asie, malgré la fin de la guerre froide. Selon les estimations de British Aerospace, d'ici à 2010, les dépenses militaires des États asiatiques dépasseront celles de l'Europe occidentale et atteindront les deux tiers de celles des États-Unis[2].

Contrairement à l'Europe du XIXe siècle, l'Asie ne connaît pas un équilibre de forces homogène et unique. Les vastes dimensions de cette région du monde et sa diversité culturelle et historique se sont associées pour créer deux équilibres stratégiques. En Asie du Nord-Est, on a vu s'instaurer une interaction entre la Chine, le Japon, la Russie et les États-Unis, avec un risque d'explosion dans la péninsule instable de Corée du Sud. En Asie du Sud-Est, les principaux acteurs sont la Chine, l'Inde, le Japon, les États-Unis et l'Indonésie ; ils doivent s'efforcer de concilier leurs intérêts avec ceux du Vietnam, de la Thaïlande, de l'Australie et des Philippines.

En outre, les rôles que jouent la plupart des pays d'Asie changent eux-mêmes constamment. Le Japon évoluant dans le sens d'une politique plus ouvertement nationale, il risque fort d'intervenir plus activement dans les deux équilibres stratégiques et de chercher avant tout à endiguer l'influence de la Chine. De même, l'Inde apparaît comme une puissance de premier plan et elle est appelée à devenir de plus en plus présente en Asie du Sud-Est, renouant ainsi avec la politique traditionnelle du Raj britannique, qui cherchait à dominer tout le territoire s'étendant de Singapour à Aden. Quant à la Chine, elle ne manquera pas de revendiquer un rôle politique à la mesure de sa puissance économique croissante.

Tout cela explique les différences entre le système américain de sécurité en Asie et celui qui prévaut en Europe. Dans l'Alliance atlantique, l'engagement de l'Amérique s'exprime à travers une forte présence militaire américaine, un commandement militaire intégré et un conseil permanent des ambassadeurs. En revanche, aucun mécanisme formel ne vient étayer le traité de sécurité mutuelle entre les États-Unis et le Japon ; celui-ci ressemble davantage à une garantie unilatérale qu'à l'expression d'une stratégie asiatique globale. La présence militaire américaine aux Philippines, qui a officiellement pris fin en 1992, ne les a pas empêchées d'être membre du mouvement des pays non alignés. Il n'y a qu'en Corée du Sud que les lignes sont tracées comme elles l'ont été en Europe, mais les forces locales exercent une responsabilité bien supérieure à ce que l'on a pu observer le long du rideau de fer pendant la guerre froide. Une étroite coopération bilatérale avec l'Australie, sur la frange de l'Asie, soutient ces dispositions.

En matière de sécurité, les pays d'Asie vivent simultanément dans deux mondes. S'agissant de l'équilibre mondial des forces, ils se placent sous la protection de l'équilibre global assuré par l'Amérique. Dans le même temps, ils sont nombreux à définir leur contribution à cet équilibre par une doctrine de non-alignement qui évite tous liens politiques officiels avec les États-Unis et leur laisse même toute latitude pour s'associer à des politiques destinées à affaiblir l'hégémonie prétendue de l'Amérique.

La convergence de ces éléments empêche les États-Unis de définir une approche unique dans l'élaboration d'un ordre international pour l'Asie. En Europe, les États-Unis ont poursuivi une double stratégie, à la fois militaire et politique : la création d'une alliance militaire destinée à parer la menace d'une invasion soviétique, associée à un soutien systématique des institutions démocratiques qui les a conduits à encourager le redressement économique de l'Europe, puis l'intégration européenne. Aucune de ces stratégies n'a jamais été pleinement applicable en Asie – sinon dans les relations bilatérales de l'Amérique avec le Japon et la Corée. Les guerres de Corée et du Vietnam n'ont pas été menées en vertu d'une alliance régionale. Pendant la guerre de Corée, les pays – européens pour la plupart – qui ont combattu aux côtés des Américains ne l'ont pas fait au nom d'un système de sécurité américain, mais pour être mieux en mesure de réclamer un engagement américain en Europe. S'il a été possible de mettre sur pied une défense théoriquement multilatérale de la Corée du Sud, c'est parce qu'au moment du vote décisif au Conseil de sécurité de l'ONU le représentant soviétique a refusé de siéger pour protester contre l'exclusion de la Chine communiste des Nations unies. C'est ainsi que la guerre de Corée s'est transformée juridiquement en mission de l'ONU, alors qu'elle était principalement orchestrée par les États-Unis.

Au Vietnam, les alliés des États-Unis au sein de l'OTAN ne leur ont accordé aucun soutien, fût-il politique ; ils ne se sont distingués que par le degré de leur réserve. La Corée du Sud, la Thaïlande, l'Australie et les Philippines ont, quant à elles, assuré différents types d'assistance directe et indirecte ; la Corée a même envoyé deux divisions de combat. Et peut-être un système de sécurité asiatique aurait-il fini par émerger si l'Amérique avait poursuivi la guerre jusqu'à la victoire. Mais lorsqu'il a fallu se rendre à l'évidence et constater que les États-Unis cherchaient à se désengager, l'OTASE (Organisation du traité de l'Asie du sud-est), cœur potentiel de toute alliance de sécurité, s'est disloquée pour céder la place à l'ASEAN (Association des nations du Sud-Est asiatique), un groupement régional de coopération économique et politique dépourvu de toutes responsabilités en matière de sécurité.

Ceux qui affirment que la politique asiatique de l'Amérique devrait suivre le modèle de la guerre froide, la Chine jouant le rôle de l'Union soviétique, feraient bien de se souvenir de tout cela. On chercherait en vain en Asie les conditions politiques et stratégiques permettant de tracer une ligne de démarcation et de regrouper tous les États d'un même côté – faisant obstacle à une provocation majeure de la Chine. Toute tentative en ce sens – affirmée ou tacite – produirait un résultat contraire à l'effet souhaité. Les pays amis choisiraient très probablement de se dissocier d'une telle politique. Ils adopteraient une position médiane, entraînant l'isolement progressif des États-Unis dans la région, tout en encourageant le nationalisme et le neutralisme asiatiques.

Il ne faut pas non plus compter sur des appels wilsoniens à la démocratie pour créer comme point de ralliement. Bien que la plupart des pays asiatiques aient adopté, sous une forme ou une autre, un système électoral, la démocratie ne constitue pas leur expérience nationale déterminante, à l'exception peut-être des Philippines – bien que les quelque trois cent cinquante ans de domination coloniale espagnole y aient tout de même laissé des traces. Quoi qu'il en soit, aucun pays de la région – pas même l'Australie, pourtant résolument démocratique – ne prendrait le risque de provoquer un affrontement avec la Chine ou avec toute autre grande puissance au nom de la démocratie. Le Japon s'est doté d'institutions démocratiques au lendemain de la Deuxième Guerre mondiale, en adaptant ses usages aux convictions des forces d'occupation. Malgré la solidité actuelle de ces institutions, aucun parti ou dirigeant japonais n'est disposé à les propager dans d'autres parties de l'Asie, ne fût-ce que parce que les autres pays asiatiques y verraient un signe de renaissance de l'impérialisme japonais.

La République de Corée considère son alliance avec les

États-Unis comme le moyen de préserver son indépendance, tout en encourageant la réunification coréenne. Malgré le caractère démocratique de ses institutions, dont elle a toutes raisons de s'enorgueillir, la Corée ne mène pas une politique étrangère dictée par les principes wilsoniens. Craignant davantage le Japon démocratique que la Chine autocratique, la Corée du Sud ne participera certainement à aucune croisade qui viserait à modifier la structure interne d'un État asiatique, quel qu'il soit, et moins encore de la Chine, dont elle a besoin pour faire contrepoids à la Corée du Nord, au Japon et à la Russie.

De même, la Thaïlande et les Philippines ne considèrent pas que leur politique étrangère doive prendre modèle sur leurs institutions. L'Indonésie, qui lutte pourtant pour instaurer la démocratie, ne voit aucune raison d'appliquer ce processus à sa propre diplomatie ; elle a maintenu des relations amicales avec l'Irak, l'Iran, la Libye et Cuba – autant de pays qui font l'objet de sanctions américaines –, justifiant cette attitude par la nécessité de satisfaire de très nombreux électeurs. Et l'Inde, le plus démocratique des États d'Asie, a toujours pris grand soin de dissocier politique intérieure et politique extérieure : pendant une grande partie de la guerre froide, elle a entretenu avec l'Union soviétique des relations plus amicales qu'avec les États-Unis.

S'il est difficile d'appliquer à l'Asie les expériences de l'Alliance atlantique, les États-Unis ne devraient pas pour autant renoncer à y réaliser leurs objectifs géopolitiques et stratégiques. En un sens, les conditions sont même plus favorables en Asie qu'elles ne l'étaient en Europe au début de la guerre froide. Aucun pays d'Asie – pas même la Chine – n'est en mesure de menacer tous ses voisins en même temps, comme l'Union soviétique a pu le faire jusqu'à l'extrême fin de la guerre froide. L'Inde, le Japon, la Chine et la Russie sont assez puissants individuellement pour résister à l'agression de n'importe lequel de leurs voisins, et ils le seront plus encore s'ils s'associent avec d'autres États asiatiques menacés. Par ailleurs, la Corée du Sud, le Vietnam et l'Australie ne se laisseraient certainement pas faire, par quelque agresseur que ce soit.

Le défi géopolitique lancé à chacun des grands pays asiatiques, Chine comprise, n'est pas tant de conquérir des pays voisins que d'empêcher ces derniers de s'associer contre lui. La pire hantise du Japon est de voir se renforcer le géant chinois. Les inquiétudes que les desseins japonais et russes inspirent à la Chine se nourrissent d'un siècle d'expériences en ce sens. La frontière entre la Chine et l'Inde fait l'objet de litiges depuis cinquante ans. Avant cela, elle était déjà contestée par la Chine impériale et par les gouvernants britanniques de l'Inde.

Il arrive que cette réalité soit masquée par les rencontres entre dirigeants asiatiques – Chinois et Russes notamment – qui proclament un partenariat stratégique afin de lutter contre le spectre d'une hégémonie américaine. Aussi sincères que soient leurs inquiétudes concernant la domination américaine, ces sommets ne sauraient abolir les réalités géographiques et stratégiques traditionnelles. La longue frontière entre la Chine et la Russie, très faiblement peuplée du côté russe, est perméable par nature – et elle l'a été tout au long de l'histoire. Aucun des deux pays ne fera confiance à la bonne volonté durable de l'autre pour assurer la sécurité de cette frontière, malgré l'irritation commune causée actuellement par la prétendue hégémonie des États-Unis. Pour que la Chine et la Russie s'engagent dans une alliance plus intime, il faudrait que l'Amérique leur fasse subir des brutalités incessantes, une perspective tout à fait invraisemblable.

On peut appliquer la même analyse aux relations de n'importe quel autre État d'Asie avec les États-Unis. Aucun, pas même le Vietnam, n'a rien à gagner à nouer des relations plus étroites avec n'importe quel adversaire asiatique des États-Unis qu'avec Washington. Tel est l'avantage relatif de l'Amérique et la clé du maintien des différents équilibres asiatiques.

L'Amérique devrait s'efforcer de préserver des relations de coopération avec l'ensemble des pays d'Asie et éviter de mener une politique dictée par l'hypothèse d'une hostilité intrinsèque de toutes les grandes puissances asiatiques, tant que celles-ci n'en ont pas donné la preuve. Les États-Unis seront ainsi en mesure d'apporter un soutien décisif lorsque celui-ci sera nécessaire ; les autres États seront moins tentés de se réfugier dans la passivité ou de jouer l'Amérique contre un adversaire qu'elle aurait elle-même contribué à créer. En même temps, les États-Unis doivent se montrer implacables dès que l'équilibre des forces ou les intérêts nationaux de l'Amérique sont effectivement menacés.

Le respect des droits de l'homme restera bien sûr un élément majeur de la politique étrangère des États-Unis, quel que soit leur président. Cette préoccupation procède de l'identité même des Américains. Et elle affectera les décisions gouvernementales chaque fois qu'il est prudent de le faire. À cet égard, les dirigeants asiatiques feraient bien de prendre au sérieux les valeurs de l'Amérique et d'éviter de compromettre des relations dont dépendent si largement la stabilité de l'Asie et la paix dans le monde.

LES RELATIONS AVEC LE JAPON

En Asie, c'est avec le Japon que les États-Unis entretiennent les relations les plus importantes. Le Japon est un allié ; il abrite sur son sol des bases militaires américaines ; son économie est de loin la plus puissante de toute l'Asie, et il conservera cette position au moins pendant les vingt-cinq ans à venir.

Il s'agit également d'un pays dont les impondérables culturels échappent largement aux Américains. Les dirigeants américains se comportent en effet comme si la démocratie japonaise était un phénomène originel, comme si ses responsables obéissaient aux mêmes impératifs qu'eux, et comme si le Japon avait constamment besoin de directives et d'assurances. Les économistes américains, eux, se répandent volontiers en diatribes contre les travers de l'économie japonaise, et, au grand désarroi de leurs détracteurs américains, les Japonais ont jusqu'à présent obstinément refusé d'appliquer les prescriptions insistantes de l'Amérique.

S'agissant de la sécurité commune, le Japon est invité à assumer sa part du fardeau, en vertu d'une doctrine élaborée à Washington et présentée à Tokyo comme une vérité éternelle. Cette attitude a pourtant entraîné moins de contestation ouverte qu'en Europe contre la suprématie américaine, car le Japon avait tout intérêt à accepter l'accumulation d'armements sur son sol et l'affirmation de sa fonction stratégique. Cela lui permet en effet d'attester davantage de son rôle international et d'accroître son rayon d'action stratégique et politique, sans risquer de se voir reprocher de mener une politique nationale agressive. Le dialogue stratégique – même dans la mesure où il implique l'Europe – a été, au mieux, intermittent ; cela tient pour une part au fait que, pendant les cinquante ans qui ont suivi sa défaite à l'issue de la Deuxième Guerre mondiale, le Japon s'est concentré sur son redressement économique, abandonnant largement sa politique de sécurité aux États-Unis, et, pour une autre, aux traditions japonaises, qui cherchent à aboutir aux décisions par le consensus plus que par l'affrontement.

Contrairement à celle de la Chine, la culture japonaise s'efforce moins de séduire les étrangers que de les étreindre dans sa singularité envahissante, les obligeant ainsi à se plier à ses exigences. Les institutions japonaises sont bien particulières et portent clairement l'étiquette de « produit non destiné à l'exportation ». La Chine, située au cœur d'un continent, a dû préserver son essence et son indépendance en manipulant les étrangers qui vivaient le long de ses frontières, et, au besoin, en les soumettant par la conversion à sa culture. Le Japon insulaire a choisi la démarche inverse.

Au cours des quatre siècles qui ont précédé son ouverture forcée vers l'ouest à la suite du traité signé avec le commodore Matthew Perry en 1854, le Japon avait opposé au monde extérieur un isolement étanche. Sa tradition militaire s'est forgée à travers des conflits féodaux, sa structure intérieure s'est nourrie de l'orgueil suscité par sa singularité. En fait, le Japon était si bien convaincu de son unicité qu'après l'arrivée de Perry il n'a pas hésité à adapter ses institutions aux habitudes occidentales, certain qu'il était de parvenir à préserver, malgré tout, sa spécificité.

Sur une île surpeuplée, on ne dispose d'aucune profondeur stratégique ou psychologique permettant un conflit intérieur. C'est ainsi qu'au fil des siècles la société japonaise a élaboré un cérémonial souple et subtil qui amortit tout désaccord et permet aux décisions de naître du consensus, sans qu'il y ait ni perdant ni gagnant. Il y faut pour cela un sens aigu de la hiérarchie, les ordres inférieurs pouvant jouer leur rôle en ayant l'impression que l'on prend soin d'eux, un peu comme une famille s'occupe de ses enfants. Même à l'époque moderne, la distinction entre riches et pauvres a été moins forte – ou en tout cas moins visible – au Japon que dans tout autre pays industriel avancé, et il en a été ainsi tout au long de l'histoire japonaise.

Le Japon est passé du féodalisme à un curieux mélange d'emprunts aux systèmes parlementaires d'Europe occidentale, d'institutions militaires prussiennes et de pratiques navales britanniques, dont la cohésion était assurée par la figure divine de l'empereur et par un sens féodal de la hiérarchie si particulier qu'il est apparu comme un trait complémentaire de la nature japonaise, déjà fort singulière. Après sa défaite, en 1945, le Japon a, une fois de plus, adapté ses institutions sans sacrifier leur originalité. Il a adopté un système politique parlementaire et une Constitution – principalement rédigée au quartier général des forces d'occupation américaines – par laquelle il renonçait à la guerre comme instrument politique. Le Japon a pu entreprendre ces changements grâce à la solidité de son identité culturelle : ce qui aurait signifié, dans d'autres pays, un bouleversement révolutionnaire s'est ainsi fondu dans la ligne de continuité fondamentale de la civilisation japonaise.

Aussi toutes les ressemblances entre les institutions politiques japonaises et occidentales sont-elles généralement très superficielles. Les élections japonaises qui ont eu lieu depuis 1945 ont presque toujours rappelé le même parti au pouvoir : le Parti libéral démocrate (PLD) a gouverné pendant une cinquantaine d'années, à une brève exception près. Les élections ne permettent pas de désigner le Premier ministre – comme dans les régimes parlementaires occidentaux –, mais la position relative des quatre ou cinq factions du parti au pouvoir. Chacune de celles-ci est dirigée par un leader qui, ayant accédé à cette position éminente à l'ancienneté, contrôle les votes de sa faction, dont son prédécesseur lui a confié la responsabilité. Les Premiers ministres japonais sont invariablement issus du même cercle restreint – celui du chef de faction ou désigné par lui –, et l'on peut généralement prévoir dix ans à l'avance qui occupera ce poste, l'ordre de succession n'étant troublé que par un scandale occasionnel ou un décès prématuré.

Aussi est-il impossible de concevoir la politique étrangère du Japon comme le fruit des décisions de tel ou tel dirigeant. Il serait plus juste de la considérer comme une sorte d'entreprise familiale en concurrence avec un monde d'entreprises rivales impersonnelles et potentiellement hostiles, qui lui paraissent terriblement lointaines, voire incompréhensibles.

Cet abîme culturel engendre un modèle de négociations étrange – et parfois exaspérant – entre dirigeants japonais et américains. Le président américain n'est pas seulement le chef du gouvernement, mais le chef de l'État : exerçant une autorité suprême au sein de l'exécutif, il est censé prendre des décisions, imposer sa volonté à ses subordonnés et, au besoin, les renvoyer. Le Premier ministre japonais entre en fonction à la suite d'une négociation complexe qui a lieu tous les deux ans entre les différentes factions : dans les faits, il n'est rééligible qu'une fois, pour un mandat de deux ans (il ne peut donc pas rester plus de quatre années au pouvoir). Les élections parlementaires ne jouent qu'un rôle secondaire dans ce processus. Dans presque tous les cas, le Premier ministre est déjà en place quand elles ont lieu, et, à moins d'un bouleversement qui verrait la chute du Parti libéral démocrate, il conserve ses fonctions par la suite. Lors de l'élection suivante, il a déjà été remplacé par le biais des processus internes du PLD. Le Premier ministre ne peut renvoyer ses ministres sans l'accord de leur faction, et il ne peut les obliger à appliquer des mesures qui ne sont pas approuvées par leur faction.

Les dirigeants japonais marchent donc au son d'une musique bien différente de celle que suivent les démocraties occidentales. L'élite japonaise a appris, de par sa formation, à éviter tout affrontement direct et n'apprécie pas les procédures fondées sur la décision d'un seul. Un programme d'action est le fruit d'un laborieux processus de consultation qui s'attache à effacer toute distinction entre gagnants et perdants – ce qui est, par définition, la manière dont on acquiert du prestige à Washington. Au Japon, exercer de hautes fonctions ne vous autorise pas à donner des ordres, et moins encore à gouverner par décret ; cela vous confère, fondamentalement, le privilège de prendre l'initiative de persuader vos collègues.

Un Premier ministre japonais est le gardien du consensus national, il n'en est pas l'inspirateur. Face à des négociateurs américains qui cherchent à l'influencer personnellement en lui assénant inlassablement les mêmes arguments ou en usant de leur charme – comme si l'impuissance à parvenir à un accord n'était due qu'à un malentendu –, le dirigeant japonais a tendance à se réfugier dans d'obscurs faux-fuyants, ou, acculé, à faire, le plus vaguement possible, une promesse qu'il ne pourra tenir, espérant que quelque rebondissement le tirera de ce mauvais pas. Cette attitude peut aussi, évidemment, relever d'une stratégie délibérée destinée à se débarrasser par l'usure d'interlocuteurs américains impatients.

Voilà pourquoi les sommets entre président américain et Premier ministre japonais sont trop souvent décevants. Le président américain réclame une décision – c'est-à-dire un acte de volonté qu'il devra imposer à des collaborateurs réticents ou à une administration hostile. Aucun Premier ministre japonais n'ayant – et n'ayant jamais eu – pareille autorité, son approbation exprime, dans le meilleur des cas, un engagement à faire son possible pour persuader son équipe. Mais tant que le groupe dont il doit obtenir l'approbation (généralement ceux qui devront appliquer la décision) n'a pas admis qu'il s'agit de la seule solution viable, aucune promesse ne pourra être tenue. La volonté tenace de parvenir au consensus a pour contrepartie l'indifférence apparente à la sensibilité et aux idées des étrangers, et la lenteur exaspérante du processus de décision.

On relève le même abîme culturel dans le domaine économique. Depuis plus de dix ans, les États-Unis ne cessent de prôner la réforme structurelle du Japon. Celle-ci serait indispensable, dit-on à Washington, pour remettre une économie stagnante sur le chemin de la croissance. On s'accorde en effet à penser qu'une économie japonaise dynamique donnerait de l'élan à la croissance économique mondiale. Cet effort missionnaire des États-Unis est soutenu par une compétence économique généralement irréprochable. Mais il n'a guère eu d'effets immédiats. Non que les Japonais ne comprennent pas les conseils américains. Une société qui, depuis un siècle et demi, est parvenue à surmonter toutes les crises grâce à une discipline et à un zèle remarquables a peu de chances d'échouer par manque de compréhension. Si elle ignore ces conseils, c'est sans doute parce que les dirigeants japonais n'éprouvent pas le même sentiment d'urgence, soit qu'ils prennent leurs décisions à un rythme différent de celui de l'Amérique, soit que l'effet à court terme de l'application des conseils américains soit trop déstabilisant pour leurs modèles culturels.

Soutenir l'économie mondiale n'est pas, aux yeux du Japon, un motif suffisant pour l'inciter à réviser sa manière de faire des affaires ni pour ébranler sa cohésion politique, d'autant moins que l'opinion publique japonaise n'a pas l'impression d'être guettée par la pauvreté, en dépit des mises en garde américaines. En fait, les sermons et les pressions des États-Unis risquent fort d'accentuer un sentiment d'insécurité, incitant les Japonais à accroître leur épargne. Cela ne fera qu'amplifier le problème de l'insuffisance de la consommation dont se plaignent les économistes (bien que l'exiguïté des logements japonais, dans lesquels on ne peut pas entasser réfrigérateurs et autres appareils électroménagers à l'infini, joue peut-être un rôle en l'occurrence). Si l'on peut tirer des enseignements de l'histoire, tout donne à penser que le Japon ne bougera que lorsqu'il aura l'impression que les conséquences de son manque de compétitivité affectent directement sa population. Et, le cas échéant, il interviendra en appliquant la méthode traditionnelle du consensus, cherchant à convaincre collectivement les différentes catégories concernées, au lieu de faire imposer une décision par le chef de l'exécutif ou par le pouvoir législatif, comme cela se fait en Occident.

Il a fallu quinze ans pour engager les grandes transformations du Japon – qu'il s'agisse de l'ère Meiji ou de l'industrialisation au lendemain de la Deuxième Guerre mondiale. Mais ensuite le système du consensus leur a assuré une application d'une rapidité hors du commun. Il n'est pas exclu, certes, que le système japonais soit aujourd'hui sclérosé et incapable de s'adapter. La prochaine décennie nous apprendra si une population vieillissante et une administration rigide ont empêché le Japon de trouver sa place dans un monde entièrement nouveau pour lui, ou si le Japon se conduit comme un coureur de marathon, dont les performances ne sauraient se mesurer à sa vitesse au kilomètre, mais uniquement sur la ligne d'arrivée. Quoi qu'il en soit, le Japon conservera dans les prochaines décennies l'économie la plus puissante d'Asie, et de loin.

Il est d'autant plus important aujourd'hui de comprendre ces questions culturelles que les relations politiques américano-japonaises se trouvent à la veille d'une profonde évolution. Sous l'effet de la défaite et des risques de la guerre froide, le Japon avait en effet accepté de se placer sous la protection des États-Unis et de renoncer à son autonomie historique. Tout en se livrant à une concurrence économique acharnée, il a subordonné sa politique extérieure et de sécurité à celle des États-Unis. Tant qu'une seule puissance – l'Union soviétique – menaçait véritablement la sécurité du Japon, les conceptions japonaises et américaines en la matière ont pu suivre des voies parallèles.

Mais cette situation a peu de chances de s'éterniser. L'importance politique, le potentiel économique et la puissance militaire de la Corée du Sud et de la Chine ne cessent de s'accroître. La Corée du Nord s'affirme comme un acteur à part entière à la suite d'actions entreprises par Séoul, Washington et Pékin, sur lesquelles le Japon n'a pas été consulté au préalable et dont il n'a peut-être même pas été informé du tout. Quant aux vestiges les mieux conservés de la puissance militaire russe, ne se trouvent-ils pas en Sibérie ? Dans le contexte de l'après-guerre froide, les responsables japonais qui ont une approche à long terme ne croiront pas un instant que les États-Unis continueront éternellement à se ranger à leur point de vue dans l'analyse du rapport de forces existant. Washington se répandra évidemment en dénégations, aussi bruyantes que sincères. Mais ce genre d'assurances perd beaucoup de sa crédibilité quand la première mesure de toute nouvelle administration américaine consiste à annoncer une révision de la politique existante, quand les querelles commerciales s'enveniment et que les décisions majeures touchant l'Asie sont prises unilatéralement par Washington – souvent à la suite de pressions politiques intérieures. Ce n'est pas sans raison que le budget de la défense japonais n'a cessé de s'accroître régulièrement et qu'il atteint déjà le deuxième rang mondial. Dans le domaine politique, le Japon essaiera certainement de recouvrer une importante liberté d'action.

L'ampleur et la nature de l'autonomie japonaise par rapport à la politique extérieure et de sécurité américaine dépendront de l'aptitude des deux pays à instaurer un dialogue politique et stratégique plus équilibré. La situation sera tout à fait différente selon que le Japon acquerra sa liberté d'action progressivement ou brutalement, qu'il verra dans cette autonomie l'expression d'une renaissance nationaliste ou une contribution à un ordre mondial fondé sur la coopération, une conception qui ne va pas de soi dans une société extrêmement hiérarchisée. Il faut que la politique étrangère américaine s'efforce de nouer avec le Japon des relations politiques plus diversifiées *avant* que sa force politique et militaire ne l'incite à prendre son autonomie.

À cette fin, les États-Unis doivent remplir deux conditions : maintenir leur engagement en Asie – symbolisé par la présence militaire américaine – et redéfinir l'alliance américano-japonaise. Faute de présence militaire américaine en Asie, le Japon manifestera une propension croissante à s'en remettre aux impulsions nationales en matière de politique étrangère et de sécurité. En revanche, si le Japon et les États-Unis définissent leur politique de concert, le développement de la puissance militaire autonome du Japon sera à la fois limité et défini par un contexte stratégique, et il aura des effets beaucoup moins inquiétants sur le reste de l'Asie. C'est pourquoi il convient de donner une nouvelle dimension au dialogue politique bilatéral et à la coordination des politiques étrangères. Et cela est vrai pour toute l'Asie.

Les relations américaines avec la Chine ne manqueront pas de peser sur les relations américano-japonaises. Les relations sino-japonaises sont dominées par l'ambivalence. Jusqu'à l'émergence du Japon moderne, à la fin du XIXe siècle, aucun État asiatique n'avait pu contester la prééminence de la Chine en Asie. L'empire du Milieu ne se souciait pas de l'équilibre asiatique, dans la lesure où il symbolisait lui-même cet équilibre.

Avant que Mao Zedong n'entreprenne d'unifier la Chine, le Japon moderne n'avait jamais affronté de concurrent permanent en Asie. Mais le réveil de la Chine a nourri les craintes du Japon, et donné un nouvel élan à ses considérations stratégiques. À la fin des années 1990, un éminent Japonais m'a expliqué que la stratégie japonaise devait tenir compte de deux éventualités contradictoires : la désintégration de la Chine à la suite de son impuissance à faire face aux conséquences de la modernisation, et la puissance croissante de la Chine en cas de réussite de cette modernisation. Dans un cas, m'a-t-il dit, le Japon devra entreprendre d'élever des barrières contre d'éventuelles aspirations hégémoniques de la Chine dans l'autre, il devra se garder d'assister en simple spectateur à une catastrophe intérieure chinoise, qui entraînerait certainement l'intervention des puissances extérieures. L'importance que le Japon attache à ces objectifs apparaît clairement dans les modèles de ses investissements en Asie : ceux-ci dessinent une ligne autour de la Chine, depuis Taïwan jusqu'au Vietnam et à l'Ouzbékistan, ce qui devrait lui permettre d'endiguer ou d'influencer le pouvoir chinois, en fonction des circonstances. Sans doute de telles considérations ont-elles également incité le Japon à consentir des prêts à l'Asie du Sud-Est lors de la crise financière de 1997, en dépit de sa propre stagnation économique.

Quelle que soit la tournure des événements, le Japon s'efforcera de poursuivre ses relations avec la Chine à un rythme dont il sera seul maître. En raison de ses liens culturels étroits avec un continent auquel il a emprunté de nombreux éléments de sa propre culture, le Japon refusera de laisser tout autre pays, fût-il un allié proche, hypothéquer ses propres options en direction de la Chine. Si le Japon a l'impression que les États-Unis ont provoqué un affrontement avec la Chine, l'alliance américano-japonaise sera mise à rude épreuve, et le Japon fera tout son possible pour trouver une échappatoire. L'existence de bonnes relations avec la Chine – ou du moins de relations dans lesquelles l'Amérique n'apparaisse pas comme un fauteur de crise – est une condition essentielle de la vitalité de l'alliance américano-japonaise.

La politique à l'égard de la Corée est un autre problème épineux. Il est peu de sujets aussi sensibles pour le Japon. N'ignorant rien des ressentiments coréens dus à cinquante années d'occupation japonaise, les dirigeants japonais savent fort bien que la politique étrangère coréenne fera tout son possible pour éviter le retour de la domination japonaise en Asie du Nord-Est. En même temps, le Japon tient, pour des raisons de sécurité, à ce que la Corée ne se lie pas à une autre grande puissance asiatique. Il s'inquiète également de la concurrence économique toute récente de la Corée du Sud, sans parler de sa diplomatie de plus en plus affirmée – et même de ses liens avec les États-Unis (bien qu'il admette rarement cette dernière préoccupation).

C'est ainsi que le Japon mène une politique à double détente.

D'un côté, il souhaite que les troupes américaines restent en Corée pour garantir l'équilibre asiatique ; par ailleurs, leur retrait rendrait plus difficile, sur le plan intérieur, le maintien de bases américaines au Japon, ce qui ferait naître une nouvelle série de problèmes de sécurité à la fois pour ce pays et pour le reste de l'Asie. Mais, de l'autre, il cherche à préserver sa propre influence sur la péninsule coréenne. Adoptant une attitude ambivalente à propos de l'unification coréenne en raison de la concurrence économique et politique croissante qu'exercerait une Corée unifiée (dont la politique étrangère, de surcroît, ne manquerait pas de nourrir des soupçons à l'égard des motivations japonaises), le Japon contribue à la survie économique de la Corée du Nord en autorisant les transferts de fonds de la diaspora coréenne établie sur son sol. Dans le même temps, le potentiel nucléaire de la Corée du Nord et la présence de missiles – qui, en cas de réunification, viendraient gonfler l'arsenal coréen – encouragent le réarmement japonais, le développement d'une défense antimissile et le maintien d'une option nucléaire personnelle.

En 1993, un journaliste a demandé au Premier ministre Kiichi Miyazawa si le Japon accepterait la présence d'un potentiel nucléaire nord-coréen. Il a répondu avec une brièveté fort inhabituelle pour un Japonais : « Non. » Que voulait-il dire ? Que le Japon lancerait une offensive diplomatique ? Qu'il pourrait prendre des mesures de représailles ? Le cas échéant, quelle en serait la nature ? Que le Japon se doterait de sa propre capacité nucléaire en cas d'échec des autres mesures ? Toutes ces questions n'ont probablement pas encore trouvé de réponses dans les sphères gouvernementales au Japon ni dans un quelconque accord avec les États-Unis. Mais de deux choses l'une : le moment venu, ces réponses interviendront dans le cadre d'une stratégie commune entre les États-Unis et le Japon, ou par l'affirmation, de la part du Japon, d'une ligne d'action indépendante.

Les relations avec la Corée

Cela fait cent ans que la Corée constitue un foyer de crises en Asie. Le contrôle de la Corée avait déjà été l'enjeu de la guerre russo-japonaise de 1904-1905. En 1908, le Japon mit fin à l'indépendance de ce pays. Après 1945, au lendemain de l'occupation japonaise, la Corée a été divisée le long du 38e parallèle, lorsque les Soviétiques ont confié à Kim Il-sung l'établissement de ce qui allait devenir le régime communiste le plus répressif du monde. En 1950, ce régime a déclenché une guerre d'agression. Les États-Unis sont intervenus aux côtés de leurs alliés sud-coréens, avec des forces symboliques de l'ONU, pour empêcher les communistes de s'emparer de la Corée du Sud. Depuis, le 38e parallèle constitue l'une des lignes de démarcation les plus intangibles du monde – idéologiquement, politiquement, militairement et économiquement.

Au cours de la dernière année du mandat de Bill Clinton, l'avenir de la péninsule coréenne a repris une actualité brûlante. Le président sud-coréen, Kim Dae-jung, a en effet été invité à Pyongyang, capitale de la Corée du Nord. L'officier nord-coréen situé au deuxième rang de la hiérarchie militaire a été convié à Washington tandis que Madeleine Albright, secrétaire d'État, se rendait à Pyongyang.

Ces événements inattendus ne doivent pas masquer la réalité : les tensions qui règnent dans la péninsule coréenne sont le fruit d'une série de problèmes complexes et étroitement imbriqués qu'aucun geste spectaculaire ne saurait régler. Il s'agit notamment des rôles respectifs de Séoul et de Pyongyang, et de la responsabilité de chacun dans le processus de réunification (si celui-ci se réalise un jour), des différents scénarios possibles pour l'évolution de la Corée du Nord, du rôle des puissances extérieures intéressées, parmi lesquelles le Japon, la Chine, la Russie et les États-Unis, et du maintien de la présence militaire américaine en Corée du Sud. Ce dernier point pèsera lourdement sur l'avenir de la position militaire et politique des États-Unis en Asie, car le sort des bases américaines au Japon en dépend peut-être.

Après les ravages de la guerre de Corée, la Corée du Sud s'est engagée sur la voie de la démocratie, et elle est en passe de devenir un pays industriel avancé dont la présence se fera de plus en plus sentir sur les marchés mondiaux. Au cours de la même période, le Nord s'est transformé en caricature d'État stalinien, et l'on peut affirmer qu'il représente aujourd'hui l'État policier le plus intransigeant du monde. Son économie va à vau-l'eau, et si les différences de niveau de vie entre le Nord et le Sud ne mettent pas la dictature nord-coréenne en péril, c'est uniquement parce que ce régime a réussi à isoler complètement sa population et parce que ses services de sécurité sont parmi les plus brutaux et les plus impitoyables du monde. L'industrie vétuste de la Corée du Nord est incapable de s'affirmer sur les marchés mondiaux et son agriculture s'est effondrée au point d'engendrer une famine quasi permanente, qui provoque, selon les estimations, la mort de dizaines de milliers de personnes par an, tandis que le reste de la population souffre d'une malnutrition tragique.

En consacrant un pourcentage sans précédent de son produit national brut à des desseins militaires, la Corée du Nord a mis sur pied un important corps de blindés et un matériel d'artillerie impressionnant, déployés à portée de Séoul, capitale de la Corée du Sud. Cet arsenal est capable de provoquer des dégâts considérables et de faire, à tout moment, des centaines de milliers de victimes. La Corée du Nord a fait de la fabrication d'armes et de missiles nucléaires un moyen de chantage international des plus efficaces. Elle obtient des devises en vendant des missiles à des pays hostiles aux États-Unis et exerce des pressions sur ces derniers, sur le Japon et la Corée du Sud, pour qu'ils lui livrent du matériel technologique de pointe en menaçant de construire des armes nucléaires ou des missiles à longue portée.

Son objectif à long terme n'est pas de provoquer un conflit armé (qu'elle n'aurait pas les moyens de mener), mais de démoraliser la Corée du Sud et de mettre à mal ses relations avec les États-Unis en discutant directement avec Washington de l'avenir de la péninsule coréenne. Car si la Corée du Nord réussit à s'affirmer comme le représentant légitime des intérêts nationaux coréens, Séoul n'occupera plus qu'une position marginale d'auxiliaire américain.

Pendant un temps, cette politique a remporté quelques succès. En 1994, les États-Unis ont mené des négociations séparées avec la Corée du Nord, en vertu desquelles le Japon et la Corée du Sud ont accepté de construire deux réacteurs nucléaires à eau lourde pour la Corée du Nord tandis que les États-Unis s'engageaient à livrer du pétrole aux centrales électriques nord-coréennes en échange d'une suspension (mais non de l'abandon) du programme nucléaire de ce pays. Bien que ce marché ait été présenté comme une contribution à la non-prolifération, il a probablement eu l'effet inverse. En effet, il a peut-être encouragé d'autres « États voyous » à se lancer dans des programmes d'armement nucléaire dans l'espoir d'obtenir les mêmes compensations s'ils acceptaient d'y renoncer.

Il n'est pas exclu que cet accord ait également aggravé, sous d'autres aspects, le problème de la prolifération nucléaire nord-coréenne. En effet, peu de temps après, la Corée du Nord a expérimenté un missile à longue portée qui, sous prétexte d'exploration spatiale, a survolé le territoire japonais. De nouvelles négociations ont alors conduit Madeleine Albright à Pyongyang afin d'étudier le prix à payer pour que la Corée du Nord mette fin à ce programme. La visite avortée du président Clinton durant le dernier mois de son mandat, qui aurait dû voir les États-Unis proposer une technologie de missile dite « scientifique » en échange de l'abandon du programme dit « militaire », aurait été un élément de ce prix politique.

Les négociations avec la Corée du Nord ont abouti à l'interruption de la production nord-coréenne de plutonium, mais elles ont également donné à penser, et le prix n'est pas mince, que l'avenir de la Corée pourrait se régler directement entre Washington et Pyongyang, Séoul restant sur la touche. Deux événements ont mis fin à cette évolution. Le premier a été la mort en 1994 du dictateur nord-coréen Kim Il-sung, qui a limité la marge de manœuvre de Pyongyang. Le second a été l'élection de Kim Dae-jung à la présidence sud-coréenne, qui a élargi les options diplomatiques de Séoul. La « politique du soleil » menée par Kim Dae-jung, qui consiste à encourager la coopération économique, la réunification familiale et d'autres types d'échanges, a permis de rétablir l'équilibre avec les États-Unis dans les contacts avec le Nord.

Cela n'a pas réglé pour autant la question du contenu de ces contacts. En effet, lorsque le nouveau dirigeant nord-coréen, Kim Jong-il, a invité le président sud-coréen Kim Dae-jung à Pyongyang, pendant l'été 2000, bien des portes se sont ouvertes. Alors que Kim Dae-jung n'avait guère obtenu que la promesse d'une visite en retour de Kim Jong-il à Séoul et des possibilités très limitées de réunification familiale, le monde extérieur a accueilli avec enthousiasme le changement de ton nord-coréen et y a vu l'aube d'une ère nouvelle. Le deuxième officier le plus haut gradé de la hiérarchie nord-coréenne a, je l'ai dit, été chaleureusement reçu au bureau Ovale et invité à un dîner officiel du département d'État. Ces rencontres de Washington ont été suivies, quelques semaines plus tard, de la visite du secrétaire d'État, Mme Albright, à Pyongyang, où cette dernière a assisté à un grand rassemblement en l'honneur du cinquantenaire du Parti du travail coréen. D'autres pays soucieux de ne pas rester à la traîne piaffaient à l'idée de faire le voyage de Pyongyang.

Cette ruée collective vers des négociations directes avec Pyongyang a peut-être eu pour conséquence paradoxale d'inciter Kim Jong-il à renoncer avec la politique d'isolement de Séoul. Il a pu, en effet, en conclure qu'il n'avait plus besoin de discuter directement avec la Corée du Sud pour résoudre ses problèmes intérieurs. En mars 2001, les chefs de gouvernement de l'Union européenne ont annoncé la création d'une mission diplomatique chargée de combler la prétendue brèche laissée par l'« intransigeance de la politique américaine », pour reprendre les termes du ministre suédois des Affaires étrangères, dont le pays assurait alors la présidence tournante de l'Union. Ces responsables politiques européens feraient bien de se demander si, en s'engageant sur cette voie, ils ne risquent pas d'aboutir à l'inverse de leurs intentions proclamées. Des contacts diplomatiques sans autre fin qu'eux-mêmes inciteront-ils le régime communiste le plus brutal du monde à adopter une politique conciliante ? Pyongyang ne sera-t-il pas incité au contraire à extorquer une aide économique pour récompenser son changement de ton, et, en cas de succès, à se désintéresser de toute discussion avec Séoul sur la réunification coréenne – ou avec l'Amérique sur la question des missiles ?

La coordination étroite entre les stratégies américaine et sud-coréenne est donc plus nécessaire que jamais. Ni l'Amérique ni la Corée du Sud – et moins encore l'Union européenne – ne peuvent accepter, simplement sur la foi d'un ton plus amène, de soutenir le système de contrôle de Pyongyang ou d'encourager son chantage militaire. Les progrès des relations avec Pyongyang doivent reposer sur des critères clairs et nets, permettant de mesurer les avancées – comme cela s'est fait entre les États-Unis et la République fédérale d'Allemagne lorsqu'on a conditionné le processus de réconciliation entre l'Allemagne de l'Est et de l'Ouest, amorcé en 1969, à des garanties sur le statut de Berlin.

Ces critères devraient inclure un développement des échanges humains bien plus important que les quelques concessions symboliques accordées aujourd'hui. Il conviendrait d'y ajouter une réduction des forces militaires stationnées le long du 38e parallèle et un renoncement sans ambiguïté aux armes nucléaires, dans les deux camps. Il faut renoncer au marchandage nucléaire qui consiste à offrir une technologie dite « scientifique » en échange d'une technologie dite « militaire » ; en effet, ces technologies sont en réalité à double usage, et un tel procédé incite les « États voyous » à recourir à la même méthode de chantage. Bien entendu, d'un autre côté, Séoul et Washington devront se montrer bienveillants si la Corée du Nord apporte la preuve, par des actes, qu'elle veut vraiment s'amender. Dans un tel cas, procédure et contenu se confondent.

Les administrations américaines qui se sont succédé sont restées fidèles à deux principes : l'alliance américaine avec la Corée du Sud est la clé de la stabilité dans la péninsule coréenne, et l'amélioration des relations avec Pyongyang passe par un progrès des relations entre la Corée du Nord et la Corée du Sud grâce à des discussions bilatérales.

Dans la nouvelle atmosphère qui règne en Corée, les États-Unis ont tout à gagner à continuer d'encourager la Corée du Sud à jouer le premier rôle dans les négociations intercoréennes, au lieu de se substituer à elle. Il faut convaincre Pyongyang que la route de Washington passe par Séoul, et non l'inverse. Faute de quoi, on aboutira à une marginalisation progressive de la Corée du Sud. La Corée du Nord pourrait alors obtenir l'assistance économique dont elle a besoin, non pas de – ou via – la Corée du Sud, mais des pays extérieurs qui se bousculent pour obtenir une position préférentielle à Pyongyang. Une réconciliation américaine (ou européenne) avec Pyongyang qui ne serait pas précédée d'une réconciliation des deux Corées risquerait de durcir peu à peu la position de Pyongyang à l'égard de la Corée du Sud et de démoraliser finalement Séoul – même si les contraintes à court terme du cycle électoral coréen suggèrent une voie plus impétueuse.

Mais les égards dont témoignent les États-Unis envers la Corée du Sud touchant ses relations politiques et économiques et ses contacts humains avec la Corée du Nord n'apporteront de progrès durables que si Séoul manifeste un peu de compréhension pour les responsabilités mondiales de Washington. Les dirigeants sud-coréens ne doivent pas se poser en avocats du transfert d'une technologie militaire ou à double usage vers le Nord, ni s'en prendre à des programmes militaires américains majeurs, comme la défense antimissile.

Dans le même temps, il faut que l'Amérique se rappelle que la Corée est le point de rencontre entre les intérêts de plusieurs grandes puissances. Ni la Chine ni le Japon ne souhaitent la réunification rapide de la Corée – surtout si une Corée unifiée devait être l'héritière de la technologie nucléaire et de missiles nord-coréenne. Ces deux pays gardent le souvenir cuisant d'invasions lancées contre leurs territoires depuis le sol coréen. Pékin s'inquiète par ailleurs des effets du nationalisme coréen sur les minorités coréennes de Mandchourie. Quant au Japon, s'il a autorisé la présence de bases américaines sur son territoire, c'est essentiellement pour défendre le statu quo coréen ; il craint en effet qu'une Corée réunifiée ne cherche à rallier son opinion publique en ravivant l'hostilité traditionnelle à l'égard du Japon. Aussi la Chine et le Japon souhaitent-ils que la diplomatie coréenne progresse avec pondération – sans pour autant soutenir forcément le régime de Pyongyang.

Pour toutes ces raisons, Washington doit s'efforcer, s'agissant des perspectives coréennes, de maintenir d'étroites relations avec toutes les parties en présence, notamment avec le Japon, mais également avec la Chine et la Russie. Des bruits de bottes sur la péninsule ne sauraient rien apporter aux voisins de la Corée, malgré des divergences de vues sur la nature et sur le rythme de l'évolution souhaitable. Personne ne souhaite être surpris par des éruptions soudaines. Un bon début consisterait à instaurer une coopération entre les quatre puissances les plus intéressées par l'avenir de la Corée afin de mettre fin aux manœuvres de chantage de Pyongyang à propos des armes de destruction massive. En effet, quels que soient leurs désaccords, aucune de ces puissances ne peut évidemment souhaiter se voir entraînée dans un conflit par une prolifération qu'une action commune aurait pu éviter.

La consultation est également indispensable dans la mesure où la seule alternative possible est le maintien du régime répressif de Pyongyang ou son effondrement. Les pays qu'inquiète l'idée d'une réunification de la Corée pourraient être disposés à encourager la mise en place d'un gouvernement plus modéré à Pyongyang, tout en favorisant le maintien de sa séparation avec Séoul. Mais il faut bien comprendre que, dans le monde réel, les possibilités de ce genre sont très limitées. Tout gouvernement démocratique en Corée du Nord aspirera à la réunification. Tout gouvernement autoritaire reproduira les dilemmes existants. En définitive, les agissements du monde extérieur seront tout aussi impuissants à maintenir la division de la Corée que celle de l'Allemagne par le passé.

Certes, le régime nord-coréen pourrait s'effondrer comme l'a fait celui de l'Allemagne de l'Est si Kim Jong-il perdait le contrôle de la situation. C'est sans doute, à maints égards, la pire hantise de Séoul. Les difficultés qu'entraînerait un processus hâtif de réunification en Corée éclipseraient par leur ampleur les problèmes pourtant monumentaux que l'Allemagne a connus pendant dix ans. Le rapport démographique entre l'Allemagne de l'Ouest et l'Allemagne de l'Est était approximativement de trois pour un ; en Corée, il est plus proche de deux pour un. En Allemagne, le rapport du PIB par habitant était à peu près de deux pour un ; en Corée, il se rapproche de dix pour un – autrement dit, les difficultés économiques liées à une éventuelle réunification de la Corée sont infiniment plus redoutables que celles qu'a connues l'Allemagne.

Si l'on devait en arriver là, les quatre puissances extérieures – États-Unis, Russie, Japon et Chine – se verraient appelées à discuter du statut international de la Corée pendant que les deux moitiés du pays définiraient les dispositions internes, une procédure comparable à celle qui a présidé à la réunification allemande.

Quant aux États-Unis, ils n'ont aucune raison de s'opposer à la réunification coréenne ; ils ont au contraire tous les motifs de la soutenir. Mais les enjeux ne s'arrêtent pas à l'avenir de la Corée : c'est en effet l'avenir de l'Asie tout entière qui dépend du sort des forces américaines actuellement stationnées le long du 38e parallèle.

À en croire le président de la Corée du Sud, Kim Dae-jung*, Kim Jong-il lui aurait confié qu'il était favorable au maintien des troupes américaines quel que soit le sort des négociations intercoréennes. Mais il est évidemment impossible de bâtir une politique à long terme sur une telle assurance. Au demeurant, l'avenir des troupes américaines en Corée ne dépend pas entièrement des dirigeants des deux Corées. Si les tensions devaient diminuer spectaculairement, la présence de troupes américaines pourrait devenir extrêmement controversée en Corée du Sud, quoi qu'en dise le président en exercice. À son tour, le départ de ces forces rendrait l'avenir des bases américaines au Japon problématique. Et si les troupes américaines quittaient les franges de l'Asie, on verrait s'établir sur le continent une situation absolument inédite en matière de sécurité, mais aussi et surtout politiquement. Le cas échéant, une évolution positive sur la péninsule coréenne pourrait même inciter Séoul et Tokyo à définir des politiques de défense autonomes, et l'on assisterait alors à un essor du nationalisme au Japon, en Chine et en Corée. Les États-Unis ne seraient pas forcément capables de juguler de telles tendances ; mais ils ne devraient pas pour autant laisser leurs préoccupations tactiques et les gros titres du moment les entraîner dans la même voie.

---

* Le 19 décembre 2002, Roh Moo-hyun a remporté l'élection présidentielle en Corée du Sud. C'est donc lui qui est appelé à succéder à Kim Dae-jung. *(N.d.E.)*

LES RELATIONS AVEC LA CHINE : LE CONTEXTE HISTORIQUE

Alors que la nouvelle administration s'installait à Washington, deux écoles de pensée dominaient le débat américain. Le point de vue de l'administration Clinton a été résumé dans les formules d'« engagement » et de « partenariat stratégique ». En se fondant sur la prémisse wilsonienne selon laquelle un monde composé de démocraties ne saurait abriter aucun ennemi – aucun, du moins, qui soit prêt à imposer ses vues par la force –, on considère que la multiplication des échanges avec la Chine en matière de commerce, d'environnement, de science et de technologie ne peut qu'étayer les forces favorables à la coopération internationale et au pluralisme intérieur.

Le point de vue adverse considère la Chine comme un pays moralement suspect et comme un adversaire inévitable – aujourd'hui à propos de Taïwan, demain dans le Pacifique Ouest, et un jour en matière d'équilibre mondial. Pour les tenants de cette école de pensée, les États-Unis ne devraient pas considérer la Chine comme un partenaire stratégique, mais la traiter à la façon dont ils ont traité l'Union soviétique pendant la guerre froide : comme une rivale et comme un défi. Cela suppose de limiter les relations commerciales, dans tous les cas où cela est possible, à des articles non stratégiques, de créer une alliance d'États asiatiques pour endiguer la Chine, ou, en cas d'échec de cette mesure, de réarmer le Japon afin qu'il aide l'Amérique à assumer le poids de la défense de l'Asie et de l'endiguement de la Chine. Les avocats de cette thèse voudraient traiter Taïwan comme un pays indépendant et comme un avant-poste militaire, et renoncer dans les faits à la politique d'« une seule Chine » sur laquelle reposent les échanges sino-américains depuis le rétablissement des relations entre ces deux pays en 1971.

La nouvelle administration doit désormais s'attacher à établir si l'une ou l'autre de ces approches répond véritablement aux besoins actuels de l'Amérique. La démarche de l'administration Clinton a éludé le problème géopolitique inhérent aux relations avec la Chine. Mais c'est une chose de rejeter un partenariat stratégique qui n'a jamais fonctionné, c'en est une autre de traiter la Chine en adversaire permanent. Les conditions qui dominent en Asie ne sont pas celles de la guerre froide. À l'époque, un adversaire idéologique unique menaçait tous les États d'Europe occidentale, lesquels recherchaient avidement l'assistance américaine. Sur le continent asiatique, en l'absence de provocation chinoise majeure, les États-Unis seraient obligés d'appliquer seuls, et pour une durée indéterminée, une politique d'endiguement.

Tant que leur propre survie ne sera pas directement et clairement en cause, les nations d'Asie n'accepteront pas de participer à une croisade contre une menace unique, à l'instar des pays d'Europe pendant la guerre froide. Une version asiatique de la politique d'endiguement des années 1980 trouverait peu d'adeptes, sinon éventuellement au Vietnam, ce qui serait, convenons-en, une singulière pirouette de l'histoire. Une telle politique risque bien davantage d'éloigner les pays asiatiques des États-Unis. L'Amérique perdrait alors de son influence sur le Japon, et la Corée se transformerait en poudrière. Tous les États nourrissant des ambitions ou des revendications territoriales essaieraient de tirer parti de la situation. Les alliés européens de l'Amérique s'engouffreraient dans la brèche économique et politique. Bref, une politique qui donnerait l'impression d'ostraciser la Chine essentiellement en raison de son expansion économique et d'une idéologie qui ne nous plaît pas finirait par isoler les États-Unis.

L'Amérique a évidemment tout intérêt à résister aux ambitions hégémoniques d'une puissance, *quelle qu'elle soit* – et, dans le pire des cas, elle doit être prête à agir sans alliés. Mais il faut tout faire pour éviter pareille issue. Une politique raisonnable consisterait à cultiver des relations de coopération avec tous les grands pays d'Asie afin de ne pas se priver de la possibilité d'une action commune si les circonstances l'exigeaient. Mais il faudrait également faire savoir à la Chine que ce refus de toute hégémonie va de pair avec une préférence pour des relations constructives, et que l'Amérique est disposée à faciliter la participation de la Chine à un ordre international stable.

L'affrontement avec la Chine devrait être regardé comme une solution extrême, non comme un choix stratégique.

L'incident de l'avion espion américain qui a dû se poser, en avril 2001, sur le territoire chinois, où son équipage a été retenu pendant onze jours, a bien montré l'insuffisance des deux écoles dominantes de pensée. Les réalités de la politique intérieure chinoise n'ont fait qu'une bouchée des perspectives d'« engagement ». Mais les interprétations idéologiques de ce différend n'ont été d'aucun secours non plus pour l'administration Bush. En effet, la réaction chinoise relevait bien davantage du nationalisme du XIXe siècle que du marxisme du XXe. Bien qu'elle soit conforme au droit international, une surveillance à grand rayon d'action opérée depuis un lieu situé juste à l'extérieur des limites territoriales met évidemment en cause les notions traditionnelles de souveraineté fondées sur le principe de l'imperméabilité des frontières, un principe que la technologie moderne rend aujourd'hui obsolète. La hantise qu'inspire à la Chine ce qu'elle considère comme un comportement colonial n'a fait qu'aggraver les choses. Voilà pourquoi ce n'est pas le secteur idéologique de la société chinoise, c'est-à-dire le Parti communiste, qui s'en est pris à l'Amérique, mais, au dire de tous, les étudiants et l'armée.

Il convient de bien saisir cette conjonction de motifs si l'on veut prendre la mesure de l'importance de cet incident pour l'avenir des relations sino-américaines. L'attitude chinoise témoignait avant tout des efforts déployés par le gouvernement, dont la composante idéologique est en déclin et qui devait régler une question de succession moins de deux ans plus tard, pour contourner les écueils de la politique intérieure. La grande difficulté de la politique étrangère américaine consiste à pouvoir réagir au nationalisme chinois sans l'embraser davantage, tout en faisant preuve de la plus grande fermeté dès qu'il devient menaçant. Le grand défi des dirigeants chinois est d'apprendre à évaluer les contraintes que font peser les valeurs et l'opinion publique américaines.

Les esprits fatalistes comparent souvent l'émergence de la Chine à celle de l'Allemagne du XIXe siècle, qui a débouché sur la Première Guerre mondiale. Or cette guerre n'avait rien d'inévitable. L'histoire l'a attribuée principalement à un échec diplomatique, à une bévue qui a entraîné, pour toutes les parties en présence, des coûts hors de proportion avec tout gain imaginable. Parmi les hommes d'État qui ont déclaré la guerre en 1914, en est-il un qui ne se serait pas empressé de revenir sur sa décision s'il avait pu se projeter dans l'avenir et découvrir les dégâts qu'ils allaient infliger à leurs sociétés, à la civilisation européenne et aux perspectives à long terme du monde entier ?

Certes, le choix n'est pas entièrement entre les mains des États-Unis. Face à une menace d'hégémonie en Asie – quel que soit le régime responsable –, l'Amérique résisterait comme elle l'a fait face au Japon pendant la Deuxième Guerre mondiale et face à l'Union soviétique pendant la guerre froide. Mais, dans la mesure où le choix dépend d'une action américaine, il faut y procéder avec le plus grand soin. Ce ne sont pas des pinaillages à propos du terme adéquat pour définir les relations sino-américaines qui régleront quoi que ce soit. Et il ne faut pas non plus laisser les batailles budgétaires faire la loi.

S'agissant de la Chine, la définition de l'intérêt national est compliquée par les différences culturelles majeures entre les approches chinoises et américaines de la politique étrangère et par l'évolution de l'environnement international depuis la première visite d'émissaires américains à Pékin en 1971. Les dirigeants américains mettent l'accent sur la bonne volonté individuelle et sur les relations personnelles. Au cours de ses cinq millénaires d'histoire, la Chine a assisté à trop de bouleversements et à trop de tragédies pour pouvoir compter sur la bonne volonté d'individus dont l'existence est, par nature, éphémère. Les États-Unis, qui n'ont que deux siècles d'existence nationale, ont pu surmonter les difficultés grâce à un mélange d'idéalisme, de volonté, d'organisation, et à des données géographiques favorables. La Chine a de nombreuses réalisations à son actif, mais il lui est arrivé bien souvent de rencontrer des difficultés dont seule l'endurance lui a permis de triompher. L'approche politique de la Chine est sceptique et prudente, alors que celle de l'Amérique est optimiste et missionnaire. En Chine, la perception du temps n'est pas la même qu'aux États-Unis. Quand on demande à un Américain de dater un événement historique, il cite un jour précis du calendrier ; quand un Chinois évoque un événement, il le situe au sein d'une dynastie. Or, sur les quatorze dynasties impériales, dix ont duré plus longtemps que toute l'histoire des États-Unis...

Les Américains pensent en termes de solutions concrètes à des problèmes précis. Les Chinois pensent en termes d'étapes d'un processus qui n'a pas de terme défini. Les Américains voient dans les querelles internationales le fruit de malentendus ou de la mauvaise volonté ; dans le premier cas, le remède est la persuasion – parfois très insistante –, dans le second, la mise en échec ou l'élimination du fauteur de troubles. L'approche chinoise est impersonnelle, patiente et distante : l'empire du Milieu a horreur de donner le sentiment qu'il supplie. Alors que Washington considère la bonne foi et la bonne volonté comme le lubrifiant des relations internationales, Pékin part du principe que les hommes d'État ont bien préparé leurs dossiers et comprendront les procédures subtiles et détournées. L'insistance passe donc pour un signe de faiblesse, et les bonnes relations personnelles elles-mêmes ne sont pas censées faciliter un dialogue sérieux. Les Américains trouvent les dirigeants chinois courtois, mais distants et condescendants. Les Chinois jugent les Américains fantasques et un peu frivoles.

Peut-être la difficulté des deux camps à comprendre la culture et le code de conduite de l'autre contribue-t-elle à expliquer la rareté des périodes d'équilibre prolongé dans les relations sino-américaines. Au début du XXe siècle, l'attitude américaine à l'égard de la Chine subissait l'influence des missionnaires et des négociants, deux catégories ignorant largement l'humiliation que les pressions colonialistes des puissances européennes infligeaient alors à la société chinoise. Dans les années 1930 et pendant la Deuxième Guerre mondiale, on a idéalisé la Chine, victime de l'agression japonaise et alliée héroïque de la démocratie. Après que les communistes eurent remporté la guerre civile, l'opinion publique américaine a fait de la Chine l'incarnation de l'hostilité idéologique et stratégique. L'association entre l'idéologie maoïste militante, l'intervention de la Chine dans la guerre de Corée, la répugnance américaine à l'égard des institutions intérieures de Pékin et l'interposition de la VIIe flotte américaine dans le détroit de Taïwan a engendré près d'un quart de siècle d'absence de relations diplomatiques et de réduction au strict nécessaire de tout contact entre les deux pays.

Après le rétablissement des relations avec la Chine, en 1971, cinq administrations américaines, issues du Parti démocrate aussi bien que du Parti républicain, ont mené la même politique, fondée sur la coopération sino-américaine. Ce n'est que dans les années 1990 que l'idée d'un affrontement entre les deux pays a regagné du terrain, menaçant de faire renaître les tensions qui avaient présidé aux relations entre les deux pays un demi-siècle plus tôt. Mais peut-être une digression retraçant cette évolution permettra-t-elle de mieux définir la nature des choix actuels.

En 1971 et 1972, le président Richard Nixon et le président Mao Zedong ont rétabli les relations entre leurs deux pays. Cette décision ne reflétait pas un rapprochement entre les idéologies américaine et communiste, mais les nécessités géopolitiques propres aux deux pays. Dans un premier temps, on a diffusé, en toute innocence, bien des sornettes sur l'aspect « contre nature » de l'éloignement entre les peuples américain et chinois, comme si ce rapprochement venait combler quelque besoin affectif profond de part et d'autre. La réalité était bien plus prosaïque. Au cours de sa longue histoire, la Chine n'a guère pris l'habitude de traiter avec d'autres sociétés sur un pied d'égalité. Le plus souvent, elle a été dominante dans la région. Au XIXe siècle et dans la première moitié du XXe, elle a subi l'humiliation des puissances impériales. Auparavant, elle n'avait jamais été plus à l'aise que dans la distance et l'isolement volontaires ; la singularité de sa civilisation la rendait inaccessible aux étrangers. Son peuple avait également été, jusque vers 1500, le plus avancé dans le domaine de la science et de la technologie. Bref, pour la Chine, vivre à l'écart des États-Unis n'était certainement pas « contre nature ».

De la même manière, on ne saurait dire qu'en 1971 les États-Unis étaient portés par une lame de fond en faveur d'une ouverture sur la Chine. La pression de l'opinion publique en ce sens n'avait rien à voir avec la géopolitique : elle reflétait l'idée générale selon laquelle de « bonnes relations » seraient profitables en soi, et que la meilleure manière de mettre fin à la guerre froide était de surmonter l'hostilité, comme une sorte d'exercice psychologique.

Si les deux pays se sont rapprochés, c'est parce que leurs dirigeants ont pris conscience d'une menace commune. Les responsables chinois constataient un développement impressionnant de la puissance militaire soviétique le long de leur frontière, avec, notamment, l'installation de missiles nucléaires et de quarante divisions de combat modernes – soit plus d'un million d'hommes. En 1969, la Chine avait dû se rendre à l'évidence : non contente de ne pas la mettre à l'abri des pressions militaires soviétiques, la théorie marxiste servait plutôt de prétexte à celles-ci. En effet, la récente « doctrine Brejnev » revendiquait pour le Kremlin le droit de recourir à la force au sein du monde communiste pour éviter son éclatement.

Pour les États-Unis, c'était l'occasion rêvée de répondre à une vraie nécessité. Sous l'effet de la guerre du Vietnam, les États-Unis – ou, plus précisément, Richard Nixon – ont reconnu le rôle que la Chine pouvait jouer dans la définition d'un nouvel équilibre des forces en Asie. La géopolitique justifiait largement un rapprochement avec la Chine : celui-ci permettrait en effet de faire contrepoids à l'Union soviétique – soit pour l'endiguer, soit pour l'inciter à négocier sérieusement –, d'isoler Hanoi et d'essayer de mettre fin à la guerre du Vietnam, de redonner confiance à l'Amérique en plein retrait douloureux d'Indochine, et, enfin, de prouver qu'elle était toujours capable de maîtriser un environnement international qui devenait multipolaire.

L'idylle entre la Chine et les États-Unis a duré aussi longtemps que les deux camps ont pu se concentrer sur un objectif commun : résister à ce que leurs communiqués finirent par appeler « hégémonie », c'est-à-dire, pour dire les choses plus simplement, à la volonté soviétique de bouleverser l'équilibre des forces en Asie. S'y ajoutait un accord tacite sur une stratégie appropriée.

Mais d'emblée, les différences historiques et géopolitiques entre les deux pays ont suscité des désaccords tactiques. Directement menacé, Pékin souhaitait affronter Moscou résolument. Washington, qui devait tenir compte de ses alliés et d'une opinion publique réticente, voulait définir une tactique qui permettrait à l'Union soviétique de se radoucir, faute de quoi elle assumerait la pleine responsabilité de l'affrontement. La Chine voyait d'un mauvais œil toute négociation entre

Washington et Moscou – explicitement, elle craignait qu'un semblant de progrès n'ébranle la volonté occidentale de résister à l'Union soviétique ; implicitement, elle redoutait de voir s'instaurer quelque arrangement américano-soviétique non précisé dont la Chine ferait les frais, ne fût-ce qu'en permettant à l'Union soviétique de diriger son attention vers l'Asie. Pour sa part, le régime de Pékin avait tendance à rivaliser avec Moscou dans le monde en voie de développement en courtisant certains mouvements extrémistes, ce qui le conduisait souvent à soutenir des dirigeants ou des causes qui n'avaient guère la faveur de l'Amérique.

L'affaiblissement de l'exécutif américain à la suite du Watergate et de ses retombées a incité Pékin à se demander si l'Amérique était capable de résister aux pressions et aux flatteries soviétiques. Les États-Unis ont alors eu plus de mal à louvoyer au milieu du triangle complexe des relations entre Washington, Moscou et Pékin. Ils devaient veiller à disposer constamment de plus d'options que chacun des deux autres côtés du triangle, ce qui les obligeait à rester plus proches de Moscou et de Pékin que ceux-ci ne l'étaient l'un de l'autre. Pékin disposait en l'occurrence d'un léger avantage, dans la mesure où l'Union soviétique représentait la menace la plus immédiate, et de loin la plus redoutable.

Malgré sa complexité, ce numéro d'équilibrisme a été accompli avec brio pendant vingt ans, je l'ai dit, par cinq présidents issus des deux partis – un remarquable exploit. Certains de ces présidents ont recouru à des arguments doctrinaires pour justifier leur politique triangulaire, d'autres l'ont motivée avec plus de pragmatisme, au cas par cas. Malgré ces différences, on est parvenu à une coordination stratégique et, dans l'ensemble, politique, tout à fait inhabituelle. Les réunions au sommet entre Chinois et Américains abordaient rarement des questions techniques ou quotidiennes (à l'époque, les relations commerciales étaient à peu près inexistantes) ; l'essentiel du dialogue portait sur des évaluations, des projections et des stratégies géopolitiques mondiales.

Deux événements sont venus ébranler ce consensus bipartite. Le premier a été l'effondrement du communisme, qui s'est amorcé en 1989 avec les révolutions d'Europe de l'Est et a culminé deux ans plus tard dans l'effondrement de l'Union soviétique. Le second a été la répression sanglante des manifestations étudiantes de la place Tiananmen. La chute du communisme mit fin au danger commun, alors que les troubles de Pékin heurtaient l'opinion publique américaine. La droite anticommuniste, que le rapprochement avec un pays communiste avait toujours gênée, a commencé alors à regarder le gouvernement de Pékin comme un nouveau mal à éradiquer, tandis que la gauche américaine, toujours méfiante à l'égard d'une politique fondée sur des considérations géopolitiques, affirmait à nouveau que les relations internationales des États-Unis devaient avoir pour priorités le respect des droits de l'homme et la promotion de la démocratie.

Les événements de la place Tiananmen ne furent pas une simple révolte anticommuniste, mais le fruit d'au moins trois conflits : une révolte d'étudiants favorables à une démocratie à l'occidentale ; une rébellion d'ouvriers décidés à éliminer, ou du moins à réduire, les inégalités, les abus et les bouleversements divers engendrés par la réforme économique ; une lutte interne au sein du Parti communiste étroitement liée aux conséquences politiques de la réforme économique.

Pour Deng Xiaoping, qui, à l'époque, dirigeait la Chine depuis une dizaine d'années déjà et que les médias occidentaux s'employaient à fustiger, la révolte de la place Tiananmen représentait un renversement de situation qui n'était pas dépourvu d'ironie. Mao l'avait incarcéré pendant dix ans en lui reprochant d'être un « suppôt du capitalisme », et l'histoire verra probablement en lui un réformateur qui a conduit la Chine sur la voie de la modernisation. Les réformes que Deng avait engagées en 1979 avaient envoyé plusieurs dizaines de milliers d'étudiants chinois dans des pays occidentaux, où ils découvrirent les valeurs pour lesquelles ils versèrent leur sang sur la place Tiananmen. Deng a aboli les communes populaires et rendu son pays presque autosuffisant sur le plan alimentaire. Il a industrialisé la Chine terne, grise et effrayante de la révolution culturelle en faisant la part belle aux biens de consommation.

Mais Deng et ses collaborateurs n'avaient pas prévu – ou ont cru pouvoir éviter – les conséquences politiques qu'entraînerait la victoire sur la stagnation économique caractéristique de la Chine de Mao, minée par les maladies fatales du communisme parvenu à maturité. Celui-ci encourageait en effet l'immobilisme et décourageait l'initiative. Dans une économie planifiée, les biens d'équipement et les services sont attribués par décision administrative. Au fil du temps, les prix fixés par décret perdent toute relation avec le coût réel des produits. Tant que le régime fonctionne comme un État policier, le système de fixation autoritaire des prix sert à extorquer des ressources à la population. Mais dès que la terreur s'atténue, les prix assurent au contraire le fonctionnement d'un véritable système de subventions et permettent au Parti communiste de s'assurer du soutien de la population. Pour finir, tout, de la nourriture au logement, est subventionné sans aucun critère d'efficacité, faisant ainsi obstacle à l'élévation du niveau de vie.

Placer entre les mains de bureaucrates un tel pouvoir discrétionnaire incite à la corruption. Les relations personnelles président à l'accès à l'emploi, à l'éducation et à la plupart des avantages. Une des ironies de l'histoire a voulu que le communisme, qui prétendait préfigurer un avenir sans classes, ait fini par engendrer une classe privilégiée qui n'avait rien à envier à celle du féodalisme traditionnel.

En décidant de combattre cette tendance par l'adoption de l'économie de marché et la décentralisation de la prise de décision, Deng et ses collaborateurs ont ajouté – dans les premières étapes de la réforme – les problèmes du libéralisme à ceux de la planification centrale. L'alignement des prix sur les coûts entraîne inéluctablement des augmentations, à court terme du moins. Cette flambée inflationniste a été l'un des motifs de la révolte.

En fait, le passage à l'économie de marché n'a fait que multiplier les occasions de corruption – là encore, dans un premier temps. La coexistence entre un secteur public en déclin mais encore très présent et une économie de marché en expansion a entraîné l'apparition de deux séries de prix. Des administrateurs et des entrepreneurs sans scrupules ont ainsi pu transférer les capitaux et les produits d'un secteur à l'autre et s'engraisser au passage. Bref, le début de la réforme peut – et c'est ce qui est arrivé en Chine – produire à court terme de graves bouleversements au sein de certaines catégories sociales, suscitant un important malaise.

Deng avait peut-être fait preuve de trop d'audace dans ses réformes économiques, et certainement de trop de prudence dans les réformes politiques que ses mesures rendaient inévitables, commettant ainsi, curieusement, l'erreur inverse de celle de son contemporain, Mikhaïl Gorbatchev. Sa tâche a été encore compliquée par l'ambivalence de nombreux membres de l'élite communiste au pouvoir. Dans la plupart des pays qui ont connu des transitions économiques de ce genre, il faut qu'aux échelons inférieurs des administrateurs novateurs surmontent les résistances d'une direction plus conservatrice. En Chine, on a observé la situation inverse. La volonté des dirigeants au plus haut niveau de mettre l'accent sur les incitations économiques et sur les forces du marché a dû être appliquée par des cadres qui n'avaient pas l'expérience de ce genre de mesures et auxquels le processus de réforme n'inspirait aucun enthousiasme. Deng a donc dû se battre sur deux fronts : contre la corruption facilitée par la réforme, et contre les tenants de l'orthodoxie maoïste qui refusaient de renoncer à l'économie planifiée. S'il a remporté la bataille sur le front économique, il a choisi le maintien de la prédominance communiste dans le domaine politique. Deng n'a pas reculé devant le paradoxe consistant à imposer la stabilité politique dans l'espoir d'imposer la révolution économique et sociale. Mais, dans son esprit, il s'agissait de lutter contre le chaos, et non contre la démocratie. « Je suis toujours un réformateur, m'a-t-il dit six mois après la répression de la révolte de la place Tiananmen, mais si nous avions perdu la stabilité, il nous aurait fallu une génération pour la rétablir. »

Si je me suis étendu ainsi sur les circonstances du soulèvement de la place Tiananmen, c'est parce qu'il a incité bien des gens à revenir sur l'idée qu'ils se faisaient de la Chine et à la considérer désormais comme un adversaire idéologique et géopolitique. En réalité, on l'a vu, ces événements résultèrent des dilemmes générés par la réforme autant que par l'idéologie communiste. Ils étaient presque entièrement dominés par des questions de politique intérieure, et les principes qui l'animaient n'étaient pas exportables[3].

Quoi qu'il en soit, et quels qu'aient été les motifs de Deng, la brutalité de la répression retransmise par les télévisions du monde entier a donné à la Chine le visage d'un régime répressif. Cet événement a coïncidé avec une période (qui avait commencé au milieu des années 1970) d'insistance nouvelle sur le respect des droits de l'homme dans les démocraties industrielles, et plus particulièrement aux États-Unis, où cette préoccupation était véritablement sur son terrain. Elle s'est donc rapidement imposée comme thème dominant des relations de l'Amérique avec la Chine. Tous les autres sujets ont été à la fois submergés par les inquiétudes touchant la structure intérieure de la Chine et déformés par celles-ci. C'est ainsi que le débat américain a eu tendance à transformer des désaccords que l'on avait toujours considérés comme logiques dans le cadre de relations entre deux grandes puissances en manifestations d'un conflit fondamental avec une puissance totalitaire fondamentalement malfaisante.

En même temps, on s'est intéressé de plus près à la modernisation militaire de la Chine, retardée pendant la première décennie des réformes de Deng. Et l'on a eu de plus en plus tendance à chercher dans les mesures prises par la Chine des desseins géopolitiques et idéologiques dirigés contre ses voisins. Ce qui a donné naissance à une série de prédictions qui ne pouvaient manquer de se réaliser, largement renforcées par une vue tactique chinoise bien souvent maladroite.

Sous les administrations de George H. W. Bush et de Bill Clinton, on a assisté à un affaiblissement progressif de la base politique et psychologique indispensable au développement de relations sino-américaines constructives. Le président Bush, qui, au milieu des années 1970, c'est-à-dire avant l'établissement de relations diplomatiques avec la Chine, avait été directeur du bureau de liaison des États-Unis à Pékin, a cherché à préserver une certaine stabilité dans ces relations, malgré les événements de la place Tiananmen. Bill Clinton, quant à lui, a ouvert son mandat en prononçant des discours dans lesquels il soumettait le développement des échanges sino-américains, y compris dans le domaine économique, au respect des droits de l'homme. En 1995, son administration avait cependant renoué avec le modèle de dialogue régulier établi par ses prédécesseurs, qu'elle justifiait toutefois par des slogans aux accents plus wilsoniens.

Alors que l'administration Clinton consolidait ses relations économiques avec la Chine en soutenant l'adhésion de celle-ci à l'Organisation mondiale du commerce et en prônant la normalisation des échanges commerciaux sino-américains, elle n'a jamais avancé d'argument géopolitique convaincant à l'appui de son action. Appliquant à la politique chinoise sa tactique intérieure consistant à récupérer les objectifs de ses détracteurs tout en prétendant être mieux à même qu'eux de les réaliser, l'administration Clinton a prôné une politique d'« engagement ». Elle a prétendu qu'elle réussirait à gagner la Chine aux conceptions américaines des droits de l'homme et du gouvernement intérieur en multipliant les contacts dans tous les domaines, et surtout dans celui du commerce.

Pendant le second mandat de Clinton, le mot d'ordre d'« engagement » a cédé la place à celui de « partenariat stratégique », qui sous-entendait une sorte de coopération globale – une proposition qui a suscité des controverses politiques et a prouvé sa vacuité devant la persistance des crises et l'absence de tout dialogue politique prolongé (au cours des neuf jours de visite du président Clinton en Chine en juin 1998, il n'y eut que quatre heures de discussion au sommet – temps de traduction compris).

C'est ainsi qu'à la fin de l'administration Clinton la politique chinoise restait l'otage de la politique intérieure américaine. On ne peut que regretter qu'aucune définition de l'intérêt national ne soit venue donner un contenu géopolitique à cette relation. Le commerce et d'autres questions d'actualité comme l'environnement et la drogue ne suffisent pas à donner l'impression que l'on sait où l'on va, ni à surmonter le mélange d'esprit de coopération sincère, de méfiance, d'incompréhension mutuelle et de stagnation qui caractérise les relations sino-américaines en ce début de siècle. Or la stabilité de l'Asie et la paix du monde exigent que l'on remédie à cette association potentiellement explosive.

LES RELATIONS AVEC LA CHINE : LE CONTEXTE STRATÉGIQUE

Les États-Unis doivent-ils chercher par tous les moyens possibles à retarder l'émergence de la Chine au rang de grande puissance ? Ou doivent-ils s'efforcer d'instituer une structure asiatique ouverte à la coopération avec tous les États, une structure qui ne reposerait pas sur l'hypothèse de l'agressivité inhérente de tel ou tel pays, mais serait en même temps assez souple pour résister à toutes les aspirations à l'hégémonie ?

Si ces questions concernent, sous une forme ou une autre, toutes les régions du monde, elles prennent une acuité particulière s'agissant des relations entre la nation industrielle la plus puissante et l'État le plus peuplé du monde. La Chine est le pays de la planète qui a connu la plus longue histoire ininterrompue, et elle est contrôlée par le dernier grand gouvernement à se dire communiste. C'est l'État qui a le plus de chances de se poser en rival des États-Unis à un moment quelconque du siècle nouveau – bien que je ne pense pas que cette situation puisse se présenter dans les vingt-cinq ans à venir.

La réponse à ces questions ne réglera pas quelque débat théorique ; elle définira le visage du monde au XXIe siècle. Et ce monde est fort différent de celui de la guerre froide. L'idéologie soviétique insistait sur son applicabilité universelle, et, jusqu'à Mikhaïl Gorbatchev, tous les dirigeants soviétiques avaient proclamé que leur objectif ultime était le triomphe mondial du communisme. La doctrine Brejnev reflétait la détermination de Moscou à maintenir les partis communistes au pouvoir, par la force au besoin, et l'Union soviétique est intervenue militairement en Hongrie et en Tchécoslovaquie, tout en menaçant d'en faire autant en Pologne et – indirectement – en Chine. La direction communiste chinoise ne mène pas une politique de ce genre à l'étranger et ne formule pas de telles revendications universelles ; elle ne mène pas à la baguette un réseau de partis communistes ou d'organisations extrémistes déclarant leur allégeance à Pékin. Et elle ne remet pas en question la structure intérieure d'autres États pour des motifs idéologiques.

C'est le nationalisme, et non le communisme, qui pourrait provoquer un affrontement avec les États-Unis. Et le différend ne porterait pas sur une question d'hégémonie mondiale, mais sur Taïwan. Au cours de ses vingt premières années au pouvoir, le Parti communiste chinois a dû sa légitimité à sa victoire contre les puissances coloniales (Japonais et Occidentaux) et à l'unification du pays qu'il avait su réaliser. Pendant les deux décennies qui ont suivi le désastre de la révolution culturelle, le parti a dû sa légitimité aux remarquables progrès économiques qu'il a enregistrés (et qui sont à l'origine de l'affaiblissement de son monopole politique). Maintenant que l'« économie de marché socialiste » a été établie et ne cesse de progresser, le groupe dirigeant pourrait bien en appeler au nationalisme afin d'étayer sa revendication d'un exercice monopolistique du pouvoir. Cette revendication pourrait, au fil du temps, provoquer un conflit sur l'avenir de Taïwan, sans que, pour autant, la Chine affirme une quelconque prétention hégémonique en Asie.

La politique étrangère chinoise est patiente, elle s'inscrit dans le long terme. Le défi géopolitique tel que le voit Pékin ne réside certainement pas dans la conquête de pays voisins ; l'objectif serait plutôt d'éviter toute association de ceux-ci contre la Chine. Les dirigeants chinois n'ont évidemment aucun intérêt à provoquer les États-Unis, un pays extrêmement lointain et qui, historiquement, n'a jamais menacé l'unité ni l'intégrité de la Chine. Certes, dans leurs déclarations officielles, les Chinois ne ménagent pas leurs critiques contre les alliances militaires américaines en Asie, ce qui pourrait donner à penser que leur pays cherche, à longue échéance, à compromettre la présence des États-Unis dans la région et à amoindrir leur rôle. Mais il n'est pas besoin de croire à la bonne volonté de la Chine ni à ses intentions pacifiques à long terme pour conclure que la simple prudence empêchera ses dirigeants de prendre à la légère le risque d'un conflit avec la puissance militaire dominante du monde à cette étape de l'évolution de leur pays. Ajoutons que les intérêts de la Chine moderne dans le système économique international sont immenses – plus importants que l'Union soviétique n'en a jamais eu –, ce qui lui donne d'excellentes raisons de ne pas remettre en cause le statu quo en Asie.

Un conflit avec les États-Unis permettrait à tous les pays qui entourent la vaste périphérie de la Chine de poursuivre leurs ambitions et de faire valoir leurs prétentions. Dans ces conditions, la Chine serait bien avisée d'appliquer la maxime fondamentale de sa politique traditionnelle : opposer les barbares lointains aux barbares les plus proches. De ce point de vue, les États-Unis se verraient attribuer le rôle d'option géopolitique de la Chine – et même de filet de protection potentiel –, et non celui d'ennemi juré. Dans l'ensemble, la politique chinoise a suivi cette voie malgré quelques vicissitudes, à propos de Taïwan essentiellement.

Il convient également de garder le sens de la mesure lorsqu'on envisage que la Chine puisse défier militairement et directement les États-Unis. L'Union soviétique possédait quelque 2 500 vecteurs stratégiques, dont certains étaient équipés d'ogives multiples d'une haute précision potentielle. Une attaque tous azimuts contre les États-Unis était techniquement réalisable, et elle était envisageable stratégiquement (bien qu'elle n'ait jamais été très vraisemblable). La force stratégique chinoise, qui se limite à une trentaine de missiles à combustible liquide équipés d'ogives uniques, et dont le lancement exige plusieurs heures, ne permet pas d'opérations offensives. Et si, au cours des prochaines décennies, les Chinois font l'acquisition d'ogives multiples pour équiper un nombre plus important de missiles à combustible solide, une défense américaine antimissile permettra aisément de préserver l'équilibre.

Quant aux forces terrestres chinoises, elles sont en mesure d'assurer la défense de leur patrie par une stratégie d'usure, mais elles ne se prêtent pas à des opérations offensives prolongées contre un adversaire majeur. Ajoutons que sur sa périphérie la Chine se trouve dans une situation bien plus périlleuse que celle que l'Union soviétique connaissait en Europe. L'Union soviétique menaçait des voisins faibles, incapables de résister aux forces terrestres soviétiques, seules ou associées. La Chine est confrontée à des voisins militairement redoutables, dont l'Inde, le Vietnam, le Japon, la Russie et les deux Corées, autant de puissances difficiles à écraser individuellement et qui le seraient bien davantage encore si elles s'associaient. Cela suffit à inciter la diplomatie chinoise à éviter de menacer tous ses voisins simultanément.

Certes, lorsque la Chine aura développé ce qu'elle appelle sa « force nationale complète », sa puissance militaire représentera une menace plus sérieuse. Mais on peut penser que dans les décennies à venir les États-Unis conserveront des avantages diplomatiques, économiques et militaires qui leur permettront de façonner l'avenir sans susciter un affrontement préventif avec la Chine.

Il ne s'agit pas de s'interroger sur l'opportunité de contrarier les tentations hégémoniques de la Chine en Asie. Si une telle volonté se faisait jour, il faudrait évidemment s'y opposer. Mais tant que cette possibilité n'est pas à la portée de la Chine, faut-il vraiment mener, pour le plaisir, une stratégie d'affrontement ? Et quel en serait l'objectif stratégique ? L'Amérique a-t-elle quelque chose à gagner à calquer ses relations avec la Chine sur le modèle de celles de la guerre froide, tant que Pékin lui laisse le choix ? Dans quelle mesure l'Amérique pourrait-elle entraver à elle seule la croissance de la Chine, alors qu'il est à peu près certain que la communauté internationale ne soutiendra jamais une telle politique ? Un gouvernement américain raisonnable devrait peser le pour et le contre, et se demander si les bénéfices que l'on pourrait tirer des pressions à court terme valent que l'on coure le risque d'exciter le nationalisme chinois. À supposer qu'une nouvelle guerre froide soit inévitable – une hypothèse que je ne partage pas –, une politique américaine prudente devra s'efforcer de rejeter sur Pékin la responsabilité d'un éventuel conflit, afin d'éviter l'isolement des États-Unis.

Si la Chine conserve sa cohésion intérieure, elle accédera inéluctablement au rang de grande puissance, et, en tant que telle, elle sera plus à même de défier les États-Unis. Mais elle ne sera pas la seule : l'Inde, le Brésil et la Russie ont des possibilités comparables à celles de la Chine, et, à certains égards, se heurtent à des obstacles moins redoutables. La prise en compte de la sécurité américaine consiste-t-elle à empêcher l'émergence de toute grande puissance, quelle qu'elle soit ? Une telle conception ferait des États-Unis le gendarme du monde et finirait pas leur mettre tous les autres pays à dos. En outre, si la politique étrangère de l'Amérique devait se caractériser par des interventions et des croisades permanentes, ses ressources et son équilibre psychologique en pâtiraient inévitablement – un point sur lequel je reviendrai dans mon chapitre de conclusion.

Il faut débarrasser la politique à l'égard de la Chine du carcan de slogans rebattus. La question n'est pas de savoir quel nom, mais quel contenu donner à ces relations. La coopération n'est pas une faveur qu'un pays concède à un autre. Elle sert les intérêts des deux parties. Les sujets susceptibles de mettre à l'épreuve la résolution des deux camps sont bien assez nombreux. Un dialogue permanent sur des points tels que l'avenir de la Corée et la prolifération des armes nucléaires et de la technologie en matière de missiles permettrait d'évaluer les chances d'établir une relation solide. Devrait s'y ajouter toute la gamme des questions propres au nouveau millénaire, notamment l'environnement ou les échanges culturels et universitaires. Il faut instaurer avec la Chine un dialogue permanent, car c'est le meilleur moyen de créer un monde plus stable, ou, si l'on n'y parvient pas, de montrer au peuple américain et aux alliés de l'Amérique pour quelles raisons cela est impossible.

TAÏWAN ET LA CHINE

Le temps devrait, logiquement, permettre de clarifier plusieurs problèmes qui embarrassent les relations sino-américaines. Les intentions ultimes de la Chine s'élucideront, et, forte de son expérience, l'Amérique, avec un peu de patience, devrait pouvoir définir une politique cohérente. Mais c'est compter sans une carte qui pourrait bien fausser le jeu et forcer la main de Pékin ou de Washington : l'avenir de Taïwan. Cette question fait l'objet de pressions intérieures sur le continent chinois et aux États-Unis, et elle est gouvernée, pour l'essentiel, par un processus qui échappe à tout contrôle.

Territoire chinois depuis le XVIIe siècle, Taïwan a été annexé en 1895 par le Japon, qui venait de se lancer dans la conquête du continent. Après que le président Franklin Roosevelt eut confirmé son appartenance à la Chine, en 1943, Taïwan a été restitué à celle-ci par les puissances victorieuses de la Deuxième

Guerre mondiale, en 1945. En 1949, après la victoire communiste sur le continent, Tchang Kaï-chek s'est retiré à Taïwan et en a fait le siège de son gouvernement nationaliste. Celui-ci prétendait représenter la Chine tout entière, et, jusqu'au rétablissement des relations diplomatiques avec le continent, en 1979, les États-Unis l'ont reconnu comme le gouvernement légitime de l'ensemble de la Chine. Au moment de la guerre de Corée, en 1950, le président Truman a envoyé la VIIe flotte dans le détroit de Taïwan, empêchant ainsi les communistes de s'emparer de l'île et impliquant indirectement les États-Unis dans la guerre civile chinoise.

À cette date, la question de Taïwan était devenue profondément symbolique pour de nombreux Américains. La résistance farouche que les nationalistes avaient opposée à l'impérialisme japonais pendant la Deuxième Guerre mondiale leur avait en effet valu un solide capital de sympathie aux États-Unis. Cette question avait même pris un caractère emblématique pour le « lobby chinois », indigné par la victoire des communistes dans la guerre civile et bien décidé à éviter d'y ajouter la prise de Taïwan. Bien des Américains – dont ceux qui ont été à l'origine de l'ouverture vers la Chine – éprouvaient une grande bienveillance pour les efforts des Chinois de Taïwan, décidés à mener une existence indépendante en soutenant la démocratie. On a toujours relevé aux États-Unis un vaste consensus contre le retour forcé de Taïwan à la Chine.

Mais cette question est aussi extrêmement symbolique pour Pékin. C'est à Taïwan que le démembrement de la Chine a commencé – l'île a été la première province annexée par les colonialistes. Même les Chinois qui ne partagent pas les idées du parti au pouvoir considèrent sa réunification avec le continent comme une « mission nationale sacrée », qui peut être différée pour des raisons pratiques ou tactiques, mais à laquelle il n'est pas question de renoncer.

Le problème ne s'est pas posé dans les premières années qui ont suivi le renouveau du dialogue diplomatique avec Pékin. Le communiqué de Shanghai de 1972 ne précisait pas quel gouvernement les États-Unis reconnaissaient « vraiment » – celui de Pékin ou celui de Taipei. Les États-Unis « prirent note » que les Chinois vivant de part et d'autre du détroit de Taïwan affirmaient qu'il n'existait qu'une Chine, et ils n'ont pas remis cette idée en cause. Depuis 1972, tous les présidents américains ont réitéré l'engagement de l'Amérique en faveur d'« une Chine » et le refus de la politique des « deux Chines » ou d'« une Chine, un Taïwan ». L'affirmation la plus explicite de cette politique était contenue dans un communiqué commun de Washington et de Pékin en 1982, sous l'administration Reagan, texte que le président Clinton a confirmé lors de son séjour en Chine à la fin du mois de juin 1998. Depuis 1972, tous les présidents américains ont également affirmé leur volonté immuable de parvenir à une solution pacifique du conflit – un euphémisme pour signifier le refus de tout recours à la force. On en trouve un écho dans l'Acte sur les relations avec Taïwan de 1979, qui inscrit ce principe dans la loi américaine.

À l'intérieur de ce cadre, Taïwan a prospéré, s'est démocratisé et a participé à des forums internationaux qui n'exigent pas de relations officielles d'État à État. En même temps, les États-Unis ont décidé en 1979 de reconnaître la Chine de Pékin, suivant l'exemple de la grande majorité des gouvernements de par le monde – qui avaient, pour la plupart, franchi le pas avant les États-Unis. Mais, à la différence des autres pays, les États-Unis fournissaient l'essentiel du matériel de défense qui permettait à Taïwan d'échapper au contrôle politique de ce qui était alors considéré comme le gouvernement légitime de l'ensemble de la Chine, Taïwan compris.

Tout en insistant sur le principe intangible de la réunification ultime, la Chine ne s'est pas moins montrée disposée, en plusieurs occasions, à surseoir à une solution définitive pour favoriser ses relations avec d'autres pays, et notamment avec les États-Unis – à condition que Taïwan ne revendique pas officiellement la souveraineté. (En novembre 1973, Mao m'a ainsi déclaré que la Chine était prête à attendre cent ans[4].) Quant aux États-Unis, si toutes les administrations, de quelque parti qu'elles soient, ont réaffirmé depuis 1971 leur opposition au recours à la force, elles l'ont toujours fait dans le cadre de la politique d'« une Chine ».

Cet accord tacite a commencé à s'effilocher en 1995, quand le président de Taïwan, Lee Teng-hui, a obtenu un visa pour se rendre à l'université de Cornell. Le secrétaire d'État Warren

Christopher avait pourtant assuré au ministre chinois des Affaires étrangères que la politique de non-reconnaissance de la souveraineté nationale de Taïwan resterait en vigueur au même titre que l'interdiction de visites de hauts dirigeants de Taïwan aux États-Unis. Les Chinois ont réagi en organisant des manœuvres militaires et en lançant des missiles dans le détroit de Taïwan – ceux-ci, précisons-le, ne portaient pas d'ogives. Répliquant en retour, les États-Unis ont dépêché deux porte-avions. La crise s'est apaisée, mais elle a durablement affecté les relations sino-américaines. Depuis cette date, Taïwan a élu un nouveau président, membre d'un parti traditionnellement favorable à l'indépendance, tandis que la Chine reculait de quelques pas, laissant entendre qu'elle ne recourrait à la force que si Taïwan proclamait officiellement son indépendance.

Cette question épineuse se range – à côté de celle de l'avenir de la Palestine – dans la catégorie des problèmes actuellement insolubles. L'échec du sommet de Camp David sur le Proche-Orient en 2000, qui a abouti à un affrontement militaire, démontre que les meilleures intentions du monde elles-mêmes risquent fort de produire une conflagration si les parties en présence ne sont pas prêtes à accepter la solution définitive qu'on cherche à leur imposer.

Ce qui importe, c'est que chacun s'accommode d'une situation que l'on peut rendre moins pénible, mais qui n'autorise pas, pour le moment, de règlement définitif. La nature des enjeux est claire, et la retenue qu'elle impose à tous les camps a pris une évidence croissante. Si les États-Unis font une entorse au principe d'« une Chine », affirmé pour la première fois par Roosevelt en 1943 et réitéré par six présidents américains depuis Nixon, il sera difficile d'éviter l'affrontement militaire. Si la Chine cherche à précipiter les choses militairement, elle doit s'attendre à une résistance américaine. Si Taïwan rompt avec son attitude modérée et revient sur l'accord tacite qui maintient la paix dans le détroit de Taïwan depuis plusieurs décennies, soit en prenant des mesures à l'échelle de la région, soit en faisant habilement pression sur Washington, on assistera à un conflit dont les conséquences sont imprévisibles mais qui ont peu de chances de servir la cause de Taïwan à longue échéance.

Toutes les parties en présence ont donc intérêt à ne pas envenimer la situation. Les États-Unis doivent résister aux pressions intérieures qui voudraient les faire renoncer au principe d'« une Chine ». Les groupes qui essaient d'obtenir ce revirement par le biais d'une série de modifications apparemment minimes doivent comprendre que chaque mesure qui vient s'ajouter aux précédentes risque d'être la goutte d'eau qui fait déborder le vase. Il faut absolument chercher à apaiser ce climat conflictuel. Tous les signes de modération et de souplesse de la part de Pékin doivent être accueillis comme le fruit d'une démarche constructive – comme les déclarations du vice-Premier ministre Qian Qichen affirmant que Taïwan ne serait plus considéré comme une province rebelle de la République populaire de Chine, mais comme l'un des deux éléments distincts (et probablement d'égale valeur) d'une seule Chine. Cette idée, associée à l'allusion déjà mentionnée au renoncement de la Chine à la force pour obtenir l'unification, tant que Taïwan s'abstiendra de proclamer officiellement son indépendance, mérite d'être examinée de près.

Par ailleurs, même si la Chine refuse d'accorder aux États-Unis le droit de peser sur l'avenir de Taïwan, elle ne peut ignorer la constance avec laquelle les différents présidents américains ont affirmé que l'Amérique souhaitait que ce conflit trouve une issue pacifique. Ce faisant, ils n'ont pas exprimé une préférence personnelle mais le point de vue largement majoritaire de l'opinion publique. Quel que soit le poids juridique de ces déclarations aux yeux des Chinois, Pékin doit éviter de se laisser entraîner, par de mauvais calculs, dans un affrontement avec les États-Unis dont les conséquences seraient évidemment considérables.

Les dirigeants de Taïwan doivent, eux aussi, assumer leurs responsabilités en faisant preuve de retenue. Certains de leurs partisans semblent penser que Taïwan a tout intérêt à exacerber les tensions entre Washington et Pékin et à ne pas ménager ses interventions pour obtenir du Congrès et de l'administration des mesures qui reviendraient, dans les faits, à adopter une politique des « deux Chines ». C'est avec une grande habileté qu'ils prônent des mesures qui paraissent insignifiantes aux Américains mais qui ne peuvent qu'exaspérer Pékin. Il s'agit d'une stratégie à courte vue, car le cadre actuel favorise considérablement Taïwan. En effet, la Chine a accepté de mettre un bémol à sa politique à propos de Taïwan afin de préserver ses relations avec les États-Unis. Si Taïwan devait arracher aux États-Unis la reconnaissance officielle d'un statut distinct, le monde se trouverait confronté à un risque majeur d'affrontement militaire. Et l'on ne pourrait éviter une crise politique qui diviserait l'Asie et ferait du rôle de Taïwan dans les tensions résultantes une question mondiale. La sécurité de Taïwan n'a évidemment rien à y gagner.

Inde

Pendant la majeure partie de la guerre froide, l'Inde a observé en spectatrice la politique asiatique des États-Unis, une réalité symbolisée par son rattachement au bureau du Proche-Orient et non à celui de l'Asie orientale au sein du département d'État. En fait, le visage de l'Inde se tourne dans trois directions à la fois : vers le nord, où elle se heurte à la Chine et à la Russie, vers l'ouest, où elle est en contact avec les passions et les rivalités du Proche-Orient, et vers l'est, où son territoire jouxte les populations fourmillantes et les immenses ressources économiques de l'Asie du Sud-Est.

Pendant toute cette période, les relations entre les États-Unis et l'Inde ont été marquées par l'écart culturel que nous avons déjà relevé en évoquant d'autres pays d'Asie. Dans le cas de l'Inde, cette situation semble, à première vue, inexplicable : en effet, les deux pays ont toutes les raisons de s'entendre à merveille. L'Inde est une démocratie, et, parmi tous les pays qui ont acquis l'indépendance à la suite de la Deuxième Guerre mondiale, c'est sans doute celui dont le régime fonctionne le mieux et assure le plus de liberté. Son élite dirigeante parle parfaitement anglais. La fonction publique indienne, bien qu'extrêmement bureaucratique et influencée par les théories socialistes professées par la London School of Economics, est l'une des plus efficaces du monde en développement. Presque tous ses dirigeants ont fait leurs études dans des universités occidentales. Et pourtant, par le passé, les Américains ont eu beaucoup de mal à comprendre la politique étrangère des responsables indiens.

Bordée au sud par l'océan Indien, au nord par la formidable chaîne de l'Himalaya, à l'ouest par les montagnes presque aussi imposantes de l'Hindu Kuch, et à l'est par les marécages et les cours d'eau du Bengale, l'Inde a été un univers à part pendant des millénaires. La variété de ses populations polyglottes rappelle que des vagues de conquérants se sont abattues sur le pays, franchissant les cols montagneux, les déserts voisins, et, occasionnellement, les océans. Huns, Mongols, Grecs, Perses, Afghans, Portugais et, pour finir, Britanniques, ont fondé des empires avant de disparaître, laissant derrière eux des masses cramponnées à leurs modes de vie traditionnels.

À la différence des sociétés d'Asie du Nord-Est, dont l'existence nationale peut s'enorgueillir d'un long passé, l'Inde n'a pris naissance dans ses frontières actuelles qu'avec la fin de la domination britannique, en 1947. Pendant des siècles, elle avait accompli l'exploit prodigieux de préserver son identité sans l'appui d'un État spécifiquement indien. Alors que la Chine possédait des institutions politiques propres qui ont peu à peu imposé sa culture aux conquérants jusqu'à fondre ces derniers dans le peuple chinois, l'Inde a préservé sa spécificité en isolant les étrangers au lieu de les assimiler. La société indienne a pu ployer devant la force, mais elle a toujours triomphé en se montrant finalement imperméable, ou presque, aux influences étrangères.

Comme le Proche-Orient, l'Inde est le foyer de grandes religions. Mais, contrairement à l'islam ou au christianisme, la religion hindoue met l'accent sur l'endurance et non sur le salut personnel. Elle offre en retour le réconfort d'un destin inéluctable. Elle n'accepte pas de convertis : on est hindou de naissance ou l'on se voit refuser à jamais les consolations de cette religion. La stabilité de la position personnelle que confère le système des castes est si prégnante que les castes inférieures ont préféré conserver cette place au sein de la religion hindoue plutôt que d'y échapper en se convertissant à l'une des religions « égalitaires » existantes, comme l'islam ou le christianisme. La société hindoue n'accorde aucun statut aux étrangers, ce qui explique son imperméabilité fondamentale à la domination extérieure.

L'Inde s'est unifiée dans ses frontières actuelles parce que la Grande-Bretagne a donné au sous-continent, qui n'avait été jusqu'alors qu'une expression religieuse, culturelle et géographique, une structure gouvernementale, administrative et juridique homogène. Ainsi est né un État indien organisé sur la base des principes libéraux occidentaux de démocratie et de nationalité. L'Inde s'est également retrouvée, du même coup, confrontée au problème de sa population musulmane, soit près de cent millions d'individus restés en Inde après sa partition. La naissance du Pakistan a lancé un grave défi à l'Inde, non seulement en la privant d'un territoire que les dirigeants indiens considèrent comme partie intégrante de leur patrimoine, mais surtout parce que l'idée qu'il est impossible à des musulmans de vivre heureux en Inde est une sorte de bombe à retardement qui fait courir un risque permanent de guerre civile. Aussi l'alliance militaire des États-Unis avec le Pakistan dans les années 1950 et 1960, qui visait en réalité l'Union soviétique et la Chine, a-t-elle dégradé les relations américano-indiennes pendant la guerre froide.

Mais la raison fondamentale de la réserve de l'Inde tout au long de la guerre froide est plus profonde encore. Ce pays a survécu aux vicissitudes de l'histoire grâce à un mélange d'imperméabilité culturelle et de finesse psychologique hors du commun dans ses relations avec les étrangers. La résistance passive qu'opposa Gandhi à la domination britannique, fruit des qualités morales exceptionnelles du Mahatma, était le meilleur moyen de lutter contre la puissance impériale, puisqu'elle consistait à retourner les valeurs de la société britannique du XXe siècle contre elle-même. Pendant la guerre froide, l'Inde s'est retranchée derrière sa neutralité pour se proclamer l'arbitre moral des affaires du monde, et de nombreux intellectuels américains ont reconnu la supériorité de ses valeurs éthiques sur celles des superpuissances. Mais si l'Inde a rejeté ce qu'elle appelait la politique de force de la guerre froide, c'était avant tout parce que ses intérêts nationaux n'étaient pas touchés par les querelles en cours. L'Inde n'avait pas la moindre intention de risquer, pour défendre la liberté de Berlin par exemple, de provoquer l'hostilité de l'Union soviétique, qui ne se trouvait qu'à quelques centaines de kilomètres et à laquelle elle ne souhaitait pas fournir de prétexte à faire cause commune avec le Pakistan. De même, elle n'avait pas envie de s'attirer l'inimitié des musulmans en défendant l'État démocratique d'Israël. De fait, pendant la phase la plus radicalement antioccidentale de Gamal Abdel Nasser, Jawaharlal Nehru a été un ami fidèle de l'Égypte. Au moment de la guerre du Vietnam, l'Inde n'a pas considéré que le totalitarisme du régime de Hanoi devait l'empêcher de lui affirmer son soutien politique. Les dirigeants indiens étaient décidés à ne pas se couper des tendances extrémistes du monde en développement. Et ils se disaient, fort justement, que ses institutions démocratiques et sa noble rhétorique assuraient à leur pays suffisamment d'amis dans les milieux libéraux et intellectuels des États-Unis pour que l'exaspération américaine soit contenue dans des limites raisonnables.

En fait, l'attitude de l'Inde pendant la guerre froide n'a pas été très différente de celle des États-Unis au cours de leurs décennies de formation. Comme les Pères fondateurs, les dirigeants indiens de la dynastie de Nehru estimaient que la meilleure façon de protéger leur jeune pays était de se tenir à l'écart de querelles qui ne touchaient pas ses intérêts vitaux. Mais, comme les États-Unis encore une fois, l'Inde n'a pas appliqué son refus de recourir à la force dans les régions menaçant sa sécurité immédiate. Au XIXe siècle, malgré toutes leurs belles déclarations touchant la politique de force européenne, les États-Unis n'ont pas hésité à prendre les armes contre le Mexique ou dans les Antilles. De même, l'Inde a affirmé énergiquement son pouvoir au Sikkim, à Goa, au Sri Lanka, au Bangladesh et au Népal. Et pendant vingt-cinq ans au moins, l'Inde a élaboré un programme d'armement dont les essais nucléaires de 1998 ont marqué l'aboutissement.

Quand le président Clinton s'est rendu en Inde, en 1999, il a évoqué avec une certaine éloquence les liens créés par un régime démocratique commun, tout en sermonnant ses hôtes sur l'inutilité de leur programme nucléaire militaire. Aucune de ces deux attitudes ne peut servir de base à des relations nouvelles. L'Inde n'est pas plus disposée à mener une politique wilsonienne qu'à renoncer à son programme d'armement nucléaire.

Le meilleur moyen de comprendre la politique étrangère indienne est d'établir une analogie avec celle qui a été menée sous la domination britannique. Et cette politique a été, en fait, définie à Calcutta (le premier siège du gouvernement) puis, après 1934, à New Delhi. Elle faisait reposer la sécurité de l'Inde sur sa suprématie navale dans l'océan Indien, sur l'existence de régimes amis ou, du moins, non menaçants dans la région qui s'étend de Singapour à Aden, et sur la présence d'un régime non hostile sur la passe de Khaybar et dans l'Himalaya. Au nord, les Britanniques avaient insisté sur l'importance de la ligne McMahon, située un peu au-delà des frontières historiques entre la Chine et le sous-continent indien. La Chine impériale n'a jamais accepté cette ligne de démarcation, mais elle était trop faible pour la contester. La Chine communiste a réclamé le retour aux frontières traditionnelles et s'est battue pour l'obtenir en 1962. La question est encore en suspens.

Dans l'arc qui s'étend de Singapour à Aden, les intérêts américains et indiens se recouvrent plus ou moins. Malgré des motifs différents, aucun des deux pays ne souhaite voir un islam intégriste dominer la région. L'Inde se préoccupe davantage des effets de l'intégrisme afghan sur sa politique intérieure que de celui de l'Iran, et s'inquiète bien davantage du soutien financier que l'Arabie Saoudite accorde aux intégristes musulmans que de l'intransigeance de Saddam Hussein. Pour des raisons au moins tactiques, l'Inde se pose en médiatrice potentielle entre les États-Unis et les extrémistes du Golfe. Cette politique peut présenter des avantages tant que tout le monde sera d'accord sur les limites de ce que l'on peut tolérer.

La même observation vaut pour la région située entre l'Inde et Singapour. Ici, tandis que la Chine gagne en force et le Japon en assurance, on risque de voir se manifester une rivalité triangulaire (ou quadrangulaire, avec le renforcement de l'Indonésie). L'intérêt principal des États-Unis est d'empêcher toute hégémonie ; il s'agit donc d'un problème classique d'équilibre des forces. Toutes les conditions d'une étroite coopération sont ainsi réunies – à condition que l'Inde ne se laisse pas griser par sa puissance militaire croissante et que les États-Unis sachent définir une politique d'équilibre pour la région.

Au nord, dans l'Himalaya, les États-Unis n'ont aucun intérêt à se laisser entraîner dans les querelles frontalières entre la Chine et l'Inde pourvu qu'aucun camp ne cherche à atteindre son objectif par la force. L'Amérique ne devrait pas risquer de compromettre ses relations avec l'un ou l'autre de ces pays pour un enjeu de cet ordre, excellente occasion de prendre conscience des limites des intérêts américains.

Les relations entre la Chine et l'Inde n'affecteraient les États-Unis que si l'une, quelle qu'elle soit, devait chercher à dominer l'autre. De ce point de vue, l'Amérique doit éviter de présenter ses objections au programme nucléaire indien à des tribunes où siège également la Chine – comme cela s'est fait sous l'administration Clinton. Il ne serait pas judicieux, en effet, que l'on puisse évoquer une sorte de tutelle nucléaire sur le sous-continent indien. Mais l'Amérique ne doit pas non plus approuver l'Inde lorsque celle-ci affirme avoir besoin de ce programme nucléaire pour endiguer la Chine.

Le programme nucléaire militaire indien est devenu, en fait, la principale pomme de discorde entre l'Inde et les États-Unis au cours des deux dernières années de l'administration Clinton. La première réaction américaine aux essais nucléaires indiens a été profondément affective. Le président Clinton a ainsi déclaré :

> Penser qu'il faut affirmer sa grandeur par une conduite qui rappelle les pires événements du XXe siècle à l'aube du XXIe siècle, alors que tout le monde s'efforce de tourner la page du nucléaire, est une erreur pure et simple. De toute évidence, ils n'en ont pas besoin pour préserver leur sécurité[5].

Toute analyse de la question doit commencer par rappeler le long passé de rivalité nucléaire dans le sous-continent. L'Inde a fait exploser sa première bombe atomique en 1974. La Chine a réalisé ses premiers essais nucléaires en 1964. En 1976, alors que j'étais secrétaire d'État, j'ai été incapable de dissuader le Pakistan de s'engager dans un programme nucléaire. Ces essais nous rappellent que certaines réalités géopolitiques l'emportent sur les rêves d'universalité dont on fait si grand cas. Et les beaux discours sur la globalisation n'y peuvent rien.

L'Inde et le Pakistan se livrent à des essais nucléaires parce que, vivant au voisinage immédiat l'un de l'autre, ils ne veulent pas mettre en péril leur existence en écoutant les exhortations de pays qui font reposer leur propre sécurité sur un arsenal atomique. Alors que les États-Unis ont d'excellentes raisons de prôner la non-prolifération, les Premiers ministres d'Inde et du Pakistan ne sont pas moins sensés en poursuivant leurs propres objectifs nucléaires. Au lieu d'essayer de convaincre l'Inde et le Pakistan de renoncer à leurs programmes d'armement nucléaire, la politique américaine devrait au contraire essayer de les intégrer dans un système de modération nucléaire et d'apaiser les tensions en Asie du Sud.

Les États, quels qu'ils soient, peuvent avoir trois raisons différentes au moins de se doter d'un programme d'armement nucléaire :

• Le désir de se poser en puissance mondiale, fondé sur la conviction qu'un État incapable de se défendre contre tous les dangers possibles ne saurait postuler à ce rang. Un tel État achètera des armes nucléaires et essaiera d'être en mesure de frapper tout adversaire potentiel. Désireux de préserver leur statut particulier, ces États ne risquent guère de se lancer dans une politique de prolifération, sauf, comme en Russie, dans l'éventualité d'un effondrement de l'ordre. Ils sont également les moins vulnérables aux sanctions, parce que les autres puissances mondiales font grand cas de leur coopération dans d'autres domaines. L'Inde se range dans cette catégorie.

• Mais il y a aussi les États qui se sentent menacés par des voisins ayant des populations plus importantes ou des ressources supérieures, et qui peuvent considérer les armes nucléaires comme un moyen de dissuader d'éventuels ennemis de menacer leur existence. C'est particulièrement vrai si ce puissant voisin détient lui-même des armes nucléaires. Le seul moyen d'empêcher ces États de se doter d'armes nucléaires serait de leur permettre de s'assurer de solides garanties de la part des puissances nucléaires existantes. Or celles-ci ont peu de chances d'être proposées, et moins encore d'être prises au sérieux. Israël et le Pakistan sont dans ce cas.

• Il y a enfin les États décidés à détruire l'équilibre des forces dans leur région et qui considèrent les armes nucléaires comme un moyen d'intimider leurs voisins et de décourager toute intervention extérieure. L'Irak, la Corée du Nord et les autres États dits « voyous » font partie de ce groupe.

La volonté de « tourner la page du nucléaire » est donc loin de faire l'unanimité. Les pays qui ont renoncé aux armes nucléaires se trouvent pour l'essentiel en Amérique latine, en Afrique ou dans le Pacifique Sud, hors de portée des grandes puissances nucléaires et n'ayant pas de grave différend avec celles-ci, ni entre eux. Mais on observe la tendance inverse dans les régions explosives d'Asie du Sud et du Nord-Est, du Proche-Orient et du golfe Persique.

Les États-Unis doivent faire tout leur possible pour éviter la dissémination de la technologie nucléaire militaire. Mais une fois que la prolifération est devenue réalité, à quoi bon se battre contre des moulins à vent ? L'Amérique devrait rattacher la non-prolifération à d'autres objectifs, et distinguer les pays dont les activités ne menacent ni les intérêts américains ni la paix mondiale de ceux qui s'engagent dans un programme d'armement nucléaire dans l'intention de perturber l'équilibre existant ; il convient également de distinguer les États prêts à adhérer à des accords de non-prolifération de ceux qui sont indifférents ou favorables à la prolifération. L'Inde et le Pakistan devraient, pour leur part, s'abstenir d'exporter leur technologie nucléaire et de missiles. Ils devraient également prouver qu'ils s'efforcent sérieusement d'apaiser les tensions qui les opposent. Il faudrait également – et c'est là un deuxième objectif – mener une diplomatie énergique sur les questions politiques et sur le contrôle des armements dans le sous-continent ; ces mesures doivent assurer la protection d'une capacité de seconde frappe et la prévention des accidents nucléaires. Mais les États-Unis partagent également avec l'Inde d'autres intérêts qu'il faut éviter de compromettre en accordant trop d'importance à la question nucléaire.

Il ne s'agit pas de ressasser les vieux débats qui remontent à des dizaines d'années mais de travailler à redéfinir le fondement des relations indo-américaines. Car, dans la situation internationale actuelle, une coopération étroite entre les deux pays ne peut que servir leurs intérêts fondamentaux respectifs.

Et après ?

La politique asiatique de l'Amérique devrait s'affranchir des slogans faciles et commencer à appliquer certains des principes que voici.

En premier lieu, l'intérêt national des États-Unis en Asie commande de tout faire pour empêcher une puissance unique – surtout hostile – de dominer le continent, pour obtenir la contribution des nations asiatiques à la prospérité mondiale et pour atténuer les conflits interasiatiques. Le meilleur moyen de défendre l'ensemble de ces causes est de laisser la porte ouverte à des relations constructives avec tous ces pays, sans faire de l'un ou de l'autre un adversaire par définition, à moins que ses agissements ne nous laissent pas le choix.

Deuxièmement, afin de conjurer *toute* menace hégémonique en Asie, le mieux est de maintenir des effectifs militaires supérieurs et de mener une politique étrangère compatible avec les objectifs nationaux des grands États asiatiques, lorsque ceux-ci sont compatibles avec les nôtres. Défendre militairement l'équilibre des forces en Asie présuppose que les États asiatiques assurent eux-mêmes un équilibre susceptible d'être défendu, une entreprise qui exigera un effort politique bien plus complexe qu'en Europe par le passé.

Troisièmement, l'alliance avec le Japon reste le fondement de la politique asiatique des États-Unis. Il faut faire comprendre aux dirigeants japonais que les États-Unis n'ont pas de relation plus importante en Asie, et que le Japon a un rôle majeur à jouer dans la définition de la politique américaine. L'accès aux sources d'énergie deviendra fatalement une préoccupation capitale et, peut-être, un facteur de concurrence exacerbée. Ces questions doivent être inscrites à l'ordre du jour de tout dialogue.

Quatrièmement, il convient d'engager un dialogue tout aussi intensif avec l'Inde, en particulier à propos de la région qui s'étend de Singapour à Aden. Les intérêts américains sont avant tout géopolitiques, alors que l'Inde s'inquiète également de la question islamique pour des raisons de politique intérieure.

L'Iran et l'Irak sont les principaux sujets de préoccupation des États-Unis, tandis que l'Inde se concentre davantage sur l'Afghanistan et sur le soutien que les islamistes radicaux trouvent en Arabie Saoudite, un allié des États-Unis. Néanmoins, toutes les conditions d'un dialogue stratégique fécond sont réunies.

Cinquièmement, dans la mesure où les États-Unis sont en mesure de définir les relations sino-américaines, les responsables américains doivent comprendre que, en raison de sa population, de son histoire, de sa culture et de sa situation géographique, la Chine est une pièce capitale sur l'échiquier asiatique. Le comprendre, c'est élaborer une politique claire, qui ne se contente pas de slogans. L'affrontement doit constituer le recours ultime, et non une option préférentielle. L'établissement de relations constructives entre les États-Unis et la Chine ne saurait être regardé comme une faveur qu'un pays accorde à l'autre, et ces relations ne résisteront au temps que si elles reposent sur un intérêt commun. Il est donc impératif que la Chine et les États-Unis entretiennent un dialogue géopolitique régulier – pour créer un ordre international plus sûr en cas de réussite, et, en cas d'échec, pour prouver à l'opinion publique américaine et aux alliés des États-Unis que Washington n'a pas ménagé ses efforts. On ne peut pas se payer de mots : il faut donner à ce dialogue un contenu adapté à l'avenir. Les États-Unis et la Chine, c'est-à-dire l'État le plus avancé sur le plan technologique, d'une part, et le pays le plus peuplé, de l'autre, doivent plus que d'autres encore s'efforcer d'aplanir leurs différends et d'identifier leurs intérêts communs. Bien que ni l'un ni l'autre n'ait l'habitude de négocier à long terme et sur un pied d'égalité avec d'autres grandes puissances de stature équivalente, ils n'ont pas vraiment le choix. En effet, le développement de la Chine et l'élargissement de ses préoccupations internationales conduiront les deux pays à agir de manière interdépendante dans des régions comme l'Asie centrale, le Proche-Orient – surtout l'Iran – et la Corée. En cas d'affrontement, les deux camps seront perdants. L'Amérique n'a rien à gagner à s'engager dans un conflit préventif car elle possède des atouts majeurs, en toutes circonstances.

Sixièmement, la visite du président sud-coréen Kim Dae-jung à Pyongyang et le flirt de Washington avec la capitale nord-coréenne ont inauguré une période nouvelle dans la péninsule coréenne. Cette évolution n'aurait guère été possible sans l'approbation, voire les encouragements, de la Chine ; mais elle exigeait également la compréhension et le soutien du Japon. Maintenant que le processus est enclenché, nul ne peut dire où il va mener. C'est pourquoi il est impératif d'instaurer une coordination très suivie entre Washington, Pékin, Moscou et, surtout, Séoul, comme nous l'avons exposé dans les pages qui précèdent.

Septièmement, les États-Unis ont tout intérêt à éviter, ou du moins à limiter, la poursuite de la dissémination des armes nucléaires et à rallier les pays d'Asie à cet effort. La Chine a déjà participé à un certain nombre d'accords internationaux destinés à freiner la propagation de la technologie nucléaire et de missiles. Elle a accepté de mettre fin à sa coopération avec l'Iran en la matière. D'autres initiatives sont indispensables, parmi lesquelles des accords bilatéraux avec l'Inde et le Pakistan pour imposer des contrôles plus rigoureux en matière d'exportation de produits nucléaires, chimiques et biologiques.

Huitièmement, une pure stratégie d'équilibre ne saurait suffire à instaurer un ordre mondial – ou même asiatique. Ce qui ne veut pas dire que l'on puisse s'en passer. Or le maintien de l'équilibre des forces en Asie exige une vision cohérente de l'avenir de la région. Les États-Unis doivent louvoyer avec subtilité, persévérance et à partir d'une vision à long terme précise au milieu des constellations politiques multiples qui surgissent en Asie. Ils doivent être présents sans donner l'impression de dominer. Et ils doivent jouer un rôle majeur pour faire face aux dangers, en évitant de devenir la cible de toutes les controverses.

Un dialogue sérieux avec les pays asiatiques ne saurait faire l'impasse sur la question des droits de l'homme. Même l'administration américaine la plus « réaliste » doit poursuivre cet objectif, sans en faire évidemment un motif de harcèlement, mais en le considérant comme une nécessité au regard des valeurs les plus profondes de l'Amérique. Une administration qui refuserait d'en tenir compte perdrait le soutien de l'opinion publique. Le président des États-Unis s'exprime au nom de tous ses concitoyens lorsqu'il affirme ses préoccupations à ce sujet, tout en veillant à ne pas blesser l'orgueil national des autres pays. Aucun État asiatique conscient de ses intérêts ne devrait prendre cette question à la légère.

CHAPITRE V

Le Proche-Orient et l'Afrique : des mondes en transition

La composante émotionnelle des conflits du Proche-Orient est comparable à celle qui domina l'Europe du XVIIe siècle. Des schismes à motifs religieux ou idéologiques déchirent la région. Le conflit le plus marquant est évidemment celui qui oppose Arabes et Israéliens ; mais, pour être moins visibles, les fractures au sein même du monde islamique n'en sont pas moins profondes. Les États-Unis ont consacré une large part des efforts diplomatiques qu'ils ont menés dans la région à essayer de résoudre les tensions entre Arabes et Israéliens. Mais les problèmes du Golfe et l'émergence d'un Iran intégriste, pour ne citer que deux exemples, font peser une menace directe aussi sérieuse, et peut-être même plus grave à long terme, sur la sécurité et la prospérité américaines.

Le paradoxe du rôle américain dans le conflit israélo-arabe est que la tentative que l'administration Clinton a faite au cours de sa dernière année de gouvernement pour lui apporter une solution définitive a peut-être transformé un problème difficile en problème insoluble. Israël réclame la reconnaissance d'une patrie dont la légitimité repose sur la Bible et sur la fin symbolique des persécutions subies par le peuple juif pendant deux mille ans, et dont le génocide a marqué le sommet. Les Arabes – et plus particulièrement les Palestiniens – considèrent que les revendications d'Israël les obligeraient à accepter l'amputation de leur patrimoine culturel, religieux et territorial.

Ces données rendent tout compromis difficile – et plus

inaccessible encore dans les limites d'une année électorale américaine. De fait, un tel conflit se conclut le plus souvent par l'épuisement, soit physique, soit psychologique. Même s'il était possible de parvenir à un accord, celui-ci aurait peu de chances de régler les choses définitivement. La proposition la plus réaliste consiste à essayer de définir les conditions d'une coexistence. Ce serait tenter le diable et ouvrir la porte à la violence que de chercher à aller plus loin. C'est ce qu'a prouvé le sommet de Camp David qui a réuni, en juillet 2000, le président Clinton, le Premier ministre israélien Ehoud Barak et le président de l'Organisation de libération de la Palestine (OLP), Yasser Arafat. L'avenir montrera si la coexistence sera le fruit de la négociation, ou si elle s'imposera à l'issue de nouvelles épreuves de force comparables à celles que la guerre de Trente Ans a entraînées, au cours d'une période assez comparable de l'histoire européenne

Pendant ce temps, le monde musulman est déchiré par des schismes particuliers. Certains sont le prolongement du conflit historique entre civilisations du Nil et de Mésopotamie, entre régimes laïques extrémistes (celui de l'Irak par exemple) et régimes modérés (tels que celui de l'Égypte), entre régimes intégristes, dont le gouvernement de l'Iran constitue le meilleur exemple, et régimes laïques (comme celui de la Syrie), entre gouvernements semi-féodaux (Arabie Saoudite ou États du Golfe) et voisins plus modernes et pleins de convoitise, entre Arabes et Perses, entre sectes sunnites et chiites.

Au cours des trente dernières années, les guerres entre pays musulmans ont été plus nombreuses et beaucoup plus meurtrières que celles qui ont opposé Israël au monde musulman. Chacun de ces conflits intra-islamiques a été marqué par des paliers et des tensions internes spécifiques. Il est arrivé à l'Iran intégriste d'être la terreur des États du Golfe et de l'Arabie Saoudite (même si la crainte des États du Golfe est si grande qu'ils refusent de le reconnaître). À son tour, l'Iran se sent menacé par l'Irak laïque et par l'intégrisme des islamistes d'Afghanistan – encore plus extrémiste que le sien –, qui compromet la sécurité iranienne au nord et, de plus en plus, à l'est, par l'intermédiaire du Pakistan. L'Occident s'intéresse avant tout à la Turquie, la plus grande puissance militaire de la région, alliée des Occidentaux, amie d'Israël, et que sa situation géographique rend essentielle pour toutes les forces en présence.

Dans cet océan de passions, les États-Unis s'efforcent de maintenir le cap. Mais leurs instruments de navigation traditionnels ne leur sont pas, en l'occurrence, d'un grand secours. Les conflits qui agitent la région n'ont, en effet, rien à voir avec la démocratie : à l'exception d'Israël, aucun des adversaires en présence n'est doté d'un régime démocratique, ce qui contraint l'Amérique à coopérer avec un certain nombre d'États sur la base de préoccupations communes de sécurité. La réalité est fort simple : les démocraties industrielles ne peuvent consentir à ce qu'on leur refuse l'accès au pétrole du Golfe, ni accepter la domination dans cette région d'un pays ou d'un groupe de pays hostiles à leur prospérité.

De fait, le concept d'« hostilité » est aussi mouvant que la région elle-même. Jusqu'à la fin des années 1970, l'Iran a été le pivot de la politique américaine de sécurité dans le Golfe ; une révolution intérieure, que les États-Unis n'ont pu ni éviter ni maîtriser, a fait de ce pays une menace majeure pour la sécurité de la région. La protection des intérêts occidentaux dans le Golfe a été rendue plus périlleuse encore lorsque l'Irak, le deuxième pays le plus important de la région, s'est lui aussi transformé en adversaire à la fin de sa guerre contre l'Iran, en 1988. Il s'agit donc de préserver la sécurité du Golfe dans un environnement où les deux pays les plus puissants affrontent les plus faibles et les plus vulnérables sur le plan géographique – une tâche qui n'a rien d'enviable, on en conviendra.

LE CONFLIT ISRAÉLO-ARABE

En l'an 2000, on s'était si bien habitué à ce qu'on appelle le processus de paix au Proche-Orient qu'on en avait presque perdu de vue le passé tortueux et amer qui avait abouti à la situation que nous connaissons. Lorsque les aspirations d'un peuple recouvrant la patrie qui fut la sienne jadis se heurtent aux ressentiments de ceux qui y ont vécu dans l'intervalle, il est difficile de définir une base commune de dialogue. L'entreprise est encore plus ardue si l'on s'efforce d'adapter des fois ancestrales à cette situation nouvelle.

Les négociations entre Israéliens et Arabes sont condamnées à associer les questions territoriales et stratégiques – c'est-à-dire la matière même de la diplomatie – à des questions d'idéologie, de religion et de légitimité – qui relèvent de la théologie. Les États arabes demandent à Israël de céder un territoire conquis, quelque chose de tangible, donc, en échange de la reconnaissance de son droit même à l'existence, c'est-à-dire d'un acte révocable. Ce qui constitue le point de départ de la plupart des négociations – la reconnaissance de la légitimité de différentes parties en présence – est ici le résultat incertain de la diplomatie de paix israélo-arabe.

Cette diplomatie se heurte à un premier obstacle : la conception différente que s'en font les parties en présence. Les dirigeants israéliens et américains définissent la paix comme une situation normale qui met fin aux revendications et définit un statut juridique permanent – tout cela, conformément aux idées de la démocratie libérale du XXe siècle. Mais les Arabes, et plus particulièrement les Palestiniens, considèrent l'existence même d'Israël comme une intrusion sur un territoire arabe « sacré ». Ils peuvent, certes, accepter tel ou tel compromis territorial faute de mieux, mais leur attitude sera la même que celle de la France face à l'annexion de l'Alsace-Moselle par l'Allemagne en 1870 – ils y verront une nécessité amère, adoucie par la volonté farouche de saisir la première occasion pour regagner ce qui a été perdu. (Pour être juste, il faut reconnaître que la rhétorique sacrée n'a pas été absente non plus du discours israélien – notamment à propos de l'indivisibilité de Jérusalem.)

Cette divergence de vues a dominé et entaché les négociations israélo-arabes depuis la fondation de l'État juif. Quand Israël a été créé, en 1948, en vertu d'un plan des Nations unies défini l'année précédente et prévoyant le partage de la Palestine alors sous mandat britannique, ses voisins arabes ont réagi en envahissant le jeune État. Israël a remporté cette guerre et, ce faisant, a réussi à doubler son territoire en s'emparant du désert du Néguev, presque inhabité. Un cessez-le-feu (sans accord de paix) a mis fin aux combats. Mais tous les États arabes ont refusé de reconnaître l'existence d'Israël et ont tenté de l'étrangler en décrétant un boycott économique et en lançant des opérations sporadiques de guérilla.

Sept années ont passé sans la moindre amorce de négociation. En 1954-1955, les Britanniques ont tâté le terrain auprès du président égyptien Gamal Abdel Nasser. Celui-ci a exigé le retrait d'Israël sur les frontières de 1948 et le retour de tous les réfugiés palestiniens chez eux. En échange (malgré un certain flou dans les propos de Nasser), l'Égypte accepterait de reconnaître l'État juif. Autrement dit, on demandait à Israël de renoncer à la moitié de son territoire et de risquer d'être submergé par le retour des réfugiés en échange de la reconnaissance de son existence – reconnaissance qui constitue d'ordinaire, nous l'avons dit, le point de départ de la diplomatie plutôt que son aboutissement.

Les choses se sont poursuivies sur ce modèle pendant vingt ans. En 1967, Nasser a provoqué une guerre en imposant le blocus au port israélien d'Eilat – le seul débouché d'Israël sur la mer Rouge – et en exigeant le retrait de la force de l'ONU qui, après la crise de Suez de 1956, s'était interposée entre Israël et l'Égypte du côté égyptien de la frontière. Après la victoire, Israël a une nouvelle fois multiplié par deux sa superficie en occupant le Sinaï, la Cisjordanie et le plateau du Golan. À la suite de cette débâcle égyptienne, les États arabes ont commencé progressivement à admettre l'idée d'ouvrir des pourparlers sur la base des frontières de 1967, ce qu'ils avaient toujours refusé de faire avant la défaite. Toutefois, n'étant pas encore disposés à reconnaître l'existence de l'État d'Israël, ils se sont dérobés à toutes négociations directes malgré quelques contacts sporadiques par le biais d'intermédiaires, principalement les États-Unis.

En 1973, l'Égypte et la Syrie ont profité du jour férié le plus sacré de la religion juive pour attaquer Israël. La guerre du Kippour s'est achevée par une victoire d'Israël, mais celle-ci a été moins écrasante et ses coûts ont été plus élevés que lors des affrontements précédents. Les États-Unis ont exploité la position de force qu'ils avaient acquise pendant ce conflit pour négocier trois accords entre les belligérants – deux entre Israël et l'Égypte, le troisième entre Israël et la Syrie. Ces conventions ont établi des lignes de démarcation entre les forces militaires des deux camps et fixé des limites aux déploiements avancés afin de réduire les risques d'attaque surprise. Le deuxième accord du Sinaï contenait également des éléments politiques sur le contenu de la paix. Mais les parties en présence campant obstinément sur leur position de non-reconnaissance, c'est un médiateur américain qui a dû se charger de l'ensemble des négociations. Il n'y a jamais eu de rencontre entre les deux camps, sinon au niveau militaire à l'extrême fin des négociations, lorsqu'il a fallu signer les documents : le deuxième accord du Sinaï est le seul à porter les signatures de responsables politiques, et celles-ci furent apposées séparément dans chaque pays.

La visite spectaculaire du président égyptien Anouar el-Sadate à Jérusalem en 1977 a transformé le visage de la diplomatie de paix. Sadate était alors le seul dirigeant arabe à comprendre que, pour les Israéliens, la question de la paix possédait une dimension psychologique essentielle. Ayant été condamnés à vivre durant toute leur histoire dans un quasi-ghetto sans être reconnus par leurs voisins, ils étaient prêts à payer relativement cher pour obtenir des résultats aussi intangibles que la reconnaissance de leur existence et la normalisation des relations diplomatiques.

Le traité de paix israélo-égyptien, fruit de la médiation du président Jimmy Carter au premier sommet de Camp David de 1978 entre Sadate et le Premier ministre israélien Menahem Begin, prévoyait le retrait israélien du Sinaï, la normalisation des relations entre Israël et l'Égypte et la démilitarisation du Sinaï avec l'établissement d'une zone tampon de trois cents kilomètres entre les forces armées égyptiennes et israéliennes. Les dispositions touchant la normalisation des relations se limitaient à peu de chose, et l'ambassadeur d'Égypte en Israël n'a pas été surchargé de travail au cours des décennies qui se sont écoulées depuis. Les échanges commerciaux ont été, eux aussi, négligeables. Mais les dispositions militaires de cet accord ont considérablement amélioré la sécurité d'Israël en échange du retrait de ses troupes.

Le seul accord entre Israël et un État arabe qui ait réellement débouché sur la normalisation des relations entre les deux pays a été conclu avec le royaume hachémite de Jordanie. Les deux parties avaient en effet tout intérêt, l'une comme l'autre, à empêcher l'entité palestinienne issue de l'accord d'Oslo de 1993 de menacer l'existence de la Jordanie.

Mais lorsque les négociations israélo-arabes ont abordé le sujet de la Palestine, force a été de reconnaître que les divergences touchant la conception même de la paix constituaient un obstacle presque insurmontable. En Cisjordanie, Arabes et Israéliens sont condamnés à coexister sur une bande de terre de quatre-vingts kilomètres de large coincée entre le Jourdain et la mer. L'espace géographique est trop exigu pour que l'on puisse créer une zone tampon, un problème encore aggravé par l'impossibilité de réunir les conditions psychologiques d'un véritable compromis. Les colombes israéliennes rêvaient de vivre avec leurs voisins arabes comme le font, par exemple, la Belgique et la Hollande. La majorité des colombes arabes – notamment palestiniennes – ne considèrent pas la paix comme une réalisation positive mais comme l'acceptation d'une réalité qu'elles sont impuissantes à modifier. Si bien qu'au cours des négociations avec les Palestiniens la conception israélienne de la paix est devenue une sorte de mirage qui s'évanouissait à mesure qu'on s'en approchait – et même d'autant plus qu'on mettait d'acharnement à s'en approcher. Après qu'Ehoud Barak eut fait des concessions qu'aucun de ses prédécesseurs n'aurait pu envisager – et je les ai tous connus depuis David Ben Gourion –, Arafat a dû se rendre à l'évidence : il lui était impossible d'accepter les propositions israéliennes sans provoquer la colère de son opinion publique. Par ailleurs, et c'est là un autre obstacle, les Israéliens ont exigé que les Palestiniens renoncent à toute autre revendication dès qu'ils auraient repris possession du territoire qu'on leur offrait. Si les Américains et les Israéliens peuvent juger cette exigence raisonnable, son irrévocabilité a fait reculer Arafat. Il aurait pu accepter de différer certaines revendications, mais il ne pouvait se résoudre à y renoncer intégralement et à jamais.

Israël et l'Égypte avaient pu faire la paix parce que Sadate avait compris qu'il pourrait assurer la sécurité des frontières égyptiennes reconnues par les instances internationales en accordant satisfaction au besoin psychologique de reconnaissance d'Israël. En revanche, les échanges diplomatiques avec la

Syrie n'ont pas abouti, même lorsqu'on a fait comprendre à celle-ci qu'Israël était prêt à lui proposer le même marché qu'à l'Égypte – c'est-à-dire à restituer l'intégralité du plateau du Golan. Cet échec tient pour une part à la volonté du défunt président syrien Hafez el-Assad de régler en priorité sa succession et, pour une autre, à l'obstination de la Syrie à se poser en porte-parole du nationalisme arabe, et donc palestinien. Depuis la mort d'El-Assad, son fils Bachar, qui lui a succédé, a estimé que la consolidation intérieure de son pays passait avant les négociations avec Israël.

Les négociations israélo-palestiniennes se heurtent à des obstacles hors du commun. Les frontières israéliennes de 1967 avec l'Égypte, la Syrie et la Jordanie reflétaient pour l'essentiel celles du mandat britannique sur la Palestine. Mais la ligne de démarcation en Cisjordanie repose sur un cessez-le-feu militaire, et, après un accord, il faudra que les deux peuples vivent ensemble au quotidien dans un espace très exigu. Au cours de ses négociations avec ses voisins arabes, Israël traitait avec des États souverains dont les revendications territoriales n'étaient pas liées à la perspective de la destruction de l'État juif. En revanche, la charte de l'OLP s'est, jusqu'en 1998, fixé explicitement pour objectif la destruction d'Israël, et sa propagande en direction du peuple palestinien n'a toujours pas renoncé à ce dessein.

En dépit de toutes ces difficultés, Israël et l'OLP ont signé en 1993 à Oslo un accord intérimaire qui devait servir de base à un accord final global. Le Premier ministre israélien Yitzhak Rabin et Arafat auraient préféré une victoire. Et s'ils ont accepté l'accord d'Oslo c'est parce qu'ils avaient fini par admettre, l'un comme l'autre, qu'ils n'avaient pas le choix : Israël était trop puissant pour pouvoir être écrasé militairement, et l'OLP avait trop de défenseurs dans le monde entier pour pouvoir être éliminée politiquement. Aucun grand pays étranger n'avait l'intention de livrer des armes susceptibles de favoriser une agression arabe contre Israël, ni de soutenir diplomatiquement une politique d'affrontement. Aucun pays arabe n'était assez puissant pour s'engager dans une guerre contre Israël et résister assez longtemps pour provoquer une intervention extérieure. Par ailleurs, Israël dépendait par trop de l'aide américaine pour supporter l'isolement moral et politique qu'aurait entraîné l'initiative d'une épreuve de force.

L'incapacité d'Israël à mettre fin à l'Intifada en Cisjordanie et à Gaza en 1987-1988 lui laissait quatre possibilités : la purification ethnique, l'annexion de la Cisjordanie et la création d'un État fondé sur l'apartheid, l'absorption de la population arabe au sein de l'État juif ou une forme quelconque de séparation entre les deux communautés fondée sur un accord – ce qui serait revenu à accepter la création d'une entité palestinienne dont l'évolution déboucherait nécessairement sur l'instauration d'un État.

La purification ethnique et l'apartheid étaient incompatibles avec les convictions morales et les impératifs politiques d'Israël. Et Israël n'était pas davantage disposé à intégrer tous les Arabes de Cisjordanie au risque de compromettre la judaïcité de l'État hébreu. La coexistence négociée entre les populations israélienne et arabe de Palestine apparaît ainsi comme la seule solution viable. Rabin ne l'a d'ailleurs pas caché, peu avant son assassinat, au ministre australien des Affaires étrangères, Gareth Evans, qui le félicitait de s'être converti au processus de paix : « Ce n'est pas une conversion, c'est une obligation. »

De même, Arafat ne s'est assis à la table des négociations qu'après avoir compris qu'il n'avait plus aucune option militaire conventionnelle à sa disposition. L'effondrement de l'Union soviétique l'avait privé de son principal fournisseur d'armes ; après la guerre du Golfe, l'Arabie Saoudite lui avait supprimé son soutien financier tandis que le Koweït expulsait tous les Palestiniens, qui avaient jusqu'alors envoyé des fonds en Palestine. Quand j'ai rencontré Arafat à Paris, en juillet 1994, à l'occasion de la remise du prix de la paix Félix Houphouët-Boigny qui avait été décerné conjointement à Rabin, Shimon Peres et à lui-même, je lui ai demandé quelles raisons les Israéliens pouvaient avoir de lui faire confiance. « Parce que les Saoudiens nous ont isolés, m'a-t-il répondu. Les Jordaniens cherchent à nous affaiblir et les Syriens, à nous dominer. »

Cette conjonction de motifs incompatibles a débouché sur l'accord d'Oslo, qui associait une avancée incontestable à une profusion d'ambiguïtés. Pour la première fois, Israël admettait l'OLP comme partenaire de la négociation (mais pas comme représentant d'un État), tandis que l'OLP acceptait l'existence de fait d'Israël sans effacer pour autant de sa charte la clause réclamant sa destruction.

En vertu de l'accord, la partie de la Cisjordanie occupée par Israël en 1967 était divisée en trois zones : la zone A – soit environ 45 % de la Cisjordanie, où vivait l'essentiel de la population palestinienne – et Gaza furent placés sous le contrôle intégral d'une Autorité palestinienne et autorisés à se doter d'une force de police propre de 30 000 hommes au plus ; la zone B relevait de l'Autorité palestinienne pour toutes les questions civiles, mais Israël conservait la mainmise sur la sécurité ; la zone C, qui comprenait les implantations juives, restait intégralement sous contrôle israélien. En vertu de cet accord, plus de 90 % de la population palestinienne étaient affectés à des zones sous contrôle palestinien ; ce chiffre passera à 95 % après la signature des accords complémentaires. Les négociations en vue d'un règlement final devaient commencer dans un délai de deux ans et être achevées en cinq ans (avant mai 1998). Au cours de ce processus, Israël s'engageait à transférer progressivement de nouveaux territoires de la zone B à la zone A. En échange, les autorités palestiniennes étaient censées travailler à l'amélioration progressive du climat de coexistence en procédant à l'arrestation de chefs terroristes notoires et en mettant fin à la propagande anti-israélienne.

Avec la signature de l'accord d'Oslo sur la pelouse de la Maison-Blanche, en septembre 1993, l'espoir, une fois de plus, suspendait tous les doutes. Mais aucune des personnes présentes n'oubliera jamais la réticence douloureuse avec laquelle Rabin serra alors la main d'Arafat ni l'espérance contenue dans les propos quasi bibliques du Premier ministre israélien, d'ordinaire si taciturne. Et personne n'a pu manquer d'être ému par le long et tortueux parcours d'Arafat, cet ancien terroriste qui avait fini par se faire admettre comme responsable national sur un pied d'égalité avec les autres protagonistes. La dignité avec laquelle Clinton présida à la cérémonie et le rôle très accessoire du ministre russe des Affaires étrangères témoignaient aussi du leadership mondial incontesté qu'exerçait alors, de toute évidence, l'Amérique.

Seuls les esprits les plus chagrins pouvaient refuser

d'adhérer à l'acte de foi que représentait cet événement – alors même qu'une réflexion à tête reposée aurait suffi à révéler que l'accord d'Oslo éludait presque toutes les questions essentielles : les frontières définitives, l'avenir de Jérusalem, le sort des réfugiés palestiniens, la souveraineté, les droits sur l'eau et le statut militaire des territoires palestiniens. Le règlement de tous ces différends était reporté aux négociations sur le statut final, qui devaient intervenir deux ans plus tard. À l'époque, j'ai écrit un article dans lequel je posais les questions suivantes : Que reconnaît exactement chaque partie ? Avec quelle résolution la police palestinienne fera-t-elle la chasse aux terroristes ? À partir de quel moment l'existence de cette police posera-t-elle plus de problèmes qu'elle n'en résoudra ? L'euphorie inspirée par la cérémonie sur la pelouse de la Maison-Blanche incitera-t-elle la diplomatie à aller de l'avant ? Ou lui fera-t-elle obstacle en suscitant la déception dès les premières difficultés[1].

On pense couramment qu'un certain nombre de pas en avant des parties en présence, en préalable aux négociations finales, ne peut que renforcer la confiance réciproque. Or c'est l'inverse qui s'est produit. Les effectifs de la police palestinienne sont devenus presque deux fois plus importants que ne le prévoyait l'accord d'Oslo, et elle est manifestement militarisée. De surcroît, elle n'a pas entrepris de lutter activement contre le terrorisme. Quant à la propagande palestinienne contre Israël, elle ne s'est pas apaisée.

Le fait est que, le temps passant, la politique intérieure des deux camps a fini par s'écarter des objectifs diplomatiques du « statut final ». C'est en proie à de profondes divisions qu'Israël s'est alors engagé dans les négociations avec l'OLP. Les colombes israéliennes considéraient ces discussions comme une sorte de catharsis eschatologique visant à réconcilier les parties en présence, conjurer la défiance mutuelle et, dans une authentique atmosphère de coopération, retirer toute importance à la question du tracé précis des frontières. Les faucons israéliens, eux, ne voyaient que chimère dans tout cela. Ils affirmaient que seule l'intransigeance permettrait à Israël d'imposer la sécurité, sous forme d'une « autonomie » susceptible de rendre l'occupation plus supportable, sans accepter à aucun moment la création d'un État palestinien.

Les Palestiniens ont connu une scission très comparable : un groupe réduit faisant pendant aux colombes israéliennes et avançant des objectifs similaires – constamment évoqués par les intellectuels occidentaux et israéliens comme la véritable expression de l'âme palestinienne, malgré la rareté des indices en ce sens ; des « modérés » qui considèrent le processus de négociation comme une étape dans la longue guerre d'usure destinée à faire plier Israël ; et enfin les faucons, certainement plus nombreux que les colombes, qui s'opposent à toute trêve.

L'échec du processus d'Oslo tient aussi largement au fait que, sans régler aucune question fondamentale, il a engendré un sentiment de sécurité suffisant pour faire croire aux deux camps qu'ils pouvaient tergiverser et laisser le temps résoudre le problème majeur, à savoir que leur opinion publique exigeait la paix sans accepter d'en payer le prix. Les Palestiniens ont fini par compter sur la convergence des pressions américaines, européennes et arabes pour obliger Israël à réaliser, pas à pas, le programme de l'OLP. Israël, tiraillé entre les colombes qui assimilent la paix à l'épanouissement psychologique et les faucons qui considèrent le processus de paix comme un test d'endurance, s'est enfoncé dans une impasse intérieure, déchiré entre l'espoir d'une paix merveilleuse et la crainte d'une catastrophe nationale. La clause de l'accord d'Oslo prévoyant des retraits israéliens partiels avant les pourparlers sur le statut final a fait l'objet de controverses accrues. Constatant combien il était difficile de définir les termes d'une contrepartie politique palestinienne, de nombreux Israéliens en sont venus à considérer les retraits partiels comme un prix à payer pour accéder aux discussions sur le statut final, au cours desquelles on ne manquerait pas de réclamer à Israël de nouvelles concessions territoriales.

Aux États-Unis, une administration Clinton impatiente de rapprocher les parties a abordé les tensions du Proche-Orient comme un malentendu que l'on parviendrait à surmonter en fractionnant les différends, en appliquant une méthode assez proche de celle qui régule le processus législatif aux États-Unis. En Israël, le belliqueux Benyamin Netanyahou, Premier ministre entre 1996 et 1999, a reproché au processus d'Oslo son caractère fragmentaire. Washington a jugé que sa volonté à engager une négociation globale relevait de l'obstruction et a usé de son « influence » (terme diplomatique signifiant la pression) pour convaincre Israël d'accepter les concessions territoriales partielles réclamées.

Il s'en est suivi un long débat qui devait déterminer si l'acompte exigé d'Israël pour obtenir une négociation sur le statut final devait être de 10 % supplémentaires du territoire contesté (proposition de Netanyahou) ou de 13 % (compromis de Washington après qu'Arafat eut revendiqué un retrait partiel de 30 %). L'insistance des États-Unis, qui avaient pourtant affirmé au préalable à Israël qu'ils n'avanceraient pour leur part aucune proposition, n'a fait qu'ajouter à la confusion de la question capitale, l'objectif ultime de la négociation. L'absence de but reconnu a incité les deux camps à se figurer que les États-Unis pourraient livrer un règlement clé en main, et s'en remettre à eux, évitant à chaque partie d'avoir à affronter la réalité et à admettre que la paix définitive exigeait peut-être des sacrifices qu'elle n'était pas prête à consentir.

L'accord de Wye Plantation d'octobre 1998, en vertu duquel Netanyahou accédait à la proposition américaine relative à la portion de territoire qu'Israël devait céder de façon largement unilatérale, provoqua la scission de la coalition de Netanyahou et déboucha sur l'organisation de nouvelles élections, dont Ehoud Barak sortit vainqueur, avec l'appui marqué de Washington.

La transition allait être funeste. Barak était en effet un Premier ministre israélien d'un genre nouveau. Tous ses prédécesseurs s'étaient assurés de l'approbation de leurs cabinets avant d'agir, d'où cette prudence souvent excessive. D'autre part, ils avaient tous été d'accord pour penser que, malgré le prestige international et l'importance de l'engagement des États-Unis auprès d'Israël, ce n'était pas à Washington de dicter les termes d'une négociation engageant leur pays. Quand les recommandations américaines s'écartaient des préférences du cabinet israélien, le Premier ministre s'engageait dans un interminable combat d'arrière-garde pour essayer de dissuader l'Amérique de se charger de l'ensemble de la négociation. Rabin lui-même n'avait pas agi autrement.

En matière de négociations, Barak a été le Premier ministre

israélien le plus audacieux de l'histoire, et de loin le plus conciliant. Ancien membre d'un groupe de commandos et chef d'état-major des forces armées israéliennes, il était disposé à prendre des initiatives en se passant du soutien tant du cabinet que du Parlement. Mais, surtout, il a imposé un changement fondamental dans les relations avec les États-Unis. Le désaccord entre Netanyahou et l'administration Clinton l'avait conduit à penser qu'Israël devait éviter à n'importe quel prix, ou presque, de s'aliéner le seul allié dont le soutien était vital pour lui. Barak tenait à éviter que l'on puisse reprocher à son pays un éventuel échec des négociations. Et il avait hâte de conclure un accord avant de voir son soutien intérieur s'effondrer entièrement.

Il en résulta de curieuses relations, une étrange symbiose psychologique entre le Premier ministre israélien et le président américain. Non que Clinton insistait auprès d'un Barak réticent pour lui faire accepter des concessions, mais il faisait invariablement comprendre à tous ses interlocuteurs que la souplesse en matière de négociations était la clé de la bonne volonté des États-Unis, ajoutant ainsi – peut-être involontairement – une pression américaine indifférenciée aux exigences du camp adverse.

Cherchant à répondre par avance au désir de Clinton (un peu trop, parfois), Barak répondit par une analyse personnelle, subtile et plus complexe. Selon lui, Israël était devenu une société dotée d'une classe moyenne importante et d'un haut niveau technologique, dont le moral ne pourrait résister indéfiniment aux harcèlements et aux incertitudes d'un état de siège perpétuel, surtout dans l'isolement. La révision de certains principes de sécurité considérés jusque-là comme intangibles lui paraissait envisageable : en effet, grâce à l'effondrement de l'Union soviétique, aucun État arabe et aucune association d'États arabes ne seraient, dans un avenir prévisible, suffisamment puissants militairement pour s'engager dans une guerre conventionnelle traditionnelle. À ses yeux, c'était la guérilla et les armes de destruction massive qui représentaient un vrai danger à long terme pour Israël. Pour résister à ces deux menaces, Israël avait besoin du soutien politique de l'Amérique, de l'accès à ses services secrets et de sa technologie militaire de pointe. Et, à cette fin, Israël devait apparaître comme un partenaire digne de confiance de l'entreprise américaine de pacification de la région.

C'est ainsi que les stratégies américaine et israélienne commencèrent à s'imbriquer au moment précis où la diplomatie de paix au Proche-Orient atteignait son apogée. Le pas à pas qui avait si bien réussi dans les premières étapes avait suivi son cours. Comme l'avait vivement conseillé Barak (et Netanyahou avant lui) – et comme je l'avais préconisé dans plusieurs éditoriaux –, la négociation se concentra alors sur l'ensemble des questions relatives au « statut final » : frontières définitives, souveraineté palestinienne, statut militaire d'un État palestinien, Jérusalem, réfugiés et accès à l'eau[2].

Mais les partisans de cette approche globale n'avaient pas prévu l'incroyable sentiment d'urgence avec lequel Barak et Clinton essayèrent d'imposer ce processus. En septembre 1999, lors du sommet de Charm el-Cheikh, ils fixèrent un délai d'un an pour aboutir à un traité de paix définitif, et, en juillet 2000, ils décidèrent de conclure les négociations en l'espace d'une semaine à Camp David – malgré le peu d'études préalables détaillées et alors qu'Arafat avait fait savoir à maintes reprises qu'il n'était pas prêt.

Ces dates butoirs étaient parfaitement irréalistes, et même totalement illusoires. Au cours des semaines qui précédèrent Camp David, les porte-parole israéliens et américains donnèrent unanimement l'impression que, sur la question territoriale, Arafat accepterait avec empressement les concessions sans précédent que Barak proposa officiellement un peu plus tard (la cession de près de 95 % du territoire contesté) et que, sur la question de Jérusalem, il serait d'accord pour établir la capitale palestinienne dans un des faubourgs qu'Israël avait incorporés dans le Grand Jérusalem. Voilà pourquoi Barak et Clinton estimaient pouvoir parvenir à un accord à l'issue des huit jours réservés à Camp David II, malgré l'expérience du sommet de Carter avec Sadate et Begin sur le problème infiniment moins complexe du Sinaï, qui avait duré deux semaines. Ce faisant, ils commirent une grossière erreur de calcul.

En raison de ces délais serrés et, paradoxalement, de l'envergure des propositions israéliennes, les divergences de vues entre les deux camps sur la définition même du concept de paix éclatèrent au grand jour. Elles étaient manifestement irréconciliables. Les Israéliens favorables au processus de paix, et ils étaient de plus en plus nombreux, considéraient que l'accord d'Oslo témoignait d'une conversion pure et simple des Palestiniens à la conception occidentale (et libérale) de la paix. Cela explique en partie l'avalanche sans précédent de concessions sur laquelle Barak ouvrit les négociations de Camp David, sans attendre qu'Arafat ait dévoilé son jeu. Elles étaient destinées à faire sauter le verrou psychologique qui, dans l'esprit des colombes israéliennes, représentait le principal obstacle à la paix.

Il fallut alors se rendre à l'évidence : la majorité des Palestiniens ne souffraient pas d'un blocage mental, ils savaient simplement parfaitement bien ce qu'ils voulaient. Continuant à s'accrocher à l'idée qu'Israël avait fait intrusion dans une terre arabe « sacrée », ils considéraient la reconnaissance pleine et entière de l'État d'Israël comme une concession qu'ils ne pourraient jamais faire accepter à leurs propres populations. C'est une chose dont, pour ma part, j'avais pleinement pris conscience en cette journée grisante de célébration des accords d'Oslo sur la pelouse de la Maison-Blanche, en 1993. Lors du déjeuner que le secrétaire d'État Warren Christopher avait donné en l'honneur des deux délégations, un membre du groupe d'Arafat m'avait confié qu'il se réjouissait de retourner en Palestine pour la première fois depuis quarante ans. Comme je lui demandais quel serait son sentiment en apercevant, de Cisjordanie, les lumières des villes israéliennes, il m'avait répondu : « Bien que je n'aie pas mis les pieds en Palestine depuis quarante ans, c'est à Jaffa [un faubourg de Tel-Aviv] que je me sens chez moi. Et si vous posez la question à mes enfants, ils vous diront aussi que c'est à Jaffa qu'ils sont chez eux. » En d'autres termes, le vrai problème ne concernait pas les villes situées le long de la ligne de démarcation mais celles de la côte – ce qui revenait à mettre en cause l'existence même d'Israël, ou, au minimum, à demander le retour de l'intégralité des réfugiés palestiniens sur le territoire israélien.

Voilà ce qui a entraîné le dialogue de sourds de Camp David II. Ce que Barak et Clinton considéraient à juste titre comme un ensemble de concessions considérables par rapport aux positions définies par Israël n'était au mieux, pour Arafat, qu'une offre minimale, qu'il ne pourrait jamais présenter à son opinion publique comme une réalisation majeure – d'autant que l'offre territoriale associée au maintien de la plupart des implantations israéliennes en Cisjordanie. Et s'il avait pris le risque de souscrire à cette proposition, Arafat n'aurait jamais pu la considérer comme la conclusion définitive du conflit, mais comme une simple étape d'un processus visant à la réalisation ultime des revendications palestiniennes – qu'il se garde bien d'exposer à l'opinion publique occidentale. C'est précisément en se mettant à l'écoute de son peuple qu'il est parvu à se maintenir au pouvoir. Et lorsqu'il s'adresse à lui, Arafat ne s'écarte jamais beaucoup du vocabulaire du djihad, la guerre sainte destinée à détruire Israël.

Voilà pourquoi Arafat ne pouvait accepter la contrepartie réclamée par Israël : le renoncement officiel de l'OLP à toutes revendications futures et au retour des réfugiés. Barak est beaucoup trop intelligent pour n'avoir pas su que ces mesures étaient inapplicables, mais il en avait besoin pour donner satisfaction à son opinion publique. Et, pour la même raison, Arafat ne pouvait que les repousser : alors que trois millions de Palestiniens vivaient dans des camps de réfugiés, il n'aurait pu prendre un tel engagement sans perdre le soutien d'une partie importante de son électorat. Dans les faits, Arafat aurait tout aussi bien pu renoncer à ses revendications ultimes, indéfiniment peut-être ; mais il lui était impossible de s'engager officiellement en ce sens et de conserver l'appui de son peuple.

Lorsque, pour faire bonne mesure, on a rattaché les concessions territoriales d'Israël à des « compromis » palestiniens sur les Lieux saints, on s'est dirigé tout droit vers l'explosion. En associant la question des Lieux saints aux querelles territoriales, on a en effet transformé un problème palestinien en un problème panarabe, et même panislamique, élargissant ainsi l'influence d'Arafat tout en limitant encore sa marge de manœuvre. Tant que les négociations portaient sur un territoire, les dirigeants arabes modérés pouvaient les traiter comme un problème palestinien et aller même jusqu'à prôner quelques compromis. Mais une fois la question religieuse sur le tapis, aucun dirigeant arabe ne pouvait plus ignorer la menace intégriste qui pesait sur son propre régime. Autrement dit, les appels de Clinton demandant aux dirigeants égyptiens et saoudiens de faire pression sur Arafat étaient voués à l'échec.

Non sans quelque ironie, l'impatience de Clinton à obtenir un accord avant de quitter le pouvoir a peut-être renforcé l'intransigeance d'Arafat. Quand le médiateur tient absolument à aboutir, il devient partie prenante des négociations et renonce à son impartialité, il se pose en juriste et fait passer au second plan toute perspective stratégique. La convergence de ces tendances a sans doute persuadé Arafat que, s'il demeurait inflexible, les pressions américaines et la volonté de paix d'Israël – qu'il interpréta peut-être comme une manifestation de panique – lui permettraient d'arracher de nouvelles concessions.

L'échec de Camp David II a été suivi d'une nouvelle Intifada, qui a fait rage pendant des mois. Après avoir affirmé énergiquement qu'Israël ne négocierait jamais sous la pression, Barak a encouragé Clinton à relancer les discussions, autour, cette fois, d'un plan de paix américain. Jamais encore un président américain n'avait présenté un projet détaillé de son cru. Ce qui imposait aux États-Unis une lourde responsabilité, en cas de succès comme en cas d'échec. Si l'effort américain réussissait, l'Amérique serait contrainte d'assumer un rôle sans précédent, tant au cours des négociations qu'au moment où seraient précisées les mesures d'application (qui suivraient nécessairement ce qui ne pouvait être, au mieux, qu'une déclaration de principes) et, plus tard, lorsque viendrait le temps des garanties. Et toutes ces obligations seraient confiées à une nouvelle administration qui n'aurait participé ni aux décisions stratégiques, ni à la rédaction des propositions, ni à la négociation. D'un autre côté, si les négociations aboutissaient à une impasse, et c'est ce qui s'est passé, la nouvelle administration aurait sur les bras une crise encore plus grave, alors même que la capacité d'action des États-Unis serait discréditée par les échecs précédents.

Tous les extrémistes de la région pensaient forcément qu'un rejet des propositions américaines ou un recours à la force seraient sans conséquence. Il faudrait être bien naïf pour croire que, quand bien même on parviendrait à un accord, toutes les tensions disparaîtraient comme par enchantement. La question des implantations, de la coexistence des deux sociétés, des Lieux saints et des réfugiés fourniraient de nombreux prétextes à la poursuite du conflit.

Et après ?

Les principales avancées diplomatiques dans le conflit israélo-arabe ont été le fait de deux circonstances concomitantes. La première a été le rôle prédominant des États-Unis dans le contexte politique et stratégique du Proche-Orient. La deuxième a été plus subtile et, en apparence, paradoxale : l'existence d'un gouvernement israélien défendant obstinément ses intérêts nationaux, refusant de céder aux pressions de ses voisins, mais disposé à accepter quelques réajustements par égard pour son allié américain. Quand les conditions étaient propices, elles ont abouti à une diplomatie qui n'a permis à aucun camp d'obtenir l'intégralité de ce qu'il voulait, mais dont les résultats ont tout de même été supérieurs à ce qui aurait pu être accompli sans le concours américain.

La première avancée a eu lieu en 1973-1974. Il s'agissait du point culminant d'une stratégie menée par l'administration Nixon sur une période de quatre ans et qui consistait à s'opposer à toute démarche diplomatique reposant sur les armements ou les pressions soviétiques[3]. C'est ainsi que Sadate a fini par comprendre qu'en s'appuyant sur l'Union soviétique son pays se condamnait à ne jamais sortir de l'impasse et que les bons offices des États-Unis étaient indispensables à la marche vers la paix. Malgré l'organisation, pendant la guerre de 1973, d'un pont aérien américain vers Israël, sans lequel la position de cet État aurait été beaucoup plus précaire, Sadate a compté sur la médiation américaine ; le président syrien Hafez el-Assad lui-même a fait appel à l'arbitrage des États-Unis pour aboutir à un accord de désengagement sur le plateau du Golan.

On a observé une situation très comparable après la victoire américaine dans la guerre du Golfe en 1991. Les forces extrémistes de la région (OLP comprise) ont été vaincues ou isolées.

L'initiative qu'a prise le secrétaire d'État James Baker d'organiser une conférence de paix sur le Proche-Orient à Madrid en 1991 a inauguré une nouvelle phase du processus de paix, qui a conduit, deux ans plus tard, à l'accord d'Oslo. Bien que théoriquement négocié par des fonctionnaires norvégiens, cet accord n'a été possible que parce que l'OLP a fini par comprendre qu'elle ne pourrait jouer aucun rôle tant qu'elle ne souscrirait pas aux conditions américaines : reconnaître Israël comme partenaire de négociations et accepter les principales résolutions du Conseil de sécurité des Nations unies définissant les principes de la diplomatie. Malgré le soutien accordé par Arafat à Saddam Hussein dans la guerre du Golfe, l'OLP a fini par approuver la médiation américaine, car c'était la seule issue possible.

Les deux conditions du progrès diplomatique se sont progressivement affaiblies dans les années 1990. Le déclin de la prédominance américaine a été proportionnel au redressement de Saddam Hussein. L'impuissance à maintenir Saddam « dans sa boîte » – objectif déclaré de la politique américaine selon les termes de Madeleine Albright – a entraîné un déclin du prestige des États-Unis tant auprès de leurs amis que de leurs adversaires. À la fin de l'administration Clinton, le système d'inspection que l'ONU avait établi en Irak s'est désintégré avec le consentement américain, et aucun obstacle international n'a plus empêché l'Irak de poursuivre la production d'armes de destruction massive. Le régime de sanctions était en lambeaux. Peu de dirigeants arabes de la région pouvaient se permettre de fermer les yeux sur la recrudescence du terrorisme, souvent financé par l'étranger. La volonté aussi bien que la possibilité de soutenir les mesures prônées par Washington ou d'exhorter Arafat à la modération menaçaient de s'effriter.

De même, les dirigeants arabes commençaient à penser que si l'État hébreu restait un colosse militaire, il n'en était pas moins en train de s'effondrer politiquement. Bien que l'idée d'un retrait israélien du Liban durant l'été 2000 ait reçu un accueil favorable, la brutalité de son exécution – des milliers de Libanais qui avaient travaillé avec Israël furent abandonnés à leur sort – reflétait plus de panique que de détermination. L'avalanche de concessions que fit Barak pour étayer les discussions sur le statut final ne fit que renforcer ce sentiment. Barak ouvrit, nous l'avons vu, les négociations de Camp David sur des propositions qu'aucun Premier ministre israélien n'avait jamais envisagées, et il n'hésita pas à surenchérir, malgré le rejet de ses offres et la poursuite de l'Intifada. Les Palestiniens en déduisirent sans doute qu'Israël se trouvait dans une mauvaise passe psychologique, et qu'en multipliant les obstacles ils parviendraient peut-être à arracher à une nouvelle administration américaine la satisfaction de toutes leurs revendications.

On assista alors à un affaiblissement progressif du rôle des États-Unis. Dans la mesure où Arafat jugeait que Barak était allé jusqu'au bout de ce que qu'Israël pouvait faire, les États-Unis n'avaient plus d'autre fonction que de faciliter la rédaction du projet ou de soutenir les revendications des Israéliens irréductibles. Bref, après avoir été le deus ex machina des Palestiniens – Arafat pensant peut-être que Clinton pourrait réaliser le programme palestinien maximal sans véritables négociations –, l'Amérique ne jouait plus qu'un rôle négligeable. Cela explique pourquoi, au cours de la dernière phase des négociations, les diplomates israéliens et palestiniens ont négocié directement les uns avec les autres, tout en justifiant les commentaires fort peu généreux de l'OLP sur le rôle de Clinton après son départ de la Maison-Blanche[4].

Le déclin de l'Amérique, qui, après avoir défini le contexte stratégique et politique, en était réduite à jouer les courtiers en formules juridiques de compromis, produisit le contraire même de l'effet recherché. En effet, lorsque les parties en présence sentent que le médiateur croit devoir définir une position intermédiaire, elles ont tendance à redoubler d'intransigeance pour rapprocher le plus possible le terrain d'entente de leurs véritables désirs. Elles peuvent aussi faire de l'obstruction – ce qui revient à peu près au même –, afin d'inciter le médiateur, impatient de sortir de l'impasse, à faire des propositions de plus en plus favorables à leur point de vue. On ne saurait imaginer pire attitude pour les États-Unis que celle qui a été la leur pendant et après le processus de Camp David : donner l'impression qu'ils étaient encore plus désireux que les parties en présence de parvenir à un accord. Une telle position les expose à des tentatives de chantage tous azimuts et les conduit finalement à renoncer à toute médiation, à intervenir dans ces négociations comme un acteur parmi tant d'autres.

Quand la diplomatie de paix renaîtra de ses cendres – et il le faut, car c'est la seule issue possible pour toutes les parties –, l'Amérique ne pourra jouer de rôle actif que si elle est capable d'imposer une conception stratégique et politique. Prétendre jouer les médiateurs sans savoir clairement où l'on veut aller conduira à une répétition de l'échec de Camp David.

Voici quelque-uns des principes qui devraient inspirer toute nouvelle ouverture.

Il faut comprendre avant tout que les parties ne sont pas prêtes à signer un accord final, surtout après l'échec de tant de formules juridiques – du moins à des conditions acceptables par les deux camps. Toutes ces questions ont besoin de mûrir encore. Une nouvelle course au résultat définitif risquerait fort de conduire à une nouvelle déflagration. L'effort diplomatique devrait, pour le moment, se concentrer sur une série d'accords provisoires. Ceux-ci ne devraient pas avoir pour objectif proclamé la paix définitive, mais une longue période de coexistence reflétant cette réalité incontournable : les deux parties partagent le même petit territoire qu'elles considèrent l'une et l'autre comme sacré, et aucune n'est en mesure d'imposer sa volonté par la force.

Deuxièmement, dans le cadre d'un accord provisoire prolongé, Israël devrait cesser de s'opposer à la création d'un État palestinien indépendamment de tout accord définitif. Israël devrait au contraire profiter de l'instauration d'un tel État pour mettre au point des conditions de coexistence entre les deux sociétés.

Aussi compréhensible soit-elle, l'ambivalence israélienne à l'égard d'un État palestinien est incompatible avec les perspectives à long terme de toute négociation, quelle que soit la formule sur laquelle celle-ci repose. Elle a perdu toute valeur de marchandage. L'existence d'un État palestinien était inhérente à la proposition d'autonomie palestinienne faite par le Premier ministre Menahem Begin au premier sommet de Camp David, en 1978. Elle était implicite dans l'accord d'Oslo. Arafat est traité en chef d'État lorsqu'il voyage à l'étranger. À plus ou moins brève échéance, l'existence d'un État palestinien sera reconnue par la plupart des pays, dont la majorité des États européens, même si les États-Unis devaient renâcler un moment. Les tergiversations israéliennes donnent à Arafat un moyen de pression permanent. Dès que l'État palestinien aura été établi, il faudra régler le problème de la coexistence avec Israël – et Intifada ou non, aucun parti ne pourra éluder indéfiniment cette nécessité.

Troisièmement, pour éviter toute insistance sur un accord définitif et assurer une importante longévité à des dispositions provisoires, la formule du second accord du Sinaï de 1975 – un accord reste en vigueur tant qu'il n'est pas remplacé par un autre – devrait permettre d'associer une durée indéterminée à l'idée de la renégociation de certains points.

Quatrièmement, les négociations sur un accord provisoire devraient se concentrer sur les questions territoriales et différer les problèmes du retour des réfugiés, des Lieux saints et du renoncement palestinien à toute nouvelle exigence. Le retour des réfugiés est avant tout une question de pouvoir relatif : tant qu'Israël sera assez puissant pour empêcher ce retour, toute clause est inutile. Si l'équilibre des forces devait se modifier et permettre aux Palestiniens d'insister sur ce point, aucune clause ne les empêchera de l'imposer.

La définition de sa sécurité incombe évidemment à Israël. Mais les dirigeants américains devraient éviter de proposer des frontières comme celles de 1967, qui ménageaient un couloir de quinze kilomètres de large à peine entre certaines grandes villes d'Israël, laissant des centres de population israéliens dangereusement exposés et à portée de mortier de ses adversaires. Il est difficile d'imaginer qu'un tel tracé soit compatible avec la sécurité d'Israël.

Cinquièmement, en dessinant les frontières de l'accord provisoire, il faut veiller à ce que les Palestiniens puissent mener une existence digne, au sein d'une entité économiquement viable. Les Palestiniens doivent posséder un territoire essentiellement d'un seul tenant, et il convient de limiter le plus possible la présence de check-points israéliens en même temps que toute forme d'ingérence dans la vie quotidienne des habitants de ce territoire. Il est plus que temps, par ailleurs, qu'Israël révise sa politique d'implantations, s'agissant surtout des colonies les plus exposées et les plus isolées, qui sont une invitation constante à de nouvelles explosions de violence. Les implantations devraient être fusionnées, avec ou sans accord. Dans le cadre de l'accord provisoire, on pourrait entreprendre de réviser les dispositions de facto pour l'administration de Jérusalem afin d'accroître le rôle de la population arabe, sans chercher cependant à régler la question de la souveraineté.

Sixièmement, il faut que les États-Unis soient parfaitement lucides à propos du rôle que d'autres pays pourraient jouer dans le processus de paix. De nombreux dirigeants européens offrent leurs services, tandis que Washington invite d'autres pays, comme l'Égypte et l'Arabie Saoudite, à jouer un rôle de modérateurs. Le fait est, pourtant, que l'impartialité très relative des pays européens ne les prédispose guère à exercer cet effet modérateur. Désireux de préserver leurs intérêts dans le monde arabe et islamique – des intérêts qui vont bien au-delà de leurs relations avec Israël –, les alliés européens prennent généralement leurs distances avec les États-Unis, et encore plus avec Israël, sur les questions du Proche-Orient. L'Amériquc n'a rien à gagner à mêler à cette affaire des pays qui, par principe, hésiteront davantage à réclamer des sacrifices au camp arabe qu'aux Israéliens. Le Proche-Orient devrait, certes, rester un sujet de consultations intensives entre Washington et ses alliés européens. Et si les parties en présence réclament l'intervention des Européens, les États-Unis ne devront pas s'y opposer. Mais s'ils ont leur mot à dire sur ce point, ils devront exiger qu'il soit bien précisé que les participants potentiels devront réclamer autant au camp arabe qu'à Israël. Faute de quoi, une conférence internationale se transformerait en machine à isoler les États-Unis ou à les inciter à imposer une solution à Israël.

Septièmement, si les alliés européens de l'Amérique semblent tenir à s'impliquer publiquement dans le processus de paix, l'attitude des États arabes amis est plus ambiguë. Les États-Unis ont fréquemment surestimé le rôle que des pays comme l'Égypte et l'Arabie Saoudite sont prêts à jouer officiellement. Ayant déjà obtenu la restitution de ses territoires nationaux, l'Égypte est favorable à une issue modérée. Mais elle n'a évidemment pas grande envie de risquer de graves troubles intérieurs en soutenant des négociations que les pays arabes extrémistes auront de bonnes chances de fustiger.

Quant au royaume saoudien, il abrite des tribus de nomades intégristes au même titre que des concentrations urbaines comparables aux métropoles occidentales. Quand l'Irak a occupé le Koweït, l'Arabie Saoudite a dû faire face à une menaçante démonstration de convoitise de la part d'un puissant voisin. Conformément à leurs traditions, les Saoudiens ont cherché à masquer leur vulnérabilité en évitant de s'exposer au danger tant que toutes les autres parties ne se seraient pas irrévocablement engagées. On peut donc compter sur la circonspection peu commune des dirigeants saoudiens. Mais l'on ne facilite pas les choses à ce pays en cherchant à l'entraîner dans le cycle quotidien d'une négociation litigieuse – d'autant qu'il n'a pris part à aucune guerre israélo-arabe et qu'il soutiendra certainement une issue définitive en coulisses, comme il l'a fait par le passé. De façon plus générale, les États-Unis devraient continuer à entretenir des relations étroites avec les nations arabes modérées, tout en évitant de les soumettre à des tensions intérieures.

Huitièmement, les États-Unis doivent tenir compte non seulement de la position des principaux adversaires mais aussi de la sécurité des pays amis dont dépend la sécurité de la région. Le royaume hachémite de Jordanie en offre un excellent exemple. Situé au carrefour entre Israël, la Syrie, l'Irak et le futur État palestinien, il est extrêmement vulnérable à toutes les pressions extrémistes. Le royaume de Jordanie a été un allié solide et fidèle des États-Unis et a joué un rôle fort utile dans la diplomatie israélo-arabe. Il ne faut pas compromettre sa sécurité en cherchant à faire aboutir précipitamment le processus de paix. Un accord sur un État palestinien devrait donc inclure des dispositions assurant la sécurité de la Jordanie, et la question d'une présence militaire israélienne dans les régions inhabitées de la vallée du Jourdain devrait être abordée dans cet esprit.

Neuvièmement, les relations de l'Amérique avec Israël sont la clé de toute perspective de paix. En dernière analyse, la survie d'Israël dépend de l'appui diplomatique des États-Unis et, dans une mesure au moins aussi importante, du matériel militaire qu'ils fournissent. La position américaine ne paraîtra donc jamais tout à fait impartiale – du reste, elle ne saurait l'être. Israël n'a pas d'autre source d'approvisionnement, et toute réduction de l'aide militaire ne pourrait qu'accroître les difficultés de l'Amérique. En effet, si les voisins d'Israël ont l'impression que ce pays est faible, voire simplement affaibli, ils risquent de déclencher les conflits mêmes que la politique américaine doit s'attacher à éviter. Cela poserait le problème d'une garantie américaine de la sécurité d'Israël, une solution qui ne devrait être envisagée qu'en dernière extrémité. En effet, une telle garantie – américaine ou internationale – entraînerait les États-Unis dans tous les affrontements locaux, une situation particulièrement périlleuse si l'on songe au type de guerre que représente l'Intifada. Elle s'accompagnerait d'un droit de veto sur les réactions israéliennes aux actes de terrorisme, ce qui impliquerait les États-Unis dans une guérilla sans fin ou deviendrait un moyen de coercition permanent de la ou des puissances garantes sur Israël. Les mêmes observations s'appliquent de manière encore plus flagrante au déploiement éventuel de forces américaines ou internationales le long de la frontière israélienne. Si l'État hébreu n'est plus capable de se défendre, il sera tôt ou tard submergé par la marée hostile de ses voisins.

L'Amérique et le Golfe

Aucune région ne met les principes américains à plus rude épreuve que le Golfe. Ici, les principes wilsoniens ne peuvent guider les actions de l'Amérique. Du point de vue wilsonien, empêcher l'hégémonie d'une puissance hostile sur cette région revient à choisir entre plusieurs maux ; il n'y a pas, en effet, de démocraties à défendre. Mais l'intérêt national des États-Unis – et des autres démocraties industrielles – leur commande d'éviter que la région ne soit dominée par des pays dont les objectifs s'opposent aux nôtres. Les économies industrielles avancées dépendent des ressources pétrolières du Golfe, et les conséquences d'une radicalisation de cette région s'étendraient de l'Afrique du Nord à l'Inde en passant par l'Asie centrale.

Mais cet impératif géopolitique doit être appliqué dans un contexte bien particulier : en effet, les deux pays les plus puissants du Golfe, l'Iran et l'Irak, sont hostiles aux États-Unis et manifestent un comportement inamical à l'égard de leurs voisins. Comment garantir la stabilité du Golfe contre ses deux plus grandes puissances sans disposer de bases permanentes et avec pour tout soutien des alliés fragiles ?

Les règles de la diplomatie traditionnelle conseilleraient d'améliorer les relations avec l'Irak ou l'Iran pour obtenir que l'un de ces deux pays au moins puisse participer à l'équilibre des forces dans la région. Aujourd'hui, c'est le moins que l'on puisse dire, aucune des deux possibilités ne semble très prometteuse*. Tant que Saddam Hussein restera au pouvoir en Irak, tout rapprochement avec Bagdad fera figure d'une défaite et d'une humiliation américaines majeures dans toute la région, probablement aux yeux du reste du monde et certainement à ceux de Saddam lui-même. Quant à une amélioration des relations avec l'Iran, bien que souhaitable dans son principe, elle se heurte à des obstacles intérieurs majeurs à Téhéran, les ayatollahs cherchant pour le moment à sortir de l'impasse dans laquelle ils se trouvent.

On ne peut à l'heure actuelle envisager aucune initiative spectaculaire pour renverser la situation. Il faut se contenter d'une attente vigilante, ce qui n'est pas le passe-temps favori des Américains. Les défis à la stabilité du Golfe doivent être repoussés avec fermeté ; il faut résister à toute infraction irakienne aux dispositions mises en place par les Nations unies, en faisant preuve de détermination afin de montrer clairement que le « gradualisme » qui a caractérisé la dernière décennie appartient au passé et que l'on réagira énergiquement à toute provocation.

Aujourd'hui, il importe d'abord de renforcer les relations avec les alliés dont le soutien serait capital en cas d'affrontement. Le principal d'entre eux est la Turquie. Sa situation contiguë à l'Irak, à l'Iran et aux régions agitées du Caucase rend sa coopération indispensable en cas de crise. Les États-Unis, et plus encore l'Europe, ont eu exagérément tendance à se croire

---

* Sur cette question, on se reportera à la postface de ce livre. *(N.d.E.)*

tout permis concernant la Turquie, à faire comme s'ils pouvaient conditionner sans frais leur soutien à sa politique intérieure et ignorer la fierté nationale turque ou sa situation particulière. Les démocraties occidentales – et plus particulièrement l'Europe et les États-Unis – doivent se rappeler que des éléments essentiels de leur sécurité nationale fondamentale sont en jeu. Leurs préférences concernant le régime intérieur de la Turquie doivent être soigneusement mises en regard de ces impératifs.

La même sensibilité doit présider à notre attitude à l'égard de l'Arabie Saoudite et des États du Golfe. Leur faiblesse relative par rapport aux deux géants régionaux leur impose une certaine prudence qui crée un écart évident entre ce qu'ils recommandent publiquement et ce qu'ils espèrent que feront les États-Unis. Ces derniers doivent veiller à ne pas aggraver leur insécurité en laissant planer l'incertitude sur la réalité de leur engagement, ou en s'ingérant excessivement dans la structure intérieure fragile de ces pays.

Le temps passant, l'Inde va jouer un rôle croissant dans la région. Il existe une certaine communauté d'intérêts entre l'Inde et les États-Unis touchant la stabilité du Golfe, et plus particulièrement l'essor local de l'intégrisme. Mais comme nous l'avons dit au chapitre précédent, l'Inde se préoccupe autant, sinon plus, du soutien que les Saoudiens et les islamistes radicaux en Afghanistan et au Pakistan accordent à ses propres dissidents que de l'équilibre de la sécurité dans le Golfe. Et il lui arrive d'être tentée de jouer le rôle de médiateur entre les États-Unis et les extrémistes du Golfe – un rôle que l'Amérique n'approuvera qu'à condition qu'il trouve sa place dans la stratégie américaine à long terme. Néanmoins, au fil du temps, le Golfe devrait occuper une place majeure dans un dialogue stratégique de plus en plus intense avec l'Inde.

IRAK

L'Irak a été placé sous mandat britannique à l'issue de la Première Guerre mondiale, quand l'Empire ottoman du Proche-Orient a été partagé entre la France et la Grande-Bretagne. Créé pour servir des intérêts stratégiques et économiques, le nouvel État multiethnique a été, après son indépendance, gouverné par une dynastie hachémite et a été l'un des piliers de la stratégie britannique dans le Golfe. En 1958, la dynastie régnante a été renversée dans le sillage de l'échec humiliant subi par les Britanniques en 1956 lors de l'opération de Suez. Le parti Baath, un parti nationaliste radical, a alors pris le pouvoir, conduit par un groupe d'officiers au sein duquel Saddam Hussein est apparu, dans les années 1970, comme la figure dominante.

Depuis, l'Irak a été le cauchemar de ses voisins. En 1980, il a envahi l'Iran, s'engageant dans une guerre épuisante qui a duré dix ans et au cours de laquelle il a progressivement été acculé à la défensive. Les États-Unis n'avaient pas d'autre intérêt dans ce conflit que d'éviter la domination de la région par l'un ou l'autre des belligérants. En raison de l'importance de ses ressources, de sa supériorité démographique et de son intégrisme extrémiste, l'Iran était considéré comme la menace la plus sérieuse. Aussi l'administration Reagan a-t-elle rétabli des relations diplomatiques et économiques avec l'Irak et encouragé les alliés européens de l'Amérique à livrer du matériel militaire à Saddam Hussein. Au lendemain de la guerre avec l'Iran, en 1988, Saddam s'est choisi une nouvelle cible et a envahi le Koweït en 1990, provoquant un déploiement militaire américain massif dans le Golfe, suivi d'une campagne militaire victorieuse en 1991.

La fin de la guerre du Golfe a apporté une nouvelle démonstration de la difficulté congénitale de l'Amérique à transformer un succès militaire en gain politique. Les États-Unis ont toujours considéré l'emploi de la force et l'exercice du pouvoir comme des phases distinctes et successives. Lorsqu'ils font la guerre, ils exigent la capitulation sans conditions, ce qui évite d'avoir à combiner force et diplomatie, ou ils font comme si, après la victoire, l'élément militaire n'avait plus sa place, obligeant les diplomates à prendre le relais dans une sorte de vide stratégique. C'est ainsi que les États-Unis ont interrompu les opérations militaires en Corée en 1951 dès que les négociations ont commencé, et c'est pourquoi ils ont mis fin aux bombardements du Vietnam en 1968 comme préalable aux négociations. Dans un cas comme dans l'autre, le relâchement de la pression militaire a réduit les motivations qui avaient incité l'ennemi à négocier. Ce qui a entraîné des impasses durables et fait de nouvelles victimes.

La phase finale de la guerre du Golfe a montré que les États-Unis n'ont pas su tirer les leçons de l'histoire. En effet, ils ont permis à un adversaire incontestablement vaincu d'échapper aux pleines conséquences de sa défaite. Les buts de guerre avaient été définis de manière trop étroite et trop légaliste. La guerre ayant été provoquée par l'occupation irakienne du Koweït, les décideurs américains ont conclu qu'avec la libération de ce pays ils avaient atteint à la fois leur objectif et touché les limites du mandat des Nations unies. Ils ont justifié cette décision en soulignant le risque de pertes qu'entraînerait une marche sur Bagdad, et les réactions de l'opinion publique à ces pertes, alors que la bataille semblait gagnée. Ils se sont rappelé les impasses de la Corée et du Vietnam, mais ils en ont oublié les causes.

Comme les précédentes, l'administration de George H. W. Bush avait énergiquement défendu sa ligne de conduite. Les plus hauts fonctionnaires du gouvernement américain avaient fait des déclarations devant le Congrès et assuré la communauté internationale que l'unique objectif de l'Amérique était la libération du Koweït. Cet objectif ayant été atteint ou dépassé, on craignait qu'une poursuite de la guerre n'entraîne une érosion du soutien intérieur et international.

La désintégration de l'Irak justifiait également de mettre rapidement fin à la guerre. Une révolte chiite avait éclaté à Basora et aurait pu conduire à la fondation d'une république proche de l'Iran. Or on considérait toujours qu'à long terme c'était l'Iran qui faisait peser le danger le plus sérieux dans le Golfe. On craignait aussi qu'une république kurde indépendante dans le nord de l'Irak n'inquiète la Turquie et n'ébranle sa volonté de soutenir la politique américaine dans le Golfe. Enfin, on pensait que la défaite et le retour chez eux de dizaines de milliers de prisonniers de guerre irakiens provoqueraient le renversement de Saddam Hussein.

Ces arguments, aussi fondés qu'ils aient pu paraître, sous-estimaient la résistance de Saddam et les effets de celle-ci sur la position américaine dans le Golfe. Tant que Saddam resterait au pouvoir, l'Irak ne pourrait participer à aucune tentative d'équilibre des forces dans la région. Trop faible pour contrebalancer l'Iran, trop fort pour que ses voisins du Golfe soient en sécurité, trop hostile à l'égard des États-Unis, l'Irak allait devenir un trublion permanent. Au demeurant, les options militaires n'avaient pas été correctement définies. L'alternative n'était pas de marcher sur Bagdad ou de mettre fin à la guerre : il aurait mieux valu poursuivre la destruction des unités d'élite irakiennes – la Garde républicaine –, qui étaient, et restent, le fondement du régime de Saddam. Si l'on avait appliqué cette stratégie, il est probable que l'armée irakienne aurait renversé Saddam. Même si son successeur n'avait pas été un modèle de démocratie, l'effet symbolique du départ de Saddam aurait été considérable, et les alliés victorieux auraient pu commencer à redonner toute sa place à l'Irak dans un système de sécurité régional.

Il faut mettre en balance l'idée qu'une semaine de guerre supplémentaire aurait gravement compromis le soutien public et international et le prestige que le président Bush avait tiré de la victoire. Les dirigeants arabes les plus immédiatement concernés, quant à eux, et notamment ceux de l'Arabie Saoudite, ont affirmé plus tard qu'ils auraient préféré voir les combats se poursuivre jusqu'à ce que Saddam soit contraint de quitter le pouvoir.

Le souci de calibrer soigneusement l'ampleur de la défaite de l'Irak a provoqué un dilemme politique à long terme. La résolution 687 du Conseil de sécurité des Nations unies a décrété un cessez-le-feu ; or l'application de ses dispositions en matière de désarmement exigeait une surveillance internationale importune alors que, dans le même temps, le retrait rapide des forces américaines privait de tout leur poids les menaces de nouvelle intervention. Saddam en a largement profité, et il n'a cessé depuis de redresser sa position et celle d'un Irak extrémiste.

L'administration Clinton n'a fait qu'accélérer la détérioration de la situation. Le maintien de Saddam au pouvoir après la guerre du Golfe laissait trois solutions politiques aux États-Unis : (1) se réconcilier avec un Saddam que l'on espérait assagi ; (2) maintenir Saddam « dans sa boîte » en l'obligeant à respecter les termes de la résolution 687 ; (3) faire de son renversement un projet national.

L'administration Clinton s'est engagée simultanément dans ces trois voies, sans succès. Saddam ayant survécu à la guerre du Golfe, son attitude a renforcé les craintes de ses voisins. Il a systématiquement mis à mal les dispositions du cessez-le-feu qui avait mis fin à la guerre. En 1996, il a supprimé les institutions autonomes établies sous l'égide américaine dans les zones kurdes. Plusieurs centaines de personnes ont trouvé la mort et trois mille individus au moins, liés de près ou de loin aux États-Unis, ont été condamnés à l'exil. À partir de novembre 1997, Saddam a systématiquement saboté le système d'inspection des Nations unies destiné à contrôler les programmes irakiens de fabrication d'armes de destruction massive. L'administration Clinton a menacé à plusieurs reprises de recourir à la force, et à chaque fois elle a reculé, permettant à Saddam de démanteler le système d'inspection de l'ONU. Les États-Unis ont fini par recourir à la force quatre nuits durant en décembre 1998, mais ce n'était qu'une opération grossière de camouflage dissimulant le renoncement pur et simple aux inspections.

Une fois le système d'inspection démantelé, Saddam a cherché à atténuer les sanctions économiques mises en place pour appuyer les mesures d'inspection et qui devaient être appliquées jusqu'à ce que la destruction de toutes les armes de destruction massive et de tous les moyens d'en produire ne fasse plus aucun doute. En décembre 1996, trois mois après que l'Irak eut violé les dispositions du cessez-le-feu dans la zone kurde, les États-Unis ont souscrit à un programme parrainé par l'ONU qui permettait à l'Irak de vendre pour deux milliards de dollars de pétrole par an afin d'acheter des denrées alimentaires et des médicaments. Il s'agissait d'« isoler » Saddam en dissociant l'application des dispositions militaires du bien-être de la population. L'idée qu'en renforçant la position intérieure de Saddam on finirait par l'affaiblir témoignait d'une méconnaissance évidente des réalités du Golfe. Depuis cette date, le programme « pétrole contre nourriture » est passé à six milliards de dollars par an et ne connaît plus de plafond aujourd'hui. C'est ainsi qu'en l'an 2000 Saddam a exporté pour seize milliards de dollars de brut – ce qui représente à peu de chose près le montant des bénéfices annuels de l'Irak avant la guerre du Golfe. L'argent étant évidemment fongible, les ressources ainsi dégagées peuvent servir à l'achat de matériaux bien plus dangereux...

Les hésitations américaines devant toutes ces provocations s'expliquent par l'expérience de la guerre du Vietnam : une réticence opiniâtre à employer la force, et la volonté de justifier toute menace de recours à la force en s'assurant du soutien multilatéral le plus vaste possible. C'est ainsi que, en riposte à un prétendu complot irakien contre la vie de l'ancien président Bush lors d'une visite au Koweït en 1993, Clinton a donné l'ordre de tirer quelques missiles de croisière contre un unique bâtiment, inoccupé au dire du Pentagone. En 1996, quand Saddam a écrasé les forces kurdes financées par les États-Unis, l'administration Clinton a réagi en envoyant des missiles de croisière contre des stations radars situées à plusieurs centaines de kilomètres au sud. Et, comme nous l'avons dit, quatre nuits de bombardements américains sans conséquences ont ratifié l'échec de la mission d'inspection de l'ONU en décembre 1998. Pendant toute cette période, l'administration Clinton s'est montrée disposée à prendre au pied de la lettre les propos de plusieurs dirigeants du Golfe conseillant la retenue. Or ces recommandations n'avaient certainement d'autre fonction que de servir d'alibi à ces responsables, qui – douloureusement conscients de la menace que Saddam représentait pour eux – espéraient secrètement que les États-Unis les ignoreraient.

La survie politique de Saddam a imposé aux États-Unis une politique de « double endiguement », contre l'Iran et l'Irak à la fois. En effet, l'Arabie Saoudite, le Koweït et les États du Golfe ne sont pas assez puissants pour résister à un seul de ces pays, et moins encore aux deux réunis. Or la position américaine quant au rôle que Saddam pourrait jouer à long terme a été longtemps plutôt ambiguë. C'est ainsi qu'après avoir réduit au strict minimum une attaque de représailles déjà lancée en réalité, le président Clinton affirmait en novembre 1998 :

> Si nous pouvons faire en sorte que l'UNSCOM [le groupe d'inspection des Nations unies] y poursuive son travail et lui [Saddam] donner une nouvelle chance de réconciliation honorable par le simple respect des résolutions de l'ONU, nous constaterons qu'il est possible d'obtenir des résultats[5].

Aucun de nos alliés dans le Golfe ou dans la région n'a cru, de près ou de loin, à la perspective d'une « réconciliation honorable » fondée sur le respect des résolutions de l'ONU pendant quelques mois. Ils étaient tous convaincus que l'Irak ne ménagerait aucun effort pour réarmer dès que les sanctions de l'ONU seraient levées, et que les grandes puissances cherchaient déjà des prétextes pour les supprimer intégralement. En définitive, les pays de la région qui comptent sur les États-Unis mesureront l'intérêt que l'Amérique porte à leur sécurité à sa capacité de déposer Saddam ou de l'affaiblir suffisamment pour qu'il ne constitue plus une menace – quels que soient les propos qu'ils tiennent publiquement.

L'Amérique étant, de facto, garante de toutes les frontières dans une des régions les plus instables du monde, la sécurité du Golfe en est venue à dépendre de l'image que l'on se fait de l'aptitude de Washington à réagir aux conséquences du maintien et du renforcement de Saddam au pouvoir. Les États du Golfe sont à la fois très conscients de leur dépendance à l'égard de l'Amérique et très inquiets à l'idée de s'engager dans une collaboration trop manifeste, surtout lorsque l'Amérique chancelle.

La stratégie de Saddam a trois objectifs : (1) attirer l'attention du monde sur les griefs de l'Irak ; (2) faire éclater au grand jour la fracture latente entre les membres permanents du Conseil de sécurité des Nations unies à propos des sanctions contre l'Irak ; (3) placer au cœur du débat la question des sanctions en lieu et place de celle de l'inspection. Or on a pu penser pendant un temps qu'il était en voie de parvenir à ses fins. Pendant longtemps, en effet, négligeant complètement de remettre en place le système d'inspections, l'essentiel du débat international a porté sur l'allégement ou la levée des sanctions – de fait, plusieurs pays, avec la Russie, la Chine et la France en tête, refusent ouvertement de les appliquer. Et le problème irakien est apparemment devenu pour la France l'occasion de s'engager dans un nouvel effort pour définir une identité européenne distincte des États-Unis et opposée à ces derniers.

Bref, au terme de près de dix ans de valse-hésitation, les États-Unis se sont retrouvés dans une situation difficile : la plupart des pays du monde – particulièrement en Europe – considéraient désormais que c'était l'Amérique, et non Saddam Hussein, qui faisait obstacle à l'atténuation des tensions dans le Golfe. Les répondants de l'Irak aux Nations unies furent même près d'obtenir du Conseil de sécurité la majorité nécessaire pour suspendre purement et simplement les sanctions. Les États-Unis auraient évidemment usé de leur droit de veto contre cette mesure, mais cela n'aurait fait qu'afficher leur isolement croissant et inciter d'autres pays à assouplir l'application des sanctions.

En tout état de cause, céder aux pressions n'aurait rien apporté à l'Amérique. Les pays qui n'appliquent pas correctement les sanctions auraient appris que l'on peut impunément passer outre à une politique américaine soutenue par des résolutions de l'ONU. Ce sursis provisoire aux menaces irakiennes aurait sans doute soulagé les États du Golfe, mais ceux-ci n'auraient pas manqué de s'interroger sur la fermeté de la position américaine dès la crise suivante.

On a également suggéré aussi de remplacer les sanctions économiques en vigueur par des « sanctions intelligentes ». Mais de quoi parlait-on ? Si celles-ci n'étaient qu'un subterfuge permettant à l'Irak d'échapper purement et simplement aux sanctions, les États-Unis devaient-ils vraiment prendre la tête de la parade ? Ne devaient-ils pas, au contraire, abandonner cette responsabilité à autrui ? Si cette idée de « sanctions intelligentes » était sérieuse, tout dépendrait de leur nature et de la volonté de l'Amérique d'exiger leur application.

On peut en dire autant de l'idée souvent avancée selon laquelle des opérations clandestines soutenues par les États-Unis permettraient d'abréger les difficultés nées de l'application de sanctions. Dans le principe, il me paraît judicieux d'encourager la résistance irakienne intérieure, mais, ayant observé de près tant d'opérations secrètes, je souhaiterais donner trois conseils de prudence : il faut confier de telles opérations à des professionnels et non à des aventuriers ; elles doivent tenir compte des intérêts des pays voisins, et notamment de la Turquie, de l'Arabie Saoudite, de l'Iran et de la Jordanie, pour éviter à ceux-ci d'être entraînés dans des complications qu'ils ne sont pas prêts à assumer et que les États-Unis ne sont pas prêts à subir : enfin, les États-Unis doivent accepter d'appuyer militairement le mouvement de résistance si celui-ci est en difficulté, faute de quoi on verra se reproduire la débâcle de la baie des Cochons et celle du nord de l'Irak en 1975 et en 1996, quand la plupart des hommes que soutenaient les États-Unis ont été éliminés ou exilés[6]. Si ces conditions ne peuvent être remplies, toute opération clandestine massive se transformera en un piège dangereux.

Les alliés européens de l'Amérique qui battent en brèche le régime de sanctions ne souhaitent certainement pas offrir à l'Irak l'occasion de dresser l'OPEP contre les démocraties industrielles, ce qui aurait notamment pour effet d'ébranler progressivement les gouvernements modérés de la région. De ce point de vue aussi, une politique américaine plus souple à l'égard de l'Irak ne sera possible et souhaitable qu'après le départ de Saddam Hussein – quelles qu'en soient les causes.

Sur ce plan, l'automne 2000 a été marqué par une évolution menaçante en raison des efforts redoublés de Saddam pour manipuler le marché du brut léger en réduisant périodiquement le volume des exportations autorisées par le régime de sanctions. Mais il faut voir les choses en face : il ne s'agit pas d'un simple problème d'offre et de demande sur le marché des ressources énergétiques, mais d'une question de sécurité nationale. Les démocraties industrielles doivent certes définir une politique énergétique cohérente et collective, mais cela ne doit certainement pas les conduire à courber l'échine devant l'Irak.

Il n'est pas trop tôt pour s'intéresser à l'Irak qui pourrait émerger lorsque Saddam aura quitté le pouvoir. L'Irak ne devrait être ni trop puissant, pour permettre le maintien de l'équilibre des forces dans la région, ni trop faible, pour préserver son indépendance face à des voisins avides, avec l'Iran en première ligne. Une des causes de la crise du Golfe en 1991 a été le laxisme dont ont fait preuve les pays occidentaux à la suite de la guerre Iran-Irak, en ignorant que l'Irak risquait d'être le prochain agresseur. Il serait pour le moins paradoxal qu'un autre cas de myopie produise le résultat inverse : un Irak si faible que ses voisins, et surtout l'Iran, se précipitent pour combler le vide. Mais une approche équilibrée de la question irakienne est impossible aussi longtemps que Saddam sera au pouvoir ; il faut la remettre à plus tard, après son départ.

Pour préserver les atouts américains dans le Golfe, une détermination résolue vaut certainement mieux que les gesticulations qui ont marqué les années 1990. En dépit des apparences, une telle attitude pourrait être tout aussi utile aux relations américaines avec l'Iran, le pays le plus puissant et le plus vaste de la région. Les États-Unis ne pourront inciter l'Iran intégriste à la modération s'ils ne savent que faire d'un Irak vaincu ou si les dirigeants de Téhéran, portant leurs regards de l'autre côté de la frontière, voient avec quelle facilité et quelle efficacité on peut défier les États-Unis. Quel raison les ayatollahs auraient-ils alors de s'engager sur la voie de la modération ?

Iran

Il est peu de pays au monde avec qui les États-Unis aient moins de motifs de différends et partagent plus d'intérêts que l'Iran. Si, dans les années 1970, le shah symbolisait l'amitié entre les deux pays, cette alliance n'était pas seulement affaire de personnes. Elle reflétait des réalités politiques et stratégiques qui n'ont pas disparu. On imagine mal pour quelle raison les États-Unis chercheraient à dominer l'Iran, comme le prétendent les ayatollahs au pouvoir aujourd'hui. Pendant la guerre froide, l'Amérique avait tout intérêt à préserver l'indépendance de l'Iran face aux menaces de l'Union soviétique, source traditionnelle de pressions et d'invasions. Au XIXe siècle, l'intervention britannique, dictée par les impératifs de la défense de l'Inde et de ses voies maritimes, a évité à de vastes régions d'Iran d'être incorporées dans la Russie impériale, comme l'ont été les États voisins d'Asie centrale. En 1946, sans l'interposition des États-Unis, la province iranienne d'Azerbaïdjan, dans le nord-ouest du pays, aurait été conquise par l'Union soviétique, première étape du démembrement du pays. Tout au long de la guerre froide, l'Iran a joué un rôle dans la résistance aux pressions soviétiques contre l'Afghanistan et à la pénétration de l'URSS au Proche-Orient.

Les intérêts américains en Iran coïncidaient avec la volonté d'indépendance de ce pays lui-même. De nombreux responsables politique de l'époque, dont je fais partie, éprouvaient une profonde reconnaissance à l'égard du shah, qui avait soutenu les États-Unis en plusieurs moments difficiles de la guerre froide. Mais notre motivation fondamentale relevait moins du sentiment que de la conscience de l'importance cumulée de la géographie, des ressources et du peuple iraniens.

L'hostilité entre l'Iran et les États-Unis ne repose, du côté américain, sur aucun motif géopolitique. Mais l'Iran donne toujours à l'Amérique de bonnes raisons de se tenir à distance. Plusieurs administrations américaines ont affirmé clairement leur intention de normaliser ces relations. L'Iran est appelé à jouer un rôle vital – décisif, en certaines circonstances – dans le Golfe et au sein du monde islamique. Un gouvernement américain avisé n'a pas besoin qu'on lui explique combien il est souhaitable d'améliorer ses relations avec ce pays.

Le gouvernement de Téhéran a été le principal obstacle à un tel rapprochement. Depuis le renversement du shah, en 1979, le régime des ayatollahs s'est engagé dans une série d'actions incompatibles avec les principes de la bonne conduite internationale, dont certaines visaient explicitement les États-Unis. Entre 1979 et 1981, il a détenu cinquante diplomates américains en otages pendant quatorze mois. Tout au long des années 1980, des organisations financées et soutenues par Téhéran ont été responsables de l'enlèvement d'Américains et d'autres Occidentaux à Beyrouth. Le régime de Téhéran a apporté un soutien majeur aux groupes qui ont provoqué la mort de plusieurs centaines de soldats américains à Beyrouth. Il entretient des liens étroits avec les camps de formation de terroristes au Soudan, et il les finance. Certains indices permettent d'imputer à des groupes protégés par l'Iran le bombardement des quartiers militaires américains dans les tours de Khobar en Arabie Saoudite, qui a provoqué la mort de dix-neuf citoyens américains en 1996. En France, un haut dirigeant iranien en exil a été assassiné par des agents iraniens qui furent ensuite libérés de prison en échange d'un otage français détenu à Beyrouth. Les ayatollahs ont également prononcé contre l'écrivain Salman Rushdie une condamnation à mort qui n'a pas encore été révoquée, bien que le gouvernement de Téhéran ait affirmé depuis avoir « pris ses distances » avec cette sentence, sans autres précisions.

Au-delà de ces actes isolés, l'Iran fait tout son possible pour compromettre la diplomatie de paix au Proche-Orient. Téhéran protège le Hezbollah, qui continue à s'opposer par les armes à la paix avec Israël. L'Iran fournit un soutien financier substantiel au Hamas et au djihad islamique palestinien, deux organisations qui revendiquent régulièrement la responsabilité d'attentats terroristes contre des civils israéliens.

Le régime iranien s'est engagé dans la fabrication de missiles à longue portée capables de frapper le Proche-Orient et la majeure partie de l'Europe centrale. Il met au point clandestinement une capacité nucléaire, grâce à une technologie à double usage d'origine occidentale et au soutien de la Russie, qui a pourtant signé le traité de non-prolifération (la Chine a, semble-t-il, mis fin à l'assistance qu'elle accordait à l'Iran).

Les responsables politiques américains ne peuvent que se demander si ces actions sont inhérentes à la nature du régime de Téhéran ou s'il est possible d'envisager des relations reposant sur la non-hostilité réciproque. Cette question capitale s'est ajoutée à une liste de désaccords avec les alliés européens de l'Amérique qui met à rude épreuve les relations atlantiques.

L'un des litiges porte sur le point suivant : les entreprises européennes et les sociétés américaines domiciliées en Europe sont-elles soumises aux pénalités définies par le Congrès des États-Unis contre ceux qui n'appliquent pas les sanctions ? J'ai déjà indiqué dans ces pages l'inquiétude que m'inspire la manière dont on a abusé de l'idée de sanctions. Leur application extraterritoriale, s'agissant notamment de pays alliés, est difficile à justifier et exige qu'on y regarde de près. Mais la question fondamentale ne porte pas sur le fondement juridique d'une stratégie américaine ; il s'agit d'établir si des concessions unilatérales accordées sans la moindre demande de réciprocité sont susceptibles d'améliorer les relations avec l'Iran. Au contraire, cet empressement à l'adresse de Téhéran ne risque-t-il pas de faire *obstacle* à un rapprochement dont l'intérêt, en soi, n'est pas contesté ? Des concessions unilatérales prolongées face à une politique iranienne rigide favoriseront-elles ou entraveront-elles l'amélioration des relations, un objectif approuvé par tous ?

Le nœud de ce désaccord est l'insistance des Européens sur ce qu'ils appellent un « dialogue critique » avec l'Iran. Les alliés affirment que l'objectif de ce dialogue est d'obtenir un assouplissement de la politique iranienne, et qu'il s'accompagnera d'une critique systématique de toute violation iranienne des droits de l'homme et des autres crimes commis par cet État ; bref, par son existence même, il contribuerait à atténuer les tensions (sans compter qu'il y a à la clé la signature de contrats lucratifs sur le pétrole et le gaz).

Jusqu'à présent, on n'a guère observé de dialogue fructueux, critique ou non, avec l'Europe, malgré l'allusion du président iranien Mohammad Khatami suggérant qu'un « dialogue de civilisations » pourrait, avec le temps, permettre quelque avancée. Et il n'a pas non plus été fait de réponse à la proposition de dialogue officiel présentée par l'administration Clinton : celle-ci a été repoussée par un régime iranien apparemment incapable de se décider à se rapprocher des États-Unis et que les plates excuses des Américains pour leur conduite passée ont laissé froid.

Par essence, l'idée que des mesures unilatérales parviendront à apaiser l'hostilité iranienne n'est que l'application en politique d'une théorie psychiatrique « politiquement correcte » : l'auteur d'un délit est considéré comme une victime qui aurait perdu le contrôle de soi à la suite de pressions intolérables. Mais s'agissant des transgressions iraniennes, rien ne vient étayer cette idée. Des concessions unilatérales, quelle que soit leur ampleur, ont bien plus de chances de renforcer l'intransigeance que de la modérer. Après tout, pourquoi s'amender alors que les cibles de votre politique idéologique courbent l'échine avec une si parfaite abjection ?

S'il ne fait guère de doute que, confronté à une importante résistance, Khatami cherche à instaurer une politique intérieure plus modérée, rien ne permet d'affirmer pour le moment que cette modération s'étendra à la scène internationale ni que Khatami parviendra à amorcer un virage dans cette direction, en admettant qu'il en ait l'intention. On peut tout aussi bien penser que ses manifestations de vigilance idéologique sur la scène internationale pourraient lui ménager une certaine marge de manœuvre pour la reconstruction intérieure de son pays. Au demeurant, Khatami a publiquement affirmé son soutien aux groupes terroristes islamiques et palestiniens de Damas et de Beyrouth.

Le débat doit dépasser la spéculation théorique. Si l'on veut parvenir à l'amélioration des relations avec le régime islamique iranien, il paraît élémentaire de la conditionner au renoncement à exporter la révolution par la violence et par la subversion, à la décision de mettre un frein à la terreur et un terme à l'ingérence dans la diplomatie de paix au Proche-Orient. Simultanément, il faut progresser sur la question de l'acquisition par l'Iran de missiles et d'armes nucléaires.

Si l'Iran souhaitait sincèrement améliorer ses relations avec les États-Unis, nous pourrions certainement engager une série de démarches parallèles et réciproques conduisant à de vrais progrès, à condition que les dirigeants iraniens soient disposés à nouer des échanges normaux. Il ne serait pas très difficile de mettre en place les mécanismes nécessaires. L'administration pourrait ainsi désigner un mandataire – ou un porte-parole « officieux » – éprouvé qui examinerait, discrètement d'abord, s'il est envisageable de définir une série de mesures conduisant à une amélioration progressive des relations. Les États-Unis pourraient même accepter, au terme du dialogue initial, de prendre l'initiative de quelques mesures symboliques, à condition qu'elles soient suivies de démarches iraniennes conformément à un calendrier compatible avec l'action initiale.

Si les alliés des États-Unis jugent que ces derniers n'ont pas suffisamment exploré les options diplomatiques, nous devrons être prêts à consentir un important effort de diplomatie conjointe. La communauté d'intérêts paraît évidente, en théorie du moins. Les États européens seraient les premières victimes de l'expansion de l'intégrisme islamique et de l'utilisation de missiles iraniens à moyenne portée. Puissance nucléaire, l'Iran se révélera à long terme bien plus menaçant pour l'Europe (et la Russie) que pour les États-Unis. Et si la région du Golfe explose, les pays d'Europe seront les premiers à réclamer l'accès aux sources d'énergie américaines pour éviter une catastrophe économique.

La politique étrangère impose toujours que l'on fasse des choix. Pour l'Occident, une politique efficace de lutte contre le terrorisme et contre la prolifération nucléaire suppose quelques sacrifices au profit d'un objectif supérieur à long terme. À certains moments, les intérêts commerciaux doivent s'effacer devant des intérêts de sécurité plus généraux. Le leadership américain est indispensable pour parvenir à ce compromis avec l'Iran. En même temps, si une alliance tourne à la course en solitaire en faveur d'un camp, l'opinion publique n'acceptera pas de la soutenir.

Il faut tout faire pour parvenir à un consensus transatlantique qui associe les négociations à des pressions raisonnables et à des ouvertures diplomatiques acceptées par tous à l'égard de l'Iran. Seule une politique ferme, cohérente et conciliante peut inciter l'Iran à prendre plus rapidement des mesures politiques concrètes, fondement d'une coopération à long terme.

OÙ VA L'AFRIQUE ?

L'Afrique taraude la conscience américaine. Une partie importante de la population des États-Unis est originaire de ce continent. Ses ancêtres ont été conduits sur nos rivages dans des circonstances qui entachent l'histoire de ce pays et ont été contraints de vivre, avant et après l'esclavage, dans des conditions dont aucun Américain n'a lieu d'être fier. Mais les États-Unis ne font qu'aggraver cette indignité par une politique africaine qui relève de l'acte de contrition. En effet, les problèmes contemporains de ce continent lancent un vrai défi à un monde qui aspire à bâtir un ordre global.

La pauvreté y est omniprésente. L'Afrique est le continent dont le taux de croissance économique est le plus faible, et la modernisation y a pris un immense retard. Des guerres civiles accompagnées de génocides ravagent de vastes régions. La corruption sévit. Le chaos qui en résulte a transformé certains pays africains en havres pour des groupes terroristes, pour le blanchiment de l'argent et pour les syndicats du crime. Les épidémies y déciment une part de la population supérieure à ce que l'on observe partout ailleurs ; 70 % des adultes et 80 % des enfants atteints du sida à travers le monde vivent en Afrique. Bref, il ne sera pas possible de parler d'un monde interdépendant fondé sur la paix et sur la justice tant que l'on ne cherchera pas sérieusement à régler les problèmes du continent africain.

En même temps, l'Afrique n'a pas grande importance du point de vue de la sécurité américaine. Depuis la fin de la guerre froide, aucune puissance extérieure hostile ne menace de dominer l'Afrique, et aucun pays africain n'est assez puissant économiquement ou militairement pour se lancer dans une telle entreprise. L'argument de rigueur pendant la guerre froide – il faut empêcher les ressources de l'Afrique de tomber entre des mains hostiles – n'est plus valable dans un avenir prévisible. En l'absence d'adversaire stratégique menaçant le continent ou d'État africain inamical nourrissant des ambitions hégémoniques, une nouvelle politique africaine n'a aucune justification stratégique. Par ailleurs, les investissements américains sont beaucoup plus faibles que sur d'autres continents, et la dépendance commerciale est insignifiante.

L'absence d'intérêts géopolitiques traditionnels est une chance exceptionnelle pour l'Amérique. Si la formule de « communauté mondiale » a un sens, celui-ci doit trouver une expression en Afrique. Et l'histoire impose à l'Amérique d'assumer le rôle majeur dans l'organisation et l'application de cet effort multilatéral.

La tâche la plus urgente est d'atténuer les souffrances de l'Afrique et de juguler les épidémies qui la ravagent. À long terme, il convient de résorber les conflits politiques qui la traversent, de l'aider à réformer son système politique et, sur cette base, de l'intégrer dans le monde globalisé. Mais toutes ces actions exigent une meilleure compréhension de la situation africaine.

L'ENVIRONNEMENT AFRICAIN

Il m'a paru utile dans ce volume de décrire l'évolution des différents continents par analogie avec certaines époques de l'histoire européenne. Or il est impossible d'appliquer ce modèle à l'Afrique subsaharienne : ce continent constitue vraiment un monde à part. Son histoire est riche, variée et tragique, mais les États africains d'aujourd'hui ne s'inscrivent pas, en fait, dans ce passé. À l'exception peut-être de l'Afrique du Sud, leurs frontières actuelles et leur composition nationale partagent une origine unique : l'implosion du régime colonial. Sur aucun autre continent les frontières des États ne reflètent aussi directement et aussi intrinsèquement la définition des sphères de contrôle des différentes puissances impériales.

Certes, les pays postcoloniaux d'Asie se sont développés, eux aussi, à partir de frontières coloniales : l'Inde n'avait jamais été gouvernée comme une entité unique dans ses dimensions actuelles, et l'Indonésie doit, pour l'essentiel, sa principale expérience unificatrice au régime colonial hollandais. Mais, en Asie, le colonialisme a manifesté une propension à la consolidation : l'Inde, l'Indonésie et la Malaisie sont plus étendues que les principautés qui existaient avant le colonialisme. Au contraire, les pays africains postcoloniaux ont été soumis à la logique de la fragmentation.

En Afrique, les frontières ne suivent pas seulement, comme en Asie, les lignes de démarcation *entre* les différentes sphères d'influence des puissances européennes ; elles reflètent également les subdivisions administratives *au sein* de chaque territoire colonial. En Afrique orientale et occidentale, la Grande-Bretagne et la France ont gouverné des colonies bordées d'un long cordon littoral. L'efficacité commandait donc de diviser ces colonies en une multiplicité d'unités administratives dont chacune possédait un débouché sur la mer. Ces entités sont devenues par la suite des États indépendants. En revanche, en Afrique centrale, la minuscule Belgique gouvernait une région presque aussi vaste que les possessions britanniques et françaises, mais sans littoral digne de ce nom. Ne possédant qu'un tout petit débouché maritime à l'embouchure du fleuve Congo, ce vaste territoire a été administré en bloc par la Belgique ; il a donné naissance plus tard à un État unique peuplé d'une combinaison ethnique explosive.

Mais surtout, le tracé des frontières administratives de chaque colonie n'a pas tenu compte des identités ethniques ou tribales ; les puissances coloniales ont même préféré, dans bien des cas, diviser des groupes ethniques ou tribaux pour entraver toute opposition cohérente au régime impérial.

Dans ces conditions, on ne s'étonnera pas qu'à l'exception de l'Afrique du Sud les États africains subsahariens connaissent des problèmes intérieurs qui, dans leur totalité, sont sans équivalent ailleurs. Dans la plupart des pays du monde, l'existence d'une société ou d'une nation a précédé celle de l'État ; à l'inverse, dans la plupart des pays africains, l'État précède la nation et doit s'efforcer de créer une conscience nationale à partir d'une pléthore de tribus, d'ethnies et, dans bien des cas, de religions différentes.

Dans ces conditions, les principes démocratiques occidentaux ne pouvaient évidemment s'imposer en Afrique que de manière extrêmement précaire. La démocratie occidentale repose, sous une forme ou une autre, sur la règle de la majorité. Or celle-ci présuppose que la majorité est susceptible de changer et que la minorité d'aujourd'hui a des chances d'être la majorité de demain. Mais quand les divisions suivent les lignes de clivage ethniques, tribales ou religieuses, l'équation ne vaut plus. Un groupe condamné à un statut minoritaire permanent ne peut pas admettre qu'il s'agit d'un arrangement politique équitable. Et le problème est encore plus épineux quand une minorité gouverne la majorité, comme cela a été le cas au Rwanda et dans plusieurs autres États africains.

Dans de telles conditions, ni le système parlementaire européen ni le système fédéral américain ne sauraient fonctionner efficacement. En effet, un système fédéral reposant sur l'identité ethnique, tribale ou religieuse créerait un risque constant de sécession ; à l'inverse, une entité fédérale qui refléterait la composition ethnique, tribale ou religieuse du pays ne ferait que reproduire dans l'ensemble des régions les conflits du pays tout entier. Le processus politique se résume donc à une quête de domination, et non d'alternance. Et le changement intervient par le biais de coups d'État et de conflits ethniques bien plus souvent qu'en vertu des processus constitutionnels.

La création d'un gouvernement parlementaire n'est pas non plus la solution au problème. Le concept d'opposition loyale – l'essence même de la démocratie parlementaire moderne – est difficilement applicable quand on considère l'opposition comme une menace à la cohésion nationale et qu'on tend à l'assimiler à une trahison.

Ces raisons expliquent la forte propension des pays africains à la guerre civile. Et pour peu que des loyautés tribales ou ethniques traversent les frontières nationales, ce qui est très fréquent, les guerres civiles se transforment en conflits internationaux. C'est ainsi que, au Zaïre, ce qui avait débuté comme une guerre civile – encouragée par les puissances occidentales au nom de la démocratie – a entraîné une importante désintégration de l'autorité centrale. Rebaptisé Congo, le pays est devenu la proie des intérêts rivaux d'autres États africains – Angola, Zimbabwe, Rwanda et Ouganda. Le Zimbabwe a cherché à s'emparer d'une part du gâteau, alors que l'enjeu, pour l'Angola, le Rwanda et, dans une certaine mesure, l'Ouganda, était avant tout leur propre stabilité intérieure : en effet, les groupes ethniques en lutte vivent de part et d'autres des frontières nationales.

Dans le monde entier, les conflits ethniques s'accompagnent d'une sauvagerie hors du commun : en Afrique, ils ont frisé le génocide, comme on a pu l'observer au Rwanda, à la Sierra Leone et au Soudan. La guerre civile a duré trente-huit ans en Angola, et presque aussi longtemps au Soudan. Les parties en présence ne s'opposent pas sur des programmes de gouvernement ; elles cherchent à assurer leur survie ethnique, tribale et religieuse, ou, du moins, à éviter un statut permanent de discrimination ou de persécution institutionnelle.

Les Constitutions, qui, par définition, affirment la prédominance de la loi sur les décrets gouvernementaux, ont peu de sens en l'absence d'indépendance du pouvoir judiciaire. Et lorsque l'idée de légitimité n'a pas de traduction institutionnelle, les affirmations brutales du pouvoir personnel deviennent une forme de légitimité en soi. Voilà pourquoi un certain nombre d'États africains dont on a vanté autrefois les institutions progressistes ont régressé vers une forme brutale de gouvernement personnel et arbitraire.

Le seul pays à faire véritablement exception à la règle est l'Afrique du Sud, bien que son histoire ait été plus tragique que celle de la plupart des autres pays, ou peut-être à cause de cela. Quand les colons hollandais ont débarqué sur la pointe sud de l'Afrique, au XVIIe siècle, ils apportaient avec eux un calvinisme extrémiste implacable, qui se situait aux antipodes de toutes les tendances intellectuelles européennes à venir. Les Boers, ou Afrikaners, comme ils se baptisèrent eux-mêmes, ont assumé une identité distincte et unique dans l'histoire du colonialisme européen. Ils ont résisté au rationalisme des Lumières comme aux pratiques démocratiques de la Révolution française.

Ils possédaient un sens si profond de leur différence qu'au moment où la Grande-Bretagne annexa Le Cap, pendant les guerres napoléoniennes, les Afrikaners firent leurs bagages et allèrent s'installer à quelque 1 500 kilomètres plus au nord. Cette migration ne fut pas le fait de colons isolés, mais de l'intégralité de la population, avec ses institutions gouvernementales, ses églises et ses écoles. Dans cette nouvelle patrie, les Afrikaners se trouvèrent pour la première fois en présence d'importantes populations noires qu'ils traitèrent avec un sentiment condescendant de supériorité religieuse et raciale.

L'isolement des Afrikaners ne dura pas. La découverte d'or attira les Anglais vers les nouveaux États, ce qui provoqua la guerre des Boers, durant laquelle les minuscules républiques boers combattirent l'Empire britannique, alors au zénith de sa puissance. La guerre des Boers mit fin à la séparation des Afrikaners ; mais elle fut impuissante à réduire leur singularité spirituelle.

En 1948, la démographie au sein de la population blanche,

la seule à disposer du droit de vote, devint favorable aux Afrikaners. Alors que la ségrégation au sens américain du terme avait toujours existé, les Boers, désormais dominants, entreprirent de séparer les races radicalement. Ils adoptèrent des lois très strictes, qui interdisaient les mariages mixtes et réglementaient les quartiers d'habitation, le droit au travail et les déplacements de la population de couleur. L'adoption du système d'apartheid relève de la démence et de l'immoralité politique : elle contraignit en effet la population blanche à réprimer une majorité croissante d'individus de races différentes, en exerçant sur eux une brutalité aussi incompatible avec la décence la plus élémentaire qu'avec les processus d'industrialisation et de modernisation.

Presque miraculeusement, à la fin du XXe siècle, deux hommes politiques hors du commun, Nelson Mandela et Frederik De Klerk, réussirent à surmonter ces obstacles. La carrière de Nelson Mandela est l'incarnation même du courage nourri de profondeur spirituelle. Dès son discours de 1964 dans lequel il se défendait contre l'accusation de trahison, Mandela affirma son engagement en faveur d'une société multiraciale :

> Il n'est pas vrai que l'octroi du droit de vote à tous entraînera une domination raciale. Les divisions politiques fondées sur la couleur sont entièrement artificielles et leur disparition entraînera celle de la domination d'un groupe de couleur par un autre. Cela fait un demi-siècle que l'ANC [African National Congress] combat le racisme ; sa victoire ne le fera pas changer de politique[7].

Mandela a tenu parole. Trente ans d'incarcération n'ont laissé en lui aucune trace d'amertume – ce qui n'est pas le cas de certains de ses collègues qui ont passé la même période en exil.

À l'instar de l'effondrement du communisme soviétique, l'apartheid a pris fin avec une rapidité inimaginable dix ans plus tôt, et avec relativement peu de violence. L'idéalisme philosophique et le pragmatisme lucide ont permis au révolutionnaire emprisonné et à son geôlier de travailler main dans la main. En 1990, De Klerk, qui, au début de sa carrière, avait défendu l'apartheid, a pu définir ainsi un objectif afrikaner encore illégal la veille :

> [Notre] but est [de mettre en place] un régime constitutionnel totalement nouveau et juste, dans lequel chaque habitant jouira des mêmes droits, du même traitement et des mêmes chances dans toutes les sphères d'activité – constitutionnelles, sociales et économiques[8].

L'Afrique du Sud disposait d'atouts exceptionnels pour surmonter ses problèmes. Malgré l'apartheid, la légitimité de l'État était solidement établie ; les différents groupes ethniques coexistaient depuis longtemps. Le pays possédait d'importantes ressources, une infrastructure solide, une base de production non négligeable et un niveau d'éducation supérieur à celui de ses voisins – niveau que le gouvernement actuel s'est du reste engagé à améliorer rapidement. La multiplicité même de ses groupes ethniques le mettait plus ou moins à l'abri des conflits civils. En effet, dès que cette boîte de Pandore est ouverte, nul ne peut en prévoir les conséquences – comme en témoignent trop de pays voisins de l'Afrique du Sud.

L'Afrique du Sud n'a pourtant pas résolu tous ses problèmes. Le respect de la loi et le maintien de l'ordre sont trop précaires pour attirer un flot constant d'investissements étrangers ; les relations entre le gouvernement et la minorité zouloue sont fragiles et instables – malgré une certaine amélioration à l'heure où j'écris. La minorité blanche se sent insuffisamment protégée contre les infractions à la loi. Le sida décime les populations. L'Organisation mondiale de la santé estime que d'ici à 2010 cette épidémie réduira le PIB du pays à un niveau inférieur de 17 % à ce qu'il serait sans elle.

Vers une politique africaine

Le paradoxe de l'Afrique est qu'elle doit affronter des problèmes considérables alors même que les concepts sur lesquels pourrait reposer une politique susceptible de les résoudre sont indéfinissables. Les mesures empruntées à l'arsenal politique traditionnel de la guerre froide ont perdu de leur pertinence avec l'effondrement de l'Union soviétique. Il n'existe pas de vraie menace étrangère. En raison des vastes dimensions de l'Afrique noire, aucun de ses États n'est en mesure de compromettre la sécurité de tous les autres. Et aucun État, exception faite du Nigeria et de l'Afrique du Sud, ne peut jouer de rôle majeur hors de sa sphère géographique immédiate.

De même, malgré son importance, le développement de la démocratie ne représente pas un principe unificateur. L'Afrique ne possède pas de démocraties bien établies au sens américain du terme – à l'exception de l'Afrique du Sud et peut-être du Nigeria – autour desquelles pourrait se bâtir un consensus africain démocratique.

Lors de ses deux voyages sur le continent africain, le président Clinton a répété à ses hôtes que les États-Unis, obnubilés par la guerre froide, étaient responsables de la présence de partis uniques au pouvoir dans de nombreuses régions d'Afrique. On peut cependant se demander dans quel pays d'Afrique, exception faite peut-être du Congo, les États-Unis ont participé de près à l'établissement d'un gouvernement postcolonial. Dans presque tous les cas, les hommes qui avaient dirigé la lutte anticolonialiste ont pris le pouvoir dans leurs pays après l'indépendance. Et ils ont, presque toujours, établi des gouvernements de parti unique sous une forme ou une autre – à l'exception, là encore, de l'Afrique du Sud.

On relève, certes, des différences significatives entre les régimes en place. Et les États-Unis ne doivent pas ménager leurs efforts pour encourager l'évolution démocratique. Ils peuvent – et doivent – mettre à l'index les gouvernements qui agissent en violation flagrante des droits de l'homme. Mais l'influence américaine sur l'évolution politique intérieure de ces pays ne saurait guère aller au-delà.

Voilà pourquoi l'application des principes d'intervention militaire humanitaire, inaugurée dans les Balkans et prônée par certains, serait encore plus dangereuse en Afrique – pour ne rien dire ici des problèmes que l'application de ces principes a posé dans les Balkans, j'y reviendrai au chapitre VII. Si les États-Unis cherchaient à réprimer les crises intérieures depuis le Soudan jusqu'au Congo en appliquant une politique du type de celle qui a été mise en œuvre dans les Balkans, une longue période de contrôle extérieur succéderait à un conflit sanglant. Et il ne faudrait pas attendre bien longtemps avant que les premières accusations de colonialisme soient portées. La débâcle américaine en Somalie en 1993 en offre une bonne illustration. L'intervention, qui avait débuté sous forme d'opération humanitaire destinée à distribuer une aide alimentaire, s'est rapidement transformée en exercice de « création d'institutions », obligeant les États-Unis à prendre parti dans la guerre civile – une tâche qu'ils n'étaient pas prêts à assumer.

En définitive, l'objet des guerres civiles est d'établir qui dominera. L'érosion de la légitimité crée un vide qu'une nouvelle autorité, quelle qu'elle soit, doit remplir. Alors que les États-Unis s'engagent dans une intervention militaire à but humanitaire, les médias et d'autres observateurs se rendent sur place, certains de découvrir une situation qui heurtera profondément la sensibilité occidentale. Ils conseillent alors tout un arsenal de mesures, allant de la lutte contre la corruption à l'administration de la justice, toutes plus judicieuses les unes que les autres dans un contexte occidental. Mais leur application impose un crescendo à l'intervention, impliquant de plus en plus profondément les États-Unis dans le processus politique. Tôt ou tard, et quelle que soit la pureté des intentions de départ, cette ingérence exaspérera les Africains, compromettant le soutien américain et africain local à cette opération. Rien ne risque davantage de mettre fin à une aide permanente de l'Amérique à l'Afrique qu'une intervention militaire dans ses conflits civils.

Il peut néanmoins se trouver des cas extrêmes, de génocide par exemple, où l'inaction violera l'idée que l'Amérique se fait d'elle-même et de la validité universelle de ses préoccupations morales et humanitaires – surtout si le drame a pour cadre un pays dont on peut prendre rapidement le contrôle. En l'occurrence, le devoir peut commander de s'engager dans une intervention militaire limitée. Les massacres du Rwanda et de la Sierra Leone entrent dans cette catégorie. Dans un cas comme dans l'autre, des déploiements de force relativement réduits auraient pu mettre fin au génocide. Il n'aurait pas été inutile d'organiser une opération internationale avec une participation américaine – surtout dans le domaine de la logistique –, à condition de se mettre clairement d'accord au préalable pour que cette force internationale cède la place à des forces africaines aussitôt l'ordre rétabli.

L'absence d'enjeux essentiels en matière de sécurité détermine les grandes lignes d'une nouvelle attitude à l'égard de l'Afrique. S'il est un continent où un programme politique, économique et social authentiquement global peut rejoindre des considérations pratiques et morales, c'est bien celui-ci. Il faudrait y éprouver l'aptitude des Nations unies, des organisations non gouvernementales et d'autres institutions internationales ainsi que du secteur privé à coopérer dans le cadre d'objectifs universels. Dans cette perspective, les États-Unis devraient de toute urgence présenter un programme commun élaboré avec d'autres démocraties industrielles, définissant une approche plus créative de l'assistance au développement et de la formation technique.

Un programme de développement africain sous l'égide des Nations unies ou de la Banque mondiale ne peut ignorer que les fonds publics de développement seront extrêmement limités. Un tel programme pourrait contribuer à liquider l'héritage d'un trop grand nombre de gouvernements africains corrompus, ou dont l'économie s'inspire de modèles socialistes dépassés, datant des années 1970. Parallèlement, les rares pays à avoir cherché à transcender les enseignements de la London School of Economics – comme le Mozambique, le Ghana et le Sénégal –, à avoir mobilisé les capitaux intérieurs ou cherché à attirer des investissements étrangers, enregistrent des progrès manifestes. Un programme de développement africain devrait inciter d'autres pays à adopter des politiques budgétaires raisonnables et une législation commerciale, et à assurer l'indépendance du système judiciaire.

Pour les pays qui répondent aux critères de développement, il faudrait envisager l'abaissement des barrières douanières sur les produits agricoles africains et l'annulation de la dette. Le programme prenant de l'essor, on pourrait envisager la création d'un régime de libre-échange pour les pays qui adopteraient les principes de l'économie de marché. Certaines de ces mesures seront douloureuses pour ceux qui en prendront l'initiative ; en même temps, cela permettra de juger du sérieux de leurs intentions.

Le règlement des questions de sécurité africaine – c'est-à-dire essentiellement des guerres civiles et des conflits ethniques – devrait être laissé, dans une large mesure, aux nations africaines elles-mêmes, l'Afrique du Sud et le Nigeria jouant en l'occurrence le premier rôle. Les États industriels pourraient être d'un certain secours en soutenant la création d'une force d'intervention constituée par des pays africains. On peut envisager la création d'un centre de formation aux missions de maintien de la paix en Afrique, où des conseillers américains et européens prêteraient assistance à cette force africaine en projet.

Enfin, cela fait trop longtemps que l'on aurait dû engager un effort international pour juguler les épidémies. Le programme mondial de lutte contre le sida doit être considérablement amplifié. Il faudrait créer en des lieux stratégiques de chaque pays membre des cliniques qui serviraient de centres de prévention et de distribution de médicaments contre le sida. Les sociétés pharmaceutiques devraient participer à l'opération et fournir les produits nécessaires à prix coûtant ou presque – à condition qu'on assure la protection de leurs brevets et qu'on leur accorde des garanties contre le transbordement. Il faudrait développer le corps international de médecins, d'infirmiers et d'autres personnels spécialisés volontaires. À l'échelle de l'Afrique entière, l'organisation d'une telle entreprise sur une échelle suffisante – ce qui est tout à fait indispensable – exigerait la création d'infrastructures appropriées, ce qui lui conférerait une utilité économique, en plus de son intérêt humanitaire et social.

La situation du continent est tragique. À nous de relever le défi. La diversité de l'Afrique entrave toute action concertée ; l'envergure de ses crises n'en exige pas moins une réaction énergique. L'idéalisme du peuple américain – son engagement wilsonien et son respect fondamental des valeurs humaines – s'y trouve mis à l'épreuve, en même temps que sa créativité pratique. Les États-Unis doivent aborder les problèmes sous-jacents avec réalisme. Mais sans l'engagement moral du peuple américain et de la communauté internationale, la tragédie de l'Afrique deviendra la plaie béante de notre temps.

CHAPITRE VI

La politique de globalisation

Pour la première fois de l'histoire, un système économique intégré s'est mis en place à l'échelle du monde. Les marchés de tous les continents sont en interaction constante. Les communications permettent au capital de réagir à la seconde près à des possibilités inattendues ou à des révisions à la baisse. Des instruments de crédit complexes fournissent des disponibilités de trésorerie sans précédent. La globalisation a favorisé une explosion de prospérité et un rythme de progrès technologiques qu'aucune époque précédente n'aurait pu imaginer. Et en liant la croissance à l'interdépendance, la globalisation a permis d'ébranler le rôle de l'État-nation, jusqu'alors considéré comme l'unique responsable du bien-être d'une société – un phénomène nettement moins marqué aux États-Unis que dans bien d'autres régions du monde.

Ce sont les États-Unis qui ont enclenché la dynamique de la mondialisation ; ils ont également été les principaux bénéficiaires des forces que celle-ci a engendrées. Au cours de la dernière décennie du XXe siècle, la productivité américaine est devenue le moteur de la croissance économique globale ; le capital américain a soutenu une gamme étonnante de technologies nouvelles et encouragé leur diffusion aux quatre coins du monde ; l'entreprise américaine a nourri de vastes marchés et stimulé un niveau de consommation individuel qui, au cours des siècles passés, avait été réservé aux plus fortunés. Peut-être la dernière décennie du XXe siècle apparaîtra-t-elle un jour comme le « bon vieux temps » : l'économie américaine a obtenu au cours de cette période des résultats si remarquables qu'il était difficile d'imaginer qu'ils pussent encore s'améliorer. Pourtant, à en croire Alan Greenspan, le président de la réserve fédérale, les États-Unis ne se trouvent peut-être qu'au seuil de la révolution technologique et économique[1].

Pareille réussite fait évidemment des émules, et le modèle économique américain s'est imposé dans la plupart des régions du monde. On serait heureux de penser que l'essor de la déréglementation, de la privatisation et de l'abolition des barrières douanières a été le fruit de l'éloquence des économistes américains ou des admonestations du Trésor américain et du Fonds monétaire international (FMI). En réalité, ce ralliement quasi mondial est dû à l'importance des marchés américains des capitaux et à la croissance apparemment illimitée de l'économie américaine.

L'économie de marché s'est imposée presque partout, et Internet promet de relier en temps réel les différents maillons de l'économie mondiale. On encourage généralement les investissements étrangers. Dans la plupart des régions – et en tout cas dans toutes celles qui connaissent la prospérité –, les gouvernements n'interviennent que pour faciliter le fonctionnement du marché et s'abstiennent de le réguler. La croissance économique et la création d'emplois sont plus que jamais confiées à la libre entreprise et au libre-échange.

L'absence de toute autre solution réaliste renforce l'ascendant du modèle américain. Les désillusions que la corruption et la bureaucratie ont inspirées à l'opinion publique ont entraîné une réduction importante des fonds publics mis à la disposition de l'aide au développement. Dans les pays en développement, la croissance dépend donc très étroitement de la disponibilité de capitaux privés. Or ces derniers exigent, pour s'investir, que soit institué un système juridique bien rodé et que le taux de retour sur investissement soit satisfaisant, moyennant des risques raisonnables. Aussi tous les pays en quête de compétitivité sont-ils contraints de prendre part au processus de mondialisation, politiquement aussi bien qu'économiquement.

On ne peut nier que, même aux États-Unis, la mondialisation a laissé certains individus et certains groupes au bord du chemin. Des emplois ont été supprimés dans certains secteurs, alors même qu'ils se multiplient dans d'autres. Pourtant, l'argument protectionniste voulant que, par nature, la mondialisation produise le chômage est démenti, aux États-Unis du moins, par le plein emploi associé à la hausse des salaires. Joseph Stiglitz, ancien économiste en chef de la Banque mondiale, a fort bien exprimé la perplexité du monde face aux pressions protectionnistes croissantes relevées dans les pays industriels avancés : « Comment les pays en développement doivent-ils prendre tous ces beaux discours en faveur de la libéralisation des capitaux quand des pays riches – qui jouissent du plein emploi et de solides filets de sécurité – prétendent devoir imposer des mesures de protection pour aider leurs propres citoyens touchés défavorablement par la mondialisation[2]. »

Dans de telles circonstances, il serait franchement paradoxal que la réalisation la plus marquante du nouveau millénaire se transforme en source de vulnérabilité, d'autant plus difficile à surmonter que sa nature comme sa solution éventuelle sont sans précédent. Pourtant, le processus même qui a produit davantage de richesses dans des régions du monde plus nombreuses que jamais peut également se transformer en courroie de transmission d'une crise économique et sociale qui frapperait le monde entier. Et de même que l'économie américaine a été le moteur de la croissance mondiale, de même de sérieux revers en la matière auraient de graves conséquences, qui excéderaient largement la sphère économique. En fonction de son ampleur, cette crise pourrait aller jusqu'à menacer la stabilité politique de nombreux pays et compromettre le prestige international de l'Amérique.

Presque tous les experts admettent que le système économique fonctionne par cycles et qu'il faut s'attendre, tôt ou tard, à une phase descendante. L'expansion économique américaine apparemment illimitée ne peut donc que céder la place, un jour ou l'autre, au ralentissement ; reste à savoir quand, et quelle en sera l'importance. À l'heure où j'écris (printemps 2001), on s'accorde à penser que la récession guette les États-Unis depuis un moment ; et l'on se demande surtout si l'atterrissage se fera en douceur. Dès qu'une dépression se manifestera – et surtout si elle se prolonge –, la globalisation a de bonnes chances d'en diffuser rapidement les effets autour du monde. Le scénario a souvent été décrit : un marché boursier en baisse pendant une longue période réduira la consommation des Américains, dont un grand nombre ont investi une part substantielle de leurs économies en actions. Cela entraînera une baisse des exportations d'autres pays industrialisés, provoquant un mouvement de récession dans ces pays. Le capital – et surtout les fonds spéculatifs – fuira les pays touchés par la crise. Les banques limiteront leurs prêts. Face à un avenir incertain, les consommateurs du monde entier préféreront épargner, et cette réduction des dépenses de consommation accélérera encore la tendance négative. On pourrait voir resurgir certains des phénomènes qui ont conduit les marchés financiers asiatiques et latino-américains à la crise dans les années 1990, sous des formes différentes mais avec les mêmes éléments fondamentaux.

Des obstacles psychologiques majeurs s'opposent néanmoins à ce que l'on se prépare à une telle crise. Les responsables économiques – le Trésor américain, les gros investisseurs, les banquiers et les conseils d'administration des grandes sociétés multinationales – sont conscients qu'un retournement de conjoncture est vraisemblable. Mais ils hésitent à réagir, de crainte de déclencher ce qu'ils essaient de différer le plus longtemps possible – de préférence jusqu'au moment où ils ne seront plus aux affaires. Dans l'ensemble, ils jugent plus facile psychologiquement de gérer les conséquences d'une récession que de prendre des mesures controversées susceptibles de l'éviter, mais dont ils ne peuvent prouver *a priori* le caractère indispensable. À moins qu'ils ne préfèrent laisser au président de la réserve fédérale le soin de tenir la barricade. Ajoutons que les décideurs, du secteur public ou privé, naviguent à vue. Rares sont ceux qui avaient prévu l'ampleur et la durée de la croissance ; plus rares encore sont ceux qui avaient prédit les crises financières d'Amérique latine, d'Asie et de Russie qui ont ponctué l'expansion économique des années 1980 et 1990 – aussi bien, d'ailleurs, que la rapidité relative avec laquelle ces crises ont été surmontées.

Je n'ai rien à apporter au débat concernant les mesures économiques nécessaires pour éviter ou atténuer une éventuelle récession. Je consacrerai donc ce chapitre aux questions sur lesquelles un pouvoir politique prévoyant doit se pencher pour éviter que le monde politique ne réduise à néant les réalisations économiques de la globalisation.

Économie et politique

Le système global récompense et pénalise les acteurs à partir de critères économiques. Or ceux-ci sont beaucoup trop ésotériques aux yeux du grand public pour lui inspirer loyauté et engagement. En cas de crise, la population attendra de ses dirigeants qu'ils atténuent l'effet des pénalisations économiques. C'est d'autant plus vrai que les périodes d'expansion elles-mêmes font des victimes dans certaines catégories de la population. Aussi existe-t-il dans la plupart des pays – et plus particulièrement dans le monde en voie de développement – une minorité structurelle qui attend en coulisses de pouvoir exprimer la validité de ses ressentiments.

La globalisation oblige les dirigeants politiques des pays en développement soucieux de compétitivité à consommer leur capital politique en restructurant leurs économies, en faisant la chasse au gaspillage et en réduisant leurs frais généraux. De telles mesures entraînent fréquemment des bouleversements de grande ampleur et un accroissement du chômage (temporaire, peut-on espérer) en échange de bénéfices à long terme dont la réalité est impossible à démontrer au moment où les sacrifices sont exigés. Cette équation rebute bien souvent les dirigeants politiques et économiques, notamment lorsque les bénéfices escomptés ne doivent se concrétiser que lorsqu'ils auront eux-mêmes quitté la scène depuis longtemps.

Le gouvernement des États-Unis ainsi que les principaux établissements financiers et économiques internationaux encouragent vivement la plupart des sociétés qui prennent part à la globalisation à procéder à des transformations considérables de leurs structures et de leurs procédures. Ils en font souvent même une condition de leur assistance. Mais les chantres du nouvel évangile tendent, semble-t-il, à négliger les enseignements de l'histoire et à oublier que la mise en place de pratiques réformatrices a pris plusieurs décennies dans leurs propres pays. L'adoption du modèle américain n'est pas une gageure essentiellement théorique : elle exige de la plupart des pays en développement un bouleversement purement et simplement révolutionnaire de leurs schémas traditionnels. Rares, en effet, sont les pays à avoir su associer une politique budgétaire et monétaire conservatrice, un mode d'intervention gouvernementale privilégiant la réglementation par rapport à la propriété et au contrôle, la dérégulation des institutions financières, la flexibilité du marché du travail et un cadre juridique transparent et consensuel. Le modèle américain présuppose un capital relativement bon marché et une main-d'œuvre relativement chère ; pour s'imposer face à la concurrence, il faut donc améliorer la productivité par des progrès technologiques constants : on dégage des gains en réduisant le plus possible la part de la main-d'œuvre dans l'essentiel des processus de production.

L'expérience américaine démontre qu'en présence d'une association de tous ces facteurs, et en dépit des difficultés initiales, une amélioration spectaculaire du niveau de vie compensera les perturbations qui accompagnent nécessairement les phases initiales. Mais l'expérience de la plupart des autres pays a révélé qu'il n'est pas facile de faire fonctionner rapidement le modèle américain. L'Europe continentale affronte toujours d'importants obstacles intérieurs aux réformes structurelles indispensables (notamment dans le domaine de l'emploi et de l'agriculture), même si elle semble bien engagée aujourd'hui sur la voie du réajustement. Dix ans après la défaite du communisme, la Russie, en dépit des exhortations occidentales et d'une aide de plusieurs milliards de dollars, ne dispose pas plus d'une économie de marché fonctionnant normalement que d'institutions démocratiques. Le taux de croissance de la Chine est certes extraordinaire, mais il a fallu, pour l'atteindre, faire passer la stabilité gouvernementale avant la réforme démocratique. Même dans les pays où le poids du passé est moins lourd – en Asie du Sud-Est et en Amérique latine, par exemple –, la mondialisation s'est opérée par à-coups. Au cours des années 1990, les États-Unis ont été presque les seuls au monde à parvenir à créer des emplois tout en procédant à une véritable révolution technologique dans l'industrie.

Aucun pays en développement n'a échappé aux problèmes inhérents à l'industrialisation : en attirant la population rurale vers les villes, elle entraîne l'affaiblissement des systèmes traditionnels de solidarité politique et sociale. La classe ouvrière et les couches inférieures de la classe moyenne urbaines deviennent un terreau fertile pour l'extrémisme politique ou pour l'intégrisme religieux. Ce phénomène existait bien avant la mondialisation ; il a joué un rôle dans la diffusion du marxisme au XIXe siècle et dans la révolution iranienne au XXe. Même quand la situation matérielle des catégories sociales inférieures s'améliore en termes absolus, les déracinés ont une conscience plus aiguë de l'écart entre riches et pauvres. Les premières étapes de la modernisation ne font en effet qu'amplifier cet écart, dont la télévision et les autres moyens de communication diffusent les images dans tous les foyers du monde ou presque. Bien souvent, les indicateurs politiques et économiques ne sont plus en phase. Même quand l'ensemble des données économiques signale la croissance, il arrive que les bénéfices ne touchent pas la population urbaine avec une rapidité ou une ampleur suffisantes pour effacer le sentiment d'exclusion et de dépendance qui est au cœur du malaise contemporain.

Bien sûr, ces phénomènes ne sont pas inédits. Les déplacements dus à la technologie existent sans doute depuis l'invention de la pelle. Et toutes les révolutions économiques se sont accompagnées de migrations. Ce qui distingue notre époque, c'est l'ampleur des conséquences à l'échelle du monde et la rapidité de l'évolution technologique. La nécessité d'humaniser ce processus est donc sans précédent.

Le capitalisme libéral reste l'instrument le plus efficace et, à ce jour, le seul dont on ait prouvé l'aptitude à maintenir la croissance économique et à élever le niveau de vie. Mais de même que la politique capitaliste du « laisser-faire » tous azimuts du XIXe siècle a engendré le marxisme, de même une version trop littérale de la mondialisation du XXIe siècle risque d'entraîner une levée de boucliers contre l'idée même d'économie de marché. Dans l'esprit de la globalisation, la planète est un marché unique dans lequel les plus efficaces et les plus compétitifs prospéreront. Le système globalisé accepte – et approuve même – que l'économie de marché procède à un tri constant entre efficace et inefficace, fût-ce au prix d'une désorganisation économique et sociale.

Mais les versions extrêmes de la globalisation ont tendance à négliger la disparité entre les systèmes politiques et économiques mondiaux. Contrairement à l'économie, la politique divise la planète en entités nationales. Et si les dirigeants politiques peuvent accepter un certain degré de souffrances pour soutenir la croissance économique de leurs pays, prôner une austérité quasi permanente revient à couper la branche sur laquelle ils sont assis, surtout si on peut les accuser de mener des politiques dictées par l'étranger. La tentation d'éliminer – ou du moins d'atténuer – l'austérité par des mesures politiques peut devenir irrésistible. Le protectionnisme se révélera peut-être inefficace, voire pernicieux à long terme, mais les dirigeants politiques cèdent souvent aux pressions immédiates de ce qu'ils considèrent comme des impératifs politiques.

Les démocraties où l'économie libérale est solidement implantée ne sont pas prêtes pour autant à tolérer des souffrances illimitées au nom du marché, et elles ont pris des mesures pour créer un filet de protection et contenir les excès par la régulation. Le système financier international ne possède pas encore ce genre de coupe-feu.

Les manifestations contre la mondialisation qui ont accompagné les réunions du Fonds monétaire international et de la Banque mondiale en 2000, ainsi que la conférence de l'Organisation mondiale du commerce à Seattle en 1999, ont été les premières démonstrations du poids politique potentiel de ceux qui se croient à la merci de forces qui échappent, pensent-ils, à leur influence. Certes, beaucoup de ces manifestations renouent avec le scénario gauchiste, antiaméricain et anticapitaliste bien connu des années 1960 et du début des années 1970. Plusieurs protagonistes sont, du reste, les mêmes. L'exaltation de la violence et l'auto-apitoiement de certains manifestants reflètent un mépris idéologique à l'égard des institutions politiques et économiques en place qui, dans une large mesure, n'est pas motivé par des griefs précis.

Les dirigeants du monde industrialisé ne doivent cependant

pas ignorer le vide existentiel dont témoignent, pour une part, ces protestations, s'ils ne veulent pas que la globalisation, le moteur le plus efficace de la croissance que le monde ait jamais connu, soit emportée par une controverse politique qui déchire principalement les pays en développement, ceux, précisément, qui ont le plus besoin de ses bienfaits. Car si le monde industrialisé subit une grave récession, celle-ci pourrait bien s'étendre jusqu'à eux.

La gestion de la crise et le Fonds monétaire international

Les crises du système économique mondial moderne paraissent aussi endémiques que sa croissance exceptionnelle. Depuis 1980, elles se sont reproduites avec une fréquence croissante – en Amérique latine dans les années 1980, au Mexique en 1994, en Asie du Sud-Est en 1997, en Russie en 1998, au Brésil en 1999. Chacune a été plus grave que la précédente et a accru le risque de dissémination ; jusqu'à présent, on est toujours parvenu à les maîtriser plus rapidement qu'on ne le pensait à leur point culminant, mais on s'est également approché plus près du précipice qu'on ne l'avait imaginé. Toutes ces crises ont montré que le système économique international est peut-être plus résistant que prévoyant.

Le système financier international se comporte souvent comme ces généraux légendaires si habiles à tirer des enseignements de la dernière guerre mais à jamais incapables d'envisager les nécessités de la suivante. Après les années 1980, les organismes financiers ont appris à se montrer plus prudents dans l'octroi de prêts aux gouvernements. Aussi les crises des années 1990 s'expliquent-elles par des prêts excessifs consentis au secteur privé ou à des investissements spéculatifs sur les marchés financiers. Dans la première décennie du XXIe siècle, on a su tirer la leçon des fonds spéculatifs ; les investisseurs sont devenus plus circonspects s'agissant des formes les plus simples de spéculation. Les excès spéculatifs des années 1990 ne se reproduiront pas à l'identique. D'autre part, l'expérience enseigne que ce que l'on considérera comme une spéculation à risque dans quelques années paraît aujourd'hui relativement sûr ; dans le cas contraire, elle n'attirerait pas les capitaux. Il convient donc de s'interroger sur les zones d'instabilité potentielle des orientations actuelles du système financier. Les fibres optiques représenteront-elles, au cours de la prochaine décennie, l'équivalent de la construction d'immeubles de bureaux à Houston dans les années 1980 ?

Les différentes crises des années 1990 illustrent la vulnérabilité du système financier international. Si chaque crise peut avoir un déclencheur différent, chacune peut aussi fort bien relever de la même catégorie de causes : des transformations de l'environnement international, l'impuissance des petites économies à faire coïncider le flux de capitaux avec leurs propres besoins à long terme, une politique de prêt trop laxiste (mais on ne peut la qualifier ainsi que rétrospectivement) et des politiques définies par les grands pays sans qu'il soit suffisamment tenu compte (ou peut-être dans l'ignorance) de leurs effets sur l'économie des pays en développement.

Le relèvement des taux d'intérêt aux États-Unis a joué un rôle dans les crises qui ont secoué l'Amérique latine en 1980 et en 1994, alors que la hausse inattendue du dollar américain n'a pas été étrangère aux difficultés de l'Asie du Sud-Est en 1997. Chaque crise a été aggravée par des fluctuations de la valeur relative des grandes monnaies – le dollar, l'euro (ou le mark allemand avant la création de l'euro) et le yen. Les petites économies des pays émergents n'ont pu faire face à ces fluctuations et ont été condamnées à en subir plus ou moins passivement les conséquences, qu'elles ont encore aggravées en cherchant à maintenir un taux de change fixe.

Dans les années 1990, deux autres évolutions de l'environnement international ont modifié la situation des pays du Sud-Est asiatique : la première a été l'apparition de la Chine comme source majeure de produits bon marché ; la deuxième a été la stagnation prolongée de l'économie japonaise. La croissance de l'économie chinoise a entraîné l'apparition d'une nouvelle concurrente de poids pour les pays d'Asie du Sud-Est, tandis que la récession japonaise réduisait leurs débouchés (ou du moins les empêchait de se développer).

Le point commun entre les crises d'Amérique latine et d'Asie a été le goût du risque excessif des créanciers. Dans les années 1970, ils avaient estimé, à tort, que le « risque souverain », c'est-à-dire le risque d'insolvabilité de l'État emprunteur, était négligeable. Dans les années 1990, ils en ont tiré les leçons et ont réservé leurs prêts au secteur privé, comptant sur le taux de croissance des pays emprunteurs et sur le filet de protection du système financier international pour se couvrir. Cette imprudence s'explique en partie par l'intensité de la concurrence ; les prêteurs craignaient en effet d'être distancés par leurs concurrents et s'appuyaient sur l'expérience des crises précédentes, dont ils avaient toujours fini par triompher.

Mais, dans les années 1990, la nature des créanciers avait également changé ; il était donc plus difficile de tirer les leçons du passé. Dans les années 1970, les fournisseurs de capitaux étaient des banques ; dans les années 1980 et 1990, il s'agissait pour l'essentiel de sociétés ou de fonds de placement. Les sociétés se livraient à l'investissement direct, tandis que les fonds investissaient en actions et en obligations.

Le système financier international, placé sous la direction du FMI, n'avait pas su évoluer de concert avec les marchés financiers, et la crise asiatique qui s'est amorcée en Thaïlande en 1997 l'a mis à rude épreuve. La Thaïlande avait appliqué l'essentiel des mesures recommandées par le Trésor américain et par les organismes financiers internationaux pour résoudre les crises des années 1980 : réduction de l'inflation, équilibre budgétaire, taux d'épargne élevé et convertibilité de la monnaie. Le cours de la monnaie thaïlandaise, le baht, avait été fixé initialement par la banque centrale thaïlandaise par rapport à un panier de devises fortes, avant d'être aligné sur le dollar américain. Ainsi protégés de la dévaluation, des capitaux spéculatifs du monde extérieur – surtout des États-Unis, mais également d'Europe – affluèrent. Ce flot s'intensifia encore lorsque des emprunteurs locaux découvrirent que l'on pouvait faire des bénéfices exceptionnels en empruntant des dollars aux États-Unis et en les convertissant en bahts dans des banques thaïlandaises à un taux deux fois supérieur à celui du dollar.

L'importance des gains spéculatifs accrut encore la valeur de tous les avoirs. Et tout cela sans la moindre mise en garde des institutions financières américaines ou internationales qui profitaient de cette débauche, sans pour autant l'encourager, et qui, après coup, n'ont été que trop promptes à rejeter la responsabilité sur les emprunteurs asiatiques...

En 1997, la valeur du dollar américain a augmenté et celle du yen a baissé – reflètent les performances de ces deux économies. La Chine a dévalué pour rester compétitive sur les marchés extérieurs. Les exportations thaïlandaises alignées sur le dollar sont devenues plus onéreuses et ont commencé à décliner, tandis que la balance thaïlandaise des opérations courantes devenait déficitaire. Les prix de l'immobilier ont commencé à fléchir tandis que la valeur des nantissements bancaires plongeait. Les investisseurs et les établissements bancaires étrangers ont retiré leurs fonds, alors que les emprunteurs thaïlandais couraient échanger leurs bahts contre des dollars au taux garanti. La Banque de Thaïlande a aggravé les choses en accordant des prêts considérables qui, convertis en dollars, contribuèrent encore à provoquer la culbute du pays. En quelques semaines, les réserves de devises étrangères thaïlandaises, qui s'élevaient à 30 milliards de dollars, ont été plus ou moins épuisées ; une dévaluation draconienne de la monnaie était devenue inévitable. L'endettement libellé en dollars est devenu écrasant ; c'est ainsi que ce qui avait d'abord pris la forme d'un problème monétaire s'est transformé en crise économique, financière et finalement politique, une crise qui n'a cessé de s'autoalimenter.

La récession indonésienne, qui a provoqué la chute du gouvernement Suharto, est née d'une réaction spéculative aux événements thaïlandais. Moins de deux mois auparavant, la Banque mondiale avait officiellement félicité l'Indonésie pour la qualité de sa gestion économique. Mais dès le début de la crise en Thaïlande, les investisseurs locaux aussi bien qu'étrangers ont contesté les leçons que la banque centrale indonésienne semblait tirer de l'expérience thaïlandaise. Refusant de défendre la rupiah indonésienne, elle avait choisi de conserver ses réserves, accélérant l'effondrement de la monnaie, qui perdit approximativement les quatre cinquièmes de sa valeur. Ainsi, que l'on ait géré la crise du Sud-Est asiatique par des décisions de pure politique intérieure, comme en Thaïlande, ou en suivant les conseils d'institutions internationales, comme en Indonésie, le résultat a été le chaos économique : la spéculation internationale était trop forte pour les économies locales de sociétés en développement. En Indonésie, où le gouvernement avait été affaibli par le népotisme et la corruption, la crise économique a fini par avoir raison de la structure politique.

L'investissement direct de capitaux en actifs étrangers court les mêmes risques que celui auquel procèdent les investisseurs intérieurs du pays hôte, et il est susceptible, ou peu s'en faut, de dégager les mêmes bénéfices en s'exposant aux mêmes dangers. Les capitaux sont immobilisés et doivent être rentables pour que l'investisseur réalise des gains. Les portefeuilles d'actions, eux, sont susceptibles de rapports spéculatifs rapides. Les gestionnaires de fonds spéculatifs cherchent à se protéger par la rapidité des mouvements de fonds – pour dire les choses simplement, ils sautent sur les occasions favorables et se retirent au premier signe de fléchissement. Certains adoptent une stratégie baissière – ils spéculent sur la chute du marché en vendant leurs actions au cours existant et en les rachetant au cours atteint après la chute –, profitant ainsi de la baisse des valeurs dont ils accélèrent le processus. Les départements commerciaux des banques internationales, les investisseurs internationaux et les fonds spéculatifs essaient de profiter des fluctuations du marché vers le haut ou vers le bas ; ce faisant, ils risquent de transformer les hausses en bulles de savon et les baisses en crises avant que les remèdes n'aient eu le temps de produire leurs effets.

Les responsables de ce type d'investissements vous diront qu'ils ne font qu'exploiter les faiblesses du marché, et qu'ils n'en sont pas responsables. En fait, ces institutions et ces fonds agissent d'une manière rationnelle, selon leur logique propre, quand bien même leurs décisions entraînant une crise plus profonde et plus difficile à résoudre. Les pays petits et moyens se trouvent sans défense face au fonctionnement du système financier international. D'autre part, il est vrai que les crises que nous évoquons se traduisent par la sanction des emprunteurs imprudents – c'est la façon qu'a le marché de rétablir l'équilibre par le jeu de l'offre et de la demande. Mais on ne saurait nier que le système financier international qui repose sur le FMI pénalise plus lourdement les emprunteurs imprudents que les créanciers téméraires.

Les mesures prévues par ce système pour maîtriser et résoudre les crises n'ont que trop souvent aggravé la situation. L'outil de prédilection des marchés pour éviter l'effondrement est le Fonds monétaire international. Créé en 1947 pour encourager la coopération monétaire internationale, le FMI ouvre régulièrement ses caisses à ses États membres en cas de crise – à certaines conditions cependant. Dans le monde globalisé, il a joué de manière croissante le rôle d'organisateur de programmes de sauvetage et de créancier de la dernière chance. Mais, par le passé, ses remèdes ont souvent été pires que le mal. En effet, ils sont essentiellement et abstraitement économiques, alors que plus la crise est profonde, plus elle a tendance à devenir politique. Et le FMI est mal outillé pour gérer les conséquences politiques des mesures qu'il recommande.

Le FMI a élaboré un programme plus ou moins normalisé pendant la crise latino-américaine des années 1980. Celle-ci avait été provoquée par l'endettement excessif des gouvernements à l'égard des institutions financières qui avaient encouragé ces emprunts, convaincues qu'une créance publique ne pouvait être insolvable. Les institutions de prêt n'avaient pas prévu non plus – et en toute honnêteté, elles ne pouvaient le faire – que, pour lutter contre l'inflation, la réserve fédérale soutiendrait des taux d'intérêt élevés suffisamment longtemps pour provoquer une récession aux États-Unis, avec les conséquences désastreuses que l'on sait en Amérique latine. Quand il fallut se rendre à l'évidence et constater que l'endettement des États menaçait de tourner au vinaigre, le FMI a été appelé à la rescousse. Il a entrepris de rétablir la solvabilité des gouvernements, dans l'espoir que les banques commerciales renouvelleraient leurs prêts dès que l'objectif serait atteint. Pour y parvenir, il a prescrit la réduction des services gouvernementaux, la dévaluation de la monnaie et le soutien aux exportations afin de rééquilibrer la balance commerciale. Mais ces belles théories n'avaient pas imaginé que la structure politique du pays débiteur pût être incapable de supporter les sacrifices exigés dans l'intervalle entre la cessation de paiement imminente et le rétablissement présumé de la solvabilité. Or l'abaissement du niveau de vie et la hausse du chômage ne pouvaient qu'affaiblir la position intérieure des gouvernements concernés. D'où l'impasse dans laquelle ceux-ci se sont retrouvés ; la question de la dette a traîné pendant une bonne dizaine d'années, avant que la négociation d'une solution politique ne vienne soulager in extremis des gouvernements aux abois.

Bien que drastiques et indifférents aux problèmes politiques, les remèdes imposés à l'Amérique latine dans les années 1980 avaient du moins l'avantage d'être adaptés à des crises provoquées par l'endettement des États. Les mêmes traitements sont beaucoup moins pertinents dans le système financier mondialisé du siècle nouveau, où la crise financière type frappe le secteur privé et non le secteur public. Ce fut notamment le cas lors de la crise asiatique. Comme un médecin spécialisé dans une affection particulière, mais qui prétendrait administrer le même remède à tous les malades, le FMI a cherché à appliquer la thérapie latino-américaine sans tenir compte de la différence de situation entre l'Asie et l'Amérique latine. Il s'est efforcé de résoudre ce qu'il considérait comme les maux économiques du pays débiteur sans se demander si ces maux étaient véritablement à l'origine de la crise, et sans s'interroger sur les effets politiques de ses traitements.

Le capitalisme de clientélisme, la corruption et un contrôle bancaire insuffisant ne sont que trop fréquents dans les pays en développement. Ces failles existaient certainement dans l'Asie des années 1990. Mais elles n'ont pas été la cause immédiate de la crise. Jusqu'à la veille de cette dernière, l'Asie enregistrait la plus forte croissance du monde, son progrès était soutenu par des taux d'épargne importants, par une éthique fondée sur la discipline du travail et par une politique budgétaire responsable de la part des gouvernements – qui ne trouvait cependant pas d'équivalent dans le secteur privé. En réalité, la crise tenait essentiellement à des facteurs qui échappaient largement au contrôle national ou régional décrit plus haut. Quand le FMI, soutenu par les États-Unis, est intervenu en administrant sa potion habituelle d'austérité massive, la crise politique est devenue inévitable. Les institutions démocratiques de la Thaïlande se sont montrées suffisamment résistantes pour y survivre, bien qu'une dévaluation monétaire de 42 % et des taux d'intérêt qui ont atteint 40 % aient frappé de plein fouet une bonne partie de la classe moyenne. En Corée, au contraire, le Trésor américain, sensible à l'importance stratégique du pays, a fourni une assistance complémentaire : il a édulcoré le programme du FMI afin de garantir la stabilité politique. (Par bonheur, une élection a conduit à la présidence Kim Dae-jung, qui avait attaqué les administrations coréennes précédentes de gauche ; sa position de force sur le plan politique lui a permis d'appliquer les mesures d'austérité.)

Mais en Indonésie – qui compte la plus importante population musulmane du monde, possède de vastes ressources et occupe une situation stratégique essentielle –, l'administration Clinton, accusée d'avoir touché des fonds de sociétés indonésiennes pour financer sa campagne, a préféré ne pas prendre de risques politiques. Elle a encouragé le FMI à assortir son assistance de conditions rigoureuses : le gouvernement indonésien était aussi censé remédier à presque tous les maux dont souffrait la société, qu'ils soient liés à la crise ou non. Le FMI a réclamé la fermeture de quinze banques, la fin des monopoles sur les denrées alimentaires et le mazout, la suppression des subventions publiques. Chacune de ces mesures correspondait à un problème réel, mais celui-ci aurait dû être réglé dans le cadre d'un programme à long terme.

Or elles ont toutes été appliquées sur une période de quelques semaines seulement, et leur effet cumulatif a provoqué une véritable débâcle politique. La fermeture de banques en pleine crise a évidemment entraîné une ruée vers tous les autres établissements bancaires. La suppression des subventions a entraîné une hausse du prix de la nourriture et du pétrole, provoquant des émeutes dirigées contre la minorité chinoise, laquelle tient entre ses mains une grande partie de l'économie. En conséquence, les capitaux chinois ont quitté l'Indonésie ; ce mouvement a pris une ampleur bien supérieure aux compensations que pouvait apporter le FMI. C'est ainsi qu'une crise monétaire s'est transformée d'abord en catastrophe économique puis en vide politique.

Certains ne manquent pas de relever que le renversement du régime de Suharto justifiait bien des décisions du FMI (et de leurs instigateurs en coulisses), quel que fût leur véritable motif. Mais le FMI n'est pas politiquement compétent pour mener des révolutions politiques, et telle n'est pas sa mission. En effet, les conséquences d'un bouleversement politique excèdent largement la question de ses causes économiques immédiates. En Indonésie, la crise a débouché sur un risque de dislocation, qui pourrait conduire cette région vitale sur la voie d'une désintégration à la yougoslave, tandis qu'un conflit religieux dans les Moluques et la lutte entre quatre ou cinq forces politiques majeures font obstacle à l'instauration d'un gouvernement stable et favorisent la montée de l'intégrisme. Or sur aucun de ces points, le monde extérieur n'a fait preuve de la compréhension qu'appelaient les bouleversements que ses propres pressions et conseils avaient provoqués.

Pour surmonter les crises financières, il faut absolument répartir le fardeau entre emprunteurs et prêteurs. À l'occasion des crises financières qui ont secoué l'Amérique latine dans les années 1980, il a été possible – malgré la complexité du processus et en dépit de fortes résistances – de répartir le poids de l'endettement entre les banques créancières et les gouvernements débiteurs. Mais le problème a été fondamentalement différent lors des crises des années 1990, et il le restera dans la plupart des cas à venir. Les sociétés et les banques locales n'attirent pas seulement les investissements d'établissements financiers traditionnels ayant pignon sur rue, mais, en majorité, ceux de tout un éventail d'entreprises industrielles et d'investisseurs privés venus des pays industrialisés. Il est donc beaucoup plus difficile de répartir les pertes, et la multiplicité des créanciers accroît considérablement le risque de voir les crises financières s'étendre à des secteurs de l'économie des pays industriels avancés jusque-là restés indemnes.

L'enjeu consiste à empêcher les crises de se développer et instituer une méthode équitable pour partager le prix de celles qui sont inévitables. Traditionnellement, les programmes du FMI ont eu tendance à atténuer les conséquences de la crise sur les prêteurs, en ménageant beaucoup moins les débiteurs. C'est assez logique dans la mesure où il faut, si l'on veut surmonter la crise, que les institutions financières recommencent à prêter des fonds. Néanmoins, poussée trop loin, cette politique encourage un surcroît d'imprudence de la part des créanciers. Si les prêts consentis à mauvais escient ne sont pas sanctionnés, les crises risquent fort de se reproduire. Robert Rubin, alors secrétaire au Trésor, a fort bien résumé les choses dans un discours pertinent de 1998 : « Il est capital d'œuvrer à la transformation de l'architecture financière mondiale afin que les créanciers et les investisseurs assument le plus pleinement possible les conséquences de leurs décisions[3]. » Mais comment déterminer la juste répartition du fardeau ? Jusqu'à une date très récente, le FMI n'a tenu aucun compte du cadre politique dans lequel il intervenait. Il le néglige le plus souvent, et, en de rares occasions, il se laisse même submerger par lui. Il est vrai qu'il n'est pas outillé pour appliquer des critères politiques et sociaux. Quoi qu'il en soit, en Asie du Sud-Est, et plus particulièrement en Indonésie, le FMI a aggravé la crise en appliquant des critères essentiellement techniques à un problème social et politique complexe ; en Russie, sous la pression du gouvernement américain et en renonçant à la plupart de ses propres critères économiques, le FMI a favorisé l'instauration d'un système oligarchique dépourvu de tout fondement économique. En raison du soutien inconditionnel de l'Amérique au président Eltsine, le FMI a accordé à la Russie des prêts considérables sans justification économique. (L'ancien conseiller économique d'Eltsine, Anatoli Tchoubaïs, s'est vanté par la suite, non sans ingratitude, que la Russie avait « bien eu » le FMI en obtenant la poursuite des prêts[4].)

On peut affirmer que, en dépit de toutes ses faiblesses, le système issu de la globalisation a prouvé sa force de résistance, puisque l'Amérique latine s'est redressée dans les années 1980 – il lui a fallu dix ans tout de même pour y parvenir – et que les pays asiatiques (à l'exception de l'Indonésie) ont repris le chemin de la croissance en moins de trois ans. Cependant, un rapport de la Banque mondiale a révélé le coût social extraordinaire de ces crises. Selon ce document, le redressement économique n'a pas permis à la couche la plus pauvre de la population de récupérer ce que le cycle de crises lui avait fait perdre. En Corée, les salaires réels ont baissé de 10 % ; en Indonésie, de 42 % ; en Thaïlande, de 38 %. Dans aucun de ces pays les salaires réels n'ont retrouvé le niveaux antérieurs à la crise ; et même au Mexique, ils restent inférieurs à ce qu'ils étaient avant la récession de 1982[5].

L'effet à long terme de ces crises sur les sociétés peut être mesuré au pourcentage de débiteurs défaillants après la reprise de la croissance. En septembre 1999, 45 % des actifs totaux du système financier thaïlandais, 19 % de ceux de la Corée et 64 % de ceux de l'Indonésie consistaient en prêts accordés à des sociétés incapables de rembourser les intérêts et le principal. Pareille situation n'incite guère les établissements de crédit à consentir des prêts – si tant est qu'ils le puissent – pour soutenir des entreprises potentiellement productives. Si les gouvernements décidaient de prendre les choses en main, ce renflouement augmenterait la dette publique de 16 % du produit intérieur brut en Corée du Sud, de 32 % en Thaïlande et de 58 % en Indonésie – et ce dans des pays dont le taux d'endettement était très faible au début de la crise. Ainsi, même lorsque les crises semblent avoir été surmontées, statistiquement du moins, on découvre qu'elles représentent une catastrophe humaine, un fardeau économique, et qu'elles annoncent bien des difficultés politiques à venir[6].

Ces bouleversements sociaux – réitérés avec des conséquences analogues en Russie, au Brésil, en Argentine, en Équateur et à travers l'Afrique – ont coïncidé avec une époque de croissance et de création de richesses sans précédent aux États-Unis et, dans une moindre mesure, en Europe. Au terme de plusieurs décennies d'efforts pour combler l'abîme entre les économies émergentes et industrialisées, les crises financières des années 1990 ont marqué un recul considérable. Combien de vicissitudes de ce genre le système international peut-il supporter sans produire une débâcle politique et sociale ? Qu'adviendrait-il si la récession aux États-Unis venait aggraver les choses ? Que peut-on faire pour prévenir ces risques ?

ÉVOLUTION POLITIQUE ET GLOBALISATION

De nombreux observateurs sérieux comptent sur la croissance économique et sur les nouvelles technologies de l'information pour faire entrer le monde dans une nouvelle ère de prospérité et de stabilité politique globales. Ce n'est que chimère. L'ordre mondial a besoin de consensus, ce qui présuppose que les différences entre nantis et démunis, toujours susceptibles d'ébranler la stabilité et le progrès, soient de nature à laisser aux seconds l'espoir de parvenir à s'élever par leurs propres efforts. Faute de quoi, les troubles ne peuvent que s'accroître, tant à l'intérieur des sociétés qu'entre elles.

Les dirigeants du monde – et plus particulièrement ceux des démocraties industrialisées – ne peuvent ignorer qu'à maints égards, l'écart entre les bénéficiaires de la mondialisation et le reste du monde est en train de se creuser, là encore au sein des différentes sociétés et entre elles. La globalisation est devenue synonyme de croissance. Or celle-ci exige des capitaux, lesquels cherchent le meilleur rendement possible moyennant le risque le plus faible. Ils sont donc attirés par les lieux qui offrent le meilleur compromis entre risque et rendement. Dans les faits, cela signifie que, sous une forme ou une autre, les États-Unis et les autres pays industrialisés avancés sont appelés à absorber un pourcentage toujours plus écrasant des capitaux disponibles à l'échelle mondiale. Dans la mesure où le grand marché haussier des années 1990 reflétait cette réalité – en fait, il reposait même sur elle –, l'écart entre pays industrialisés et en voie de développement s'est creusé malgré une création de richesse sans précédent.

Sans capitaux suffisants, les pays en développement ne peuvent pas connaître de croissance ni créer des emplois. Et en l'absence d'une amélioration de la situation de l'emploi, les hommes politiques finiront par perdre le goût des réformes indispensables pour s'engager dans la globalisation. Les sociétés implantées dans des pays à économie émergente ayant de plus en plus de mal à accéder aux marchés internationaux des capitaux, elles sont obligées de trouver des fonds sur place, ce qu'elles ne peuvent faire qu'en versant des taux d'intérêt supérieurs à ce que proposent les grands centres financiers. Les entreprises locales des pays en développement deviennent ainsi de moins en moins compétitives, surtout dans les secteurs économiques où les barrières commerciales sont en train de tomber. Les sociétés de marchés émergents soumises à la concurrence internationale se trouvent devant l'alternative suivante : faire faillite ou se laisser absorber par des multinationales. On aboutit ainsi à la situation inverse de celle qu'avaient prévue les avocats du protectionnisme dans les pays industriels lorsqu'ils mettaient en garde contre la concurrence des bas salaires pratiqués dans les pays en voie de développement.

À long terme, les pays en développement qui cherchent à participer au processus de globalisation n'ont d'autre solution que de se restructurer. Mais cet effort pour se rapprocher le plus possible des États-Unis, de l'Europe ou du Japon sera aussi long que difficile. Il peut cependant être soutenu par des institutions comme l'ALENA, qui s'est révélé une véritable aubaine pour le Mexique, par des accords commerciaux particuliers ou par l'instauration d'un taux de change fixe de leur monnaie avec le dollar – comme l'ont fait l'Argentine et l'Équateur. Certains pays envisagent même d'adopter le dollar comme monnaie officielle.

Quelle que soit la voie choisie, les sociétés multinationales qui ont leur siège aux États-Unis ou en Europe font de plus en plus figure de moteurs de la globalisation. La course au gigantisme est devenue pour elles un objectif en soi, dont la poursuite est presque irrépressible : la compétence de leurs directeurs généraux ne se mesure-t-elle pas de plus en plus à leur aptitude à faire monter le cours de leurs actions ? Les directeurs de sociétés cessant d'être des bâtisseurs à long terme pour devenir des opérateurs financiers agissant en fonction de la valeur de capitalisation boursière de leurs actions, la vulnérabilité de l'ensemble du système s'accroît, sa vitalité à longue échéance risque de s'affaiblir tout comme, surtout, sa faculté de résistance en période de crise. Les ruminations d'Alan Greenspan sur l'« exubérance irrationnelle » en disent long sur la crainte de voir les marchés se dissocier des économies nationales, entraînant, tôt ou tard, un douloureux règlement de comptes[7]. Cette « exubérance » pourrait même entraîner un cycle baissier plus accentué que les réalités sous-jacentes ne le donnent à penser.

Le monde globalisé se trouve devant deux tendances contradictoires. D'un côté, le marché mondial ouvre des perspectives de richesse inimaginables jusqu'alors, mais, de l'autre, il crée de nouvelles vulnérabilités à l'agitation politique et fait courir le risque de voir se creuser une nouvelle ligne de faille, qui opposerait moins les riches et les pauvres que ceux qui, au sein de chaque société, appartiennent au monde globalisé en réseau ou en sont exclus. Ces nouvelles tendances ont un effet considérable sur le monde en développement. Dans des économies où il est presque inévitable que le gros dévore le petit, les sociétés des pays en développement sont de plus en plus fréquemment absorbées par des multinationales américaines ou européennes. Si cela règle le problème de l'accès aux capitaux, cela rend aussi les économies émergentes plus vulnérables aux tensions politiques intérieures, surtout en période de crise. Et, dans les pays en développement, cette situation engendre la tentation politique de s'en prendre au système globalisé en tant que tel.

Au cours de ce processus, l'économie d'un pays se divise, dans le cas le plus typique, en deux branches : une série d'entreprises, appartenant pour l'essentiel à des sociétés internationales, sont intégrées dans l'économie mondialisée ; les autres, exclues de la mondialisation, emploient une importante fraction de la main-d'œuvre la moins payée, celle dont les perspectives sociales sont les plus sombres. Le secteur « national » dépend dans une large mesure de son aptitude à peser sur les processus politiques du pays. Ces deux types d'entreprises posent un problème politique : les multinationales, parce qu'elles semblent priver les autorités politiques intérieures des décisions clés touchant le bien de tous ; les sociétés locales, parce qu'elles suscitent des pressions politiques en faveur du protectionnisme et hostiles à la poursuite de la mondialisation.

La société reflète ce système à deux étages : les élites mondialisées – qui vivent souvent dans des quartiers résidentiels fortifiés à l'écart des villes – sont liées par des valeurs et des technologies communes, alors que la grande masse de la population urbaine est attirée par le nationalisme, par le repli sur l'identité ethnique et par un certain nombre de mouvements qui lui font miroiter l'espoir de s'affranchir de l'« hégémonie » mondialisée, souvent associée à la domination américaine. L'élite globale en réseau maîtrise parfaitement le fonctionnement d'une économie reposant sur la technologie, alors qu'une majorité, surtout hors des États-Unis, de l'Europe occidentale et du Japon, ne partage pas cette expérience et n'est pas nécessairement disposée à en accepter les conséquences, surtout en période de difficultés économiques.

Dans un tel contexte, les attaques contre la mondialisation pourraient s'accompagner d'un nouvel extrémisme idéologique, notamment dans les pays où l'élite au pouvoir est réduite et où l'écart entre riches et pauvres ne cesse de se creuser. On risque de voir apparaître, notamment dans les pays en développement, une classe très défavorisée permanente, un phénomène qui ne pourra que compromettre l'instauration du consensus politique dont dépendent la stabilité intérieure, la paix internationale et la globalisation elle-même.

Peut-être la contestation politique ouverte contre l'ensemble de ce processus ne s'exprimera-t-elle pas avant un certain temps. Mais aujourd'hui on considère trop souvent les grands pays industriels et leurs multinationales comme les principaux bénéficiaires de la globalisation. Si la période d'expansion économique actuelle devait prendre fin, et, chose plus importante encore, si la tendance devait s'inverser, surtout aux États-Unis, les tensions entre les réalités économiques et ce qui est supportable politiquement pourraient ébranler les systèmes économiques et politiques du monde entier.

On peut conjurer certains de ces dangers en accélérant le processus de libre-échange. Mais les dirigeants du monde industriel ne doivent pas perdre de vue le problème politique. Ils doivent se rappeler qu'il a fallu plusieurs dizaines d'années au modèle américain pour prendre sa forme actuelle. Il est impossible de reproduire à l'identique dans l'ensemble du monde en développement ce qui a réussi aux États-Unis – et plus encore de le réaliser à un rythme plus soutenu. En tout cas, cela ne pourra pas se faire assez rapidement pour prévenir une réaction politique brutale contre la globalisation.

Quand d'importantes masses de capitaux se déplacent autour

du monde en réaction à des décisions individuelles, les crises de déséquilibre périodique sont quasiment inévitables. Et quand la croissance globale est aussi indissociable des réalisations de l'économie américaine, une récession un peu prolongée aux États-Unis pourrait provoquer des dégâts dans l'ordre financier et politique, à l'échelle mondiale. Quelle serait alors la réaction d'une génération qui n'a jamais connu de crise économique – et moins encore politique – et qui n'a pas su s'y préparer ?

Si les autres économies industrialisées emboîtent le pas à la nôtre au lieu de faire contrepoids à ses fluctuations, on assistera à une multiplication des pressions en faveur d'une réforme du système économique mondial. Les opinions publiques démocratiques appelleront leurs gouvernements à l'aide, leur demandant de leur éviter des souffrances ou des bouleversements excessifs ; il est peu probable qu'elles acceptent des sacrifices prolongés par égard pour une théorie économique. Il sera alors facile de démontrer que les gouvernements qui sont intervenus sur le marché au cours de la crise asiatique – en Inde, en Malaisie, en Chine et à Taïwan – ont su mieux louvoyer à travers la tempête que les disciples de la convertibilité. La menace qui plane audessus de la globalisation est que l'ensemble du système de l'économie de marché aille à vau-l'eau sous la pression politique, avec tous les risques qui peuvent en résulter pour les institutions démocratiques.

Même si cette évolution a relativement peu de chances de se produire, il importe d'en tracer les grandes lignes éventuelles. Il convient de définir les moyens permettant de l'éviter, en même temps que les mesures susceptibles d'atténuer une crise, si celleci venait à se concrétiser. Pendant le boom des années 1920, rares étaient ceux qui s'attendaient à la dépression des années 1930, et aucun gouvernement ne s'y était préparé. Et, finalement, aucune société démocratique n'a accepté de méthodes orthodoxes pour surmonter la Grande Crise.

Nul système économique ne peut se maintenir sans fondement politique. La difficulté, pour ceux qui croient à la globalisation, consiste à associer croissance économique et imagination politique, à naviguer entre ceux qui ne voient le monde qu'en termes économiques ou techniques et leurs détracteurs, nostalgiques d'un modèle de contrôle gouvernemental quasi collectiviste et discrédité. Il faut encourager le sens des responsabilités sociales à l'échelle internationale sans pour autant étrangler le système économique par des réglementations bureaucratiques.

Aucune solution n'est possible si les États-Unis ne participent pas à l'inventaire des problèmes et ne mettent pas en place des structures d'échanges et de travail chargées de les régler. Les réunions annuelles des chefs de gouvernement des grandes démocraties industrielles – l'ancien G7 devenu G8 depuis l'admission de la Russie – avaient été conçues initialement, il y a un quart de siècle, pour permettre aux démocraties industrialisées de faire face à leurs problèmes politiques aussi bien qu'économiques[8]. Malheureusement, les réunions du G8 se limitent aujourd'hui, à peu de chose près, à un laborieux exercice de relations publiques. Il faut que ces sommets économiques annuels redeviennent un forum de débat et de décision, capable d'affronter les difficultés à long terme du monde industriel.

La politique antitrust traditionnelle des États-Unis doit encore trouver une expression à l'échelle du monde. Le système financier international doit réduire sa versatilité et apprendre à amortir plus efficacement les effets des crises. Le capital spéculatif pose toujours un problème. Il faut, face aux crises économiques, établir un meilleur équilibre entre les revendications des prêteurs et les contraintes sociales propres aux sociétés concernées. Il faut tenir compte des préoccupations des États-Unis et des autres sociétés avancées concernant l'amélioration des conditions de travail et la protection de l'environnement, tout en préservant le libre-échange et sans donner aux pays en développement l'impression que le véritable objectif de l'Amérique est d'étrangler ses concurrents potentiels.

Les dirigeants soumis à des échéances électorales à court terme, je l'ai suggéré, hésitent à s'attaquer à des problèmes dont la réalité n'apparaît pas encore, et dont la solution s'inscrit dans un cadre à long terme dépassant la durée d'un cycle électoral. Ils ont tendance à se conformer à la sagesse populaire, qui affirme que les phénomènes économiques sont autonomes et autocorrecteurs, et qu'ils sont, par essence, indépendants du processus politique.

Pourtant, les grands changements historiques ont presque toujours été inspirés par une certaine conception de la politique et par la recherche d'un modèle de justice. Si la fausse vertu, le nihilisme et la violence qui accompagnent les manifestations antimondialisation qui frappent aujourd'hui le monde entier sont évidemment odieux, ces explosions doivent nous mettre en garde : le système économique international risque bel et bien de traverser une crise de légitimité. Les démocraties industrielles ont le devoir de préserver et d'élargir les réalisations extraordinaires qui ont nourri la globalisation. Mais elles ne pourront le faire à long terme que si elles associent aux aspects économiques de la globalisation une construction politique d'une ampleur et d'une inspiration comparables.

CHAPITRE VII

Paix et justice

La nouveauté la plus spectaculaire sans doute qui ait affecté la nature même des affaires internationales à l'époque contemporaine a été l'idée, largement acceptée, que certains principes universels sont exécutoires, soit par les Nations unies, soit, dans des situations extrêmes, par un groupe de pays (comme l'OTAN au Kosovo). On affirme également que certaines conventions internationales, celles qui condamnent le génocide, la torture ou les crimes de guerre, par exemple, peuvent être appliquées par des juges nationaux, lesquels réclament de plus en plus fréquemment d'être habilités à demander l'extradition de prévenus pour les soumettre à leurs propres juridictions. De surcroît, on s'est engagé dans la création d'une Cour pénale internationale (CPI) qui, lorsqu'elle aura été ratifiée par soixante États, donnera à un procureur, à la demande de n'importe quel État signataire, la possibilité d'initier une procédure en cas de violations présumées du droit international ; il lui suffira du soutien de trois juges sur dix-huit pour pouvoir engager des poursuites contre toute personne soupçonnée de telles violations, partout dans le monde (y compris contre les citoyens d'États qui n'ont pas reconnu la juridiction de la CPI). Ces innovations reflètent la nouvelle idée reçue qui veut que les principes traditionnels de souveraineté et de non-ingérence dans les affaires intérieures d'autres pays soient les principaux obstacles au règne universel de la paix et de la justice.

Cette idée, banalisée aujourd'hui dans le discours public américain et dans celui d'une grande partie de l'Europe de l'Ouest – mais beaucoup moins dans le monde en développement –, marque une véritable révolution dans le fonctionnement du système international établi depuis plus de trois cents ans. Elle témoigne également d'une large diffusion de notions qui, jusqu'à la dernière décennie de la guerre froide, avaient été, ou peu s'en faut, l'apanage des États-Unis. Et elle pourrait bien inaugurer une nouvelle période d'interventionnisme mondial dont les conséquences sont encore imprévisibles.

Le système international en présence duquel l'Amérique s'est trouvée quand elle s'est engagée dans les affaires du monde peut être daté avec une relative précision : il a été mis en place par les traités de Westphalie, signés en 1648 pour mettre fin à la guerre de Trente Ans. Celle-ci avait été provoquée par la Réforme, elle-même à l'origine d'une scission dans ce qui avait été jusque-là l'Église catholique universelle et qui avait remis en cause l'autonomie de son administration interne. Certains souverains des principautés féodales en avaient profité pour renforcer leur autorité en imposant à leurs sujets l'allégeance religieuse de leur choix et en contrôlant le gouvernement de leurs Églises. Le pouvoir déjà fragile de l'empereur germanique, traditionnellement investi par le pape, s'était encore affaibli. Bientôt, même les princes restés fidèles au catholicisme avaient contesté la tutelle de l'Église sur le pouvoir politique.

Que les différents souverains aient choisi l'orthodoxie catholique ou la réforme protestante, il en résulta un siècle de guerre – mélange de guerre civile, de conflit international et de croisade religieuse. L'empereur germanique, un Habsbourg installé à Vienne, se battait pour rétablir l'autorité de l'Église catholique dans toute l'Europe centrale. Bien que catholiques, les Bourbons de France s'allièrent aux princes protestants d'Europe du Nord pour empêcher l'émergence d'une Autriche qui risquait de devenir hégémonique. Quels que fussent ses motifs, la guerre fut menée au nom de la religion, sans tenir compte des frontières. Des populations entières furent contraintes de changer de religion en fonction du sort des armes (sans parler de la petite touche de realpolitik moderne qui conduisit la France catholique à faire cause commune avec des alliés protestants dans l'espoir d'affaiblir l'Autriche en réduisant l'emprise du catholicisme en Allemagne). Cette association de religion et de politique de force s'accompagna d'une férocité sans précédent dans la conduite de la guerre. Comme nous l'avons dit plus haut, selon certaines estimations, la guerre de Trente Ans anéantit près de 30 % de la population d'Europe centrale.

Les traités de Westphalie témoignaient d'une détermination générale à mettre définitivement fin au carnage. Leur objectif fondamental (en termes modernes) était de supprimer la confusion entre politique intérieure et extérieure, ou (pour reprendre le langage de l'époque) entre foi et diplomatie. Tous les signataires confirmèrent le principe *cujus regio, ejus religio* – celui qui règne détermine la religion de ses sujets. Aucun autre pays n'était autorisé à intervenir dans ce processus. Ainsi naquit la notion de non-ingérence dans les affaires intérieures des autres États, un principe élaboré pour la raison même qui préside aujourd'hui à sa mise au rebut. Il s'agissait au fond du slogan humanitaire de l'époque, appelé à rétablir la paix et la tranquillité, et non à légitimer l'oppression intérieure. La scission entre catholiques et protestants étant la question la plus explosive du jour, les traités de Westphalie cherchèrent à éviter que les souverains de telle ou telle confession n'incitent à la révolte leurs coreligionnaires gouvernés par un prince d'une autre confession. On pensait que, en faisant disparaître le prétexte religieux de la subversion intérieure, la tranquillité reviendrait, et, avec elle, un mode de gouvernement plus clément.

Dans l'ensemble, ces espoirs se sont réalisés aux XVIIIe et XIXe siècles, tandis que le système européen évoluait pour donner naissance à un agrégat d'États-nations. La doctrine de non-intervention dans les affaires intérieures d'autres pays est devenue l'une des clés de voûte de ce système, en même temps que les idées de souveraineté et de droit international réglementant la conduite des États dans leurs relations mutuelles. Si cela n'a pas suffi à éviter les guerres, cela en a limité la portée. De fait, au XXe siècle, une des critiques majeures adressées par les démocraties aux États totalitaires – et surtout au communisme – était qu'ils violaient systématiquement les principes de l'ordre international en cherchant à manipuler des mouvements et des partis extrémistes dans l'intention d'ébranler les gouvernements en place dans d'autres pays – autrement dit, qu'ils renouaient avec la philosophie des guerres de Religion.

Le système international issu des traités de Westphalie répondait au problème de la violence entre États – c'est-à-dire au recours à la guerre –, mais il n'apportait pas de solution à la violence au sein des États, due aux guerres civiles, aux conflits ethniques et à toute la gamme de ce qu'on appelle aujourd'hui les atteintes aux droits de l'homme. Il traitait du problème de la paix, laissant celui de la justice aux institutions intérieures. Les militants actuels des droits de l'homme partent du point de vue opposé. Selon eux, la paix ne peut que découler de la justice. Or on ne peut pas compter sur l'État-nation, ni, sans doute, sur quelque État que ce soit, pour exercer la justice. L'État doit donc être soumis à une autorité supranationale, habilitée à utiliser la force pour faire appliquer ses décisions. En résumé, les militants des droits de l'homme font davantage confiance aux juristes qu'aux hommes d'État. Les défenseurs des principes de la paix de Westphalie, eux, font davantage confiance aux hommes d'État qu'aux juristes.

La tradition américaine

Les États-Unis se sont élevés avec la dernière vigueur contre l'interventionnisme subversif de l'Union soviétique. Pourtant, ils n'ont jamais parfaitement respecté eux-mêmes le principe de non-intervention. Certes, aux premiers jours de la République, les Pères fondateurs ont montré qu'ils comprenaient et respectaient les principes de l'équilibre européen. Tiraillés entre la France et l'Angleterre, généralement hostiles au camp qui paraissait devoir l'emporter mais sans jamais s'engager véritablement non plus, ils mirent en pratique la recommandation d'Alexander Hamilton : « Les calculs d'intérêt les plus froids » exigeaient des Américains qu'ils modulent leur soutien aux puissances européennes sans s'attacher à aucune[1]. Dans une déclaration qui aurait parfaitement pu émaner du cabinet britannique, Thomas Jefferson a proposé une version américaine de la théorie de l'équilibre des forces : « Nous devrions prier tout particulièrement pour que l'équilibre et les contrepoids des puissances européennes soient tels que leur propre sécurité exige la présence de l'intégralité de leurs forces sur leur territoire, laissant les autres régions du monde dans une paisible tranquillité[2]. »

Mais, même au cours de cette phase hamiltonienne où la politique étrangère américaine ressemblait à maints égards à celle des puissances européennes, elle trouvait une justification fort différente : alors comme aujourd'hui, les Américains considéraient que les motivations de leur pays répondaient à des principes plus élevés que ceux du Vieux Monde, lesquels reflétaient, selon eux, les aspirations fondamentalement égoïstes des monarques. Au contraire, la République américaine était censée se conformer aux principes du rationalisme éclairé ; elle devait servir de modèle aux peuples qui n'avaient pas la chance de vivre sous un régime aussi généreux. L'attitude de l'Amérique ne pouvait donc jamais être purement égoïste : par sa nature même, l'Amérique représentait une cause universelle. Comme le déclarait James Madison en 1804 : « Les États-Unis doivent au monde comme à eux-mêmes que l'exemple d'un gouvernement au moins proteste contre la corruption qui prévaut[3]. »

Les limites de cette vocation universelle demeuraient cependant imprécises. Si l'Amérique était l'espoir du monde, avait-elle le devoir d'intervenir à l'étranger pour concrétiser celui-ci ? Et, le cas échéant, comment les États-Unis pouvaient-ils mener leur mission internationale sans s'exposer, dans l'exercice de leur pouvoir, aux dilemmes pratiques qu'ils avaient condamnés dans la conduite des États européens ?

La question a pris un caractère pressant en 1821, quand la lutte de libération des Grecs soumis au joug ottoman a provoqué une vague d'enthousiasme et une immense envie de « faire quelque chose » pour appliquer les principes de l'Amérique à cette cause. John Quincy Adams, alors secrétaire d'État, a défini et tranché l'affaire d'une manière qui allait rester le principe directeur de la politique étrangère américaine au cours du siècle à venir :

> Partout où le drapeau de la liberté et de l'indépendance a été ou sera déployé, se trouveront le cœur de l'Amérique, sa bénédiction et ses prières. Mais elle ne part pas à l'étranger en quête de

> monstres à détruire. Si elle soutient la liberté et l'indépendance de tous, elle ne prend les armes que pour la défense des siennes. Elle appuiera la cause générale par l'expression de sa voix, et par la sympathie affable de son exemple. Elle sait fort bien qu'en s'engageant une seule fois sous d'autres bannières que la sienne, fussent-elles celles de l'indépendance étrangère, elle s'engagerait irrémédiablement dans toutes les guerres d'intérêt et d'intrigue, de cupidité, d'envie et d'ambition individuelles qui se parent des couleurs de la liberté et usurpent ses drapeaux. [...] Elle pourrait devenir le dictateur du monde. Elle ne serait plus maîtresse de son propre esprit[4].

En affirmant clairement que c'était en évitant d'imposer leur mission par la force que les États-Unis accomplissaient au mieux leur vocation personnelle, Adams privait de tout fondement idéologique l'éventualité d'une intervention dans l'équilibre des forces européen. Deux ans plus tard, le président James Monroe retirait sa justification pratique à la politique étrangère hamiltonienne – la crainte d'une intervention européenne sur le continent américain. La doctrine Monroe élargissait audacieusement l'idée de non-intervention américaine dans les affaires européennes pour lancer une mise en garde à l'Europe : elle ferait mieux de ne pas se mêler des affaires américaines – lesquelles embrassaient, dans sa définition, l'intégralité du continent –, sous peine qu'une telle intrusion fût considérée « comme dangereuse pour notre paix et notre sécurité » – autrement dit, comme un *casus belli*[5].

La doctrine Monroe retranchait deux puissances européennes – l'Angleterre et l'Espagne – de tous les calculs de pouvoir en Amérique du Nord. Elle reposait sur un accord tacite avec la Grande-Bretagne, qui avait renoncé à jouer un rôle impérial dans les Amériques, tandis que l'empire espagnol en Amérique latine était en passe de s'effondrer. Affranchis de l'obligation de participer à l'équilibre européen des forces, les États-Unis étaient libres de cultiver leur rôle de missionnaire autoproclamé.

Dans l'isolement qui fut celui de l'Amérique au XIXe siècle, ses hommes d'État définirent et revendiquèrent deux thèmes que toute autre société aurait jugés contradictoires : les valeurs et les institutions américaines sont d'une applicabilité universelle, mais leur diffusion sera d'autant plus certaine que l'Amérique les aura perfectionnées en vase clos, à l'abri de l'interaction politique avec le reste du monde.

Une foi inébranlable dans le progrès et la conviction que l'histoire était, ou du moins devait être, une marche régulière vers toujours plus de prospérité, de liberté et de justice, ce dont rendait compte à leurs yeux l'expérience américaine, tout cela reflétait l'optimisme des Lumières, épargné par les tragédies et les adaptations que l'histoire et la géographie avaient imposées aux pays d'Europe. Dans *De la démocratie en Amérique*, Alexis de Tocqueville écrivait que les « pères [des Américains] leur ont donné l'amour de l'égalité et de la liberté ; mais c'est Dieu même qui, en leur livrant un continent sans bornes, leur a accordé les moyens de rester longtemps égaux et libres[6] ». Et, vers la même époque, l'écrivain John Louis O'Sullivan résumait cette confiance en parlant de « destinée manifeste[7] ».

Au début du XXe siècle, la foi dans la mission universelle de l'Amérique avait évolué. Les Américains étaient désormais convaincus que la clé du bien-être international résidait dans la diffusion au reste du monde des réalisations qui sous-tendaient leur réussite. À l'aube de ce siècle, William Jennings Bryan décrivait les États-Unis comme « une république qui devient progressivement mais sûrement l'élément moral suprême du progrès du monde et l'arbitre reconnu de ses querelles[8] ».

En cultivant de telles attitudes, les États-Unis ont traité par le mépris la manière dont la politique extérieure était menée dans le reste du monde. Le système d'État westphalien était fustigé, et, avec lui, l'acceptation du recours à la force comme sanction ultime. Dans la période située entre la naissance de la doctrine Monroe et la guerre hispano-américaine, la notion même de politique étrangère – ses pratiques et ses stratégies – a occupé peu de place dans la pensée américaine.

THEODORE ROOSEVELT ET WILSON

La fin de la guerre hispano-américaine a coïncidé avec l'arrivée au pouvoir de Theodore Roosevelt, le premier président depuis l'époque des Pères fondateurs à ressusciter l'idée hamiltonienne faisant de l'équilibre des forces un trait distinctif des relations internationales et à accorder aux États-Unis un rôle actif dans la définition de cet équilibre. Contrairement à ses prédécesseurs et à la plupart de ses successeurs, Roosevelt ne considérait pas son pays comme une cause messianique mais comme une grande puissance – la plus grande, même potentiellement. Considérant que sa mission était de préserver l'équilibre mondial, un peu comme la Grande-Bretagne le faisait en Europe, Roosevelt supportait mal les pieuses platitudes de la pensée américaine traditionnelle en matière de politique extérieure. Il ne croyait pas à l'efficacité du droit international : ce que les pays étaient impuissants à protéger par leurs propres forces, d'autres ne sauraient le garantir, affirmait-il. Il méprisait l'idée de désarmement, qui venait d'être inscrite à l'ordre du jour du calendrier international. « Une vertu insipide qui n'est pas soutenue par la force est tout aussi pernicieuse et encore plus perfide que la force dissociée de la vertu[9]. »

Menant une realpolitik bien à lui, Roosevelt consentit en 1908 à l'occupation japonaise de la Corée sous prétexte que cette dernière était incapable de se défendre et qu'aucun autre État ou groupe d'États n'était prêt à courir le risque d'assurer sa protection :

> La Corée appartient véritablement au Japon. Certes, il a été solennellement convenu par traité que la Corée resterait indépendante. Mais la Corée elle-même s'est montrée impuissante à appliquer le traité, et il était hors de question d'imaginer que toute autre nation [...] chercherait à faire pour les Coréens ce que ceux-ci étaient totalement incapables de faire pour eux-mêmes[10].

Dans cet esprit, Roosevelt a élaboré ce qu'on a appelé le « corollaire Roosevelt » à la doctrine Monroe, proclamant le droit des États-Unis à intervenir sur le continent américain

– non pas seulement pour empêcher les ingérences extérieures, comme le prévoyait la doctrine Monroe, mais aussi, et peut-être surtout, pour défendre et protéger les intérêts nationaux des États-Unis. Sous la présidence de Roosevelt, les États-Unis sont ainsi intervenus à Haïti, ils ont encouragé le Panama à faire une révolution qui l'a conduit à se séparer de la Colombie et ont jeté les fondements de l'ouverture du canal de Panama ; ils ont, en outre, établi un protectorat financier sur la République dominicaine, et, en 1906, envoyé des troupes américaines occuper Cuba.

Convaincu que les responsabilités internationales des États-Unis ne pouvaient se limiter à l'exercice de la vertu civique, Roosevelt a commencé à impliquer activement son pays dans le jeu de l'équilibre mondial. En 1904, pendant la guerre entre le Japon et la Russie, il s'abstint de condamner le Japon, qui était pourtant l'agresseur selon nos critères actuels, car il craignait qu'une victoire de la Russie ne lui permît de dominer l'Asie, compromettant ainsi l'équilibre mondial des forces. Mais il ne transforma pas non plus cette préoccupation géopolitique en croisade contre la Russie. En fait, respectueux des règles de l'équilibre des forces, Roosevelt, tout en souhaitant l'affaiblissement de la Russie, évita de pousser la défaite de celle-ci au point de substituer à la menace russe une menace japonaise. Aussi finit-il par inviter les représentants des belligérants chez lui, à Oyster Bay, dans l'État de New York, où il joua les médiateurs. Le conflit fut en définitive officiellement réglé par le traité de Portsmouth. Cet accord reposait sur le principe d'un équilibre asiatique des forces dans lequel le Japon, soutenu par la Grande-Bretagne, ferait contrepoids à la Russie impériale, les États-Unis maintenant l'équilibre ultime entre les deux parties de l'Asie, un peu comme l'Angleterre le faisait en Europe.

La même approche géopolitique a déterminé l'attitude de Roosevelt lors de la Première Guerre mondiale. Ayant alors quitté le pouvoir, il a soutenu l'idée d'une intervention aux côtés de l'Angleterre et de la France bien avant que le président en exercice, Woodrow Wilson, n'en ait reconnu la nécessité. Roosevelt craignait qu'une Allemagne victorieuse n'intervienne dans les affaires du continent américain, qui aurait perdu le bouclier de la flotte britannique dans l'éventualité d'une victoire allemande. Si Roosevelt avait été au pouvoir, il aurait très probablement imaginé un règlement analogue au traité de Portsmouth. Il se serait efforcé de limiter la capacité de l'Allemagne à dominer l'Europe, tout en lui conservant une place dans le nouvel équilibre des forces. Il n'aurait pas cherché à destituer les gouvernements des pays vaincus ni à redessiner les frontières politiques sur la base de principes tels que l'autodétermination.

Mais Roosevelt n'était plus au pouvoir, et l'homme qui tenait la barre avait une mentalité fort différente de la sienne. Ses idées allaient définir les bases conceptuelles de la politique extérieure américaine pendant le reste du XXe siècle. Woodrow Wilson avait engagé les États-Unis dans la guerre en vertu de principes relevant de l'expérience historique américaine et non pas de l'équilibre européen des forces. Pour participer à un système d'équilibre des forces, un pays doit être convaincu d'avoir à affronter une menace véritable qu'il est incapable de maîtriser seul. Or, en 1914, il était impossible de convaincre l'opinion publique américaine qu'une modification quelconque de l'équilibre européen était susceptible de menacer la sécurité de l'Amérique. L'histoire jugera probablement que Roosevelt était plus perspicace quant aux enjeux ultimes de la politique étrangère américaine, mais les idées de Wilson l'ont emporté parce que, aussi radicales et audacieuses qu'elles aient pu paraître à des oreilles étrangères, elles sonnaient comme l'application universelle de vérités polies par un siècle d'isolement américain.

Lors du déclenchement de la Première Guerre mondiale, la première réaction de Wilson avait été conforme à la tradition isolationniste de son pays. Le 8 décembre 1914, il rejeta un appel de Roosevelt à renforcer l'armement de l'Amérique ; il considérait en effet que le conflit européen était une guerre « dont les causes ne peuvent pas nous toucher, et dont l'existence même nous offre des possibilités d'amitié et de service désintéressé[11] ».

Deux ans et demi plus tard, Wilson décida de faire entrer les États-Unis en guerre, mais ses motifs, contrairement à ceux de Roosevelt, n'étaient pas de préserver et de renforcer l'équilibre des forces en Europe. En fait, Wilson entreprit de détruire tout à la fois cet équilibre et le système westphalien. Le 22 janvier 1917, trois mois avant l'entrée en guerre de l'Amérique, Wilson définit en ces termes le seul résultat acceptable à ses yeux :

> La question dont dépendent la paix et la politique futures du monde est celle-ci : la guerre actuelle est-elle une lutte pour une paix juste et solide ou uniquement pour un nouvel équilibre des forces ? [...] Ce n'est pas d'un équilibre des forces que nous avons besoin, mais d'une communauté des forces ; non pas de rivalités organisées, mais d'une paix commune organisée[12].

L'intervention de l'Amérique dans le conflit allait marquer durablement sa politique extérieure, et, eu égard au rôle croissant des États-Unis, être décisif pour le reste du monde également. Après avoir passé un siècle à stigmatiser le règlement international de Westphalie, les États-Unis virent une possibilité de le redéfinir. Faisant une entrée remarquée sur la scène internationale, l'Amérique refusa d'y figurer comme un simple État parmi d'autres, cherchant à défendre ses intérêts nationaux. La doctrine de Wilson comportait implicitement le rejet de l'équivalence morale qui aurait placé les États-Unis sur le même terrain éthique que d'autres pays. La vocation américaine se situant à un niveau supérieur, selon Wilson, le seul objectif qui pût justifier l'entrée en guerre de l'Amérique était de refaire le monde à son image. Les États-Unis participeraient enfin au grand jeu international, mais à condition de pouvoir en redéfinir les règles. Ce qui explique les termes grandiloquents qu'employa Wilson dans son exposé des buts de guerre :

> Nous sommes heureux [...] de combattre ainsi pour la paix ultime du monde. [...] Il faut créer un monde sûr pour la démocratie. Sa paix doit reposer sur les fondements éprouvés de la liberté politique[13].

Rejetant la notion d'intérêt national, synonyme pour lui d'« égoïsme national », il proposa un nouveau critère :

> Cette époque [...] réclame un nouvel ordre des choses dans lequel les seules questions seront : Est-ce bien ? Est-ce juste ? Est-ce dans l'intérêt de l'humanité[14] ?

Wilson exposa trois des thèmes fondamentaux de toute la politique étrangère à venir de l'Amérique. Premier thème : l'harmonie est l'ordre naturel des affaires internationales ; les questions qui l'ont troublée à travers l'histoire ne sont ni honorables ni importantes, et devraient, comme l'affirma plus tard George Kennan pour expliquer la théorie de Wilson, « passer après l'attrait d'un monde ordonné, qu'aucune violence internationale ne vient perturber[15] ».

Deuxièmement, il est inadmissible d'imposer le changement par la force : toute transformation doit advenir au terme d'un processus reposant sur la loi ou sur une forme de droit ou de procédure légale. Les peuples étant, de droit divin, maîtres de leur destin, les fondements de l'État devraient être l'autodétermination nationale et la démocratie.

Enfin, une nation qui aurait adopté ces principes n'aurait, selon Wilson, jamais aucune raison de choisir la guerre. En revanche, les États incapables de répondre à ces critères seraient condamnés à entraîner le monde, tôt ou tard, dans un conflit. Rendre le monde sûr pour la démocratie ne relève donc pas seulement de l'exigence morale, mais de la prudence. Et puisque, en vertu de cette théorie, les démocraties ne font jamais la guerre, elles auront tout loisir de se concentrer sur les questions susceptibles d'améliorer la qualité de la vie. À en croire la théorie wilsonienne, les démocraties n'ont, en réalité, d'autre intérêt légitime que de promouvoir les valeurs universelles.

L'une des ironies de l'histoire contemporaine veut que l'étranger voie souvent dans la défense actuelle de ces idées l'expression des aspirations hégémoniques de l'Amérique et de son désir d'affirmer son rang de superpuissance. En fait, l'applicabilité du modèle américain au reste du monde a été un thème américain fondamental depuis la création de la République : Wilson n'a innové qu'en transformant l'image d'« une cité étincelante sur la colline », inspirant les autres par son exemple moral, en une croisade destinée à diffuser ces valeurs par le biais d'une politique étrangère active. Si ses adversaires se sont opposés à lui, ce n'est pas parce qu'ils doutaient de la pertinence générale des valeurs américaines. Le désaccord portait plutôt sur la manière de les mettre en pratique : ils estimaient, pour leur part, que, pour remplir sa mission universelle, l'Amérique ferait mieux de peaufiner ses institutions intérieures au lieu de gaspiller ses ressources dans des aventures étrangères.

Les « isolationnistes » des années 1920 poursuivaient en fait la politique dominante de l'Amérique du XIXe siècle après la présidence de James Monroe. Le professeur Walter Russell Mead les surnommait les « jacksoniens » – du nom d'Andrew Jackson, le premier président à représenter l'Amérique profonde et le fondateur du Parti démocrate moderne[16]. Les Pères fondateurs étaient issus des rangs de l'aristocratie terrienne et d'une classe marchande aux intérêts internationaux. La politique étrangère hamiltonienne consistant à manipuler l'équilibre des forces européen pour protéger le jeune État américain était parfaitement cohérente à leurs yeux. Andrew Jackson représentait au contraire une Amérique qui tournait le dos à l'Europe et se développait vers l'ouest. Il reflétait les idées des pionniers, et, avec le temps, se fit également l'écho de la classe urbaine moyenne et ouvrière, surtout dans les petites villes.

Dans les années 1920, les jacksoniens commencèrent par s'opposer aux doctrines de Wilson. Puis ils s'y rallièrent pendant la Deuxième Guerre mondiale et pendant la guerre froide, avant de renouer avec leurs principes traditionnels lorsque cette dernière prit fin.

Les wilsoniens voulaient retoucher le système international par une participation active aux affaires du monde ; les jacksoniens, dans leur ensemble, avaient choisi d'ignorer les manœuvres de la politique de force européenne tant que celles-ci ne menaceraient pas explicitement et directement la sécurité ou les valeurs des États-Unis. Mais, le cas échéant, les jacksoniens se montraient implacables. Dans les années 1930, les violations du droit international et les atteintes aux droits de l'homme pouvaient rallier les wilsoniens ; la conduite de l'Allemagne ou du Japon dans ces années-là n'émut guère les jacksoniens – dans leur majorité, ils s'opposèrent même à la conversion de Franklin D. Roosevelt à l'idée d'une intervention en Europe. Mais quand Pearl Harbor fut attaqué – compromettant ainsi directement la sécurité américaine –, wilsoniens et jacksoniens firent cause commune : ils affirmèrent d'une seule voix que la destruction du nazisme et la capitulation inconditionnelle de l'Allemagne et du Japon étaient la seule issue acceptable. Et, alors qu'au lendemain de la Première Guerre mondiale Wilson avait été obligé de tenir compte des opinions et des intérêts de ses alliés européens, à l'issue de la Deuxième, les États-Unis occupaient une position à ce point dominante que les présidents Franklin D. Roosevelt et Harry Truman furent libres de façonner l'environnement international selon des principes fondamentalement américains – sécurité collective, autodétermination nationale et décolonisation – ceux-là mêmes qui inspirèrent la création des Nations unies.

En janvier 1941, Roosevelt définit les objectifs de la politique américaine « partout dans le monde », les fameuses Quatre Libertés – liberté d'expression et de culte, liberté d'être à l'abri de la peur et du besoin. En d'autres termes, les États-Unis décidaient d'endosser le rôle contre lequel John Quincy Adams les avait mis en garde – celui de champion et de défenseur des peuples libres dans le monde entier. Les valeurs mêmes qui avaient favorisé l'isolationnisme américain au XIXe siècle nourrirent son mondialisme messianique au XXe.

En 1947, en application de la doctrine Truman, les États-Unis assumèrent la protection de la Grèce et de la Turquie ; en 1949, celle de toute l'Europe occidentale ; et, au cours de la décennie qui suivit, ils se chargèrent de défendre, officiellement ou implicitement, presque tout le reste du monde. Ils justifièrent cette mission d'une manière typiquement américaine.

En 1953, alors que la guerre froide faisait rage, John Foster Dulles, alors secrétaire d'État, expliqua le rôle de l'Amérique en des termes exclusivement moraux – sinon spirituels – lors d'une cérémonie de remise des diplômes au National War College. Les États-Unis, affirma-t-il, représentent, de par leur existence même, une menace pour le despotisme :

> Nous avons créé ici un domaine de richesse spirituelle, intellectuelle et matérielle tel que le monde n'en a jamais connu. Ce que nous avons accompli s'est emparé de l'imagination des hommes et est apparu au monde entier comme « la grande expérience américaine ». Notre société libre est devenue une menace pour tout despote, parce que nous avons montré comment répondre à la soif humaine de chances meilleures et de plus grande dignité[17].

L'alliance entre jacksoniens et wilsoniens s'est poursuivie tout au long de la guerre froide. Le président John F. Kennedy affirmait que l'objectif de l'Amérique n'était « pas simplement la paix pour les Américains, mais la paix pour tous les hommes et toutes les femmes – non pas seulement la paix pour notre temps, mais la paix pour tous les temps ». Et Lyndon Johnson a clairement fait savoir qu'en cherchant à empêcher les communistes de prendre le pouvoir au Sud-Vietnam il répondait à un devoir moral, et non à l'intérêt national ; l'altruisme, expliqua-t-il, se trouve en effet au fondement de la politique américaine :

> Nous répondrons à tous ceux qui, en Asie du Sud-Est, nous demandent de les aider à défendre leur liberté.
> Nous ne convoitons rien dans cette région, nous n'y recherchons rien – aucun territoire, aucune position militaire, aucune ambition politique. Notre seul désir – notre seule détermination – est que les hommes d'Asie du Sud-Est puissent définir paisiblement leurs propres destinées comme ils l'entendent[19].

Le zèle missionnaire conjugué au solipsisme – l'incapacité à concevoir même une autre manière de voir le monde – produit l'association funeste d'impulsions mondialistes et missionnaires qui a conduit les États-Unis au Vietnam. L'Amérique a cherché simultanément à rétablir un gouvernement d'en haut – en destituant l'indolent Bao Dai, puis en remplaçant son successeur, Ngo Dinh Diem, par une junte militaire de son choix – et à favoriser l'instauration d'une démocratie et d'un capitalisme à l'américaine dans un pays presque entièrement dépourvu de classe moyenne et n'ayant aucune expérience de l'autonomie politique. Ces tâches, monumentales en soi, coïncidèrent de surcroît avec une insurrection brutale de type guérilla et avec une invasion venue du Nord, mais ne se sont pas attaquées aux sanctuaires et aux voies de ravitaillement intactes dans les pays voisins, comme le Laos et le Cambodge.

La débâcle qui s'est ensuivie a été aggravée par l'incapacité de l'Amérique à débrouiller les multiples fils de son attitude traditionnelle en matière de politique étrangère : réconcilier des principes universels et les nécessités pratiques d'une région qui n'autorisait qu'une approche fragmentaire d'objectifs élevés, et rattacher, dans le creuset de la bataille, des préceptes moraux, absolus par définition, à leur mise en œuvre par la force, invariablement liée aux circonstances.

Le consensus national reposant sur la coalition entre wilsoniens et jacksoniens n'a pas résisté à ces désillusions. Quand les wilsoniens se sont rendu compte qu'il était illusoire de prétendre encourager la diffusion de la liberté, de la prospérité et du modèle institutionnel américain, ils ont rendu les armes au beau milieu d'une guerre acharnée, refusant de se battre pour des objectifs plus limités et peut-être plus accessibles. L'aile extrémiste des wilsoniens en a conclu que le problème tenait moins à l'ambition démesurée de l'idéalisme américain qu'à un vice moral, qui avait entraîné les États-Unis en Indochine. Pour extirper celui-ci, ils se sont lancés dans une attaque tous azimuts contre les principes qui avaient guidé la politique américaine d'après guerre.

Les jacksoniens, en revanche, continuaient d'affirmer la validité ultime de leurs principes. Mais pour que la guerre d'Indochine ait un sens, il fallait la gagner, et si cela était impossible, mieux valait renoncer. Les jacksoniens étaient incapables de penser en termes de guerre limitée. Quoi qu'il en soit, ni les wilsoniens, ni les jacksoniens n'étaient prêts à soutenir un désengagement progressif, destiné à préserver la crédibilité des États-Unis dans le contexte de la guerre froide, lorsque la sécurité dépendait encore largement de la parole américaine.

Richard Nixon fut chargé de mener la politique étrangère de notre pays en pleine débâcle du consensus historique. Admirateur de Wilson, Nixon avait même demandé que la table de travail de celui-ci soit installée dans le bureau Ovale – mais, à la suite d'une confusion, ou peut-être d'une malveillance bureaucratique, il hérita de celui d'Henry Wilson, le second vice-président de Grant. (Il réussit tout de même à faire accrocher le portrait du bon Wilson dans la salle du Cabinet.) Mais, ayant passé une bonne partie de sa vie à étudier la politique internationale, Nixon n'admettait pas qu'une formule pût expliquer toute l'histoire et qu'une stratégie unique pût régler n'importe quel problème international contemporain. Convaincu qu'un excès de doctrine wilsonienne nous avait entraînés dans le bourbier indochinois, et conscient que les jacksoniens n'étaient plus disposés à se battre pour ce qui était encore en jeu là-bas, il chercha à rallier le peuple américain en renouant avec les racines hamiltoniennes de la politique étrangère, accordant ainsi la priorité absolue à l'intérêt national.

La politique de Nixon conservait cependant une forte empreinte wilsonienne qui s'est traduite par les accords de désarmement, par le soutien à l'émigration juive d'Union soviétique et par des mesures telles que le lancement du processus de paix au Proche-Orient et une convention internationale interdisant la guerre biologique. Mais, de bout en bout, la volonté dominante de Nixon a été de rattacher la politique américaine à ses intérêts, et ses intérêts à ses capacités. « Notre objectif, en premier lieu, est de soutenir nos *intérêts* à long terme par une politique étrangère saine, déclara-t-il au Congrès en 1970. Nos intérêts doivent dicter nos engagements, plutôt que l'inverse[20]. »

Cette politique a connu quelques remarquables succès – un désengagement négocié au Vietnam, une ouverture sur la Chine, un accord sur Berlin, une politique en direction de l'Union soviétique associant endiguement et négociations sur de nombreux points, et le début du processus de paix israélo-arabe. Mais sa justification, en dépit de son classicisme hamiltonien, n'était pas conforme à ce qui avait été le thème majeur de la politique étrangère américaine pendant l'essentiel du siècle. Avec l'affaiblissement de Nixon, consécutif à l'affaire du Watergate, et le désengagement du Vietnam, qui fit naître un nouveau sentiment de sécurité, on vit resurgir le point de vue traditionnel consistant à affirmer la pertinence universelle des valeurs américaines. Nixon et, dans une moindre mesure, le président Gerald Ford (et moi-même, puisque je fus leur secrétaire d'État) essuyèrent alors les attaques croissantes des wilsoniens, qui leur reprochaient d'être des hommes de pouvoir (synonyme, dans leur langage, de traditionalistes ou dépassés), en même temps que des jacksoniens, qui les jugeaient trop conciliants (puisqu'ils refusaient de faire reposer leur politique sur une série d'épreuves de force). Au début des années 1970, quand une aile des libéraux changea de camp pour créer le mouvement néoconservateur, la doctrine wilsonienne réapparut, mais sous des traits plus musclés (reaganiens). La lutte contre les Soviétiques présentait un aspect moral autant que stratégique, nous rappelèrent-ils, et tout compromis était dangereux (ainsi que, par définition, toute négociation avec l'Union soviétique).

En 1974, on a relevé une profonde transformation dans la conduite de la politique extérieure américaine. Jusqu'alors, lorsque les États-Unis avaient cherché à influer sur la politique intérieure d'autres États, ils avaient eu recours à des opérations clandestines ou à des manœuvres diplomatiques discrètes. L'intervention officielle dans les affaires intérieures d'autres pays ne s'était pas encore imposée dans la politique étrangère américaine : les scrupules westphaliens l'emportaient encore. L'administration Nixon avait ainsi réussi à accroître l'émigration juive d'Union soviétique – de moins de mille personnes par an, elle était passée à près de trente-cinq mille – en s'adressant aux dirigeants soviétiques et en menant une diplomatie décidée mais prudente : la politique d'émigration d'un pays était, en effet, encore largement considérée comme une affaire intérieure. En 1974, le Congrès vota, pour la première fois, des sanctions destinées à favoriser l'émigration des Juifs soviétiques, faisant ainsi de cet objectif un élément officiel et public de la politique extérieure américaine. Le maintien des sanctions, alors même que l'émigration juive avait *décliné* d'environ 70 % plusieurs années après la mise en place de ces mesures, montre à quel point la volonté d'exercer des pressions explicites en faveur des droits de l'homme était devenue dominante et illustre le déclin des principes westphaliens de non-ingérence dans les affaires des autres États.

Le principe d'intervention dans ce qui avait toujours paru du ressort de la politique intérieure s'est ainsi progressivement imposé. L'acte final de la Conférence sur la sécurité et la coopération en Europe d'août 1975 fit même du respect des droits de l'homme une obligation internationale des signataires. Lors de la séance de clôture, le président Ford lança un défi explicite à l'Union soviétique en soulignant, dans son discours, « le profond attachement du peuple américain et de son gouvernement aux droits de l'homme et aux libertés fondamentales[21] ».

Le président Jimmy Carter réaffirma ce principe wilsonien fondamental avec encore plus de force : « Nous devrions être un phare pour les nations en quête de paix et de liberté, pour les nations qui aspirent à la liberté individuelle et au respect des droits fondamentaux de l'homme[22]. » Quant au président Ronald Reagan, il invoqua les mêmes principes en des termes encore plus fermes :

> Si l'Amérique a été appelée à prendre la direction du monde, c'est en raison de notre force et des valeurs qui guident notre société : des élections libres, une presse libre, la liberté du choix religieux, la liberté syndicale et, surtout, une liberté individuelle entière et le rejet du pouvoir arbitraire de l'État. Ces valeurs sont le fondement de notre force[23].

L'administration Reagan a réalisé la synthèse des trois courants de la pensée américaine : la rhétorique wilsonienne, en affirmant la singularité de l'Amérique ; la croisade contre une idéologie hostile (« l'empire du Mal »), destinée à rallier les jacksoniens ; et la tactique hamiltonienne de Nixon. L'évocation du devoir moral propre à l'Amérique s'est conjuguée à une évaluation réaliste des intérêts nationaux. Quant au Congrès, il a, dans les années 1970, exigé des éventuels bénéficiaires de l'aide étrangère américaine qu'ils respectent les droits de l'homme. Au cours des années 1980, il a imposé des sanctions pour parvenir à ses fins dans ce domaine, et un grand nombre d'États sont aujourd'hui soumis à de telles mesures. Le meilleur exemple – et le seul à ce jour dont la réussite soit sans équivoque – a été l'embargo économique voté par le Congrès en 1986 contre l'Afrique du Sud.

LE NOUVEL INTERVENTIONNISME

Le renoncement définitif au principe de John Quincy Adams (le meilleur moyen pour les États-Unis de soutenir les progrès de la démocratie à l'étranger consistait à pratiquer ses vertus à l'intérieur du pays) et l'inscription de la défense des droits de l'homme parmi les objectifs majeurs de la politique étrangère américaine ont été le fait de l'administration Clinton. Bill Clinton a été le premier président de l'après-guerre froide, le premier aussi à s'être formé politiquement en militant dans le mouvement d'opposition à la guerre du Vietnam. Sa politique étrangère a été conforme à ces prémisses. Méfiant à l'égard du pouvoir, hostile au concept même d'équilibre (il s'agit pour lui d'une « vieille pensée » – « *Old Think*[24] »), Clinton a agi comme si ses prédécesseurs avaient alimenté la guerre froide en accordant trop de poids aux considérations stratégiques. Voilà pourquoi, dans ses discours à l'étranger, il a systématiquement présenté les excuses de l'Amérique pour ses prétendues violations morales, qu'il a imputées à ses préoccupations concernant la guerre froide[25].

Mais cette dernière n'a pas été une invention des États-Unis. Avant le premier mandat de Clinton, des membres fort sérieux de neuf administrations successives, représentant les deux partis, ont prétendu (non sans raisons) agir en faveur de la sécurité et des valeurs fondamentales de leur pays, et des peuples libres en général. La nouvelle pratique de la politique étrangère a associé un rejet de l'histoire à celui des notions traditionnelles de sécurité et de géopolitique. Suggérant explicitement que les défauts américains n'étaient pas étrangers à la guerre froide, sous-entendant que la plupart des tensions internationales avaient une origine sociale et que la diplomatie devait donc se concentrer sur les questions dites « douces » – c'est-à-dire non stratégiques –, elle exprimait un mépris sans fard pour un grand nombre des réalisations accomplies au cours du demi-siècle qui avait suivi la Deuxième Guerre mondiale.

L'heureux dénouement de la guerre froide a encouragé d'autres groupes à se repaître de la même autosatisfaction, qui s'est transformée en triomphalisme universel. Les États-Unis étant parvenus au système politique et économique idéal, la meilleure solution – et la seule viable – pour le reste du monde consistait à embrasser leurs principes politiques et économiques. En l'absence de guerre froide et de puissance capable de se poser en rivale des États-Unis, la théorie de la « fin de l'histoire » a acquis une grande vraisemblance : les luttes idéologiques étaient peut-être définitivement enterrées ; le monde entier adoptait des variantes des systèmes économique et politique américains, et si compétition il y avait, elle portait essentiellement sur la vitesse avec laquelle on atteignait cet objectif[26].

Quant à la crise financière asiatique de 1997, elle fut l'occasion d'une nouvelle affirmation du triomphalisme occidental.

Du coup, la politique intérieure américaine a de plus en plus pris la politique étrangère en tutelle. Lorsqu'ils ont l'impression de pouvoir sans risque exercer des pressions sur d'autres pays, les États-Unis manifestent une tendance croissante à légiférer, dans les domaines les plus divers, afin de transformer leurs préférences intérieures en objectifs de politique extérieure. Le nouvel engagement du Congrès trouve une excellente illustration dans un commentaire de Nancy Pelosi, députée de Californie, très favorable à des restrictions au commerce chinois. Quand, au début de son mandat, Clinton affirma que son administration n'accorderait à la Chine la clause de la nation la plus favorisée que si elle obtenait, dans un délai d'un an, la preuve que des progrès avait été enregistrés dans le domaine des droits de l'homme, elle déclara :

> On peut espérer qu'au terme de ces douze mois, si la liberté de la presse existe en Chine et si les autres conditions en matière de droits de l'homme sont remplies, nous pourrons entreprendre de résoudre d'autres problèmes auxquels doivent faire face les membres du Congrès[27].

Rien ne montre mieux l'effondrement du principe westphalien de non-ingérence que l'idée qu'une mesure votée par le Congrès américain – premier acte d'une interminable série de revendications américaines unilatérales – pourrait imposer la liberté d'expression et la liberté de la presse à une Chine qui ne les a jamais connues en cinq mille ans d'histoire.

Ce genre de propos n'avait rien d'insolite dans l'enceinte du Congrès. Mais ce thème était encore plus courant dans l'opinion publique américaine (et, de plus en plus, dans celle de toute l'Europe occidentale). Strobe Talbott, alors vice-secrétaire d'État, a développé ce point dans le numéro de *Foreign Affairs* de novembre 1996 :

> Dans un monde de plus en plus interdépendant, la manière, bonne ou mauvaise, dont les autres pays se gouvernent présente un intérêt croissant pour les Américains. Plus la communauté d'États qui se donnent des formes démocratiques de gouvernement sera

> importante et imbriquée, plus la sécurité et la prospérité des Américains seront grandes ; en effet, il est avéré que les démocraties sont plus susceptibles de respecter leurs engagements internationaux et qu'elles risquent moins de se livrer au terrorisme ou de détruire l'environnement, ainsi que de se faire la guerre.
> Voilà pourquoi la sécurité nationale justifie, par essence, que l'on soutienne, que l'on encourage et, au besoin, que l'on défende énergiquement la démocratie dans d'autres pays[28].

La nouvelle doctrine d'intervention humanitaire affirme que le respect des droits de l'homme participe si bien de la tradition américaine qu'il faut accepter de risquer des fonds et, dans le pire des cas, des vies pour l'imposer au monde entier. Nul autre pays n'a jamais avancé de tels objectifs, qui pourraient bien entraîner les États-Unis et leurs alliés à jouer le rôle de gendarmes du monde.

Cette rhétorique d'intervention permanente a été particulièrement explicite au cours des journées triomphales qui ont suivi l'opération de l'OTAN au Kosovo. Tony Blair, Premier ministre britannique, a déclaré que cette mission avait marqué la victoire des forces « progressistes » en politique étrangère et la défaite des conceptions traditionnelles, aujourd'hui dépassées :

> Cette guerre [...] a été menée au nom d'un principe fondamental indispensable au progrès humain : chaque être humain, quelles que soient sa race, sa religion ou sa naissance, jouit du droit inaliénable de vivre à l'abri des persécutions[29].

Le chancelier allemand Gerhard Schröder a enfoncé le clou encore plus énergiquement : « L'Alliance [doit] prouver [...] que les faibles possèdent dans l'OTAN un ami et un allié puissant, prêt et disposé à défendre leurs droits humains[30]. » Mais la formulation la plus grandiloquente revient au président Clinton :

> Voici ce que nous pouvons dire aux peuples du monde : que vous viviez en Afrique, en Europe centrale ou ailleurs, si quelqu'un s'en prend à des civils innocents et entreprend de les massacrer en raison de leur race, de leur origine ethnique ou de leur religion, et s'il est en notre pouvoir de l'en empêcher, nous le ferons[31].

Les événements qui se sont déroulés entre novembre 1998 et la fin du printemps de l'année suivante ont marqué le triomphe spectaculaire des principes wilsoniens sur les traditions rivales de la politique étrangère américaine. En vertu des critères jacksoniens et hamiltoniens, on aurait fort bien pu considérer l'affirmation de la prétention hégémonique de l'Irak dans le Golfe comme une menace fondamentale pour la sécurité nationale américaine. En décembre, l'Irak avait en effet expulsé les inspecteurs de l'ONU qui se trouvaient sur son territoire en vertu d'une décision du Conseil de sécurité des Nations unies pour empêcher la production d'armes de destruction massive – une des conditions du cessez-le-feu qui avait mis fin à la guerre du Golfe. Cette décision irakienne redonna à ce pays la capacité à long terme de menacer ses voisins, dont la plupart sont des alliés de l'Amérique et qui sont tous des fournisseurs de pétrole dont les démocraties industrielles ne sauraient se passer. Pourtant, la réaction américaine s'est bornée à quatre nuits d'attaques aériennes (pour limiter les pertes civiles) ; après quoi, on accepta plus ou moins que l'Irak passe outre à la résolution du Conseil de sécurité. On estimait manifestement que les États-Unis feraient face aux conséquences à long terme le jour venu ; le risque de voir l'Irak imposer son hégémonie dans le Golfe ne recelait pas de questions morales qui auraient justifié une action militaire prolongée.

Au contraire, trois mois plus tard, sous la pression américaine, l'OTAN a bombardé la Yougoslavie pendant soixante-huit jours d'affilée, vingt-quatre heures sur vingt-quatre. L'objectif majeur de cette opération était de mettre fin et de porter remède aux violations des droits de l'homme dont la Serbie se rendait coupable au Kosovo. Cette affaire ne faisait pourtant peser aucune menace sur la sécurité américaine au sens traditionnel du terme. C'est ainsi que les principes wilsoniens ont été la force motrice dominante de la politique étrangère occidentale dans les Balkans.

L'opération du Kosovo a marqué le point culminant d'une série d'interventions menées au nom des droits de l'homme et des valeurs humaines. L'armée américaine s'est ainsi déployée en Somalie, initialement pour distribuer une aide alimentaire, puis pour tenter de mettre en place un gouvernement civil ; à Haïti, pour libérer la population de l'emprise d'un gouvernement militaire qui avait pris le pouvoir à la suite d'un coup d'État ;

en Bosnie, pour mettre fin par la force à une guerre civile cruelle ; et au Kosovo, pour transférer, dans les faits, l'autorité qu'exerçait alors la Serbie entre les mains de la population, d'origine ethnique albanaise.

Ces quatre interventions militaires – dont trois ont été le fait de l'administration Clinton – présentaient certains points communs : elles étaient parfaitement étrangères à ce qu'on entend traditionnellement par « intérêt national américain », dans la mesure où leur issue ne pouvait en aucune façon affecter la sécurité américaine, telle que l'histoire l'a définie ; elles répondaient à de puissantes pressions intérieures, impatientes d'apporter un soulagement à une souffrance humaine incontestable (Bush était intervenu initialement en Somalie dans l'objectif affirmé de faire distribuer par l'armée américaine une aide alimentaire à une population affamée) ; elles étaient censées être sans risque (devant le nombre de victimes provoqué par l'expédition en Somalie, on décida rapidement du retrait des forces américaines) ; enfin, ces interventions ne tenaient aucun compte du contexte historique.

Une application aussi radicale des principes wilsoniens ne pouvait que provoquer la même rupture avec les jacksoniens que dans les années 1920. C'est ainsi que l'aile jacksonienne de la coalition de Reagan quitta le navire et refusa de participer à cette tentative d'organisation multilatérale du monde. Dans la foulée, le Sénat refusa de ratifier le traité d'interdiction complète des essais nucléaires ; il hésita à approuver la création de la Cour pénale internationale et se montra très réservé sur l'idée d'un rôle permanent des forces américaines au Kosovo. Non sans quelque ironie, les mesures wilsoniennes que Clinton eut le moins de mal à faire appliquer furent celles qu'il parvint à imposer en tant que commandant en chef. Pour le reste, les réalisations autour desquelles il réussit à rallier les deux partis étaient de nature hamiltonienne, comme l'Accord de libre-échange nord-américain (ALENA) ou l'adhésion des États-Unis à l'Organisation mondiale du commerce (OMC).

Aussi n'est-il pas surprenant que la petite controverse sur la politique étrangère qui a marqué la campagne présidentielle de 2000 ait porté sur la ligne de faille entre principes wilsoniens et doctrine jacksonienne. On a accusé l'administration Clinton d'avoir outrepassé les nécessités de l'intérêt national dans ses différentes interventions militaires. En fait, il s'agissait pour Clinton de redéfinir l'intérêt national en des termes wilsoniens poussés à l'extrême. La défense des droits de l'homme et des valeurs humaines, par la force si besoin était, était érigée en principe fondamental de l'intérêt national américain. Dans l'article de *Foreign Affairs* déjà cité plus haut, le vice-secrétaire d'État Strobe Talbott expliquait que le soutien, l'encouragement et la défense de la démocratie « dans d'autres pays » représentaient la quintessence même du réalisme :

> C'est le fondement de l'affirmation, qui vient réfuter les insinuations contraires de certains réalistes autoproclamés, selon laquelle les valeurs et les intérêts américains se renforcent mutuellement[32].

INTERVENTION HUMANITAIRE ET INTÉRÊT NATIONAL : QUATRE PRINCIPES

Pour qu'une intervention humanitaire puisse se poser en priorité absolue de la politique étrangère américaine, il faut qu'elle remplisse quatre conditions : son principe doit être universellement applicable ; elle doit entraîner des actions que l'opinion publique américaine puisse approuver ; elle doit rencontrer un écho dans la communauté internationale ; et elle doit tenir compte, d'une manière ou d'une autre, du contexte historique. Toutes ces conditions s'appliquent aujourd'hui à ce qu'on appelle une « stratégie de désengagement » : remédier à un problème temporaire ou s'enfoncer dans un bourbier sans fin.

Ces conditions permettent avant tout d'évaluer si les États-Unis se contentent de justifier des décisions ad hoc dictées par les circonstances, ou s'ils définissent une stratégie générale qui mérite d'être suivie. Si cette politique n'est pas universellement applicable – ou si elle ne l'est pas à la grande majorité des circonstances prévisibles –, le reste du monde y verra l'exercice arbitraire de la domination américaine et, avec le temps, un acte d'hypocrisie égoïste. Si l'opinion américaine ne soutient pas la voie dans laquelle on s'engage, cet échec compromettra l'aspiration de l'Amérique à être le pilier de l'ordre mondial. Si la communauté internationale n'approuve pas les objectifs américains, les États-Unis seront poussés à les imposer ou à y renoncer. Si les actions de l'Amérique ne tiennent pas compte du contexte historique, elles se heurteront tôt ou tard à des obstacles locaux grandissants ou exigeront un usage de la force incompatible avec le consensus intérieur.

De toute évidence, les États-Unis ne sont pas en mesure, ni seuls ni avec le concours de l'Europe, de redresser tous les torts, voire les torts les plus graves, qui sont commis à travers le monde en recourant à la force militaire – contrairement à ce qu'ont prétendu tant de responsables de l'OTAN au lendemain de l'intervention au Kosovo. Du reste, les responsables de la coalition de l'OTAN sont loin d'avoir, dans les faits, appliqué leurs nobles principes d'une manière aussi universelle. Quelques mois seulement après avoir proclamé l'avènement d'une nouvelle politique étrangère fondée sur l'éthique, ils se sont réfugiés dans un silence embarrassé quand la Russie s'est engagée dans la répression brutale en Tchétchénie, une opération pourtant très comparable structurellement aux agissements de la Serbie au Kosovo. Au Kosovo comme en Tchétchénie, un pays dominant cherchait à maintenir par la force son emprise sur une province caractérisée par une composition ethnique et une religion différentes. L'intervention de la Russie en Tchétchénie a peut-être été encore plus soutenue et d'une envergure bien plus grande que celle de la Serbie au Kosovo, et elle a provoqué un nombre de morts bien plus élevé.

Face à une telle provocation, la plupart de ceux qui avaient affirmé que la guerre du Kosovo marquait un précédent universel se sont tus ou ont pris des mesures de pure forme destinées à apaiser leurs groupes de pression intérieurs. Battant odieusement en retraite, ils ont cherché à se dédouaner en changeant l'étiquette des victimes. C'est ainsi que les « combattants de la liberté » du Kosovo sont devenus, en Tchétchénie, des « rebelles » ou des « extrémistes » – dans les textes officiels aussi bien que dans les médias.

La nouvelle politique étrangère a donné lieu à la même

dérobade en Afrique. Devant les meurtres et les abominations hors du commun qui se sont déroulés en Sierra Leone, les membres de l'opération du Kosovo ont annoncé leur refus de s'engager militairement – alors que l'envoi de forces modestes (par rapport au Kosovo) aurait suffi à faire promptement cesser les massacres. Aucune intervention n'a été proposée non plus au Soudan ou dans le Caucase, où le nombre total de victimes dépasse, là encore, celui du Kosovo.

Un examen plus attentif révèle qu'on s'est abstenu d'appliquer le principe général de la nouvelle politique étrangère aux grands pays, aux alliés de grands pays ou aux pays jouissant d'importants appuis intérieurs au sein des grands États démocratiques. Jusqu'à présent, son application s'est donc limitée à un petit État, anciennement voyou, situé aux confins de l'Europe, et à une Indonésie plongée dans une révolution intérieure et hors d'état de nuire à l'échelle internationale.

L'existence de limites à l'applicabilité d'un principe n'infirme pas, bien sûr, sa pertinence dans certains cas particuliers. Mais il faut que l'Amérique comprenne la différence entre principe moral et politique étrangère au jour le jour. Les principes moraux sont universels et intemporels. La politique étrangère est liée aux circonstances ; c'est, comme le disait Bismarck, « l'art du possible », « la science du relatif ». Quand on applique des principes moraux sans tenir compte de la situation historique, on aggrave le plus souvent les souffrances au lieu de les atténuer. Et si on les applique en pleine conscience de la situation intérieure ou internationale, le concept d'intérêt national, si souvent stigmatisé par les wilsoniens, vient imposer un frein aux objectifs que l'on s'est fixés.

Aussi les limites de l'intervention humanitaire (ou autre) sont-elles définies par la disposition à en payer le prix, financier ou en vies humaines. Une doctrine d'intervention, universelle ou autre, ne peut être appliquée que si l'opinion publique est convaincue que les intérêts en jeu en justifient le coût. Or c'est précisément ce qui a fait défaut lors de chacune des interventions humanitaires des années 1990, de la Somalie au Kosovo. Les forces américaines ont ainsi quitté la Somalie dès les premières pertes. Et, dès le début de la campagne du Kosovo, les chefs des États membres de l'OTAN (à l'exception du Premier ministre Tony Blair, ce qui est tout à son honneur) ont annoncé qu'une guerre terrestre n'était pas envisageable – en d'autres termes, qu'il n'était pas question de risquer des vies humaines –, incitant ainsi Slobodan Milosevic à mettre à l'épreuve sa résistance à des bombardements prolongés. L'OTAN redoutait si bien d'essuyer des pertes que les bombes ont été lâchées hors de portée des batteries antiaériennes de la Serbie – à cinq mille mètres d'altitude, voire plus haut encore –, ce qui pouvait donner à penser qu'au Kosovo en tout cas les démocraties occidentales limitaient leur prise de risques au nom de la moralité à des altitudes soigneusement définies.

La troisième idée est que, pour devenir un principe directeur de l'ordre international, une conception doit rencontrer l'approbation générale de la communauté internationale. En effet, l'ordre international n'est possible, par définition ou presque, que s'il est largement accepté. Faute de quoi, pour jouer son rôle, une telle conception devrait être imposée par la force. L'histoire nous en offre quelques exemples : certaines religions universelles se sont répandues initialement par la conquête militaire et ne sont devenues des articles de foi qu'ultérieurement. C'est également vrai de certains résultats politiques, comme nous l'a appris, notamment, la guerre de Sécession.

L'approbation internationale aux différentes interventions humanitaires militaires menées par les États-Unis dans les années 1990 a été d'intensité variable. L'expédition de Somalie reposait sur une résolution unanime du Conseil de sécurité des Nations unies et avait été menée à la demande directe du secrétaire général de l'ONU. La question de principe consistant à déterminer si une solution militaire pouvait être imposée unilatéralement ou par un groupe de nations en l'absence de sanction internationale ne se posait donc pas. Mais le consensus s'est effrité dès que la mission initiale de maintien de la paix s'est transformée en mission de rétablissement de la paix, dès que l'application d'un accord entre parties en conflit a laissé place à la nécessité d'imposer une solution de force à une ou plusieurs factions.

L'intervention humanitaire à Haïti reflétait une nouvelle politique destinée à prouver l'engagement de l'Amérique en faveur de l'action multilatérale. L'administration Clinton a ainsi persuadé les Nations unies d'autoriser le recours à la force pour rétablir un gouvernement civil. Deux semaines plus tard, le 19 septembre 1994, elle a envoyé des troupes américaines dans le cadre d'une force de l'ONU, également composée d'éléments extérieurs au continent américain.

Cette intervention multilatérale a eu pour effet paradoxal d'inverser – juridiquement du moins – la politique traditionnelle de l'Amérique dans le continent. Depuis la proclamation de la doctrine Monroe jusqu'au traité de Rio de 1947 (établissant un système de sécurité collective pour le continent américain), et au cours des décennies qui s'étaient écoulées depuis, toutes les administrations américaines avaient affirmé que c'était aux États américains et, en dernier recours, aux États-Unis unilatéralement, qu'il revenait de régler les problèmes du continent. À Haïti, l'administration Clinton a finalement renoncé à faire intervenir l'institution spécifiquement conçue à cette fin – l'Organisation des États américains – et à faire unilatéralement usage de la force ; en effet, s'ils étaient prêts à soutenir des mesures diplomatiques et économiques, les autres États du continent n'auraient pas approuvé une intervention militaire.

La Somalie étant située en marge des préoccupations, aussi vastes soient-elles, de la grande majorité des États, et Haïti relevant des attributions américaines traditionnelles, aucun de ces deux pays ne permettait, en définitive, de tirer de conclusions générales sur l'applicabilité des nouveaux principes d'intervention humanitaire. La situation était différente en Bosnie et au Kosovo. Ces deux régions étaient des foyers de troubles situés en Europe même ; les crises ont éclaté sur un continent où les souvenirs de la Shoah restaient vivaces, et elles s'expliquaient par le démembrement d'un pays qui, pendant la guerre froide, avait été placé sous la protection de fait de l'OTAN. Les brutalités consécutives à la guerre des Balkans ne pouvaient que provoquer une réaction violente des États de l'Alliance atlantique.

Mais le fond des deux crises n'était pas le même. En Bosnie, la guerre civile déchirait un pays officiellement reconnu par les États-Unis au lendemain de la partition de la Yougoslavie. Le conflit a été marqué par des atrocités indicibles, dont l'essentiel a été, au départ, le fait des Serbes ; mais, avant la fin du conflit, les Croates – théoriquement du côté des forces de l'OTAN et de l'ONU – se sont livrés, eux aussi, à une purification ethnique massive. Quant aux Musulmans, ils se sont montrés à la hauteur des critères balkaniques en matière de brutalité. La phase militaire de l'intervention humanitaire de l'ONU en Bosnie, qui est intervenue à la demande du gouvernement bosniaque reconnu et sous l'égide des Nations unies, n'a posé aucune nouvelle question de principe et n'a pas créé de précédent. Lorsqu'un certain seuil de violence et d'atrocités est franchi, la conscience américaine et démocratique est à ce point heurtée que les considérations d'intérêt national s'en trouvent balayées. En Bosnie, ce n'est pas l'intervention elle-même qui a posé problème, mais le règlement politique qui a suivi – sur lequel je reviendrai plus loin.

La Bosnie, qui avait joué historiquement le rôle d'État tampon entre les empires autrichien et ottoman et n'avait été incorporée dans l'Empire autrichien qu'en 1908, n'avait jamais fait juridiquement partie de la Serbie. En revanche, le Kosovo abritait le site d'un sanctuaire national serbe. La lutte pour l'indépendance serbe y avait débuté lors d'une bataille désastreuse contre l'Empire ottoman en 1389. Arraché aux mains des Turcs en 1912 seulement, le Kosovo était devenu ensuite une subdivision administrative de la Serbie. Avant 1912, sous le joug ottoman, une minorité musulmane – en majorité albanaise – avait dominé la majorité serbe au Kosovo. Après que la Serbie eut pris le pouvoir, lors de la guerre des Balkans de 1912, la relation s'était inversée, si l'on fait abstraction des quatre années d'occupation nazie que les musulmans mirent à profit pour se venger.

Au cours du XXe siècle, la composition ethnique du Kosovo n'a cessé d'évoluer, et les Albanais ont fini par représenter quelque 80 % de la population. Le cycle de la haine n'a jamais pris fin, bien que le président Tito ait entrepris d'accorder au Kosovo son autonomie en 1974. Slobodan Milosevic a interrompu cette expérience en 1989, à l'occasion du sixième centenaire de la funeste bataille du Kosovo, annonçant qu'il voulait ainsi mettre un terme aux mauvais traitements que les Albanais infligeaient à la population serbe. Quel que soit le bien-fondé de cette accusation, il faut bien reconnaître que les seules périodes historiques où les groupes ethniques de Bosnie et du Kosovo avaient cessé de se tyranniser réciproquement étaient celles où des forces extérieures – l'Empire ottoman, l'Empire autrichien puis Tito – leur avaient imposé la paix. C'est actuellement l'OTAN qui incarne cette force.

Le statut juridique du Kosovo n'était pas le même que celui de la Bosnie. En Bosnie, l'objet de la guerre civile était l'exercice du pouvoir politique à l'intérieur d'un État en constitution, avec l'éventualité d'une partition en trois entités ethniques. Le Kosovo, en revanche, avait été reconnu par les puissances internationales comme partie intégrante de l'État yougoslave, et son statut n'avait jamais été remis en question. Dans un discours au peuple serbe prononcé à la veille de l'opération militaire de l'OTAN, le président Clinton avait réitéré la politique établie des États-Unis : « Les alliés de l'OTAN soutiennent l'existence du Kosovo, partie intégrante de votre pays. » Il avait ajouté que « l'accord garantirait les droits de tous les peuples du Kosovo – qu'ils soient d'ethnie serbe ou albanaise, au sein du Kosovo[33] ».

Mais, dans son discours, le président Clinton exhortait aussi le gouvernement serbe à accepter une proposition extraordinaire avancée par les ministres des Affaires étrangères de l'OTAN. Celle-ci poussait le principe d'intervention humanitaire à l'extrême et attribuait à l'OTAN une mission sans précédent. Il s'agissait, dans les faits, d'un ultimatum annonçant un protectorat de l'OTAN sur le Kosovo et la liberté de passage des troupes de l'Alliance atlantique à travers le territoire yougoslave. Les propositions de Rambouillet – du nom du château où les discussions se déroulèrent, théoriquement sous la présidence des ministres français et anglais des Affaires étrangères mais en réalité sous l'égide du secrétaire d'État américain – demandaient que le Kosovo jouisse de l'autonomie au sein de la Yougoslavie et sous la protection de l'OTAN, et que l'UCK, l'Armée de libération du Kosovo, remette ses armes aux forces de l'OTAN. L'Organisation atlantique assumerait la responsabilité ultime en matière de sécurité, avec l'appui de dix mille membres de la police serbe et de quinze cents gardes-frontières serbes. Au terme de trois ans, des élections devraient décider de l'avenir du Kosovo.

Les motifs humanitaires à l'origine de l'ultimatum de l'OTAN sont parfaitement respectables. Mais tous ceux qui connaissaient l'histoire serbe ne pouvaient ignorer que les propositions de Rambouillet conduiraient inévitablement à la guerre. Un pays qui avait combattu, souvent seul, les empires ottoman et autrichien et qui avait farouchement résisté à Hitler et à Staline sans le concours d'alliés ne permettrait jamais le passage de troupes étrangères sur son sol et n'accepterait pas davantage de remettre à l'OTAN une province qui abritait les hauts lieux de son histoire. Du reste, l'UCK n'était pas un mouvement politique ordinaire, luttant pour l'autonomie : l'Armée de libération avait initialement regroupé des disciples du dirigeant albanais stalinien pur et dur, Enver Hoxha. En 1998, le représentant spécial de Clinton dans les Balkans, l'ambassadeur Robert Gelbard, affirmait encore qu'elle constituait « sans conteste, un groupe terroriste[34]. » Son objectif était la création d'un Kosovo indépendant et, peut-être, d'une Grande Albanie, regroupant l'Albanie existante et les régions albanaises de Macédoine. L'idée d'une démocratie pluraliste et multiethnique incluant les Serbes n'était pas recevable dans les milieux de l'UCK.

Au moment de l'ultimatum de Rambouillet, la guerre civile avait déjà fait près de deux mille victimes et trois cent mille réfugiés. Mais la purification ethnique de grande ampleur n'avait pas encore commencé. Les masses de réfugiés que l'on a pu voir sur tous les écrans de télévision après le début des bombardements de l'OTAN furent bien davantage l'effet de ces opérations que leur cause.

Et je crois – sans, évidemment, être en mesure de le prouver – que l'on aurait pu obtenir, comme on le souhaitait, la création d'un Kosovo autonome *au sein de* la Yougoslavie – ce qui a été le résultat des opérations militaires – à moindre coût et en provoquant moins de bouleversements.

Les alliés de l'OTAN ont justifié leur action en recourant à des analogies historiques vagues, et fondamentalement inexactes : les deux guerres mondiales plongeraient leurs racines dans les Balkans, où la guerre était, en réalité, dirigée contre un unique personnage d'envergure hitlérienne, Slobodan Milosevic. Or la Deuxième Guerre mondiale n'a pas commencé dans les

Balkans, et la Première est le fruit des alliances des grandes puissances avec des factions balkaniques. Ajoutons que Milosevic était un despote balkanique local, et non la réincarnation d'Hitler, et qu'il a été au bout du compte chassé du pouvoir par son propre peuple en révolte. Ce soulèvement intérieur est finalement assez comparable aux mouvements qui ont marqué la fin de tous les autres autocrates communistes en Europe centrale et orientale.

Malgré bien des réserves, j'ai soutenu l'opération du Kosovo après son déclenchement lors de plusieurs interventions télévisées. Il me semblait, en effet, que rien ne pouvait être pire que l'échec d'une opération aussi importante placée sous l'égide de l'OTAN. Mais le succès militaire n'a pas atténué le malaise que m'avait alors inspiré la volonté de l'OTAN de démembrer un État avec lequel ses membres entretenaient toujours des relations diplomatiques normales et avec lequel l'OTAN avait conclu un accord sur la Bosnie deux ans plus tôt seulement. Les revendications de Rambouillet avaient marqué un tournant dans l'histoire de l'Alliance : une association d'États qui avaient toujours donné de leur union une justification purement défensive entreprenait en effet de faire la guerre. Et ce au moment précis où l'OTAN venait de rappeler à plusieurs reprises ses objectifs défensifs, en exhortant la Russie à accepter un élargissement de l'Alliance atlantique...

Quoi que l'on puisse penser de l'obsolescence de la doctrine de souveraineté nationale, l'association entre le mépris flagrant que lui témoignait une alliance de démocraties et la diplomatie agressive que celle-ci menait marquait un renoncement aux règles internationales sur lesquelles ces mêmes démocraties avaient insisté tout au long de la guerre froide. D'où l'inévitable distorsion entre les prétentions des dirigeants alliés prônant cette nouvelle politique étrangère « éthique » et le reste du monde, dans sa majorité en tout cas. Les pays en développement voient d'ordinaire dans la doctrine d'« intervention humanitaire » un stratagème mis en œuvre par les démocraties industrielles pour reprendre l'initiative et imposer une nouvelle hégémonie de type néocolonialiste. La Chine a récusé ce principe pour des raisons similaires. La Russie a hésité à accorder à l'OTAN un chèque en blanc pour une intervention militaire en Europe : elle entretenait en effet des liens historiques avec la Serbie.

La réaction la plus intéressante peut-être a été celle des alliés européens qui, après les premières proclamations enthousiastes, ont fait volte-face. S'étant engagés au Kosovo pour défendre des principes universels, ils ont rapidement reculé devant leur propre audace. On entend de plus en plus fréquemment les responsables européens affirmer qu'ils n'agiront plus jamais sans l'approbation de l'ONU. Et le droit de veto dont disposent la Russie et la Chine en tant que membres permanents du Conseil de sécurité a transformé la doctrine d'intervention humanitaire, formulée à propos du Kosovo, en véritable paradoxe – un principe universel à la recherche d'un consensus.

Dans ces circonstances, la doctrine fondée sur l'interventionnisme universel pourrait, avec le temps, avoir de fâcheuses conséquences sur le concept même d'humanitarisme. En admettant que cette doctrine se répande et que des vérités rivales commencent à s'opposer, nous pourrions alors nous diriger vers un monde dans lequel, pour reprendre les termes de G. K. Chesterton, « la vertu est atteinte d'amok. »

Intervention humanitaire et contexte historique

Le succès de toute doctrine en matière de politique étrangère dépend de sa pertinence par rapport au contexte historique dans lequel elle doit s'appliquer. Certains bouleversements ont, c'est un fait, balayé le cadre historique dans lequel ils se sont produits. Mais il s'agit généralement d'épisodes prolongés et très violents. La politique ne doit pas être prisonnière du passé, mais elle doit s'en nourrir pour rechercher le plus grand progrès possible sans provoquer, au nom de la réforme, des souffrances plus grandes encore, et, en définitive, le chaos.

Le plus grave problème posé par l'attitude américaine (et récemment par celle de l'Europe de l'Ouest) à propos de l'intervention militaire humanitaire est qu'elle présente cette dernière comme un précepte universel applicable à toutes les situations, quel que soit le contexte historique et culturel. Aussi les différentes interventions militaires des années 1990 décrites dans ce chapitre ont-elles provoqué un débat sur ce qu'on appelle les « stratégies de désengagement » – autre façon d'aborder la question des limites de l'universalité des interventions humanitaires.

L'administration de George H. W. Bush, on l'a dit, a envoyé des troupes en Somalie en décembre 1992 à la demande expresse du secrétaire général de l'ONU. Un vote unanime du Conseil de sécurité les avait chargées de « créer l'environnement de sécurité qui est la condition sine qua non d'une aide humanitaire de la part des Nations unies et d'une tentative de réconciliation nationale ». L'objectif était humanitaire et wilsonien. Rien ne suggérait la moindre menace contre la sécurité américaine. Cette politique répondait à un unique objectif, parfaitement respectable d'ailleurs : soulager la souffrance humaine. Mais personne ne s'était apparemment demandé comment la situation qui réclamait l'envoi de troupes pourrait un jour autoriser leur départ.

C'est pourquoi, à l'arrivée au pouvoir du président Clinton, la mission de maintien de la paix a été élargie en mission de rétablissement de la paix, conformément aux dispositions du chapitre VIII de la charte de l'ONU. Il s'agissait de désarmer les factions en lutte et de conduire, selon les termes de la résolution du Conseil de sécurité, au « rétablissement d'institutions régionales et d'une administration civile dans tout le pays[35] ». L'objectif des États-Unis a été défini en ces termes par leur ambassadeur aux Nations unies, Madeleine Albright : « Nous devons maintenir le cap et aider à faire sortir le pays et son peuple de la catégorie des États en échec pour les faire accéder à celle des démocraties naissantes[36]. »

Malheureusement, la tentative d'établissement d'une autorité centrale en Somalie, sans parler de la démocratie, s'est heurtée à cette réalité historique : la Somalie ne constituait pas un pays mais un ensemble de tribus en conflit, dont la moitié avait été gouvernée par l'Italie avant l'indépendance, l'autre moitié par l'Angleterre, de sorte que le nouveau pays ne possédait même pas d'histoire coloniale commune. Une fois la création d'une nation inscrite à l'ordre du jour, les objectifs politiques de l'intervention somalienne ont exigé un effort militaire important et soutenu, impensable si l'on n'acceptait pas l'éventualité de pertes humaines. L'incompréhension de Washington face aux conséquences de cet « enlisement » a trouvé une excellente illustration lorsque la nouvelle administration Clinton a réduit le nombre de soldats américains de vingt-huit mille à quatre mille. Dans le cadre de cette nouvelle mission, les troupes ont livré une bataille qui a fait plusieurs dizaines de victimes américaines en octobre 1993, provoquant le retrait brutal de ce qui restait des forces américaines. Le message était clair : si les États-Unis acceptaient des sacrifices financiers et économiques pour soulager la misère humaine en Somalie, ils n'étaient pas prêts à sacrifier des vies américaines – définition opérationnelle des limites de l'intérêt humanitaire américain en Somalie.

À Haïti, on n'a pu éviter une situation du même type que parce que l'intervention américaine s'est limitée au maintien de la paix et n'a pas cherché à peser sur l'évolution politique. C'est ainsi que Haïti est resté un État ostensiblement autocrate et corrompu, la différence majeure résidant dans le passage d'un régime autoritaire de droite à un régime autoritaire de gauche, sans que l'on observe la moindre atténuation de la misère et la moindre amélioration de la qualité de vie désastreuse de la grande majorité de la population.

Dans les Balkans, il a été impossible de combler la faille entre les valeurs américaines et le contexte historique. Les États-Unis sont intervenus en Bosnie pour mettre fin à la guerre barbare que se livraient les différents groupes ethniques. Après le succès de l'intervention militaire et la négociation en 1995 des accords de Dayton mettant fin à la guerre, les États-Unis ont dû choisir entre deux principes qui avaient dicté leur politique extérieure depuis Wilson au moins : le refus sans appel du recours à la force pour provoquer un changement dans un autre pays, et le droit à l'autodétermination. La solution multiethnique passait par la création d'une Bosnie unifiée regroupant des Serbes, des Croates et des Musulmans. Le principe d'autodétermination exigeait de diviser la Bosnie en trois unités ethniques. Ce dilemme était dû à la situation suivante : la Bosnie avait été une subdivision administrative de la Yougoslavie multiethnique, mais, contrairement à d'autres entités comme la

Croatie ou la Slovénie, elle constituait elle-même un territoire multi-ethnique composé de Croates, de Serbes et de Musulmans, dont la haine réciproque avait provoqué initialement la désintégration de l'État yougoslave.

Un discours prononcé en 1878 par Benjamin Disraeli (lord Beaconsfield), alors Premier ministre britannique, devant la Chambre des lords, révèle bien que cette inimitié ne date pas d'aujourd'hui :

> Il n'est pas de langage pour décrire justement la situation de cette partie de la péninsule balkanique – Serbie, Bosnie, Herzégovine. Il n'est pas de mots pour décrire les intrigues politiques, les rivalités constantes, l'absence totale de tout esprit public, la haine de toutes les races, les animosités de religions rivales, l'absence de tout pouvoir de contrôle. Il faudrait une armée rassemblant au moins 50 000 des meilleurs soldats d'Europe pour établir dans ces contrées quelque chose qui ressemble à de l'ordre[37].

La réticence des dirigeants américains à tenter de comprendre le contexte historique les a jetés dans le puits sans fond des passions balkaniques. En s'adressant au peuple bosniaque, le président Clinton comparait son sort à celui de l'Amérique pendant la guerre de Sécession, un conflit dont son pays avait pu sortir parce qu'il avait « appris qu'il y a de grands avantages à trouver un terrain d'entente[38] ». L'analogie était parfaitement fallacieuse : la guerre de Sécession avait été une lutte sans merci, qui n'avait pas pris fin par un compromis mais par une capitulation inconditionnelle.

Le passé de la Bosnie n'est d'aucune façon comparable à celui de l'Amérique. Tout au long de leurs histoires, les Serbes et les Croates se sont posés en défenseurs de leur foi – orthodoxe serbe pour les uns, catholique romaine pour les autres –, d'abord contre un raz de marée musulman, puis les uns contre les autres. Et ils considèrent, les uns comme les autres, que les Musulmans ne sont que l'instrument des Turcs abhorrés, c'est-à-dire des traîtres – puisque, sur le plan ethnique, ils appartiennent tous au même peuple. La haine invétérée de chaque groupe pour les deux autres a perduré parce que ce conflit est plus proche de la guerre de Trente Ans que de n'importe quelle guerre contemporaine.

En 1991, l'administration de George H. W. Bush a provoqué l'échec d'un plan qui était à deux doigts d'obtenir l'approbation de l'ensemble des groupes ethniques bosniaques et qui devait aboutir à la création d'une confédération assez floue, solution qui n'était pas très éloignée d'une partition de fait. En 1993, la nouvelle administration Clinton a rejeté un projet de partage du même genre, élaboré par l'ancien secrétaire d'État Cyrus Vance et par l'ancien ministre des Affaires étrangères britannique David Owen. En 1994, contournant un embargo de l'ONU sur les armes qu'elle ne souhaitait pas contester ouvertement, l'administration Clinton a encouragé l'envoi clandestin d'armes d'Iran en Bosnie, prouvant ainsi qu'à ses yeux le principe d'une Bosnie multiethnique passait avant l'objectif stratégique de résistance à l'Iran intégriste extrémiste.

C'est ainsi qu'aux négociations de Dayton, en 1995, les États-Unis ont entrepris d'appuyer la constitution d'un État bosniaque unifié et multiethnique, alors même que, jusqu'à sa création, en 1992, la Bosnie n'avait jamais été un État indépendant. Pendant cinq siècles au moins, je l'ai rappelé, la Bosnie avait été une simple province aux confins des empires autrichien et ottoman. En reconnaissant en 1992 un État bosniaque indépendant et souverain, l'OTAN ne pouvait que provoquer une guerre civile, et non la création d'un pays. En raison même de ce passé, l'OTAN se condamnait de facto, en insistant sur la création d'un État multiethnique à la fin de la guerre civile, à exercer une occupation permanente pour assurer le maintien de la paix.

De quel droit une force militaire extérieure pouvait-elle imposer la création d'un État multiethnique qui n'avait, en réalité, obtenu l'approbation que d'un seul groupe ethnique ? Quel intérêt national américain ou quel objectif plus vaste cette politique servait-elle ?

L'intervention militaire humanitaire en Bosnie témoignait du refus des démocraties occidentales de tolérer l'application du principe de purification ethnique, près de leurs frontières, dans des régions avec lesquelles elles entretenaient des liens historiques. Mais les principes humanitaires n'avaient rien à voir avec la création imposée d'un État multiethnique, rejeté ouvertement par deux des trois nationalités en présence. C'était une décision politique qui reposait sur la volonté d'accorder au principe de non-acquisition d'un territoire par la force la préséance sur le principe d'autodétermination.

Aucun intérêt national ne commande aux États-Unis de risquer des vies ou de déployer des forces pour créer un État multiethnique en Bosnie, ou de s'empêtrer à jamais dans un bourbier politique. Cette tâche revient aux parties en présence – il n'y a d'ailleurs aucune raison de ne pas saluer leur succès, s'ils y parviennent –, et il ne faut surtout pas prétendre imposer ce résultat en prenant le risque de sacrifier des vies américaines, en exerçant des pressions ou en maintenant une présence militaire. L'enjeu est moins de parvenir au désengagement militaire des États-Unis que de trouver une solution politique autorisant le désengagement de *toutes* les forces extérieures – dans le contexte d'une conférence internationale sur laquelle je reviendrai. Cette démarche a de meilleures chances d'aboutir depuis que Milosevic a été remplacé en Yougoslavie par un nouveau président démocratiquement élu.

La même ambiguïté a présidé à l'intervention humanitaire au Kosovo. D'un côté, les responsables de l'OTAN ne tenaient pas à voir se reproduire les tergiversations qui avaient précédé l'intervention en Bosnie. De l'autre, leurs préoccupations humanitaires concernaient une province dont ils avaient toujours reconnu l'intégration à la Yougoslavie. En réalité, ils savaient mieux ce qu'ils voulaient éviter que ce qu'ils souhaitaient réaliser, et par quel moyen.

L'engagement américain au Kosovo a débuté en décembre 1992, au moment où l'administration de George H. W. Bush, qui n'était plus au pouvoir que pour quelques semaines, a averti Milosevic que, « dans l'éventualité d'un conflit provoqué au Kosovo par une action serbe, les États-Unis ser[aient] prêts à employer la force militaire contre les Serbes, au Kosovo et en Serbie proprement dite[39] ». Cette déclaration, qui n'était pas accompagnée d'une définition de ce que l'on entendait par un comportement inacceptable et ne précisait pas davantage la manière dont on déterminerait les responsabilités en cas de conflit, allait engager les États-Unis au Kosovo sans proposer de solution ni même de perspective de solution. Au cours des cinq années qui suivirent, l'administration Clinton et l'OTAN

« parlèrent fort mais brandirent un petit bâton », pour reprendre les mots de l'historien britannique Timothy Garton Ash, sans doute l'observateur le plus immuablement perspicace de la crise balkanique[40].

L'association de menaces massives et d'actions équivoques a abouti à une impasse. Les Serbes se sont mépris tant sur le seuil de réaction de l'OTAN que sur la détermination alliée à aller jusqu'au bout dans leur réponse militaire. Du côté albanais, Ibrahim Rugova, le dirigeant de la résistance albanaise, qui jouissait jusque-là d'un vaste soutien – et avait toujours adopté une attitude non violente –, céda la place à l'UCK, bien déterminée à exploiter les préoccupations humanitaires occidentales pour provoquer une surenchère de violences qui finirait par imposer l'intervention de l'OTAN. La politique de l'OTAN, en résumé, donna aux deux camps d'excellentes raisons d'embrasser la voie d'une intransigeance absolue.

Quand l'OTAN s'est enfin décidée à intervenir, elle l'a fait avec l'ambivalence qui avait caractérisé son attitude jusqu'alors. Les propositions de Rambouillet ne laissaient d'autre choix que l'intervention militaire. En même temps, l'OTAN restait suffisamment favorable aux idées westphaliennes en matière de souveraineté pour rappeler qu'elle considérait le Kosovo comme faisant partie intégrante de la Yougoslavie. Elle a du reste inclus ce principe dans la résolution du Conseil de sécurité des Nations unies qui a mis fin au conflit.

C'est ainsi que les réalités balkaniques ont pris le pas sur les rodomontades morales de la nouvelle diplomatie. En effet, le rôle de l'OTAN en Bosnie et au Kosovo depuis la fin des hostilités est comparable à celui que jouaient les empires autrichien et ottoman dans la région : ces puissances étaient parvenues à imposer une trêve aux factions ethniques en présence sans jamais réussir à apaiser entièrement leurs dissensions. Au fond, on peut dire que l'OTAN est plus près d'exercer un protectorat de type traditionnel dans les zones qu'elle contrôle que d'imposer une nouvelle moralité.

Les forces de l'OTAN sont présentes au Kosovo en vertu d'un mandat de l'ONU qui va, dans les faits, à l'encontre des aspirations de la population albanaise locale. Les Albanais ne se sont pas battus pour l'autonomie mais pour l'indépendance, et ils n'avaient certainement pas l'intention de rester sous la souveraineté yougoslave. Ils l'ont du reste clairement montré en procédant, après la victoire de l'OTAN, à la purification ethnique de deux cent mille Serbes qui vivaient sur ce territoire. Que se passera-t-il quand, soutenue par la Russie, la Yougoslavie démocratique d'après Milosevic demandera aux Nations unies de se conformer à la résolution du Conseil de sécurité, afin de lui permettre d'exercer l'intégralité de ses droits ? Quelle sera l'attitude des États-Unis face aux revendications kosovares d'indépendance, qui ne peuvent que gagner en force ? Il serait pour le moins paradoxal que, après avoir mené une guerre au nom de l'autonomie kosovare, les États-Unis doivent s'opposer *maintenant* à la volonté d'indépendance du Kosovo (voire se battre pour en empêcher la réalisation). Or, plus l'OTAN prendra le visage d'une force d'occupation, plus elle se trouvera définitivement partie prenante d'une âpre lutte balkanique sur des questions fort obscures pour la majorité des Américains et des Européens de l'Ouest.

Par ailleurs, accepter l'indépendance du Kosovo ne manquerait pas d'affecter profondément tous ses voisins, et plus particulièrement ceux dont le territoire abrite d'importantes populations albanaises. Un tiers au moins des habitants de la Macédoine sont albanais, tandis que des minorités albanaises non négligeables vivent au Monténégro et dans le nord de la Grèce. L'indépendance du Kosovo pourrait inciter ces minorités à réclamer l'autonomie, sinon plus, et peut-être même à déclencher une guérilla – surtout en Macédoine. On pourrait alors voir se manifester un mouvement en faveur d'une Grande Albanie, réunissant l'Albanie actuelle, le Kosovo et les minorités albanaises d'autres pays susceptibles d'obtenir l'autonomie. Aux yeux des États qui se sont battus pour l'indépendance au XIXe et au XXe siècle, la réalisation de toutes les aspirations albanaises ressemblerait à un film défilant à l'envers, dans lequel un islam renaissant renverserait les fruits de leurs propres luttes d'indépendance.

Les États-Unis et l'OTAN ne peuvent laisser la situation aller éternellement à vau-l'eau. Une issue consisterait à organiser une conférence internationale à laquelle participerait la Russie, sous les auspices de l'OSCE (Organisation pour la sécurité et la coopération en Europe), visant à définir une solution politique tant pour la Bosnie que pour le Kosovo. Cette conférence définirait les étapes de l'indépendance du Kosovo, et réglerait la question bosniaque sur la base de l'autodétermination des différents groupes ethniques. Elle définirait également des garanties qui assureraient l'application des accords conclus.

Les États-Unis ont parcouru un long chemin depuis que John Quincy Adams leur déconseillait de partir à l'étranger en quête de monstres à anéantir. Aujourd'hui, l'Amérique et l'OTAN apparaissent comme les principaux gendarmes des Balkans. Certes, les préoccupations humanitaires croissantes sont une des caractéristiques de notre époque et témoignent d'un progrès en direction d'un ordre international plus humain. Mais ses défenseurs ne servent pas leur cause en séparant cette question de toutes les notions traditionnelles de politique étrangère et en taxant de maladresse ou d'immoralité la réserve avec laquelle les États-Unis ont cherché à imposer leurs valeurs historiques. Comment ne pas y voir une certaine ironie quand on se rappelle que, pendant la guerre froide, les wilsoniens affirmaient que l'obsession sécuritaire des États-Unis nourrissait leur interventionnisme stratégique et l'illusion de leur toute-puissance ? Or voilà qu'aujourd'hui, en cette période d'après-guerre froide, ils exhortent les États-Unis à se charger, au nom de valeurs humanitaires et morales, d'une mission mondiale qui risque de provoquer un interventionnisme encore plus immodéré !

Cette inversion des lignes de front du débat intérieur sur le Vietnam ne fait que refléter une méprise identique à celle qui sous-tendait la contestation initiale. Lorsqu'il était candidat à la présidence, en 1976, Jimmy Carter citait souvent le Vietnam en exemple de ce qui attend une nation qui abandonne ses valeurs en faveur d'une politique de force. En fait, la guerre du Vietnam apporta la preuve du contraire. La tragédie de la politique étrangère américaine des années 1960 et 1970 n'a pas eu pour origine l'obsession de pouvoir des États-Unis, mais l'application trop universelle de leurs valeurs ; elle ne s'explique pas par la polarisation de l'Amérique sur ses intérêts nationaux, mais par l'identification de ses intérêts stratégiques avec les principes wilsoniens.

Aucune période de l'histoire américaine sans doute ne s'est

caractérisée par la dichotomie entre pouvoir et moralité. La détermination morale a été un élément clé de toutes les grandes politiques américaines et de toutes les guerres du XXe siècle – de la « guerre qui devait mettre fin à toutes les guerres » de 1917 à la résistance au fléau totalitaire pendant la Deuxième Guerre mondiale, de la lutte contre l'agression communiste en Corée et au Vietnam à la résistance contre l'occupation du Koweït par l'Irak de Saddam Hussein. Chaque fois, les présidents américains ont fièrement affirmé que les États-Unis ne servaient pas des intérêts égoïstes mais universels – et même, que le trait distinctif de leur engagement était l'absence de tout intérêt national distinctement américain. La nouvelle approche définit ainsi un élargissement de la portée des valeurs américaines, et non de leur signification.

Traiter les intérêts stratégiques comme s'ils relevaient d'une catégorie inférieure revient à paralyser les États-Unis, ne fût-ce que dans la réalisation d'objectifs considérés comme purement moraux. Dès que des vies américaines sont en jeu, la conception des intérêts vitaux de l'Amérique l'est aussi ; faute de quoi, le sacrifice consenti bafoue la souffrance des familles endeuillées. Inversement, partir en guerre sans être prêt à accepter qu'il puisse y avoir des victimes sous-entend que la question en jeu n'a rien de vital et que l'Amérique n'est pas prête à aller jusqu'au bout pour défendre ses principes. Pareille attitude ne peut qu'inciter l'adversaire à adopter une politique d'usure. Toutes les guerres que les États-Unis ont menées au cours des cent dernières années ont reposé sur cette prémisse tacite : reculer devant l'action ne ferait qu'exiger, à terme, des sacrifices plus importants encore. Au cours du siècle qui commence, les présidents américains devront porter des jugements comparables sur des questions encore imprévisibles et sur d'autres, déjà abordées dans ces pages.

Dans un remarquable article de *Foreign Affairs*, Joseph Nye Jr. a énoncé les quatre principes majeurs d'une intervention humanitaire : une cause juste aux yeux d'autrui ; des moyens proportionnés aux fins ; une grande probabilité de réussite ; et, chaque fois que cela est possible, l'existence d'autres intérêts nationaux puissants pour renforcer la cause humanitaire[41].

Quand on redéfinit dans cet esprit les questions posées par

l'intervention humanitaire, la distinction rhétorique entre intérêts humanitaires et nationaux commence à s'effriter. Les dirigeants américains et les responsables d'autres démocraties doivent s'efforcer de répondre à des questions comme celles-ci : où et pour quelles causes humanitaires les États-Unis choisiront-ils d'exercer leur puissance militaire ? Quels risques sont-ils prêts à courir ? Quelles mesures sont-ils prêts à prendre, sans recourir à la force ? Et pendant combien de temps ?

Le siècle nouveau exige des États-Unis une nouvelle définition de leurs intérêts vitaux, stratégiques aussi bien que moraux. Les défenseurs de l'intervention humanitaire n'avaient pas tort d'en proposer une ; reste à savoir si cette proposition tient compte de la portée et de la complexité des enjeux internationaux auxquels l'Amérique doit faire face.

Une juridiction universelle

L'idée sans précédent de soumettre la politique internationale à des procédures judiciaires s'est imposée en moins d'une décennie. Elle s'est répandue avec une rapidité peu commune et n'a pas fait l'objet d'un débat systématique, ne fût-ce qu'en raison de la passion impressionnante qui anime ses défenseurs. Certes, les violations des droits de l'homme, les crimes de guerre, les génocides et la torture ont tellement entaché les Temps modernes, et en des lieux si divers, que la tentative d'établir des règles juridiques pour éviter ou sanctionner de telles atrocités est tout à l'honneur de ses initiateurs. Le danger est qu'elle soit poussée à l'extrême, car cela risquerait de substituer à la tyrannie des gouvernements celle des juges ; or l'histoire nous apprend que la dictature de la vertu a souvent conduit à l'inquisition ou à la chasse aux sorcières.

La doctrine de juridiction universelle affirme que certains crimes sont si odieux que leurs auteurs ne devraient pas pouvoir échapper à la justice en se retranchant derrière des doctrines de souveraineté ou en se mettant à l'abri des sacro-saintes frontières nationales. Deux méthodes ont été proposées. La première voudrait appliquer les procédures de la justice pénale intérieure aux violations de règles universelles – définies dans un certain nombre de conventions de l'ONU – en autorisant les procureurs nationaux à faire comparaître les coupables dans leur sphère de juridiction, au moyen de procédures d'extradition. La seconde méthode est celle de la Cour pénale internationale (CPI), adoptée par une conférence qui s'est tenue à Rome en juillet 1998, et dont le traité a été signé par quatre-vingt-quinze États, dont la plupart des pays d'Europe. Ce texte a déjà été ratifié par une douzaine d'États et prendra effet dès que soixante pays auront accepté ses dispositions. Le 31 décembre 2000, le président Clinton a signé le traité sur la CPI à quelques heures seulement de la date butoir. Mais il a fait savoir qu'il ne le soumettrait pas à l'approbation du Sénat et ne recommanderait pas à son successeur de le faire tant que ce texte n'aurait pas été modifié.

Le concept même de juridiction universelle est récent. La sixième édition du *Black's Law Dictionary*, publiée en 1990, ne comporte même pas d'entrée à ce mot. La notion la plus proche qui y figure est celle d'*hostes humani generis* (« ennemis du genre humain »). Jusqu'à ce jour, elle n'a été appliquée qu'aux pirates, dont les opérations en haute mer échappent par définition à la juridiction de tout État et ne sont donc pas soumises à un système de justice pénale existant.

À la suite du génocide des Juifs pendant la Deuxième Guerre mondiale, et des nombreuses atrocités commises plus tard, on s'est efforcé de combler cette lacune. On peut ainsi citer les procès de Nuremberg de 1945-1946, la Déclaration universelle des droits de l'homme de 1948, les conventions contre le génocide de 1948 et la convention contre la torture de 1988. L'acte final de la Conférence sur la sécurité et la coopération en Europe, signé à Helsinki en 1975 par le président Ford au nom des États-Unis, contraignait les trente-cinq pays signataires à respecter un certain nombre de droits de l'homme bien définis, soumettant les contrevenants aux moyens de pression qui permettent d'ordinaire d'obtenir l'application des engagements de politique étrangère.

Entre les mains de mouvements courageux agissant en Europe de l'Est, cet acte a été l'une des armes qui ont permis de priver le régime communiste de sa légitimité, et finalement de provoquer sa chute. Dans les années 1990, des tribunaux internationaux chargés de sanctionner les crimes commis en Yougoslavie et au Rwanda, créés à cette fin par le Conseil de sécurité des Nations unies, ont cherché à instituer un système permettant de réclamer des comptes aux auteurs de violences arbitraires, dans certaines régions bien précises.

Mais aucune de ces démarches ne prétendait instituer une « juridiction universelle ». Aucun des signataires des conventions des Nations unies ou de l'acte final d'Helsinki n'a sans doute envisagé que des juges nationaux puissent un jour s'en réclamer pour appuyer des demandes d'extradition concernant des crimes prétendus qui n'ont pas été commis dans leurs juridictions. Les rédacteurs pensaient sans doute affirmer des principes généraux, et certainement pas énoncer des lois qui pourraient être appliquées par d'autres tribunaux que ceux des pays où vivaient les victimes ou les auteurs des crimes en question. C'est ainsi qu'Eleanor Roosevelt, qui a participé à la rédaction de la Déclaration universelle des droits de l'homme, en parlait comme d'une « norme commune ». Ayant moi-même pris part aux négociations de l'acte final de la conférence d'Helsinki, je puis affirmer que l'administration que je représentais y voyait essentiellement une arme diplomatique qui permettrait d'atténuer la contrainte que l'Union soviétique faisait peser sur son peuple et sur les populations captives. Elle n'envisageait pas d'en faire une arme juridique contre des responsables politiques, que l'on pourrait le cas échéant déférer devant des tribunaux de pays qui n'étaient pas le leur. Jusqu'à une date très récente, personne n'a jamais affirmé que les différentes déclarations de l'ONU permettaient à des magistrats de pays tiers de poursuivre rétroactivement ou non des dirigeants, sans clauses de sauvegarde ni contrôles institutionnels.

Or c'est bien, par essence, le précédent qu'a établi la détention en Grande-Bretagne, à partir d'octobre 1998 et pendant seize mois et demi, de l'ancien président du Chili, Augusto Pinochet, à la suite d'une demande d'extradition d'un juge espagnol qui prétendait le juger pour des crimes commis contre des ressortissants espagnols se trouvant sur le territoire chilien. Pour les partisans de la juridiction universelle, cette détention a été un moment marquant, qui a affirmé un juste principe. Mais tout système universel devrait prévoir des procédures non seulement pour châtier les méchants mais également pour contraindre les justes. Il ne saurait tolérer que des principes juridiques soient utilisés pour régler des comptes politiques. Il faut donc répondre à des questions comme celles-ci : quelles normes juridiques applique-t-on ? Quelles règles régissent le témoignage ? De quelles garanties le prévenu dispose-t-il ? Quelles conséquences les poursuites judiciaires auront-elles sur d'autres objectifs et intérêts fondamentaux de politique étrangère ?

Le monde ferait bien de peser soigneusement les incidences d'une procédure qui autorise un seul juge, où qu'il se trouve et, dans le fond, à sa discrétion, à affirmer sa compétence sur un citoyen d'un autre État pour des crimes que celui-ci aurait intégralement commis dans cet autre État, et à réclamer qu'un troisième État extrade le prévenu sans égards pour les procédures judiciaires prévues en ce genre de cas dans le pays de l'accusé.

Il n'est pas très bien vu, c'est le moins qu'on puisse dire, d'exprimer la moindre réserve sur la manière dont l'affaire Pinochet a été traitée. Pour la quasi-totalité de la gauche européenne, Augusto Pinochet est l'incarnation même des atteintes à la démocratie commises par la droite, parce qu'il était à la tête du coup d'État qui a renversé un dirigeant élu. À l'époque, d'autres personnes – dont les responsables des partis démocratiques chiliens – considéraient Salvador Allende comme un idéologue marxiste extrémiste qui cherchait à imposer à son pays une dictature de type castriste à l'aide d'armes cubaines et de milices formées à Cuba. Voilà pourquoi les responsables des partis démocratiques chiliens ont accueilli avec joie – oui, avec joie – le renversement d'Allende. (Ils n'ont changé d'attitude qu'en constatant que la junte maintenait un régime autocratique bien plus longtemps que ne le justifiait une situation de crise[42].)

Désapprouver le régime Allende ne revient pas à disculper ceux qui se sont rendus coupables de violations systématiques des droits de l'homme après son renversement. Mais la vision que l'on a de l'histoire politique du Chili n'autorise pas à faire de l'applicabilité d'une juridiction universelle une question de principe. La Cour suprême du Chili a trouvé la bonne solution en levant l'immunité sénatoriale de Pinochet. Les accusations portées contre lui ont ainsi pu être examinées par les instances judiciaires du pays le plus compétent pour se prononcer sur son propre passé et pour prendre une décision en tenant compte de la stabilité et de la vitalité de ses institutions démocratiques.

Le 25 novembre 1998, la Chambre des lords britannique a décrété que « le droit international a énoncé sans équivoque que certains types de conduite [...] ne sont acceptables de la part de personne[43] ». Ce principe n'obligeait cependant pas cette assemblée à accorder à un magistrat espagnol le droit de l'appliquer dans un tiers pays. Elle aurait très bien pu réclamer que l'affaire soit jugée au Chili ou par un tribunal international spécialement constitué pour examiner les crimes commis au Chili, sur le modèle des tribunaux institués pour la Yougoslavie et le Rwanda. L'interprétation très large et sans précédent du droit international dans l'affaire Pinochet tend à accorder à tout magistrat, partout dans le monde, le pouvoir unilatéral d'invoquer une notion supranationale de justice, de substituer son propre jugement aux procédures de conciliation des pays où se sont produites les prétendues violations des droits de l'homme, même s'il s'agit de pays incontestablement démocratiques, et de soumettre l'accusé aux procédures judiciaires du pays du magistrat, alors même que le prévenu peut tout ignorer de ses dispositions et se voir contraint de faire venir preuves et témoins de fort loin. Une telle situation outrepasse largement les mandats explicites et limités accordés par le Conseil de sécurité des Nations unies aux tribunaux chargés des crimes de guerre commis en Yougoslavie et au Rwanda, ou à celui dont on négocie actuellement la constitution pour le Cambodge.

Peut-être la question la plus importante est-elle celle de la relation entre une juridiction universelle et les procédures de réconciliation nationale mises en place par les nouveaux gouvernements démocratiques qui s'efforcent de faire face au passé douloureux de leurs pays. Un magistrat espagnol aurait dû être sensible à l'incongruité d'une requête déposée par l'Espagne, elle-même hantée par les atrocités de la guerre civile et de la période franquiste, dans l'intention de saisir la justice espagnole de prétendus crimes contre l'humanité commis ailleurs.

En renonçant à organiser de grands procès au cours desquels

auraient été jugés les responsables des violations des droits de l'homme dans le passé récent, l'Espagne d'après Franco avait explicitement cherché à favoriser une réconciliation nationale, qui n'est, de toute évidence, pas étrangère à la vigueur actuelle de la démocratie espagnole. Pourquoi la volonté chilienne de réconciliation nationale n'aurait-elle pas bénéficié de la même chance ? Peut-on admettre que n'importe quel groupe extérieur mécontent des procédures de réconciliation mises en place, par exemple en Afrique du Sud, puisse les contester devant ses propres tribunaux nationaux ou devant ceux d'États tiers ?

Les individus qui commettent des crimes de guerre ou qui violent systématiquement les droits de l'homme doivent répondre de leurs actes. C'est là un principe incontestable. Mais il ne faut pas bafouer pour autant les nécessités de la consolidation de la loi, de la paix intérieure et de la stabilité d'un gouvernement représentatif dans un pays qui lutte pour surmonter un passé brutal. Comme dans toute structure politique démocratique constitutionnelle, l'instinct de châtiment doit être endigué par un système de contrôles et de contrepoids qui tienne compte d'autres éléments indispensables à la survie et au développement de la démocratie.

L'application de procédures d'extradition conçues pour des criminels de droit commun pose un autre problème majeur. Si l'affaire Pinochet fait jurisprudence, les magistrats du monde entier pourront présenter une demande d'extradition sans en avertir l'accusé et sans tenir compte de la manière dont le pays de ce dernier juge de tels délits. Le pays auquel on réclame l'extradition doit prendre une décision juridique apparemment théorique qui relève, en fait, de la sagesse politique : admettre la requête ou la repousser. Une fois la procédure d'extradition en marche, elle prend un élan propre. L'accusé n'a plus le droit de remettre en cause le bien-fondé de l'affaire et ne peut contester que des détails de procédure : la présence d'un vice de forme dans la demande d'extradition, l'incapacité du système judiciaire du pays demandeur à assurer un procès équitable, le fait que le crime pour lequel on a réclamé l'extradition n'est pas considéré comme tel dans le pays à qui on la demande – ce qui revient, dans le fond, à admettre la recevabilité de l'accusation. Et pendant l'examen de ces points de litige, qui peut durer des années, l'accusé se voit privé de liberté, sous une forme ou sous une autre. Ces procédures autorisent ainsi un harcèlement politique bien avant que l'accusé ne soit en mesure de présenter sa défense. Il serait tout de même paradoxal que, au lieu d'établir une justice universelle, une doctrine destinée à transcender les processus politiques se transforme en arme contre des ennemis politiques.

Appliqué au pied de la lettre, le précédent créé par l'affaire Pinochet permettrait aux deux camps du conflit israélo-arabe, ou aux protagonistes de toute autre controverse internationale passionnée, de porter leurs différends devant les divers tribunaux nationaux, en demandant l'extradition de leurs adversaires[44]. Laisser aux procureurs nationaux le soin de définir les crimes soumis à la juridiction universelle et l'identité des prévenus, c'est ouvrir la porte à l'arbitraire. Jusqu'à ce jour, la juridiction universelle s'est exercée contre un homme de droite qu'il est de bon ton de vilipender, alors que des dizaines de dirigeants communistes d'Europe de l'Est – sans parler des chefs d'État des Antilles, du Proche-Orient ou d'Afrique qui n'ont pas lésiné sur les tortures et les brutalités – sont restés à l'abri de telles procédures.

On affirmera que cette partialité n'excuse pas les violations du droit international et que mieux vaut déférer en justice un criminel qu'accorder l'immunité à tous. Or ce principe n'est pas admis par les juridictions intérieures de nombreuses démocraties – au Canada, par exemple, il suffit, pour faire cesser les poursuites, de prouver que la procédure judiciaire a été partiale au point de constituer un abus de justice. Quoi qu'il en soit, un critère universel de justice ne devrait pas reposer sur l'idée qu'une fin juste autorise le recours à des moyens injustes, ou que la correction politique doit l'emporter sur l'équité des procédures judiciaires.

Les défenseurs idéologiques du principe de juridiction universelle contribuent largement à la définition de la portée intellectuelle de la Cour pénale internationale en gestation. Leur objectif est de criminaliser certains agissements militaires et politiques dans l'espoir d'humaniser ainsi les relations internationales. Dans la mesure où l'existence de la CPI évite que des juges nationaux prétendent exercer une juridiction universelle, le droit international a tout à y gagner. Et, avec le temps, on devrait pouvoir négocier des modifications du statut actuel afin de rendre la CPI plus compatible avec la pratique constitutionnelle américaine. Mais, sous sa forme actuelle, qui consiste à confier les dilemmes ultimes de la politique internationale à des juristes non élus – et, de surcroît, à un pouvoir judiciaire international –, elle marquerait une évolution si fondamentale de la pratique constitutionnelle américaine que l'on ne saurait se passer d'un grand débat national et de l'entière participation du Congrès. Une révolution d'aussi grande ampleur ne devrait pas s'opérer en vertu de la pure et simple approbation tacite de la décision de la Chambre des lords, ni par la révision de telle ou telle clause du traité de la CPI. Il s'agit, en effet, d'une question de principe fondamentale.

La doctrine de juridiction universelle impose que les individus et les affaires qui lui sont soumis ont été clairement identifiés. Dans certains cas, notamment ceux qui reposent sur les précédents de Nuremberg, la définition va de soi. Mais bien des questions sont infiniment plus vagues et dépendent de l'interprétation du contexte historique et politique. Cette confusion risque, plusieurs années après les faits, d'inciter des procureurs et des juges à faire preuve d'arbitraire. Les tribunaux existants l'ont bien révélé. Peut-on admettre ainsi que n'importe quel dirigeant des États-Unis ou d'un autre pays puisse être traîné devant un tribunal international créé à d'autres fins ? Voilà précisément ce qu'a sous-entendu Amnesty International au cours de l'été 1999, en appuyant la « plainte » d'un groupe de professeurs de droit européens et canadiens adressée à Louise Arbour, alors procureur du Tribunal pénal international pour l'ex-Yougoslavie. Ces juristes prétendaient en effet que des crimes contre l'humanité avaient été commis pendant les raids aériens de l'OTAN au Kosovo. Louise Arbour a réclamé une enquête, laissant ainsi entendre que si ces faits pouvaient être prouvés, ils étaient de son ressort. Son successeur, Carla Del Ponte, s'est finalement refusée à poursuivre le moindre responsable de l'OTAN, affirmant être incapable de « définir avec précision les responsabilités individuelles » – ce qui revenait à affirmer, une fois encore, que ce tribunal était compétent pour juger les dirigeants de l'OTAN et les responsables américains dans les Balkans, et qu'il aurait prononcé une mise en examen s'il avait pu identifier les individus mis en cause[45].

La plupart des Américains seraient fort étonnés d'apprendre que le Tribunal pénal international pour l'ex-Yougoslavie, créé à la demande des États-Unis en 1993 pour juger les criminels de guerre dans les Balkans, se prétend habilité à enquêter sur des responsables politiques et militaires américains soupçonnés d'agissements criminels – et ce pour une durée indéterminée, dans la mesure où aucune prescription n'est prévue. Bien que le procureur du TPIY ait décidé de ne pas donner suite – sous le prétexte ambigu de l'impossibilité de réunir des preuves –, un procureur national pourrait vouloir reprendre plus tard cette affaire et en faire un objet de juridiction universelle valable.

La volonté d'élargir au maximum la portée de la doctrine de juridiction universelle a également trouvé une bonne illustration dans un procès intenté devant la Cour européenne des droits de l'homme en juin 2000 par les familles de marins argentins morts dans le naufrage du croiseur *General Belgrano* pendant la guerre des Malouines[46]. Le dérapage de la notion de juridiction universelle est ici flagrant. Prévue initialement pour sanctionner des crimes politiques contre l'humanité, elle permettrait ainsi de contester, dix-huit ans après les faits, le bien-fondé d'opérations militaires qui n'impliquaient aucun civil et aucune cible civile.

Méfiants à l'égard des gouvernements nationaux, bien des partisans d'une juridiction universelle cherchent à placer ces derniers sous le contrôle de magistrats et d'un système judiciaire. Or un des défauts de la Cour pénale internationale est précisément que le procureur dispose de pouvoirs discrétionnaires sans responsabilité. La définition des crimes de son ressort est vague et se prête aisément à la politisation. Les prévenus ne bénéficieront pas d'un procès en bonne et due forme comme on l'entend aux États-Unis. Tout État signataire a le droit d'engager une enquête. Et comme le montre l'expérience du procureur spécial américain, une telle procédure risque fort d'être emportée par son élan, sans limites temporelles, et de se transformer en instrument de guerre politique. Par ailleurs, l'extraordinaire prétention de la CPI à affirmer sa compétence sur des Américains, alors même que les États-Unis n'ont pas ratifié le traité, a déjà poussé le Congrès à prendre des mesures pour s'y opposer.

Le procureur indépendant de la CPI a le pouvoir de prononcer des mises en examen, soumises au seul contrôle d'un groupe de trois juges. En vertu du statut de Rome, le Conseil de sécurité des Nations unies a le droit d'annuler toute poursuite. Mais dans la mesure où cette annulation est soumise au veto de tout membre permanent, et où le procureur a peu de chances de prononcer une mise en examen sans le soutien d'au moins un membre permanent du Conseil de sécurité, il jouit dans les faits d'un pouvoir discrétionnaire presque illimité. Une autre clause permet au pays dont un citoyen est accusé de se charger de l'enquête et du procès. Mais le procureur de la CPI conserve l'autorité ultime pour évaluer si cette fonction a été correctement assumée, et, dans le cas contraire, la CPI peut réaffirmer sa compétence. Pendant la durée de ces procédures, qui peuvent prendre plusieurs années, l'accusé verra sa liberté entravée d'une manière ou d'une autre, et sa réputation ne peut évidemment qu'en pâtir.

Les défenseurs de la juridiction universelle affirment que l'État est la cause première de toute guerre et qu'on ne peut compter sur lui pour rendre la justice. Si le droit se substituait à la politique, la paix et la justice l'emporteraient. Mais un bref rappel historique suffira à montrer que cette théorie est sans fondement. Le rôle de l'homme d'État est de choisir la meilleure solution pour faire progresser la paix et la justice, tout en sachant qu'il existe souvent une tension entre ces deux objectifs, et que toute conciliation risque d'être partielle. Mais il ne s'agit pas seulement de choisir entre juridiction universelle et juridiction nationale. Les précédents créés par les tribunaux internationaux institués pour répondre à des situations où l'énormité du crime est patente et où le système judiciaire local est manifestement incapable de rendre la justice, comme en Yougoslavie et au Rwanda, ont montré qu'il est possible de prononcer des sanctions en tenant compte du jugement et de l'expérience politiques. Avec le temps, peut-être pourra-t-on renégocier le statut de la CPI en remédiant à ses imperfections et à ses dangers. Dans l'intervalle, les États-Unis ne devraient envisager d'adhérer à un système plus formel que s'il répond aux conditions suivantes :

- Le Conseil de sécurité des Nations unies devrait créer une commission des droits de l'homme ou un sous-comité spécial chargé de signaler tous les cas où des violations systématiques des droits de l'homme semblent justifier une action judiciaire.

- Quand le gouvernement de l'État dans lequel le crime prétendu s'est produit n'est pas authentiquement représentatif, ou lorsque le système judiciaire intérieur est incapable de juger le crime en question, le Conseil de sécurité devrait instituer un tribunal international ad hoc sur le modèle de ceux qui ont été créés pour la Yougoslavie ou le Rwanda.

- Les procédures de ces tribunaux internationaux ainsi que l'ampleur des poursuites devraient être définies avec précision par le Conseil de sécurité, et les accusés devraient bénéficier de toutes les garanties d'un procès en bonne et due forme accordées par les juridictions habituelles.

On pourrait ainsi institutionnaliser des procédures approuvées à l'échelle internationale pour juger les crimes de guerre, les génocides ou les crimes contre l'humanité. Cela permettrait du même coup de conjurer tout risque de partialité dans l'exercice de la juridiction universelle. Celle-ci risque en effet de compromettre l'objectif même qui a présidé à sa naissance. En définitive, une confiance excessive dans la juridiction universelle peut ébranler la volonté politique de préserver les normes humaines dans l'ordre international, si nécessaires pour tempérer la violence à notre époque.

CONCLUSION

INFORMATION ET CONNAISSANCE

Quand une société doit faire face à des défis aussi complexes que ceux qu'affrontent aujourd'hui les États-Unis, on parle souvent de « tournant ». Mais, en l'occurrence, ce ne sont pas seulement les défis qui sont uniques : la définition de ce qui constitue un « tournant » est, elle aussi, sans précédent. Traditionnellement, ce terme désigne un ensemble précis de possibilités, dont le choix détermine la direction de la politique à venir.

À l'aube d'un nouveau siècle et d'un nouveau millénaire, les États-Unis ne doivent pas espérer découvrir la panacée. Ayant moins besoin d'une politique précise que d'une vision à long terme, l'Amérique est contrainte, pour la première fois, d'imaginer une stratégie globale d'une durée indéfinie. Le destin a propulsé une nation convaincue de la validité universelle d'une série de principes dans un monde caractérisé par une multiplicité d'évolutions historiques exigeant des stratégies sélectives.

Le succès de l'Amérique dans ce monde se mesurera à l'amélioration progressive d'une multitude de problèmes politiques, économiques, stratégiques et sociaux. Peu d'entre eux sont appelés à trouver des solutions définitives ; chacun d'eux est soumis à un rythme historique différent, unique peut-être. Les États-Unis joueront un rôle essentiel dans la résolution d'un grand nombre de ces problèmes, mais ils épuiseront leurs ressources psychologiques et matérielles s'ils n'apprennent pas à distinguer ce qu'ils doivent faire, ce qu'ils aimeraient faire et ce qui excède leurs possibilités. Ils doivent parvenir à cette maîtrise à un moment où les circonstances objectives qui pèsent sur la politique étrangère sont aussi mouvantes que la manière même dont les connaissances s'acquièrent et dont les idées se forment.

C'est un lieu commun que d'affirmer que l'ère de l'information est le produit de l'une des plus grandes révolutions intellectuelles de l'histoire – la plus grande sans doute – et de se concentrer sur ses ramifications sociales, économiques et politiques. On évoque rarement l'influence qu'elle exerce sur la conduite des relations internationales, sinon pour évoquer la portée mondiale des communications modernes – c'est-à-dire leurs capacités en termes de quantité et de vitesse de transmission. Mais ce qui définit la conduite des relations internationales et, partant, le cours de l'histoire n'est pas seulement le nombre de personnes qui ont accès à l'information ; c'est, et ce point est capital, l'analyse qu'elles en font. La masse d'informations disponibles tendant à dépasser la capacité à l'évaluer, une brèche s'est ouverte entre information et connaissance et, au-delà encore, entre connaissance et sagesse.

Aucune génération par le passé n'avait imaginé l'ampleur des informations accessibles aujourd'hui ; et aucune, bien sûr, n'aurait pu concevoir d'y accéder directement par simple manipulation d'un clavier. L'invention de l'imprimerie représente sans doute, par ses répercussions, la meilleure analogie avec la révolution actuelle des communications. Avant l'imprimerie, la connaissance dépendait de la mémoire ou de méthodes de stockage si compliquées qu'elles en limitaient largement l'accès. L'imprimerie a considérablement élargi la masse d'informations susceptibles d'être engrangées et transmises. Mais les livres sont des mines de savoir bien plus encombrantes que les banques de données électroniques, et leur contenu doit être collationné par des procédés d'indexage laborieux. L'acquisition de connaissances par les livres supposait donc la capacité de rattacher les différents éléments d'information les uns aux autres et de regrouper des événements comparables en catégories. Le style avait également une grande importance, car il facilitait la lecture en en faisant un plaisir esthétique.

Malgré toutes ses limites – que notre époque perçoit évidemment mieux que les hommes de ce temps –, l'invention de l'imprimerie a entraîné une véritable révolution de la pensée religieuse, philosophique et politique. Elle a permis la diffusion des connaissances, et l'information scientifique en a largement profité. L'Église a perdu son monopole sur l'information. L'imprimerie, finalement, a créé les conditions du schisme de l'Église universelle, elle a produit l'État-nation, engendré le rationalisme et inauguré l'ère de la science et des découvertes. Elle a également provoqué deux siècles de bouleversements, le temps nécessaire pour que ces changements soient assimilés par la conscience humaine et par les institutions politiques et religieuses.

Nous nous trouvons au seuil de transformations intellectuelles et politiques qui risquent d'être bien plus remarquables encore que celles qu'a entraînées l'invention de l'imprimerie, et dont l'évolution sera certainement plus rapide. En attendant, on ne peut que se demander si les nouveaux traitements de l'information ne vont pas, en fait, entraver notre faculté d'apprentissage dans le domaine des relations internationales. En effet, si la révolution technologique met à notre disposition d'extraordinaires outils de classement de l'information, une bonne conduite de la politique étrangère exige avant tout l'aptitude intuitive à prévoir l'avenir et donc à le maîtriser. L'art de gouverner consiste à combler l'abîme entre expérience et inspiration.

Voilà pourquoi la plupart des grands hommes d'État se sont moins distingués par la masse de leurs connaissances (bien qu'un minimum soit évidemment indispensable) que par leur compréhension intuitive des courants historiques, par leur aptitude à faire le tri dans la myriade d'impressions qui affectent la conscience des hommes, pour déterminer celles qui sont le plus susceptibles de façonner l'avenir. Cette vérité a incité Otto von Bismarck, le « réaliste » par excellence, à résumer sa conception de l'art de gouverner par cette formule on ne peut plus révérencieuse :

> Le mieux qu'un homme d'État puisse faire, c'est écouter les pas de Dieu, s'emparer de l'ourlet de Sa robe et parcourir quelques pas avec Lui[1].

Peu d'idéalistes modernes évoqueraient leur objectif avec pareille modestie ; quant aux « réalistes », ils rejetteraient l'invocation du divin. En cette ère de communications instantanées, bien peu de choses incitent à cette forme d'humilité. L'étude de l'histoire et de la philosophie, les disciplines les plus propres à perfectionner l'art de gouverner, est généralement négligée ou fait l'objet d'interprétations si utilitaires qu'on peut la mettre au service de tout ce qui passe pour une vérité établie. Les dirigeants accèdent aux plus hautes fonctions en exploitant et en manipulant l'humeur du moment. Ils définissent leurs objectifs en consultant des groupes d'experts au lieu de suivre leur intuition. Ils considèrent l'avenir comme une projection de ce qu'ils connaissent déjà.

L'ordinateur a résolu le problème du stockage des connaissances et de l'accès à une masse de données. Mais ce progrès s'accompagne d'un rétrécissement de la perspective – surtout s'agissant de problèmes de politique étrangère. Les décideurs ont tendance à attendre les événements et à se laisser distraire par leurs échos médiatiques. De fait, ils n'ont guère d'autres critères pour juger de leurs réalisations. Et les considérations tactiques viennent trop souvent submerger la vision de l'avenir. Le problème ne tient pas à l'incapacité de tel ou tel responsable politique, mais plus généralement à l'insuffisance de leur formation culturelle. Le défi éducatif des États-Unis consistera à transformer l'ère de l'ordinateur et à passer du traitement de l'information au soutien d'une vision à long terme de notre société.

Le dilemme ultime de l'homme d'État est d'assurer l'équilibre entre valeurs et intérêts, et, à l'occasion, entre paix et justice. La dichotomie que l'on établit fréquemment entre moralité et intérêt, idéalisme et réalisme, est l'un des clichés courants du débat actuel sur les affaires internationales. Or ce choix n'existe pas. Un « réalisme » excessif entraîne la stagnation ; un « idéalisme » excessif favorise les croisades et, pour finir, les déceptions.

En effet, la poursuite d'objectifs moraux dans les affaires internationales ne s'inscrit pas dans le même contexte qu'en politique intérieure. Une politique étrangère bien menée exige que l'on tienne constamment compte de nuances ; la politique intérieure consiste à fédérer des intérêts et à adopter des lois qui seront mises en application par un système judiciaire reconnu. En diplomatie, la moralité s'exprime par la persévérance, par la disposition à parcourir une série d'étapes dont chacune ne peut qu'être incomplète par rapport au but ultime. La politique intérieure mesure ses réalisations dans des cadres temporels plus étroits, et en termes plus absolus.

En définitive, la vraie question est l'image que les États-Unis se font d'eux-mêmes. Bien qu'ils rejettent toute revendication impériale et ne possèdent aucune structure impériale, ils apparaissent dans bien des régions du monde, et malgré leurs protestations de bonne volonté, comme arrogants et dominateurs – impériaux, en fait. L'ascendant de l'Amérique suscite des réactions au rang desquelles on peut compter la création de l'Union européenne, le « partenariat stratégique » russo-chinois, le Mercosur en Amérique latine, la zone de libre-échange asiatique naissante, ou encore la tendance à accroître l'autorité du Conseil de sécurité des Nations unies – autant de réalisations destinées à s'assurer une plus grande liberté d'action par rapport aux États-Unis, ou, du moins, à restreindre la marge de manœuvre américaine.

Ces réactions sont, en un sens, l'effet inévitable de la position unique de l'Amérique, seule superpuissance existante aujourd'hui. Elles se manifesteraient quel que soit le comportement diplomatique des États-Unis. La puissance dominante incite presque automatiquement les autres sociétés à faire davantage entendre leur voix dans les décisions à prendre et à chercher à réduire la position relative du plus fort. Mais si ces différentes entités apparaissent comme les composants nécessaires et inévitables du nouvel ordre international naissant, le monde de demain dépendra de la manière dont elles définiront leur identité – en coopération avec les États-Unis ou par un réflexe d'opposition contre eux.

Certains Américains, enchantés de la puissance acquise par leur pays, réclament de leurs gouvernants l'affirmation explicite d'une hégémonie américaine bienveillante[2]. Mais une telle prétention imposerait aux États-Unis un fardeau qu'aucune société n'a jamais su porter indéfiniment. Quel que soit l'altruisme avec lequel l'Amérique définit ses objectifs, elle provoquerait, en affirmant clairement sa domination, un ralliement progressif du reste du monde contre elle ; et cette levée de boucliers l'obligerait à prendre des mesures qui la laisseraient finalement isolée et exsangue.

La route de l'empire conduit au déclin intérieur ; car les prétentions à la toute-puissance érodent peu à peu les mécanismes de contrôle intérieur. Aucun empire n'a su éviter la voie du césarisme sauf lorsque, à l'instar de l'Empire britannique, il a accepté de déléguer son pouvoir avant que ce processus n'ait eu le temps de prendre corps. Dans les empires de longue durée, le moindre problème devient une question intérieure, car le monde extérieur n'offre plus de contrepoids. Et les problèmes devenant plus diffus et de plus en plus coupés de leur fondement historique, les luttes internes gagnent en âpreté puis en violence. La recherche délibérée de l'hégémonie est le plus sûr moyen de détruire les valeurs qui ont fait la grandeur des États-Unis.

La prééminence américaine est un fait pour l'avenir à court terme et, sans doute, à moyen terme. L'attitude des États-Unis face à cette réalité déterminera le visage de l'avenir à long terme. Le président George W. Bush a raison de réclamer de son pays une certaine humilité. Le spécialiste australien Coral Bell a brillamment défini le défi lancé à l'Amérique : admettre sa propre prééminence, mais agir politiquement comme si elle vivait encore dans un monde partagé entre plusieurs centres de pouvoir[3]. Les États-Unis trouveront ainsi des partenaires prêts à partager le poids psychologique du leadership, mais aussi à élaborer un ordre international compatible avec la liberté et la démocratie.

Alors que les modèles traditionnels évoluent et que le fondement même de l'expérience et de la connaissance connaît une révolution, l'Amérique devra transformer sa puissance en consensus moral. Ce n'est pas en les imposant de force qu'elle défendra ses valeurs, mais en les faisant accepter de bon gré par un monde qui, malgré toute sa résistance apparente, a désespérément besoin d'un leadership éclairé.

POSTFACE

LE NOUVEAU DÉFI DU TERRORISME

L'attentat terroriste dont les États-Unis ont été victimes le 11 septembre 2001 est l'événement le plus lourd de conséquences à s'être produit depuis la rédaction de la première édition de cet ouvrage. Cette tragédie humaine bouleversante a également marqué un tournant ; elle a en effet permis de dissocier les courants superficiels des tendances profondes, obligé à se défaire de ce qui était pur phénomène de mode et relevait de l'apitoiement sur soi, tout en exigeant une véritable vision de l'avenir.

Depuis dix ans, les démocraties s'étaient bercées d'illusion, et s'étaient convaincues que toute menace étrangère avait pour ainsi dire disparu ; que les derniers dangers avaient une origine principalement psychologique ou sociologique ; que, dans une certaine mesure, l'histoire elle-même, telle qu'on l'avait consignée jusque-là, n'était plus qu'un domaine particulier de l'économie ou de la psychiatrie.

Le terrorisme n'avait pas épargné l'Amérique, mais il avait généralement pris pour cibles des installations américaines à l'étranger ; ces attentats n'avaient eu qu'un impact essentiellement symbolique, dans la mesure où ils ne mettaient en péril ni les vies humaines ni la société civile à l'intérieur des frontières américaines.

Avant le 11 septembre, l'Amérique avait réagi en condamnant les attentats, en lançant un ou deux raids de représailles et en engageant des poursuites judiciaires contre les coupables, lorsqu'on parvenait à mettre la main dessus. Mais les attaques contre le World Trade Center et contre le Pentagone avaient une tout autre ampleur. Elles lançaient, en effet, un défi majeur à la société civile et à la sécurité américaines, en même temps qu'à la société civile du monde entier. Elles avaient pour cible le moral de la population civile et son mode de vie. Voilà pourquoi, avec l'appui d'une majorité écrasante de la nation, le président George W. Bush a déclaré d'emblée qu'il s'agissait d'un acte de guerre. Or, lorsque guerre il y a, on ne peut se contenter de subir – il faut l'emporter.

Simultanément, cette catastrophe a appris à l'Amérique que certaines des hypothèses si confortables du monde globalisé n'ont pas cours dans les milieux terroristes. Ceux-ci sont, semble-t-il, motivés par une haine des valeurs occidentales si profonde que leurs représentants sont disposés à affronter la mort et à infliger, pour détruire nos sociétés, des souffrances incommensurables à des innocents, au nom de ce qu'ils perçoivent comme un affrontement entre des valeurs inconciliables.

Ces réalités s'imposant à la conscience du monde démocratique, les terroristes ont perdu, d'emblée, une bataille majeure. En Amérique, ils se sont trouvés face à un peuple uni, bien résolu à éradiquer le fléau. Ils ont mis fin – provisoirement du moins – au débat qui agitait l'alliance occidentale sur la définition d'un objectif commun dans le monde de l'après-guerre froide. Les démocraties occidentales – dans leur première réaction du moins – ont compris que l'attaque contre les États-Unis révélait la vulnérabilité peut-être plus importante encore de leurs propres sociétés.

La « diplomatie de coalition » qui s'est mise en place à la suite du 11 septembre a clairement montré que les grands pays d'Europe préféraient traiter directement avec Washington plutôt que de passer par les institutions européennes. Si l'Europe voulait éviter d'être marginalisée, le retour à une diplomatie d'alliance devait prendre le pas sur l'affirmation de la spécificité européenne par rapport aux États-Unis. C'est ainsi qu'en matière de terrorisme les institutions européennes ont dû s'effacer devant les relations plus traditionnelles qui lient les États de l'Atlantique Nord. Dès leur première réaction à l'agression contre les États-Unis, les dirigeants européens ont compris qu'ils exerceraient plus d'influence sur la diplomatie et la stratégie qui allaient se mettre en place en coopérant avec Washington qu'en contestant systématiquement la politique américaine – une prise de conscience facilitée par la diplomatie de coalition de l'administration Bush.

Les États-Unis n'étaient pas pour autant hostiles à l'affirmation d'une identité européenne indépendante. Au contraire, la nouvelle diplomatie atlantique a posé les fondements de relations plus constructives entre l'Amérique et l'Europe. Admettant que les institutions européennes ne sont pas encore prêtes à jouer un rôle stratégique mondial, les responsables européens ont souligné, à travers leurs politiques nationales, la communauté d'objectifs et de valeurs entre Européens et Américains sur la question du terrorisme. Ce faisant, ils ont instauré un climat beaucoup plus favorable à la prochaine étape de l'intégration européenne.

Tony Blair, le Premier ministre britannique, a pris l'initiative de définir le cadre moral et politique d'une coopération atlantique en matière de terrorisme. De toute évidence, il répondait également à des objectifs à plus long terme : montrer aux États-Unis comment l'Angleterre conçoit l'unité atlantique et exploiter l'effet de cette politique sur Washington pour participer à la dernière étape de l'intégration européenne. Le chancelier allemand Gerhard Schröder a adopté une attitude similaire. C'est dans cette nouvelle atmosphère que l'Europe a offert sa participation militaire, au-delà parfois de ce que les États-Unis avaient demandé ou de ce dont ils pouvaient avoir l'usage immédiat. Les relations transatlantiques ont ainsi pris une nouvelle orientation, plus constructive – du moins pendant la première phase de la campagne antiterroriste. Voilà pourquoi les alliés de l'OTAN ont immédiatement appliqué l'article 5 du traité de l'Atlantique Nord prévoyant la mise en œuvre de mesures d'autodéfense collective – une clause qui n'avait jamais été invoquée au cours des cinquante années d'existence de l'organisation atlantique.

Démocratiques et industrialisés, le Japon et la Corée, nos alliés asiatiques, ont embrassé cette cause avec une résolution et une rapidité comparables.

Mais la coalition a largement dépassé le cadre mis en place pendant la guerre froide. L'Inde, le deuxième pays islamique du monde, redoute profondément de voir sa population musulmane gagnée par l'intégrisme ; elle a donc tout intérêt à se ranger aux côtés des États-Unis. L'existence de contrées islamiques dans le sud de son territoire place la Russie dans la même situation, à l'image de la Chine, avec ses régions occidentales. Cette dernière souhaite par ailleurs que le terrorisme mondial soit jugulé au plus tôt, avant l'ouverture des jeux Olympiques de 2008 à Pékin. Paradoxalement, le terrorisme a fait naître un sentiment de solidarité internationale que les défenseurs d'un ordre mondial n'avaient pas su susciter en le fondant sur un concept purement philosophique.

Dans le monde islamique, les attitudes ont évidemment été bien plus ambiguës. Malgré l'inquiétude que leur inspire l'intégrisme, de nombreux pays islamiques laïques ont préféré éviter de s'aliéner leur opinion publique en soutenant ouvertement les États-Unis. Ajoutons que le programme des terroristes n'était probablement pas sans séduire quelques-uns d'entre eux. L'attitude compréhensive de l'Amérique à l'égard d'États qui sont traditionnellement ses amis et ceux de l'Occident, comme l'Arabie Saoudite et l'Égypte, a permis d'élargir la coalition en direction du monde arabe.

En édifiant ce bloc, l'administration Bush a résisté, au lendemain même de l'agression contre le territoire américain, à ceux qui prônaient une action militaire immédiate contre des bases terroristes connues. Le secrétaire d'État, Colin Powell, a fait preuve d'une grande habileté en choisissant de réunir une coalition mondiale qui légitimerait le recours à la force contre l'Afghanistan, terre d'asile d'Oussama ben Laden, figure la plus célèbre du terrorisme international. L'objectif, tel qu'il avait été défini, était la destruction du terrorisme soutenu par l'État. Et, malgré son caractère inédit, ce nouveau conflit a permis de définir un dessein stratégique parfaitement clair.

Les terroristes sont impitoyables, mais ils ne sont pas très nombreux. Ils ne contrôlent aucun territoire à titre permanent. Si les forces de sécurité et les organes administratifs de toutes leurs victimes potentielles font obstacle à leurs activités – si aucun pays n'accepte de leur accorder l'asile –, ils seront relégués au rang de hors-la-loi et se verront contraints de consacrer de plus en plus d'efforts à leur propre survie. S'ils cherchent à mettre sous séquestre une partie d'un pays, comme cela s'est produit, en un sens, en Afghanistan, des opérations militaires peuvent parvenir à les écraser. La clé de la stratégie antiterroriste consiste donc à éliminer leurs repaires.

L'existence de ces derniers tient à des causes diverses. Dans certains pays, la législation intérieure ou les dispositifs constitutionnels empêchent d'intervenir en l'absence d'agissements délictueux avérés, ou interdisent de transmettre à d'autres pays des renseignements qui relèvent prétendument de la politique intérieure – ce qui était le cas en Allemagne et, jusqu'à un certain point, aux États-Unis. On a remédié à ces problèmes à la suite des attaques du 11 septembre.

Mais la majorité de ces repaires doivent leur existence à la complicité de gouvernements qui approuvent certains objectifs au moins des terroristes – comme en Afghanistan, au Yémen, en Somalie et, dans une certaine mesure, en Iran, en Syrie et, jusqu'à son revirement, au Pakistan, un pays qui avait commencé par soutenir les taliban. Certains pays réputés amis, qui ont coopéré avec les États-Unis sur des questions de stratégie générale, comme l'Arabie Saoudite, n'en ont pas moins conclu un accord tacite avec les terroristes, leur accordant l'asile tant que ceux-ci s'abstiendraient d'opérer sur leur territoire.

La coalition antiterroriste mise sur pied par les États-Unis a cherché à faire éclater ce réseau. Bien des pays qui servaient de refuge aux terroristes étaient mieux informés qu'ils n'étaient disposés à l'admettre avant le 11 septembre. Aussi a-t-on cherché à les inciter au partage de renseignements. La coopération en matière de sécurité a été améliorée, afin de couper les terroristes de leurs financements, d'entraver leurs communications et de soumettre les pays refuges à des pressions, sans renoncer a priori au recours à la force.

Mais, bien que l'élimination de la force unifiée constituée par Ben Laden, son réseau et ses associés soit une réalisation majeure, il ne s'agit que de la première bataille d'une campagne mondiale qui en comptera bien d'autres.

L'Alliance atlantique et l'Irak

Lorsque l'objectif de la campagne américaine – l'élimination de groupes terroristes bien identifiés et implantés dans un pays parfaitement défini –, s'est déplacé pour s'attacher à empêcher la diffusion d'armes de destruction massive, le consensus a commencé à s'effriter et, sur certains points, à s'effondrer. Quelques mois seulement après l'approbation quasi unanime qu'avait suscitée l'opération en Afghanistan, un appel présidentiel aux armes a provoqué une acrimonie sans précédent. Le commentaire du président Bush sur « l'axe du Mal », à l'occasion du discours sur l'état de l'Union du 29 janvier 2002, expression qui visait la Corée du Nord, l'Iran et l'Irak, et la présence sur leur sol d'armes de destruction massive, a déclenché une avalanche de critiques, dont bien peu portaient sur le fond du problème. On s'est principalement intéressé aux motifs de Bush : les élections imminentes au Congrès (raison avancée par le secrétaire du Foreign Office britannique), l'impérialisme américain (selon le responsable de la politique étrangère au sein de la Commission européenne), une pensée simpliste (le ministre français des Affaires étrangères), la tendance américaine à l'isolationnisme et à l'hégémonie (les grands journaux allemands).

Le président Bush avait pourtant mis le doigt sur un point capital pour la sécurité internationale : le réseau que constituent certaines grandes organisations terroristes, bien organisées et meurtrières (comme Al-Qaida), les États qui ont exploité et encouragé le terrorisme (comme l'Iran et la Corée du Nord) et certains pays qui ont mis au point (et, dans le cas de l'Irak, utilisé) des armes de destruction massive. Jusqu'au 11 septembre, les États-Unis et leurs alliés avaient toujours évité de prendre des mesures militaires préventives contre le terrorisme. On cherchait à l'endiguer par l'application du principe de dissuasion, celui-là même qu'on invoquait déjà face aux grandes puissances dotées d'armes de destruction massive : on pensait en effet que des dirigeants raisonnables éviteraient toute action susceptible d'entraîner leur propre destruction. Mais ces contraintes n'ont plus court en présence d'attentats suicides ou lorsqu'un tel arsenal se trouve entre les mains de dirigeants qui n'ont pas à tenir compte de contrepoids institutionnels ni de leur opinion publique, qui ont déjà recouru à ces armes contre leurs voisins et contre leur propre population (comme en Irak), qui ont, dans certains cas, fait de l'assassinat systématique un instrument politique, qui ont condamné des centaines de milliers d'individus à mourir de faim (comme en Corée du Nord), ou qui ont soutenu des groupes terroristes et des preneurs d'otages (on songe à l'Iran). Contre les pays qui peuvent à tout moment recourir clandestinement au terrorisme et nouer des liens avec lui, il faut envisager une action préventive.

De toute évidence, les réalités propres aux trois États évoqués par le président Bush exigeront des méthodes appropriées. Le cas le plus urgent est celui de l'Irak ; celui de l'Iran appelle une politique extrêmement subtile ; quant à la Corée du Nord, sa situation intérieure la rapproche de l'Irak, mais il lui est arrivé, ces dernières années, de donner le sentiment qu'elle était à la recherche d'une nouvelle orientation. La marge de manœuvre diplomatique est particulièrement étroite s'agissant de l'Irak, alors qu'elle devrait être beaucoup plus large vis-à-vis de l'Iran. Voilà pourquoi George W. Bush et son secrétaire d'État, Colin Powell, ont fait savoir qu'ils n'avaient pas la moindre intention de régler les questions iranienne et coréenne par la voie militaire. Mais, en définitive, toute politique sera jugée à sa capacité de parer les risques que la présence d'armes de destruction massive entre les mains de régimes redoutables fait peser sur la sécurité mondiale.

L'Alliance atlantique, clé de voûte de la politique extérieure de ses membres depuis une génération, ne saurait éluder cette question plus longtemps. La controverse reflète, en un sens, des différences fondamentales d'expérience historique. L'Amérique n'a jamais vu son territoire directement menacé – du moins depuis la guerre de 1812. En revanche, cela fait un millénaire que les pays européens – à l'exception peut-être de la Grande-Bretagne – sont périodiquement ravagés par leurs voisins. Aussi le 11 septembre a-t-il représenté, pour l'opinion publique américaine, un choc beaucoup plus violent que pour l'opinion européenne. Tout au long de leur histoire, les États-Unis se sont attachés à régler définitivement un problème aussitôt que celui-ci était identifié ; les sociétés européennes ont rarement eu les ressources indispensables pour agir de la sorte, et ont affiché une propension, aiguisée par l'expérience, à tenter de « gérer » les crises au lieu de les résoudre.

C'est dans la politique intérieure européenne qu'il faut chercher l'autre explication de l'hostilité antiaméricaine qui s'est fait jour si peu de temps après l'apparente restauration de l'unité alliée. Les convictions intellectuelles du président Bush ont été forgées par le camp conservateur, et il a été élu parce qu'il avait épousé ses principes. En matière de politique étrangère, cela s'est traduit par un engagement énergique en faveur de la sécurité nationale, du renforcement des alliances traditionnelles de l'Amérique, et par une insistance sur l'intérêt national, que certains ont interprétée comme une tendance à l'unilatéralisme.

Au contraire, s'étant ralliés à l'économie de marché dans le domaine intérieur, les gouvernements européens de centre gauche subissent les pressions de leurs ailes gauches, désireuses de les voir affirmer, en matière de politique extérieure du moins, un certain nombre des principes fondateurs de leur camp. On peut citer parmi ceux-ci l'opposition à toute modification de l'équilibre nucléaire existant (si ce n'est pour réduire l'importance de l'arsenal), la méfiance à l'égard des dépenses et des objectifs militaires américains, la réduction des budgets européens de sécurité et l'insistance sur des thèmes moins « martiaux », comme l'environnement.

La formation politique des responsables européens s'est déroulée à travers l'opposition à la guerre du Vietnam dans les années 1970 et les manifestations antimissiles des années 1980. Les principaux membres de l'administration américaine, quant à eux, ont été imprégnés du rejet de ces attitudes, propre à l'ère Reagan. Leur vision des choses ne pouvaient donc qu'être antinomique.

Le passage d'une génération à l'autre a encore aggravé l'aigreur qui a succédé si rapidement à un extraordinaire élan de solidarité. Bien que leurs pays aient été affaiblis et appauvris par la guerre, la première génération de responsables européens de l'Alliance atlantique étaient entrés en politique en un temps où l'Europe était le centre incontesté des affaires mondiales. Ils savaient parfaitement qu'il n'existait qu'une alternative : l'alliance ou le neutralisme (sous quelque forme que ce soit). On ne relève actuellement aucun consensus comparable sur le danger existant. Aussi les attaques contre une Amérique jugée encline à la violence, à l'unilatéralisme et à la passion patriotique – slogans de l'opposition pendant la guerre froide – sont-elles devenues le pain quotidien des intellectuels et des médias européens, ne suscitant, au mieux, qu'un démenti bien discret de la part de leurs gouvernements. Les propos les plus positifs des médias sur les États-Unis sont pour exhorter les gouvernements européens à « encourager » les membres modérés de l'administration Bush jugés favorables au point de vue européen, comme si l'on se trouvait en présence d'un gouvernement révolutionnaire menaçant d'échapper à tout contrôle.

Cette tendance a été renforcée par le souci dominant des gouvernements européens en matière de politique étrangère depuis plus d'une décennie : la création de l'Union européenne – une tâche historique dont les États-Unis sont, par définition, exclus. Comme je l'ai déjà dit au chapitre II, bien des responsables européens ont cherché à définir l'identité européenne par différence, et, bien souvent, par opposition, aux États-Unis. L'Europe se concentre aujourd'hui sur les dispositions juridiques, administratives et constitutionnelles qu'impose l'intégration de plus de vingt pays aux histoires, aux langues et, parfois, aux cultures très différentes, tandis que les États-Unis tirent vanité de la nature exceptionnelle de leurs institutions en vigueur et prétendent qu'elles peuvent s'appliquer au monde entier.

L'important écart entre la puissance militaire de l'Europe et celle des États-Unis aggrave encore leurs divergences de vues.

Les États-Unis exercent sur le reste du monde une domination militaire sans précédent. Il n'existe actuellement – ou dans un avenir prévisible – aucun pays ou groupe de pays susceptible de menacer militairement l'Amérique. C'est précisément cette situation qui incite ses adversaires à la défier par des moyens non conventionnels, comme le terrorisme. Dans ce contexte, certains pays amis redoutent que, étant en mesure d'imposer leurs choix, les États-Unis ne le fassent en recourant systématiquement à la force. Et la jubilation qu'inspire parfois aux Américains la singularité de leur statut de superpuissance et de leur hégémonie actuelle ne fait que renforcer ces craintes.

Les divergences sont inévitables. Mais elles devraient conduire les dirigeants des deux côtés de l'Atlantique à se rappeler l'importance que revêt, dans un monde de plus en plus agité, la solidarité de toutes les démocraties. Les États-Unis doivent tenir leurs partenaires informés de leurs options militaires et des effets politiques qu'ils en attendent. S'ils veulent préserver une relation traditionnelle dont l'importance est capitale, les dirigeants alliés doivent renoncer à caricaturer l'Amérique en la présentant comme un colosse dominateur, le doigt constamment sur la détente. Ils savent – ou devraient savoir – que les responsables américains sont assez raisonnables pour comprendre que l'idée d'imposer un ordre international par la force est contraire au caractère même d'un pays dont l'un des thèmes dominants a toujours été l'anti-impérialisme, et dont la fibre isolationniste n'a pas disparu. À long terme, l'Amérique ne peut avoir intérêt à multiplier les épreuves de force ; une telle attitude inciterait en effet d'autres pays à se liguer contre elle – or, l'histoire nous a appris que les empires ont tendance à s'effondrer quand tous les problèmes se transforment en affaire nationale et que l'épuisement psychologique et physique se fait sentir.

Les États-Unis ont défini les dangers que font courir au monde l'Irak et d'autres pays du même type : la présence d'armes de destruction massive entre les mains de gouvernements qui ont prouvé qu'ils étaient prêts à s'en servir, qui ont manifesté ouvertement leur hostilité à l'égard de l'Amérique ou de ses alliés et que rien, à l'intérieur, n'empêche d'agir. Nos alliés rejettent-ils la définition américaine du danger ? Ou l'acceptent-ils tout en refusant d'y répondre par des moyens militaires ? Et, le cas échéant, que proposent-ils ? Si l'« engagement » est défini en termes psychologiques – la pacification de l'adversaire –, il recouvre ce qu'on appelait traditionnellement la politique d'apaisement. Mais quels changements l'« engagement » a-t-il apportés en Irak ? Quels bénéfices la visite à Téhéran du secrétaire au Foreign Office britannique a-t-elle valus à la Grande-Bretagne ? Et en quoi la mission obséquieuse d'une délégation de l'Union européenne à Pyongyang – un geste visant à se dissocier des propos de Bush, que l'Europe jugeait trop insistants – a-t-elle modifié la politique de la Corée du Nord à l'égard de Séoul et du reste du monde ?

Les détracteurs de l'Amérique opposent généralement au recours aux moyens militaires, présenté comme une obsession américaine, une politique de « construction nationale ». Force est pourtant de reconnaître qu'une politique ambitieuse de construction nationale et de réduction de la misère exige un laps de temps incompatible avec l'urgence du problème que pose la présence d'armes de destruction massive sur le territoire d'États potentiellement terroristes. On peut aller jusqu'à affirmer que le principe de construction nationale ne saurait entrer en vigueur qu'*après* la chute d'un régime terroriste, comme celui des taliban et, sans doute, de l'Irak. Avant cela, sa mise en œuvre est impossible, voire contre-productive.

La principale proposition concrète qui pourrait se substituer à l'approche de l'administration Bush – touchant l'Irak, notamment – est un programme d'inspection chargé de mettre la main sur les armes de destruction massive. Or aucun projet de ce type n'est jusqu'à présent parvenu à remédier, de près ou de loin, à l'échec des missions d'inspection précédentes, qui se sont révélées incapables de percer à jour le programme nucléaire irakien avant la guerre du Golfe et n'ont pas su, par la suite, localiser la plupart des usines d'armes biologiques.

C'est ainsi d'ailleurs que le problème irakien est devenu prioritaire. Or la question est d'abord géopolitique. La politique de l'Irak est, en effet, farouchement hostile aux États-Unis. Ce pays détient des stocks de plus en plus importants d'armes biologiques et chimiques, que Saddam Hussein a utilisées au cours de la guerre contre l'Iran et contre sa propre population. Il cherche à mettre au point un potentiel nucléaire. Si ces capacités demeurent intactes, elles pourraient, un jour ou l'autre, servir à des actes terroristes ou permettre d'attiser de nouveaux troubles régionaux ou internationaux.

Mais s'il faut sérieusement envisager le renversement de Saddam Hussein, trois conditions préalables doivent être remplies : il convient (a) d'élaborer un plan militaire d'intervention rapide et décisive, (b) de définir le type de structure politique qui devra être mise en place après Saddam, et (c) d'obtenir le soutien ou l'approbation des pays indispensables à l'exécution du plan militaire.

Une opération militaire contre Saddam Hussein ne saurait se prolonger trop longtemps. Car l'affrontement risquerait de tourner à la lutte entre l'Occident et l'Islam. Elle permettrait également à Saddam d'essayer d'entraîner Israël dans le conflit en lançant des attaques contre ce pays – au moyen, peut-être, d'armes chimiques et biologiques –, semant ainsi la confusion au sein du monde musulman. Il serait également plus difficile, dans le cas d'opérations de longue durée, d'empêcher des alliés et des pays comme la Russie et la Chine de se désolidariser officiellement d'une entreprise à laquelle ils sont peu susceptibles de se joindre, mais également peu susceptibles de s'opposer fermement.

Avant de s'engager dans un affrontement avec l'Irak, l'administration Bush devra donc étudier avec le plus grand soin la stratégie militaire à mettre en œuvre. Il ne sera sans doute pas nécessaire de déployer des forces aussi considérables que lors de la guerre du Golfe, il y a dix ans. En même temps, il serait risqué de s'en remettre à un simple couplage entre aviation américaine et opposition locale. Certes, on ne disposait pas au moment de la guerre du Golfe de l'important arsenal d'armes de précision disponibles aujourd'hui, et les zones d'exclusion aérienne compliqueront inévitablement les mouvements de troupes irakiens. Elles pourraient même être transformées en zone d'interdiction de tout mouvement, ce qui empêcherait tout déplacement de certaines catégories d'armes.

D'un autre côté, nous ne pouvons faire reposer la sécurité nationale américaine – entière ou partielle – sur des forces locales d'opposition encore inexistantes et dont on n'a pas éprouvé les capacités de combat. Il n'est pas exclu, comme le prétendent certains, que les forces irakiennes s'effondrent au premier affrontement, mais la vraisemblance d'un tel scénario s'accroît considérablement si la puissance militaire américaine disponible est manifestement écrasante.

Avant de s'engager dans une campagne militaire contre l'Irak, il convient également de définir les résultats politiques d'une telle opération. Selon toute vraisemblance, l'opposition locale sera soutenue par la minorité kurde au nord et par la majorité chiite au sud. Mais si nous voulons rallier la minorité sunnite, qui domine aujourd'hui l'Irak, à l'idée d'un renversement de Saddam Hussein, il faut proclamer clairement que la politique américaine ne vise pas à la désintégration de l'Irak. Cette précaution est d'autant plus essentielle qu'une opération militaire en Irak exigerait le soutien de la Turquie et l'approbation de l'Arabie Saoudite et des États du Golfe. Or aucun de ces pays n'acceptera de coopérer s'il estime que le conflit débouchera sur la création d'un État indépendant kurde au nord et d'une république chiite au sud. L'existence d'un État kurde ne manquerait pas, en effet, d'embraser la minorité kurde de Turquie, tandis que la présence d'un État chiite au sud menacerait la région de Dharan en Arabie Saoudite et offrirait peut-être à l'Iran une nouvelle base pour tenter de prendre le contrôle du Golfe. Il faudrait probablement envisager de doter un Irak unifié d'une structure fédérale. Mais, en tout état de cause, avant de se lancer dans une opération militaire, quelle qu'elle soit, il faut avoir une idée précise de l'objectif politique à atteindre.

Il sera difficile de rassembler une coalition adaptée à une telle entreprise et de s'assurer des bases nécessaires au déploiement américain. Nous risquons fort d'assister à une scission entre les membres de la coalition qui n'accepteront d'y participer que pour exercer un droit de veto sur les initiatives américaines, et ceux qui s'engageront à long terme. On pourrait cependant faire fond sur la diplomatie habile qui a présidé à la première phase de la campagne antiterroriste. Saddam Hussein n'a pas d'amis dans la région du Golfe. La Grande-Bretagne ne renoncera pas volontiers à jouer le rôle central, fruit de ses relations particulières avec les États-Unis, qu'elle a assumé tout au long de la crise. Et l'Allemagne, pas plus que la Russie, la Chine et le Japon, ne s'opposera activement aux États-Unis. Une politique américaine déterminée dispose donc d'une marge de manœuvre plus large qu'on ne le croit communément.

Il faut préparer le terrain diplomatique avec le plus grand soin. Les États-Unis ne sauraient faire dépendre des questions qui touchent à leur sécurité nationale de l'accord d'autres pays, mais ils ne doivent pas non plus engager des actions mettant en jeu les intérêts fondamentaux d'autres pays sans tout faire pour obtenir leur compréhension, même si le consensus est impossible. Il ne faut pas que notre statut de pays le plus puissant du monde nous incite à fonder notre prétention au leadership sur l'hégémonie de fait, comme je l'ai indiqué ailleurs dans cet ouvrage.

La coalition globale qui a pris naissance à la suite du 11 septembre laissait à ses membres toute liberté de déterminer leur degré d'engagement. Cette organisation à la carte a bien fonctionné tant que l'adhésion n'exigeait guère plus qu'une opposition de principe au terrorisme. Son utilité dans le cas de l'Irak sera fonction de la manière dont seront définies les obligations de la coalition. Le convoi doit-il avancer au rythme de son navire le plus lent, ou certains de ses bâtiments doivent-ils être autorisés à faire voile en toute indépendance ? Dans le premier cas, l'effort de la coalition se résumera à définir les termes d'un compromis reposant sur le plus petit dénominateur commun, celui-là même qui a condamné à l'échec le système d'inspection de l'ONU en Irak. À l'inverse, on peut concevoir la coalition comme un groupe d'alliés unis par des objectifs communs mais autorisant l'action autonome de ceux de ses membres qui parviendraient à se mettre d'accord, ou, à la limite, des États-Unis seuls.

La guerre du Golfe de 1990 offre un bon exemple d'équilibre entre leadership américain et consensus international. Cette guerre a été provoquée par un cas flagrant d'agression menaçant l'Arabie Saoudite, dont la sécurité a toujours été jugée capitale par les présidents qui se sont succédé à la tête des États-Unis, de quelque parti qu'ils aient été issus. Les États-Unis ont décidé de mettre rapidement fin à l'aventure de Saddam Hussein, avant que la chaleur estivale ne rende impossible toute opération terrestre d'envergure. Sans attendre la formation d'une coalition, plusieurs centaines de milliers de soldats américains sont arrivés sur place. Dans la mesure où les États-Unis se montraient prêts à agir seuls au besoin, ceux qui souhaitaient peser sur les événements avaient tout intérêt à se joindre à eux.

La question en jeu n'est donc pas la tentative par l'Amérique d'imposer l'ordre international de son choix. Il s'agit de savoir si les membres de la coalition peuvent exercer un droit de veto sur nos conceptions fondamentales en matière de sécurité. N'oublions pas que ce qu'un pays considère comme une politique unilatérale apparaîtra à un autre comme une manifestation d'hégémonie. Une définition du consensus fondée sur l'unanimité conduit à la paralysie ; une définition du leadership se résumant à une attitude unilatérale sur tous les sujets engendre un impérialisme qui, à long terme, épuisera la puissance impériale. Louvoyer entre ces extrêmes, tel est le défi lancé à la politique américaine et à celle de ses alliés.

Les problèmes posés par l'Iran et la Corée du Nord laissent plus de marge pour élaborer une stratégie diplomatique commune à long terme. Ce qui implique un choix fondamental. Le débat sur l'attitude à adopter à l'égard de ces pays porte le plus souvent sur les mesures à prendre pour encourager les éléments modérés au sein de la structure existante, notamment l'entourage du président Mohamad Khatami en Iran. Mais on peut tout aussi bien affirmer que la lutte fondamentale est celle qui oppose une population de plus en plus progressiste à un régime répressif. Il est essentiel de dialoguer avec les ayatollahs, mais il ne faudrait pas, ce faisant, leur permettre de renforcer leur pouvoir. Il faut également se ménager la possibilité d'en appeler aux aspirations démocratiques du peuple. Quant à la diplomatie à l'égard des ayatollahs, l'apaisement doit, tôt ou tard, conduire à la réciprocité : il ne saurait s'agir d'un exercice purement formel !

Quelle que soit la solution que l'on trouvera pour remédier à la présence d'armes de destruction massive sur le territoire d'États potentiellement terroristes, l'objectif à long terme doit être l'instauration d'un système international susceptible de faire face aux tentatives d'autres pays pour acquérir ce type d'arsenal ou pour se doter d'armes biologiques et chimiques. La survie du monde civilisé exige que l'on règle ce problème préventivement, une tâche à laquelle une action unilatérale des États-Unis ne saurait faire face. C'est ainsi que la question du terrorisme rejoint le problème de l'instauration d'un ordre international.

Le conflit israélo-palestinien

Le conflit israélo-palestinien s'est poursuivi tandis que le terrorisme nous lançait ce défi. Or ils ne sont pas complètement étrangers l'un à l'autre. Convaincue que l'intense activité diplomatique de l'Amérique expliquait en partie l'impasse à laquelle on avait abouti et le déclenchement de l'Intifada en 2000, l'administration Bush a, dans un premier temps, adopté une attitude plus distante, exigeant un rapprochement entre les deux camps avant toute reprise de la médiation américaine. Au lendemain du 11 septembre, on a évidemment accordé la priorité à la guerre contre le terrorisme. Mais en avril 2002, devant l'escalade de la violence au Proche-Orient, l'administration Bush s'est réengagée à nouveau dans le processus diplomatique.

Le retour d'une diplomatie américaine active au Proche-Orient a suscité espoir et inquiétude. Espoir, parce que la fureur des deux parties commençait à céder à l'épuisement. Inquiétude, parce que les deux camps savaient que leurs objectifs déclarés étaient fondamentalement incompatibles. Le rêve secret des Israéliens est la reconnaissance du statu quo. Les Palestiniens, quant à eux, souhaitent reconduire Israël sur ses frontières de 1967, et peut-être même sur celles des résolutions de l'ONU de 1947 – ce qui pourrait faciliter la destruction pure et simple de l'État hébreu.

Parmi ceux qui critiquent communément la politique extérieure américaine (et lui font grief de négliger leurs conseils), nombreux sont ceux qui réclament, comme tant d'autres, que Washington joue au Proche-Orient un rôle dominant. Ces appels ont pris un nouvel élan à la suite de l'initiative de l'héritier de la couronne d'Arabie Saoudite, le prince Abdallah, qui a proposé la normalisation des relations entre le monde arabe et Israël à condition que cet État se replie sur ses frontières de 1967. En même temps, la quasi-unanimité avec laquelle l'Europe et le monde arabe exhortent les États-Unis à intervenir reflète l'espoir qu'en définitive, ceux-ci imposeront à Israël un règlement reprenant les grandes lignes du plan d'Abdallah.

Au cours des trente dernières années, la diplomatie américaine a joué un rôle de catalyseur dans presque toutes les avancées du processus de paix. Mais, dans un contexte aussi explosif, il n'est que trop tentant de surestimer ce qui est faisable. En 2000, la volonté impétueuse de régler la totalité des questions en suspens à Camp David, au cours d'une unique négociation de durée limitée, a contribué au déclenchement de la guerre actuelle, comme je l'ai expliqué au chapitre v.

Dans les conditions d'aujourd'hui, il suffit de comparer les positions des deux camps pour comprendre qu'une nouvelle tentative de solution négociée, d'où qu'elle vienne, ne connaîtrait probablement pas un meilleur sort. L'unique plan officiel jamais conçu par un gouvernement israélien a été présenté par le Premier ministre Ehoud Barak à Camp David. Il prévoyait la cession de plus de 90 % du territoire en litige (la formule était complexe, et le mode de calcul de ces 90 % un peu vague), tout en maintenant près de 70 % des implantations juives. En échange, les Palestiniens devaient renoncer à toute revendication future, et plus particulièrement au droit au retour en Israël même (ce qui les laissait libres de regagner le futur État palestinien). Le Premier ministre Ariel Sharon a désavoué cette proposition. Au lieu de l'accepter, Yasser Arafat a préféré l'Intifada.

La proposition arabe la plus constructive est venue, nous l'avons dit, du prince héritier Abdallah. Dans ses grandes lignes, assez imprécises, elle prévoit qu'Israël revienne sur ses frontières de 1967 en échange de la normalisation de ses relations avec les États arabes. Prise au pied de la lettre, elle conduirait Israël à abandonner toutes les implantations et à accepter un contrôle arabe sur la Vieille Ville de Jérusalem, Lieux saints compris. Le plan d'Abdallah ne précise pas ce que recouvre la normalisation, et garde le silence sur des questions telles que le droit au retour des réfugiés (un point qui serait certainement abordé dans une négociation concrète).

Aussi bienvenue que soit cette intervention dans le processus de paix – il s'agit en effet de la première entremise d'un État arabe qui n'est pas en conflit direct avec Israël –, les propositions qu'il avance ne font que réaffirmer une position qui est à l'origine de l'impasse existante. En effet, contrairement aux frontières entre Israël et l'Égypte, la Syrie ou la Jordanie, la « ligne de démarcation » palestinienne antérieure à 1967 n'a jamais été une frontière internationale, mais une ligne de cessez-le-feu établie à la fin de la guerre de 1948. Pendant cinquante ans, aucun pays arabe ne l'a reconnue, et elle n'a été admise récemment qu'à contrecœur par des États qui ne reconnaissent pas pour autant la légitimité de l'État d'Israël. Je n'ai jamais rencontré de Premier ministre ni de chef d'état-major israélien qui ait jugé possible de défendre cette frontière de 1967, surtout s'il fallait de surcroît renoncer à une position de sécurité sur le Jourdain. En effet, les frontières de 1967 ne laissent qu'un couloir de treize kilomètres de large entre Haïfa et Tel-Aviv, font passer la frontière de la Palestine juste à côté de l'unique aéroport international d'Israël. L'État hébreu devrait par ailleurs abandonner des colonies, qui abritent approximativement 200 000 habitants (soit près de 4 % de sa population juive), parmi lesquels les éléments les plus doctrinaires de la population. Il faudrait recourir à la force pour contraindre un grand nombre de ces derniers à renoncer à ce qu'ils considèrent comme une revendication territoriale étayée par la Bible.

En échange, donc, Israël établirait des relations diplomatiques avec ses voisins. Rappelons tout de même que la plupart des négociations font de la reconnaissance mutuelle un point de départ, et non une concession. En fait, la non-reconnaissance sous-entend la non-existence juridique de l'autre État, ce qui, dans le contexte du Proche-Orient, équivaut à se donner la liberté de le détruire. La reconnaissance est toujours révocable ; la rupture des relations diplomatiques est, en effet, un instrument diplomatique reconnu. Par ailleurs, la normalisation officielle n'a guère de conséquences concrètes : l'accord de paix entre Israël et l'Égypte, qui remonte aujourd'hui à vingt-trois ans, n'a pas beaucoup amélioré les relations économiques et culturelles entre ces deux pays, au-delà d'un échange d'ambassadeurs qui n'interviennent que rarement.

Si les conditions proposées par le prince héritier saoudien ne marquent pas de véritable avancée, l'engagement de son pays pourrait être important s'il devait permettre l'instauration d'un cessez-le-feu et l'ouverture de négociations sans conditions préalables de part et d'autre. Mais si son objectif ultime est d'inciter les États-Unis à reprendre ses dispositions à leur compte et à les imposer, il risque bien de compromettre la sécurité d'Israël et, en définitive, la stabilité de la région.

Voilà pourquoi toute négociation qui chercherait à rétablir les frontières de 1967 a de bonnes chances d'aboutir à une impasse. En effet, l'expérience de l'accord d'Oslo et dix-huit mois d'attentats suicides ont appris aux Israéliens (et au reste du monde, est-on en droit d'espérer) que les Palestiniens ne se divisent pas entre de prétendus extrémistes et ceux qui aspirent à la paix au sens occidental du terme – un seuil au-delà duquel le monde vit libéré des tensions et habité d'un désir de réconciliation –, soit une infime minorité des responsables palestiniens. Au contraire, le clivage fondamental oppose ceux qui veulent aboutir à la destruction d'Israël en poursuivant la lutte actuelle et ceux qui estiment que, dans l'immédiat, la conclusion d'un accord est la meilleure stratégie pour rallier les forces nécessaires à cette fin.

Même si les Palestiniens et les autres dirigeants arabes signataires d'un éventuel accord « final » n'avaient pas d'arrière-pensée, nul ne pourrait garantir qu'ils ne céderont pas un jour la place à des radicaux. Bref, loin d'apaiser l'intransigeance de mouvements ou d'États extrémistes, un accord de paix risquerait de l'exciter davantage. Si, comme on l'affirme, il est impossible d'exiger d'Arafat un cessez-le-feu permanent comme prix d'entrée aux négociations en raison du veto de ses opposants extrémistes, pourquoi le même problème ne se poserait-il pas après la signature d'un accord de paix ? Les divergences qui opposent les partisans d'un accord définitif et les avocats d'un accord intérimaire sont avant tout sémantiques. Il s'agit de déterminer s'il est possible de ménager une période de coexistence suffisamment longue pour que soit abordée la question des frontières définitives, loin de toute théorie et en se fondant sur l'expérience concrète de vie commune entre Palestiniens et Israéliens.

La précarité de la position d'Israël est paradoxale. Cet État n'a jamais été aussi puissant ni, en même temps, aussi vulnérable. L'État hébreu est plus fort militairement que n'importe lequel de ses adversaires arabes potentiels, et que toute coalition imaginable. Il est, de toute évidence, capable d'infliger de lourdes pertes aux groupes terroristes palestiniens. Mais le développement de cet État a donné naissance à une société de classe moyenne avancée qui a beaucoup de mal, psychologiquement, à supporter les tensions que lui impose la guérilla. L'Intifada a engendré une rigidité ambivalente dans la société israélienne. Avant l'accord d'Oslo, le mouvement pacifiste israélien considérait la réconciliation avec le monde arabe en termes de réconfort psychologique : on échangerait des terres contre la paix, quand bien même les Arabes pouvaient revenir sur les termes de l'échange. Mais, depuis l'Intifada, la grande majorité des Israéliens ne croient plus à la réconciliation – ils veulent la victoire et l'écrasement de leurs adversaires arabes.

En même temps, la vanité apparente de cette entreprise inspire un désespoir grandissant. Devant la multiplication des victimes israéliennes du terrorisme et la certitude que les États-Unis et le reste du monde n'accepteront pas que les représailles israéliennes excèdent un certain seuil, la résignation gagne du terrain. Le désir de régler leur compte aux assassins commence à être contrebalancé par l'aspiration à la paix, quel qu'en soit le prix.

Israël affronte la dynamique classique de la guérilla telle qu'elle se manifeste depuis maintenant deux générations. Les guérilleros pratiquent une forme particulièrement brutale de terrorisme parce qu'ils savent que les représailles violentes, émotionnelles et – pour les observateurs extérieurs – outrancières d'Israël servent leurs objectifs : provoquer l'intervention de la communauté internationale, et plus particulièrement des États-Unis. Cela aboutit à la création de sanctuaires qui, dans les faits, entravent la capacité des forces antiterroristes de s'attaquer à la racine du fléau terroriste. Ce processus menace progressivement d'éroder la marge de survie d'Israël, alors même que les médias et les diplomates du monde entier déplorent les excès israéliens. Déchiré entre ses nécessités stratégiques et ses états d'âme, Israël risque de s'enfoncer dans la paralysie.

Les garanties de l'OTAN, des États-Unis ou de quelque autre tiers sont d'une utilité secondaire pour résoudre ce problème psychologique. Personne ne peut croire sérieusement que les pays européens accepteront de faire la guerre pour Israël, surtout si les provocations sont ambiguës. La seule solution réaliste serait que l'Amérique accorde une garantie contre toute invasion de la part d'États voisins. Mais, non contente d'engendrer de graves problèmes intérieurs aux États-Unis, une telle solution conduirait ces derniers à opposer leur veto à toutes représailles israéliennes contre une attaque qui ne serait pas totale. Par ailleurs, elle ferait de l'Amérique une cible supplémentaire du terrorisme sans améliorer sensiblement les capacités des forces de défense israéliennes.

Aussi le début de la sagesse consiste-t-il à reconnaître l'impossibilité d'atteindre un règlement final dans les conditions actuelles. Il existe des crises insolubles, qu'il faut se contenter de gérer. Invoquer inlassablement des objectifs inaccessibles ne peut qu'encourager un climat général d'irresponsabilité. Pourtant, une médiation moins ambitieuse pourrait avoir quelques chances de succès, ne fût-ce que parce que les Palestiniens eux-mêmes ont de plus en plus de mal à supporter le statu quo. Ils se sont battus farouchement au nom du principe classique de la guerre asymétrique : un guérillero gagne s'il ne perd pas. Mais il n'est pas exclu que le coût de la guerre épuise bientôt, ou détruise, la société civile que les guérilleros cherchent à établir. C'est particulièrement vrai depuis que les incursions israéliennes en territoire palestinien ont gravement endommagé l'infrastructure palestinienne. Ils peuvent, dès lors, avoir intérêt à accepter un règlement fondé sur la coexistence, même s'il leur est impossible, dans un premier temps et pour des raisons intérieures, de revenir sur les conditions traditionnelles que posent les Arabes à une solution globale.

Si les États-Unis s'engagent dans une entreprise diplomatique majeure, il faut que les enjeux soient parfaitement clairs. La région considérera-t-elle que cette médiation est le fruit de l'action terroriste ou y verra-t-elle la volonté de trouver une issue conforme aux principes américains ? En conclura-t-on que le 11 septembre a contraint l'Amérique a adopter des positions qu'elle avait rejetées par le passé ? Ou jugera-t-on que le terrorisme fait obstacle à un rôle positif des États-Unis plus qu'il ne l'inspire ? Si des négociations s'engagent, les Palestiniens invoqueront-ils la bravoure militaire dont ils ont fait preuve pendant l'Intifada pour justifier leur décision de s'engager dans la voie ouverte par Anouar el-Sadate après les premiers succès arabes de la guerre de 1973 ? Ou considéreront-ils que l'Amérique bat en retraite et qu'Israël est au bord d'un abîme vers lequel Arafat le poussera pas à pas, en s'appuyant sur une médiation extérieure ? Les réponses à ces questions détermineront les chances de voir la région évoluer vers la paix et définiront aussi, dans une large mesure, les perspectives d'une guerre américaine contre le terrorisme.

Les Palestiniens n'accepteront pas sans contrainte d'en rabattre sur leurs exigences maximales. Ils pensent en effet pouvoir compter sur un large soutien international. Or les Israéliens n'admettront pas ces exigences, car ils craignent pour leur existence même. Les États-Unis ne peuvent combler cet écart qu'en faisant clairement comprendre aux deux camps que le seul objectif à leur portée est un règlement qui n'accordera à personne l'intégralité de ce qu'il réclame, mais lui offrira davantage qu'il ne pourrait obtenir en poursuivant la lutte. Il faut exhorter Israël à accepter un programme de paix ; il faut faire comprendre à ses interlocuteurs arabes les limites des concessions possibles.

Dans ce dessein, l'administration Bush a proposé d'organiser une conférence de paix sur le Proche-Orient qui réunirait un grand nombre de participants. De loin en loin, la poudrière du Proche-Orient ménage en effet quelques échappées. Celles-ci apparaissent d'ordinaire après une explosion qui fait mieux comprendre aux parties en présence leurs besoins et leurs limites, et permet d'élaborer des concessions réciproques avec le concours d'observateurs engagés. La conférence du Proche-Orient organisée par le secrétaire d'État américain, Colin Powell, pourrait être une bonne occasion de définir quelques possibilités d'avancée. Il importe cependant avant tout d'avoir une idée claire non seulement de ces possibilités, mais de leurs limites.

Une conférence sur le Proche-Orient réunissant un grand

nombre de participants n'est pas la tribune la plus appropriée pour parvenir à une solution globale, et les États-Unis ont généralement tout fait pour éviter ce type de réunion, dont la composition tend à isoler l'Amérique. Dans leur volonté de parvenir à une solution globale, la grande majorité des pays susceptibles de participer à cette conférence, Israël excepté – soit l'Union européenne, les Nations unies, la Russie, les États arabes modérés –, adopteraient l'une ou l'autre variante du plan saoudien. Quant aux États-Unis, ils ont donné leur aval – sans grande conviction, il est vrai – à la phraséologie des résolutions de l'ONU appelant à la création de « frontières sûres », qui ne seraient pas nécessairement celles de 1967. C'est ainsi que la recherche d'une solution globale se résume très précisément à l'équation États-Unis-Israël contre le reste du monde, idée que revendiquent et que prônent les chefs de file du djihad.

Une conférence internationale n'est pas non plus le lieu idéal pour définir les termes d'un accord global. Face à une opposition de grande ampleur, Israël se préparera à un conflit prolongé. Soumis à la pression de leurs collègues extrémistes, les participants arabes modérés camperont sur leurs positions. Voilà pourquoi les États-Unis ont veillé à ce que les grandes conférences du passé soient purement symboliques. La conférence de Genève des années 1970 ne s'est réunie qu'une fois en session plénière ; les deux accords de désengagement et les deux conventions politiques qui ont abouti à un accord de paix avec l'Égypte ont été négociés au sein de comités restreints. Quant à la conférence de Madrid de 1991, elle a conduit à l'accord OLP-Israël négocié à Oslo sous l'égide norvégienne, sans qu'il soit fait la moindre référence au cénacle initial.

S'il faut porter au crédit du prince Abdallah de s'être déclaré disposé à accepter l'existence d'Israël à certaines conditions, il n'en reste pas moins que la substance du plan saoudien est fondamentalement partiale. On demande à Israël de céder des territoires – un acte tangible et irrévocable. En échange, les États arabes proposent la normalisation et la reconnaissance, lesquelles sont d'ordre psychologique et révocables. Quant au contenu de cette normalisation, il n'a jamais été défini. Par ailleurs, les responsables palestiniens ne sont pas en mesure de souscrire à un accord général. Aucun dirigeant palestinien n'a jamais accepté de renoncer au droit au retour des Palestiniens en Israël. Ce qui implique la possibilité d'écraser l'État hébreux démographiquement, ou de l'anéantir.

Il est de bon ton d'évoquer les entretiens de Camp David de 2000, au cours desquels Israël a proposé de renoncer à près de 90 % de la Cisjordanie, et les discussions ultérieures de Taba, qui ont relevé ce pourcentage à 96 %, afin de prouver que le plan saoudien n'est pas totalement irréaliste. Mais il faut bien comprendre que l'« accord » de Taba est un curieux salmigondis. Il a été négocié au cours des dernières semaines de la présidence de Clinton, au moment où le Premier ministre israélien Ehoud Barak s'apprêtait à subir une défaite électorale cuisante, et il n'en existe apparemment aucune trace écrite ; aucune carte matérialisant ces pourcentages n'a jamais été publiée. La proposition israélienne – une position minoritaire en Israël et qui a été, de surcroît, rejetée par Arafat – reposait sur l'idée que des concessions territoriales substantielles modifieraient le climat psychologique et permettraient d'instaurer une coexistence solide. Plusieurs mois d'attentats suicides ont enterré ce projet. S'il pouvait encore être appliqué, ce ne serait qu'au terme d'une longue période de coexistence.

Les États-Unis ou un consensus international devraient-ils, malgré tout, chercher à définir un accord global, ne fût-ce que, comme l'avancent certains, pour mettre Israël à l'abri d'une stratégie qui multiplie ses ennemis et érode la position de l'Amérique dans les pays islamiques ? Le plan saoudien n'est pas un gage de réconciliation du monde arabe. Le crédit des initiatives américaines dans les pays islamiques dépendra de l'analyse que ces derniers feront des options possibles. Une solution imposée qui pourrait paraître extorquée par l'extrémisme islamique encouragerait les moudjahidin du monde entier, dont la prochaine revendication serait la destruction de l'État d'Israël. Pareille concession apparente n'aiderait pas les dirigeants arabes modérés : leur position s'affaiblit, en effet, chaque fois que l'islam militant se renforce. Par ailleurs, elle nuirait gravement à la guerre que mène l'Amérique contre le terrorisme.

Une solution imposée briserait psychologiquement Israël. En se soumettant aux pressions américaines, l'État hébreu mettrait fin à l'Intifada sur des frontières peu sûres, mais devrait renoncer à toutes ses colonies et accepter la partition de Jérusalem, sans la moindre assurance de bénéficier de la réciprocité des Arabes à long terme. Cela ferait d'Israël un État client de Washington, entièrement dépendant du soutien américain en cas de crise par le biais d'un accord de défense (parfaitement impuissant, notons-le, contre les attentats suicides) ; la société israélienne s'en trouverait bouleversée et perdrait toute foi en l'avenir (quelle que soit l'expression électorale de ses pulsions de désespoir). Et une telle situation inciterait tous ceux qui, dans le monde arabe, ne voient dans tout accord qu'un préalable à la destruction d'Israël, à accentuer leurs pressions.

L'influence de l'Amérique – et celle de ses alliés européens – est si forte qu'on a le sentiment qu'elle détermine ses futures initiatives diplomatiques en toute liberté, qu'elle est imperméable au terrorisme ou à d'autres moyens de pression, comme l'embargo sur le pétrole. La stratégie américaine devrait consister à réévaluer tous les calculs qui ont débouché sur l'impasse actuelle – et non à élaborer un plan purement formel prétendant corriger ce qui relève du pur bon sens. Les États-Unis doivent prôner une stratégie traduisant la réalité suivante : on ne pourra approcher d'une solution que par paliers, et la recherche d'une paix globale abstraite est le gage d'une nouvelle explosion.

À cette étape de la crise du Proche-Orient, le problème majeur est d'établir une structure de coexistence pour les deux camps. Alors seulement on pourra aborder avec réalisme les questions à long terme de la paix et des frontières définitives. La position particulière de l'Amérique l'oblige à intervenir comme médiateur, mais également à définir les limites de sa médiation. Les États arabes modérés doivent comprendre que les États-Unis ne peuvent obtenir à leur place la satisfaction de l'intégralité de leurs exigences, mais qu'ils feront leur possible pour obtenir plus qu'ils ne pourraient l'espérer sans médiation américaine. Et il faut qu'Israël admette que le statu quo n'est pas viable.

La recherche d'un règlement global ne peut qu'aboutir à une impasse prolongée dans laquelle un État hébreu aux abois s'efforcera d'affaiblir ses voisins jusqu'à priver de toute pertinence les termes mêmes du débat, tandis que les terroristes arabes chercheront à ébranler la cohésion israélienne. Sans préjuger d'un accord global ultime, la seule stratégie applicable à l'heure actuelle consiste à favoriser l'instauration d'une coexistence pacifique ; la paix globale représenterait l'étape suivante, au terme d'un laps de temps défini, que les deux camps auront mis à profit pour créer des conditions nouvelles.

Dans ses grandes lignes, un tel accord provisoire créerait un État palestinien sur un territoire nettement plus étendu que celui que contrôle l'actuelle Autorité palestinienne – sans revenir pour autant aux frontières de 1967. Ce territoire devrait être d'un seul tenant, ce qui revient à supprimer les nombreux points de contrôle israéliens – qui sont autant d'outrages à la dignité des Palestiniens. L'accord provisoire mettrait fin à toute nouvelle implantation israélienne et accorderait aux colonies existantes le choix entre l'évacuation et la soumission à l'autorité palestinienne. C'est là le maximum qu'Israël puisse accorder dans les conditions actuelles, et ce serait un grand pas en avant pour les Palestiniens. Quant à savoir si le secteur situé entre les frontières de l'État palestinien et les frontières de 1967 pourrait constituer une zone tampon, il faut y réfléchir.

En échange, il conviendrait que les Palestiniens cessent leur propagande hostile, renoncent à entretenir des bases terroristes et mettent fin aux attaques sur le territoire israélien. Ce qui suppose que l'Autorité palestinienne se restructure afin de prouver son aptitude à honorer ses engagements et à instaurer un État viable sur des bases démocratiques et représentatives.

Cet accord provisoire est la seule issue envisageable, à court terme, et la seule qui puisse prétendre s'inscrire dans la durée. Les concessions qu'il prévoit sont équilibrées ; il offre un cadre à l'intérieur duquel la coexistence pourrait être mise à l'épreuve et à partir duquel un accord global pourrait se dégager.

La conférence dont il est actuellement question pourrait jouer un rôle utile si elle répartissait les tâches de la manière suivante :

• Les États-Unis seraient le principal médiateur dans la négociation d'un accord provisoire, lequel serait complété par une déclaration générale d'objectifs, rattachant ainsi l'accord provisoire au futur accord global. Nos alliés européens pourraient faire œuvre utile en rangeant provisoirement dans un tiroir leurs innombrables plans visant à améliorer leur position au sein du monde arabe et qui ne font que radicaliser ce dernier en faisant naître des espoirs irréalistes.

• En raison de la profonde méfiance qui règne entre les parties, Israël ne se contentera pas de la parole donnée par l'Autorité palestinienne. Mais ce n'est évidemment pas à Israël de désigner les responsables politiques avec lesquels il est prêt à négocier. Aussi les États arabes participant à la conférence devraient-ils répondre d'Arafat, garantir les engagements de l'Autorité palestinienne et faciliter les négociations.

• L'Europe et les Nations unies, soutenues par les États-Unis, pourraient être à l'origine d'un engagement international en faveur de la création d'une entité palestinienne viable, d'abord en vertu d'un accord provisoire, puis d'un règlement permanent. Cet engagement s'accompagnerait d'une assistance qui ne pourrait être effective que dans le contexte d'un nouvel ensemble d'institutions, dont la création pourrait s'opérer avec la participation active de la conférence – ou d'un sous-comité ad hoc. Les conditions sine qua non d'un soutien international devraient comprendre certains éléments qui font aujourd'hui cruellement défaut à l'Autorité palestinienne : un pouvoir législatif chargé de désigner l'exécutif, une structure administrative à l'abri de la corruption, et un ensemble de lois.

La conférence pourrait ainsi contribuer à la création d'une Autorité palestinienne renouvelée, plus prévisible et capable de s'engager dans une véritable relation de coopération. Une telle solution ménagerait un répit permettant d'espérer que le pas final vers un accord global sera franchi dans des conditions moins obscurcies par la haine et le sang, et par des responsables moins accablés, dans un camp comme dans l'autre, par le poids des batailles du passé.

RELATIONS AVEC LA RUSSIE

Du point de vue des relations russo-américaines, les événements du 11 septembre n'ont fait qu'accélérer des tendances déjà à l'œuvre. Ces relations pourraient devenir tout aussi symboliques d'une ère nouvelle que l'ouverture sur la Chine après 1972. L'attitude du président Poutine avant et depuis les attaques du 11 septembre montre, en effet, que le premier dirigeant d'une Russie authentiquement postcommuniste est soucieux d'adapter la politique traditionnelle de la Russie aux réalités internationales nouvelles.

Mikhaïl Gorbatchev et Boris Eltsine avaient fait carrière à une époque où les hommes qui ambitionnaient une position au sein du bureau politique du PCUS devaient livrer des luttes acharnées. Ils avaient grandi dans un monde où l'Union soviétique se considérait comme une superpuissance d'importance égale aux États-Unis. Croyant instinctivement que l'agitation qui s'était emparée de la Russie n'était qu'une parenthèse et qu'elle serait bientôt en mesure d'assumer à nouveau son rôle mondial, ils hésitaient : fallait-il jouer les puissants chefs d'État aux côtés de l'Amérique, ou convenait-il de renouer avec la politique soviétique traditionnelle fondée sur l'opposition stratégique aux États-Unis ?

Poutine a, quant à lui, fait carrière dans l'administration du KGB puis comme maire adjoint de Saint-Pétersbourg. La première de ces fonctions lui a appris à faire grand cas de l'analyse de la situation internationale ; la seconde l'a mis aux prises avec les dilemmes de la reconstruction postsoviétique. Comme ses prédécesseurs immédiats, il cherche à rendre à la Russie une position éminente, mais, à leur différence, il sait qu'elle n'y parviendra qu'au terme d'une trajectoire bien différente de celui que suivit naguère la Russie impérialiste.

Au fond, on peut comparer Poutine au prince Alexandre Gortchakov, responsable de la politique étrangère russe pendant les vingt-cinq années qui ont suivi la défaite de son pays dans la guerre de Crimée en 1856 : une politique patiente et conciliante, fondée sur le souci d'éviter les crises militaires internationales, lui a permis de restituer à un pays isolé et gravement affaibli une position internationale de premier plan.

Les priorités de Poutine sont, semble-t-il, de redresser l'économie russe, de rendre à la Russie son rang de grande puissance, de préférence en collaboration avec les États-Unis, mais, au besoin, en établissant des contrepoids avec la Chine ou l'Europe, de lutter contre l'intégrisme islamique, de nouer de nouvelles relations de sécurité avec l'Europe, concernant notamment l'élargissement de l'OTAN aux États baltes, et de régler la question nucléaire stratégique avec les États-Unis.

Ces choix ont dissuadé Poutine de pousser jusqu'à l'affrontement son désaccord sur la défense antimissile. Une rupture avec les États-Unis sur ce terrain n'aurait fait qu'épuiser les ressources de la Russie et encourager un retour aux schémas de la guerre froide, alors que la coopération symbolise une ère nouvelle permettant de faire bénéficier la Russie des progrès de la technologie antimissile. Le prix en est également supportable : l'importance de l'arsenal nucléaire russe et son grand nombre de missiles empêcheront selon toute vraisemblance n'importe quel système de défense antimissile de menacer la capacité ultime de représailles de la Russie au cours des vingt-cinq années à venir. Voilà pourquoi Poutine s'est préoccupé avant tout, et avec succès, de définir des limites aux déploiements offensifs et a accepté que les États-Unis abrogent le traité ABM.

Sur le plan politique, l'intégrisme musulman est sans doute le plus grave problème qu'ait à affronter la Russie. Les responsables russes ont vu dans les mouvements intégristes d'Afghanistan une menace contre les républiques anciennement soviétiques, aujourd'hui indépendantes, d'Ouzbékistan, d'Azerbaïdjan, du Kazakhstan, du Tadjikistan et du Turkménistan, autant de régions qui conservent une importance majeure pour la sécurité de la Russie. Moscou craint en outre que des idéologies militantes n'encouragent l'irrédentisme des provinces musulmanes du sud de la Russie.

Ces préoccupations ont incité Poutine à profiter des attaques terroristes du 11 septembre pour s'engager, face au défi intégriste, dans une coopération à laquelle il aspirait en tout état de cause. Il a instauré une politique de partenariat avec les

États-Unis, ce qui revient à dire qu'il poursuit les objectifs de la Russie en s'assurant le concours de la puissance américaine.

Le président Bush a accepté cette main tendue. Mais il ne faut pas oublier que la nouvelle politique russe n'est pas le fruit de la sympathie de Poutine pour le président américain – bien que la qualité des relations individuelles joue un rôle évident –, mais d'une évaluation prosaïque des intérêts de la Russie. Poutine s'est ménagé d'autres issues, en direction de la Chine et de l'Europe, dans l'éventualité où sa confiance dans les États-Unis serait entamée. Aussi est-il indispensable de mettre à profit les bonnes relations entre les deux chefs d'État pour recenser les intérêts communs et permanents des deux pays. Faute de quoi, nous pourrions voir se reproduire la fâcheuse expérience de précédents responsables occidentaux qui ont tablé sur la qualité de leurs relations avec Mikhaïl Gorbatchev ou Boris Eltsine (et, avant cela, avec Joseph Staline et ses successeurs). Ce n'est pas rendre service à Poutine que d'imputer sa politique à sa personnalité, aussi remarquable soit-elle ; c'est en effet un argument que ses adversaires intérieurs pourraient, un jour ou l'autre, retourner contre lui.

Si l'on peut espérer voir s'améliorer les relations américaines et atlantiques avec la Russie, c'est précisément parce qu'elles peuvent s'appuyer sur de nouvelles fondations. Non seulement la structure politique actuelle de l'Europe prévient toute invasion de type napoléonien ou hitlérien, une menace qui a toujours aggravé les préoccupations russes en matière de sécurité, mais nul ne croit plus aujourd'hui à l'éventualité de guerres entre puissances nucléaires, dont les coûts seraient évidemment hors de proportion avec tout objectif rationnel.

Mais c'est, avant tout, le calcul politique qui a changé, particulièrement dans les régions qui ont toujours été des pommes de discorde, comme le Proche-Orient. La conception de jeu à somme nulle entre deux puissances dominantes n'est plus applicable. Au cours de la guerre froide – et par la suite encore, pendant un certain temps –, les dirigeants russes et américains estimaient que, lorsqu'un camp s'assurait un gain politique, l'autre subissait une perte stratégique ; ils cherchaient systématiquement à réduire leur influence respective au Proche-Orient.

Dans la situation qui règne depuis le 11 septembre, une telle politique affaiblirait les deux pays face à l'intégrisme islamique et compromettrait la stabilité d'une région dans laquelle ils possèdent, l'un comme l'autre, des intérêts vitaux.

Il y a cependant des limites évidentes qu'aucun pays ne pourra probablement franchir. Les États-Unis ne sauraient admettre, au nom de la lutte contre l'intégrisme musulman, les méthodes employées par la Russie pour réprimer les soulèvements en Tchétchénie. Et si l'intégrisme islamique devait servir de prétexte pour contraindre les États d'Asie centrale indépendants depuis peu à revenir sous le joug stratégique russe, l'Amérique ne demeurerait pas indifférente. La sécurité d'Israël reste un objectif fondamental de l'Amérique. La Russie ne s'en est guère préoccupée par le passé, mais peut-être cette attitude est-elle en train de changer : certains responsables russes – et notamment Poutine – commencent en effet à considérer Israël comme un éventuel contrepoids stratégique à l'intégrisme islamique. On ne peut exclure, par ailleurs, que la rivalité entre États-Unis et Russie pour accéder aux gisements et aux réseaux de distribution du pétrole fasse obstacle à la coordination de leurs politiques. En définitive, les possibilités de coopération russo-américaine concernant l'intégrisme musulman dépendent de l'aptitude à trouver une voie entre optimisme béat et nouvelle concurrence dans des domaines stratégiques bien définis.

Il importe aussi de mettre en œuvre des mécanismes de consultation permettant de faire face ensemble aux réalités de l'heure, sans pour autant donner à l'Europe l'impression que se met en place un condominium russo-américain. L'Europe elle-même a cherché à élargir ces mécanismes lorsque l'OTAN a décidé d'adopter un projet visant à établir de nouvelles relations avec la Russie. Un nouveau conseil de l'OTAN incluant la Russie est ainsi censé s'occuper de certains secteurs politiques bien définis, les autres questions restant la chasse gardée du conseil de l'OTAN première manière, dont la Russie est exclue. Les décisions du nouvel organe doivent être prises à l'unanimité, ce qui donne à la Russie un droit de veto identique à celui de tous les autres membres. Ses attributions comprennent la prolifération nucléaire, le terrorisme et la question des réfugiés – ce qui ne laisse guère à l'OTAN traditionnelle d'autre domaine réservé que la menace russe, de plus en plus évanescente.

Ces sujets méritent évidemment d'être examinés en collaboration avec la Russie. Mais l'adhésion de facto de la Russie à l'OTAN n'a pas été une solution des plus raisonnables – bien qu'elle soit, à l'heure où j'écris, un fait accompli. L'OTAN est par définition une alliance militaire, dont l'un des objectifs est de protéger l'Europe contre une Russie qui serait tentée par une nouvelle aventure impériale. Certes, depuis la fin de la guerre froide et la formation d'un front commun contre le terrorisme, ce danger a disparu pour le moment. Néanmoins, n'oublions pas que la raison pour laquelle d'anciens membres du pacte de Varsovie ont rejoint l'OTAN tandis que d'autres envisagent de le faire est que les peuples d'Europe centrale considèrent que, s'agissant de leur sécurité, les leçons de l'histoire sont autrement pertinentes que les personnalités du pouvoir. L'OTAN ne protège pas ses membres les uns contre les autres. Associer l'élargissement de l'OTAN à une adhésion même partielle de la Russie à cette organisation revient, en un sens, à confondre deux programmes contradictoires.

On rétorquera que la définition bien précise des domaines de compétence du nouveau conseil OTAN-Russie suffira à éviter cet écueil. Mais cela ne résout ni le problème de la Russie ni celui de l'OTAN. Il sera extrêmement délicat de distinguer les sujets à aborder par l'un ou l'autre de ces deux conseils. Et si cette distinction doit être établie par le groupe d'ambassadeurs qui, coiffant une deuxième casquette et ayant des bureaux dans le même bâtiment, pratiquent la coopération, les membres du conseil se retrouveront dans une position psychologiquement intenable. La Russie devenant de facto membre de l'OTAN, cette dernière cesse d'être une alliance pour devenir un vague instrument de sécurité collective.

Une assemblée permanente des ambassadeurs de l'OTAN n'est pas non plus le lieu idéal pour examiner des questions comme le terrorisme, la prolifération nucléaire ou d'autres grands problèmes mondiaux. En effet, l'OTAN n'est pas aujourd'hui la principale tribune où l'on débat de tels problèmes. Il convient donc de créer de nouvelles procédures de consultation à l'extérieur du cadre de l'OTAN.

Maintenant que la décision de la quasi-adhésion de la Russie à l'OTAN est prise, il va falloir établir une relation qui assure une réelle possibilité de consultation sans détruire le filet de protection que l'Alliance atlantique a représenté jusqu'à présent.

Comme je l'ai dit au chapitre II, le problème avec la Russie est comparable à celui auquel les puissances ont dû faire face au moment de l'effondrement de l'Empire napoléonien. La défaite de Napoléon n'avait pas mis fin aux craintes qu'inspirait le bellicisme de la France. Mais on a également admis qu'une paix définitive ne pourrait s'instaurer sans la France. La Quadruple-Alliance, un traité de sécurité auquel la France ne participait pas, devait mettre l'Europe à l'abri de l'expansionnisme français. Mais la France fut invitée à participer sur un pied d'égalité à ce qu'on a appelé le « concert de l'Europe », chargé d'examiner les questions politiques affectant la stabilité politique du continent.

Quatre tâches majeures attendent aujourd'hui les États-Unis, l'Europe et la Russie :

• Leurs relations doivent quitter le niveau psychologique pour accéder pleinement au niveau politique : il est impensable qu'elles dépendent des relations personnelles entre dirigeants. Il est nécessaire de définir des objectifs, de rédiger des programmes et de signer des accords concrets. Dans le domaine nucléaire, cela suppose que l'on soit capable de prendre en considération deux réalités nouvelles : les accords de la génération précédente, qui reposaient sur l'hypothèse d'une lutte entre superpuissances (et sur un nombre très limité de puissances nucléaires), ont perdu beaucoup de leur pertinence ; en même temps, on ne peut pas admettre la prolifération des armes nucléaires et d'autres outils de destruction massive. La non-prolifération doit devenir un objectif majeur de la diplomatie, et notamment de celle des puissances nucléaires.

• Dans le domaine politique, les nécessités de l'heure ne doivent pas se laisser submerger par les espoirs à long terme. C'est particulièrement vrai des relations entre l'Amérique et l'OTAN, son unique lien institutionnel avec l'Europe. Mais cette observation vaut également pour les relations de l'Amérique avec la Chine, le Japon et Israël. Il ne faut pas les sacrifier aux tactiques du moment.

• De même, la Russie cherchera à préserver son influence dans les régions qui présentent un intérêt géopolitique et historique pour elle, ou qui peuvent assurer sa sécurité en cas d'échec du rapprochement avec les États-Unis – comme l'ont montré ses récents traités d'amitié avec la Chine et la Corée du Nord.

• Tout cela appelle une politique étrangère américaine et occidentale imaginative. Si elle fait preuve de sagesse dans ce domaine, l'Amérique devrait, dans un avenir prévisible, être en mesure de donner à la Russie et à la Chine de bonnes raisons de coopérer avec elle plutôt que de s'opposer à elle.

Le gel des relations, de mise pendant la guerre froide, ne convient plus à un monde qui ne connaît plus d'affrontement entre deux grands protagonistes, et où la distinction même entre amis et adversaires devient mouvante dans bien des régions. Dans de telles conditions, les États-Unis doivent concevoir une diplomatie au service de leurs valeurs et de leurs intérêts fondamentaux sans désigner d'avance un adversaire spécifique. Ils doivent, surtout, mener une politique rassemblant le plus vaste consensus international possible autour d'objectifs positifs.

Un dernier mot

La guerre contre le terrorisme n'est pas l'épreuve ultime de la politique extérieure américaine. Celle-ci doit chercher avant tout à préserver la chance extraordinaire qui nous est offerte de remanier le système international. Ayant pris la mesure des dangers communs, les États de l'Atlantique Nord peuvent s'attacher à redéfinir des objectifs collectifs. Les relations avec les anciens adversaires n'ont aucune raison de se limiter à la liquidation des vestiges de la guerre froide, elles doivent au contraire attribuer un rôle nouveau à la Russie postimpériale, ainsi qu'à la Chine, qui commence à prendre une stature de grande puissance. L'Inde s'impose de plus en plus comme un acteur mondial de premier plan. Le processus de paix du Proche-Orient, défi majeur de notre temps, doit reprendre de toute urgence. Il ne faut pas que ces chances soient gâchées parce que ceux qui ont la possibilité d'imposer leurs vues ne sont pas à la hauteur de la situation.

NOTES

CHAPITRE PREMIER
L'Amérique au sommet : empire ou leader ?

1. Les sondages du Chicago Council on Foreign Relations révéleraient un intérêt durable pour l'engagement international des États-Unis. Mais d'autres indices, comme la couverture médiatique, suggèrent le contraire.

2. Tom Brokaw, *The Greatest Generation* (New York, Random House, 1998).

CHAPITRE II
Amérique et Europe : le monde des démocraties (I)

1. Conférence de presse du sommet Union européenne-Russie, 30 octobre 2000.

2. Joschka Fischer, discours tenu devant la Société allemande des affaires étrangères, Berlin, 8 juin 1998.

3. Voir, par exemple, l'article de Strobe Talbott, futur vice-secrétaire d'État du président Clinton, « Rethinking the Red Menace », *Time*, 1er janvier 1990, p. 69.

4. Président Bill Clinton, conférence de presse avec le président russe Boris Eltsine, 21 mars 1997.

5. Président Bill Clinton, discours prononcé lors de la remise des diplômes de l'Académie militaire des États-Unis, West Point, New York, 31 mai 1997.

6. Protocoles du traité de l'Atlantique Nord de 1949 sur l'accession de la Pologne, de la Hongrie et de la République tchèque, 4 mai 1998, plus particulièrement section 3, *Congressional Record* (Sénat), p. S4217-4220.

7. On trouvera des exemples de la rhétorique européenne dans Peter

W. Rodman, *Drifting Apart ? Trends in U.S.-European Relations*, Washington, D.C., The Nixon Center, juin 1999, p. 11-13, 29-31, 55-57.

8. Président John F. Kennedy, discours à l'église Saint-Paul de Francfort (Allemagne), 24 juin 1963, *Department of State Bulletin*, vol. XLIX, n° 1256 (22 juillet 1963), p. 122.

9. Hubert Védrine, ministre des Affaires étrangères, discours inaugural de la conférence de l'Institut français des relations internationales, « Vers le XXIe siècle », Paris, 3 novembre 1999.

10. Joschka Fischer, « D'une union d'États à une fédération : réflexions sur l'objectif de l'intégration européenne », discours à l'université Humboldt, Berlin, 12 mai 2000.

11. Hubert Védrine, *loc. cit.*

12. L'idée de cercles d'intégration se chevauchant – un noyau intégré et un groupe plus large incluant le noyau et le reste organisé en combinaisons diverses – a été adoptée par un certain nombre de partisans de l'intégration européenne, dont l'ancien président français Valéry Giscard d'Estaing, l'ancien chancelier allemand Helmut Schmidt et l'ancien président de la Commission européenne Jacques Delors.

13. Discours du Premier ministre Tony Blair à la Bourse polonaise, Varsovie, 6 octobre 2000.

14. Javier Solana, *Diário Noticias*, 8 janvier 2000.

15. Déclaration du Premier ministre Tony Blair à la suite de la réunion du Conseil européen, Helsinki, 13 décembre 1999.

16. Ce point est développé dans Peter W. Rodman, *Drifting Apart ?*, *op. cit.*, p. 38-39, 70, 76-77.

17. Rapport de la Commission d'évaluation de la menace des missiles balistiques contre les États-Unis, note de synthèse, Washington, D.C., 15 juillet 1998, p. 5.

18. *Ibid.*, p. 6.

19. Président Bill Clinton, « Remembering Yeltsin », *Time*, 1er janvier 2000.

20. Vladimir Poutine, « La Russie au tournant du millénaire », 31 décembre 1999.

21. Discours inaugural du président Vladimir Poutine, 7 mai 2000.

22. « Russia's National Security Concept », 10 janvier 2000, in *Arms Control Today*, janvier-février 2000, p. 18.

CHAPITRE III

Le continent américain : le monde des démocraties (II)

1. Entretien avec le président du Conseil des ministres des Affaires étrangères de l'Union européenne, António Guterres, *Le Monde*, 1er janvier 2000.

2. Larry Rohter, « South American Trade Bloc Under Siege », *New York Times*, 24 mars 2001, p. B2.

3. Voir Council on Foreign Relations Independant Task Force on Brazil, « A Letter to the President and a Memorandum on U.S. Policy Toward Brazil », février 2001.

CHAPITRE IV

Asie : le monde de l'équilibre

1. Winston S. Churchill, *The Gathering Storm*, Cambridge, Riverside Press, 1948, p. 207-208.

2. *Canadian International Business Strategy, 1996-97 : Aerospace and Defence*, p. 5.

3. Voir Andrew Nathan et Perry Link (éd.), *The Tiananmen Papers : The Chinese Leadership's Decision to Use Force Against Their Own People*, New York, Council on Foreign Relations, 2001. Ce recueil de documents sur les décisions des autorités pendant la révolte de la place Tiananmen offre un aperçu fascinant. Je ne peux juger de leur authenticité ; mais tout cela paraît juste.

4. Henry Kissinger, *Years of Upheaval*, Boston, Little, Brown, 1982, p. 692 (*Les Années orageuses*, Paris, Fayard, 1982, p. 855).

5. Président Bill Clinton, déclaration de presse conjointe avec le chancelier Helmut Kohl, Potsdam, 13 mai 1998.

CHAPITRE V

Le Proche-Orient et l'Afrique : des mondes en transition

1. Henry A. Kissinger, « Turning a Fairy Tale into Reality », *Newsweek*, 27 septembre 1993.

2. Voir par exemple Henry Kissinger, « The Bottom Line of the Mideast Peace Process », *New York Post*, 19 novembre 1996 ; et « The Oslo Piecemeal process », *Washington Post*, 24 août 1997.

3. Voir Henry Kissinger, *White House Years*, Boston, Little, Brown, 1979, p. 559-560, 1276. (*À la Maison-Blanche*, Paris, Fayard, 1979, p. 479-480, 1303-1304) ; et Henry Kissinger, *Years of Upheaval, op. cit.*, chapitre VI (*Les Années orageuses*, Paris, Fayard, 1982, chapitre VI).

4. Tracy Wilkinson, « Once Applauded as a Hero, Clinton Bows Out amid Palestinian Catcalls », *Los Angeles Times*, 19 janvier 2001, p. A-10.

5. Président Bill Clinton, déclaration dans la Briefing Room de la Maison-Blanche, 15 novembre 1998.

6. Sur l'abandon des Kurdes irakiens en 1975, voir Henry Kissinger, *Years of Renewal*, New York, Simon & Shuster, 1999, p. 576-596 (*Les Années de renouveau*, Paris, Fayard, 2000, p. 503-523).

7. Nelson R. Mandela, déclaration au cours du procès de Rivonia, 20 avril 1964.

8. F. W. De Klerk, discours d'ouverture du Parlement, Le Cap (Afrique du Sud), 2 février 1990.

CHAPITRE VI

La politique de globalisation

1. Témoignage d'Alan Greenspan à propos du rapport semestriel de la réserve fédérale sur la politique économique et monétaire devant la commission de la Chambre des représentants sur les services bancaires et financiers, 17 février 2000.

2. Joseph E. Stiglitz, « Two Principles for the Next Round, or, How to Bring Developing Countries in from the Cold », discours prononcé au Centre international pour le commerce et le développement durable, Genève, 21 septembre 1999.

3. Robert Rubin, discours sur la situation financière de l'Asie, Georgetown University, 21 janvier 1998.

4. Interview d'Anatoli Tchoubaïs, *Kommersant Daily*, 8 septembre 1998. Voir aussi Stephen Fidler, « Russian Central Bank Lied to the IMF », *Financial Times*, 30 juillet 1999.

5. *Global Economic Prospects and the Developing Countries 2000*, Washington, D. C., Banque mondiale, 1999.

6. Voir Martin Wolf, « Asia's Future Burning Bright », *Financial Times*, 3 février 2000.

7. Alan Greenspan, Francis Boyer « Lecture of the American Enterprise Institute », 5 décembre 1996.

8. Voir Henry Kissinger, *Years of Renewal*, *op. cit.*, chapitre XX (*Les Années de renouveau*, *op. cit.*, chapitre XX).

CHAPITRE VII

Paix et justice

1. Henry Cabot Lodge (éd.), *The Works of Alexander Hamilton*, Londres et New York, G.P. Putnam's Sons, 1885-1886, vol. V, p. 369-370.

2. Andrew A. Lipscomb et Albert Ellery Bergh (éd.), *The Writings of Thomas Jefferson*, Washington, D.C., The Thomas Jefferson Memorial Association, 1903-1904, vol. XV, p. 435-436.

3. Gaillard Hunt (éd.), *The Writings of James Madison*, New York, G.P. Putnam's Sons, 1901, vol. VII, p. 183.

4. John Quincy Adams, discours du 4 juillet 1821, in Walter LaFeber (éd.), *John Quincy Adams and American Continental Empire*, Chicago, Times Books, 1965, p. 45.

5. Message du président James Monroe au Congrès, 2 décembre 1802, in Ruhl J. Bartlett (éd.), *The Record of American Diplomacy*, New York, Alfred A. Knopf, 1956, p. 182.

6. Alexis de Tocqueville, *De la démocratie en Amérique*, livre I, Paris, Robert Laffont, 1986, p. 266.

7. Voir David L. Larson, « Objectivity, Propaganda, and the Puritan

Ethic », in David L. Larson, éd., *The Puritan Ethic in United States Foreign Policy*, Princeton, Van Nostrand, 1966, p. 15.

8. William Jennings Bryan, « The Paralyzing Influence of Imperialism », discours à la Convention nationale démocrate, Kansas City, 6 juillet 1900.

9. Lettre de Theodore Roosevelt à Hugo Munsterberg, 3 octobre 1914, in Elting E. Morison (éd.), *The Letters of Theodore Roosevelt*, Cambridge, Harvard University Press, 1954, vol. 8, p. 824-825.

10. In John Morton Blum, *The Republican Roosevelt*, Cambridge, Harvard University Press, 1967, p. 131.

11. Woodrow Wilson, message annuel au Congrès, 8 décembre 1914, in Arthur S. Link (éd.), *The Papers of Woodrow Wilson*, Princeton, Princeton University Press, 1966-1994, vol. 31, p. 423.

12. Président Woodrow Wilson, discours au Sénat américain, 12 janvier 1917, in *ibid.*, vol. 40, p. 536-537.

13. Président Woodrow Wilson, « War Message », 2 avril 1917, in *ibid.*, vol. 41.

14. Woodrow Wilson, discours prononcé au cimetière de Suresnes à l'occasion du Memorial Day, 30 mai 1919, in Link (éd.), *Papers of Woodrow Wilson*, vol. 59, p. 608-609.

15. George Arthur S. Kennan, *American Diplomacy, 1900-1950*, Chicago, University of Chicago Press, 1951, p. 96.

16. Walter Russel Mead, « The Jacksonian Tradition », *The National Interest*, n° 58, hiver 1999-2000.

17. John Foster Dulles, « Morals and Power », in Larson (éd.), *The Puritan Ethic in United States Foreign Policy*, *op. cit.*, p. 143.

18. Président John F. Kennedy, discours devant l'American University, 10 juin 1963.

19. Président Lyndon B. Johnson, conférence de presse, 13 mars 1965.

20. Président Richard Nixon, « U.S. Foreign Policy for the 1970s : A New Strategy for Peace », rapport au Congrès, 18 février 1970, introduction.

21. Président Gerald R. Ford, discours à la Conférence sur la sécurité et la coopération en Europe, Helsinki, 1er août 1975.

22. Deuxième débat présidentiel Carter-Ford, 6 octobre 1976.

23. Ronald Reagan, discours sur l'état de l'Union, 25 janvier 1983.

24. Jim Hoagland, « Russia into the Vacuum », *Washington Post*, 21 novembre 1997, p. A27.

25. Voir, par exemple, les commentaires du président Clinton devant la communauté de l'école Kusowera, Mukono, Ouganda, le 24 mars 1998 (sur l'Afrique), et les remarques de Madeleine Albright, secrétaire d'État, devant le Conseil américano-iranien, Washington, D.C., 17 mars 2000 (sur l'Iran).

26. Francis Fukuyama, *The End of History and the Last Man*, New York, Free Press, 1992.

27. *Los Angeles Times*, 29 mai 1993.

28. Strobe Talbott, « Democracy and the National Interest », *Foreign Affairs*, novembre-décembre 1996, p. 48-49.

29. Déclaration du Premier ministre Tony Blair sur la suspension des frappes aériennes de l'OTAN contre la Yougoslavie, Londres, 10 juin 1999.

30. Chancelier Gerhard Schröder, déclaration de politique devant le Bundestag allemand à l'occasion du cinquantenaire de l'OTAN, 22 avril 1999.

31. Réflexions du président Bill Clinton devant les soldats de la Force internationale de paix au Kosovo (KFOR), Skopje, Macédoine, 22 juin 1999.

32. Strobe Talbott, « Democracy and the National Interest », *Foreign Affairs*, *op. cit.*, p. 49.

33. Discours du président Clinton au peuple serbe enregistré en vidéo, 25 mars 1999.

34. Communiqué de presse du département d'État américain sur Belgrade, la Serbie et le Monténégro, 23 février 1998.

35. Résolution 814 du Conseil de sécurité des Nations unies du 26 mars 1993.

36. Madeleine Albright, déclaration au National War College, National Defense University, Fort Leslie McNair, Washington, D.C., 23 septembre 1993.

37. Hansard Parliamentary Debates, 5e série, vol. 241, août 1878, colonnes 1759-1760.

38. Discours enregistré du président Bill Clinton au peuple bosniaque, 12 janvier 1996.

39. Télégramme du secrétaire d'État Lawrence Eagleburger à l'ambassade américaine, Belgrade, 24 décembre 1992, cité dans le *Washington Post*, 18 avril 1999, p. A1.

40. Timothy Garton Ash, « Kosovo : Was It Worth It ? », *New York Review of Books*, 21 septembre 2000.

41. Joseph S. Nye, Jr., « Redefining the National Interest », *Foreign Affairs*, juillet-août 1999.

42. J'occupais de hautes fonctions au moment où ces événements se sont déroulés, et j'ai évoqué dans mes Mémoires les conceptions et les actions des administrations Nixon et Ford dans lesquelles j'ai servi. Voir Henry Kissinger, *White House Years*, *op. cit.*, chapitre XVII (*À la Maison-Blanche*, *op. cit.*), *Years of Upheaval*, *op. cit.*, chapitre IX (*Les Années orageuses*, *op. cit.*), *Years of Renewal*, *op. cit.*, chapitre XXIV (*Les Années de renouveau*, *op. cit.*). Comme celui des trois administrations qui nous ont succédé, notre objectif était d'atténuer les violations des droits de l'homme commises par Pinochet sans ranimer la menace extrémiste et castriste qui pesait sur l'évolution politique du Chili. En fait, l'administration Reagan a beaucoup fait pour favoriser le rétablissement de la démocratie au Chili.

43. Lord Nicholls of Birkenhead, jugement en appel dans *Ex parte Pinochet*, British House of the Lords, 25 novembre 1998.

44. Le sommet arabe du Caire d'octobre 2000 a affirmé que les États arabes « poursuivront, en application du droit international, les responsables des brutalités » prétendument commises par des fonctionnaires et le personnel militaire israéliens au cours du soulèvement palestinien de cette époque.

45. *La Repubblica*, 2 juin 2000.

46. Robert Shrimsley et Ken Warn, « Britain Faces Legal Action over Sinking of Belgrano », *Financial Times*, 30 juin 2000, p. 2 ; Andy McSmith, « Belgrano Families to Sue Britain », *Daily Telegraph*, 30 juin 2000, p. 2. La Cour européenne des droits de l'homme a rejeté l'affaire le 19 juillet 2000, parce que les délais prévus par la loi n'avaient pas été respectés.

CONCLUSION

1. Voir Paul Liman, *Fürst Bismarck nach seiner Entlassung. Neue vermehrte Volksausgabe*, Leipzig, Historisch-politischer Verlag, 1901, p. 3.

2. Voir par exemple Robert Kagan, « The Benevolent Empire », *Foreign Policy*, été 1998.

3. Coral Bell, « American Ascendancy and the Pretense of Power », *The National Interest*, n° 57, automne 1999, p. 55-63.

INDEX

A

B

C

D

E

F

G

H

I

J

K

L

M

N

O

P

Q

R

S

T

U

V

W

Y

Z

TABLE DES MATIÈRES

Composition et mise en pages réalisées
par ÉTIANNE COMPOSITION
à Montrouge

Impression réalisée sur CAMERON par
BRODARD ET TAUPIN
La Flèche

pour le compte des Éditions Fayard
en février 2003

Imprimé en France
Dépôt légal : février 2003
N° d'édition : 30795 – N° d'impression : 17515
ISBN : 2-213-61546-2
35-57-1746-3/01